"十三五"国家重点出版物出版规划项目

南水北调中线工程河南省考古发掘报告

河南省文物局　主编

第35号

许昌考古报告集(二)

河南省文物局　编著

科学出版社
北京

内 容 简 介

本书是南水北调中线工程河南段文物保护项目——许昌夏庄墓地、长葛山孔遗址、曹庄遗址、山头高墓地、张史马墓地、禹州观耜园墓地、席庄墓地和张西墓地共八处遗址和墓地的考古发掘报告集。全书共分八部分内容，时代主要包括新石器时代、东周、两汉、北朝、唐宋及明清时期，为研究许昌地区上述各时期文化面貌提供了较为丰富的考古学材料。

本书可供从事文物考古、历史学及相关学科的研究者和大专院校相关专业师生阅读、参考。

图书在版编目（CIP）数据

许昌考古报告集. 二 / 河南省文物局编著. —北京：科学出版社，2018.3
（南水北调中线工程文物保护项目河南省考古发掘报告；第35号）
"十三五"国家重点出版物出版规划项目
ISBN 978-7-03-057002-4

Ⅰ. ①许… Ⅱ. ①河… Ⅲ. ①墓葬（考古）–发掘报告–许昌
Ⅳ. ①K872.613

中国版本图书馆CIP数据核字（2018）第053107号

责任编辑：张亚娜 / 责任校对：王晓茜
责任印制：肖 兴 / 封面设计：陈 敬

科学出版社 出版
北京东黄城根北街16号
邮政编码：100717
http://www.sciencep.com

中国科学院印刷厂 印刷
科学出版社发行 各地新华书店经销
*
2018年3月第 一 版 开本：889×1194 1/16
2018年3月第一次印刷 印张：21 插页：38
字数：500 000

定价：298.00元

（如有印装质量问题，我社负责调换）

"13th Five-Year Plan" National Key Publications Publishing and Planning Project

Reports on the Cultural Relics Conservation
in the South-to-North Water Diversion Project
Administration of Cultural Heritage of Henan Province
Henan Vol.35

Archaeological Reports of Xuchang (2)

Administration of Cultural Heritage of Henan Province

Science Press
Beijing

南水北调中线工程文物保护项目

河南省考古发掘报告第35号

《许昌考古报告集（二）》

主　编

毛德新　姚军英

副　主　编

陈文利　杨俊伟　姚军英

项目承担单位

河南省文物考古研究院

许昌市文物工作队

前　　言

作为举世瞩目的特大型水利建设项目，南水北调中线工程的文物保护工作在河南是史无前例的。无论是工程涉及区域之广大，还是文物点分布的密集程度和价值之高，在河南的考古史上都是前所未有的。因此，当黄河小浪底水利枢纽工程和长江三峡库区的文物保护工作结束后不久，随着南水北调中线工程设计规划和施工的渐次展开，世人的目光便开始聚焦古老的中原大地。如何在配合特大型工程建设的同时，使中原大地珍贵的文化遗产得到有效保护，成为河南文物部门的重要任务。

南水北调中线工程包括水源地和总干渠两个主要项目。水源地丹江口水库地跨河南、湖北两省，总淹没面积达370平方千米，其中河南省境内占170平方千米，约占总面积的46%。总干渠起自河南省淅川县的陶岔，流经河南、河北、北京、天津等省市，全长1276千米，其中河南境内达731千米，约占总长度的58%。从南阳盆地沿太行山东麓北行，流经南阳、平顶山、许昌、郑州、焦作、新乡、鹤壁、安阳8个省辖市32个县（市、区），南水北调中线工程纵贯了古代中原的核心区域。在淹没区和总干渠沿线及其附近分布的文物点，既有旧石器时代的化石地点和古人类遗迹，也有新石器时代的大型聚落，更有数量众多、内涵丰富的反映不同文化风格及其交融过程的历史时期的城址、墓葬群、古代建筑和石刻艺术等。可以说，纵贯河南南北的总干渠，在中原大地形成了一条极为难得的融汇各个文化发展时期和各种文化因素的古代文化廊道。

南水北调中线工程河南段的文物保护工作，有以下几个显著特点：

一是全国文物考古队伍积极参与。1994～2005年，河南省组织协调省内外有关文物考古、科研和工程设计单位，对南水北调中线工程丹江口河南淹没区和总干渠沿线进行文物调查、复核和确认工作。经国家有关部门复核确认，南水北调中线工程共涉及河南境内文物点330处。2005年，南水北调中线工程河南段文物保护抢救工作正式启动。河南省文物考古研究所和中国社会科学院考古研究所、武汉大学历史系、陕西省考古研究院等来自全国各地的50余家文物考古单位，先后参加南水北调中线工程河南段的文物保护抢救工作。河南省文物局积极组织协调，在工作中强化大局意识、质量意识、安全意识和服务意识，组织专家现场指导，安排部署市县文物部门进行巡视，为考古发掘单位提供优良的工作环境，确保工程建设和文物保护工程顺利进行。

二是保护抢救了一大批珍贵文物。南水北调文物保护不仅工程浩大，而且总干渠绝大部分是开挖明渠，更容易造成文物的破坏和损害。我们组织考古队伍提前介入，对将要开工渠段的已知文物点进行抢救发掘，有效地保护了文物。其中不乏历史价值、科学价值、艺术价值颇高的珍贵文物。如徐家岭墓地清理的一座战国早期楚国贵族墓葬，出土的一件小口鼎上铸有多达49字的清晰铭文，铭文上有岁星纪年和墓主人身份等，对于研究墓葬年代及墓主人身份提供了重要资料；鹤壁关庄墓地发现的清代西安府守备之墓，出土了一批金质头饰，造型优美，制作精细，特别是一件印有喜鹊登梅图案的金冠，工艺精良，有极高的艺术价值；博爱聂村墓地出土的4件唐代三彩钵，做工精湛，造型精美，是唐三彩器物中不可多得的精品。

三是考古发现具有重要的科学研究价值。如鹤壁刘庄遗址在全国首次发现分布密集、排列规律的大面积先商文化墓地，填补了先商文化发掘和研究工作的一项空白，是该研究领域的重大学术突破；安阳固岸墓地在我国第一次发现了以二十四孝为题材的东魏时期围屏石榻，首次发现了明确纪年的东魏墓葬，出土了大批北齐时期陶俑、瓷器和多方北齐、东魏墓志等重要文物，是研究豫北地区北朝时期的丧葬习俗和陶塑艺术，白瓷、黑瓷的起源和制作工艺，以及北齐和东魏时期的书法艺术的宝贵资料；卫辉大司马墓地唐代乞扶令和夫妇合葬墓的发掘，为研究我国隋唐时期的官吏体制、书法艺术和社会的繁盛提供了新证据；温县徐堡发现了龙山、西周、春秋、战国、汉、宋、明和清时期连续叠压的古城址，是目前黄河流域所发现的龙山文化城址中保存较好、规模较大的一座城址，填补了豫西北龙山城址发现的空白；荥阳薛村遗址为二里头文化晚期到早商文化时期的大型遗址，该遗址的发掘保护工作，对于研究薛村遗址聚落的结构、内部功能区的划分及其特点，探讨夏、商文化的演变的态势和更替有重要的学术意义和科学研究价值；荥阳关帝庙遗址发现了保存完整的商代晚期小型聚落，聚落功能齐全，分居住区、制陶区、祭祀区、墓葬区四部分，在我国商代考古发掘中尚属首次；新郑唐户遗址发现了大面积裴李岗文化时期的居住基址，房址形制结构特点和排水系统的使用，反映了裴李岗文化时期较为先进的建筑理念。

四是考古发掘与课题研究有机结合。在发掘过程中，不仅注重各类文物的抢救保护，而且采用现代科技手段，最大可能地采集各类标本。特别是对于出土的人骨、兽骨进行了性别、年龄、病理以及DNA等方面的鉴定；按照国家地理信息标准，对每处文物点都测量绘制了要素齐全的总平面图，为今后文物普查和保护奠定了基础。如武汉大学历史系对辉县大官庄墓地的一座9个墓室的大型汉墓，进行了发掘现场三维重建和近景摄影测绘技术的全面测绘，通过数字测绘技术、计算机虚拟现实技术，建立了三维的考古对象模型；山东大学在博爱西金城遗址发掘中，设立了主要涉及古地貌、动物、植物、石器、陶器以及遗址资源域十余个子课题的环境考古课题，是开展多学科综合研究的一次重大尝试。

河南省南水北调工程文物保护工作走过了艰辛而光荣的历程。我们积极探索大型项目建设中文物保护抢救工作的新路子，更新管理理念，创新管理机制，培育专业队伍，提升研究层次，取得了非凡的荣誉。安阳固岸墓地、鹤壁刘庄遗址、荥阳娘娘寨遗址、荥阳关帝庙遗址、新郑唐户遗址、新郑胡庄墓地等6个项目先后被评为“全国十大考古新发现”。鹤壁刘庄遗址、荥阳娘娘寨遗址、荥阳关帝庙遗址、新郑唐户遗址、新郑胡庄墓地、淅川沟湾遗址等6

个项目荣获“全国田野考古质量奖”。国家文物局授予河南省文物局南水北调文物保护办公室“全国文化遗产保护工作先进集体”荣誉称号。

河南省南水北调中线工程文物保护工作一直受到各级领导的关心和社会各界的支持。全国政协张思卿副主席曾率团视察河南省南水北调工程文物保护工作。国务院南水北调办公室和国家文物局各位领导多次亲临一线检查指导，帮助排忧解难。河南省委、省政府多次召开会议，研究解决文物抢救保护工程中的重大问题。南水北调中线干线工程建设管理局、南水北调中线水源有限责任公司、河南省南水北调中线干线工程领导小组办公室、河南省人民政府移民工作领导小组办公室对南水北调文物保护工作也给予了大力支持和帮助。国内诸多考古学家多次深入到文物保护抢救现场，对重大学术问题和考古发掘质量给予帮助指导。社会各界特别是新闻媒体给予极大关注和广泛宣传。

为了更好地利用考古资料开展学术研究，充分展示河南省南水北调中线工程文物保护项目考古发掘的巨大成果，河南省文物局积极组织考古发掘单位及时对考古发掘资料进行整理和研究，编辑出版考古发掘报告，以期进一步推动文物保护和考古学研究工作。

河南省文物局

2010年5月

目　录

插图目录

彩版目录

图版目录

第一章 许昌夏庄墓地

夏庄墓地位于许昌县（现为许昌市建安区）河街乡夏庄村北，南距许昌市区约17千米。墓地中心地理坐标为东经113°47′，北纬34°15′，海拔87～90米。东汉名医华佗墓位于墓地北部偏西800米处，南为夏庄行政村，西临颖汝灌溉渠，东距京广铁路线约1千米。墓地所在位置属平原地区，地势平坦，地表大部分为基本农田，常年植被有小麦、玉米等基本农作物（图1-1、图1-2）。

为配合南水北调中线工程受水区配套供水工程17号口门许昌段的施工建设，受河南省文物局南水北调文物保护办公室的委托，许昌市文物工作队于2012年11月1日～12日，对许昌县夏

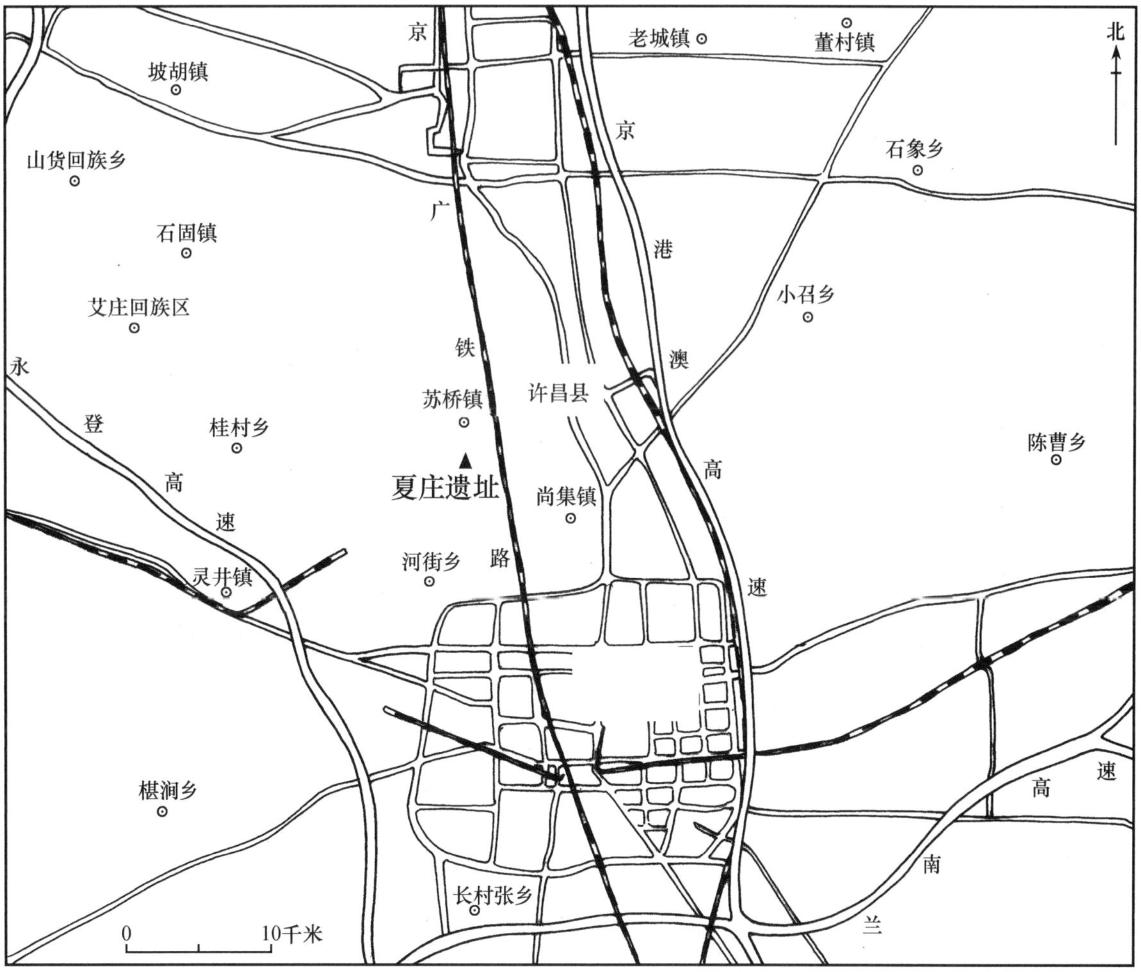

图1-1 夏庄墓地位置示意图

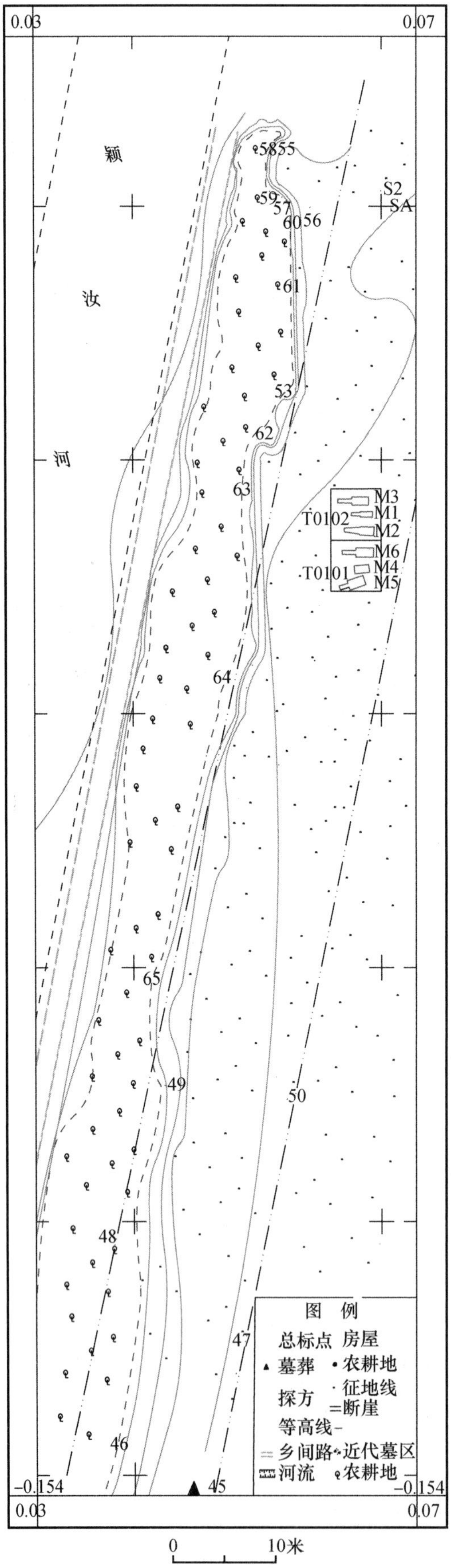

图1-2 夏庄墓地地理环境图

庄墓地进行了抢救性考古发掘（彩版一，2）。

根据勘探情况，将发掘总基点设在夏庄村村北王宪国家二层小楼的西北角，虚拟坐标点设在总基点北偏东9°，两者直线距离179米，位于布方区西南角，从虚拟坐标点依次向东、向北统一布方。探方号前冠以“2012XHX”，其中“2012”代表发掘年份，“X”代表许昌县，“H”代表河街乡，“X”代表夏庄村。夏庄墓地共布10米×10米探方2个，发掘面积200平方米，共清理古墓葬6座（图1-3；彩版一，1）。

一、地层堆积

墓地现存地层堆积较简单，地层堆积大体情况如下：

第1层：耕土层，厚0.12～0.3米，土色浅灰。由于大型机械碾压，土质较硬，结构致密，包含有大量植物根系，料姜石颗粒、碎砖块、碎玻璃及少许现代垃圾。

第2层：扰土层，深0.12～0.3、厚0.38～0.56米，土色黄，带有灰斑，土质较软，结构较致密。包含有少量陶、瓷碎片及料姜石颗粒。所有墓葬均开口于第2层下。

第2层以下为黑色黏土层，土质较硬，结构致密。剖面有光泽，较纯净，该层为自然生土层（图1-4）。

二、遗迹及出土遗物

（一）M1

1. 墓葬形制

M1位于T0102中部。开口于第2层下，向下打破生土层，口部距地表0.66米，方向270°。该墓为竖穴墓道砖室墓，平面形状呈“凸”字形，由墓道、封门和墓室三部分组成（图1-5）。

墓道　位于墓室西部，口部平面形状呈长方形，直壁，平底。长1.78、残宽0.6～0.7米，残深0.96米。

封门　位于墓道与墓室之间，由长方形子母砖摆砌，大部分砖的一侧有“五”字纹、重“五”字纹或钱文等（图1-6），砖较薄，两端均有纵向子母口。下面十层有两块砖呈“人”字形平铺并向墓道方向凸出，上面六层为单砖横向平铺。砖长0.38、宽0.12、厚0.05米。

墓室　位于墓道东部，平面形状呈长方形，直壁，平底。土圹长2.42、宽1.1米，残深1.1米。砖室内部长2.3、宽0.68米。砖室的砌法为：先在土圹南北壁及东壁用与封门同样规格的砖块单砖顺壁纵向错缝平铺七层，子母口两两扣合，从第八层开始，南北两壁逐渐内收起券。共十一层，顶部再由单砖横向平铺一层共17块。然后土圹与砖之间填土或残砖，稍加夯实。砖室内稍有淤土，底无铺地砖。

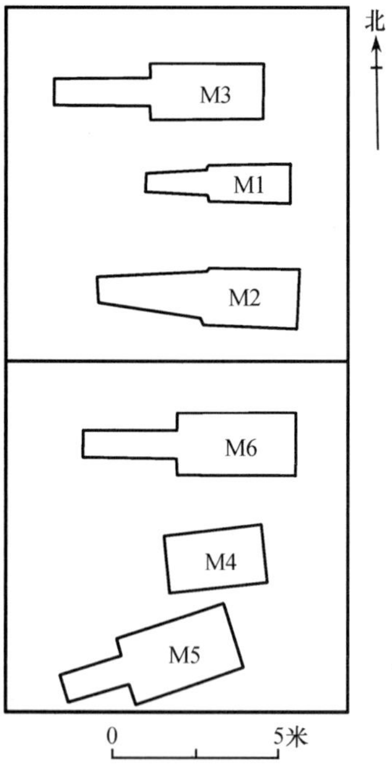

图1-3　夏庄墓地遗迹分布图

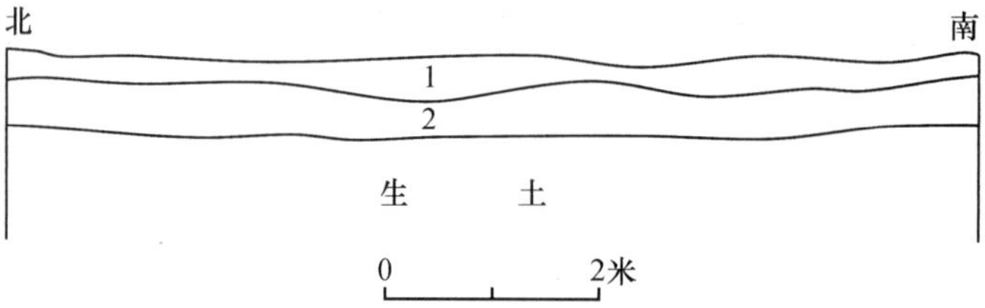

图1-4　夏庄墓地地层剖面示意图

填土　墓道和墓室填土为褐色杂土，土质较硬，结构较致密，包含有料姜石颗粒。

葬具　不详。

葬式、性别及年龄　墓室底部发现人骨一具，葬式为仰身直肢，面向上，头东足西。

2. 随葬品

墓主下肢骨及足部清理出有“五铢”钱35枚。包括有郭“五铢”、磨郭“五铢”和剪轮“五铢”等。

有郭“五铢”　21枚。圆形方穿，正、背面均有外郭，穿背面有郭，穿左右两侧篆文“五铢”二字。依其“五铢”二字的字体特征可分为二型。

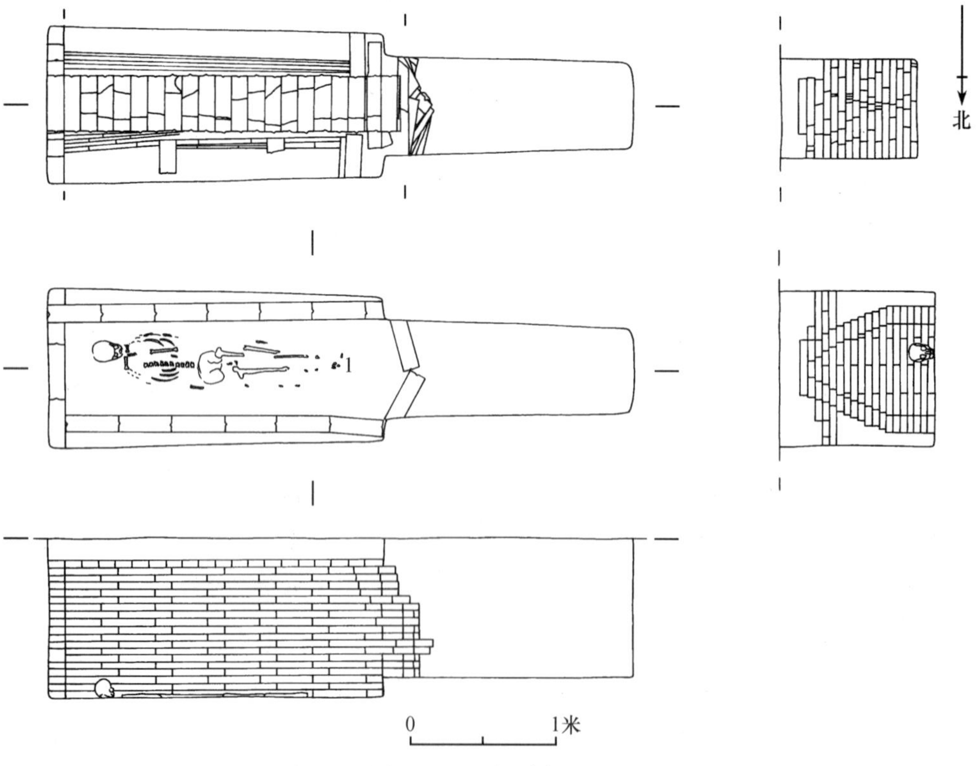

图1-5　M1平、剖面图

1. 铜钱（35枚）

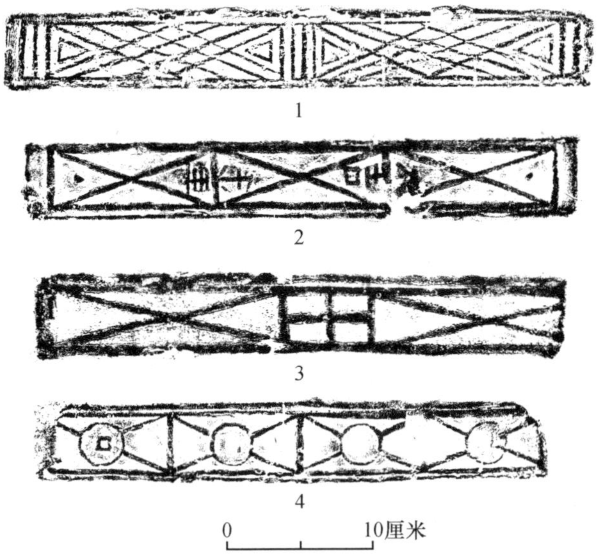

图1-6　M1封门砖纹饰拓本

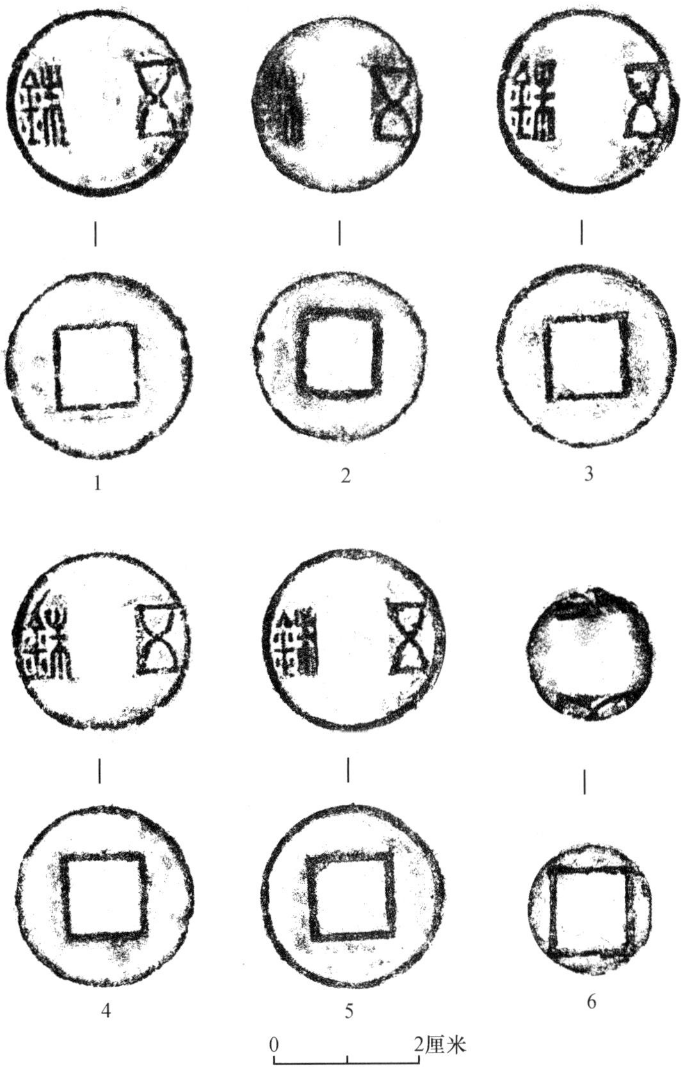

图1-7　M1出土铜钱拓本

1～5. 有郭“五铢”（M1：1-6、M1：1-2～M1：1-5）　6. 剪轮“五铢”（M1：1-1）

A型　2枚。“五”字交股微曲，“朱”头向上作方折，“金”头较小多呈箭镞状。标本M1：1-5，钱径2.5、穿宽0.95厘米，重2.8克（图1-7，5）。标本M1：1-6，钱径2.6、穿宽0.95厘米，重2.3克（图1-7，1）。

B型　19枚。“五”字交股弯曲；“朱”头圆折，中竖两端变细；“金”头为硕大正三角形，四点变长。铸造绝大多数粗略，重量较轻。标本M1：1-3，钱径2.5、穿宽1厘米，重2.4克（图1-7，3）。标本M1：1-4，钱径2.5、穿宽0.9厘米，重2.1克（图1-7，4）。

磨郭“五铢”　11枚。文字特征与有郭五铢钱无异，仅将边郭磨掉，但边郭打磨程度各不相同。有的仅磨掉部分边郭，有的则将边郭全部磨掉。标本M1：1-2，钱径2.3、穿宽1厘米，重1.4克（图1-7，2）。

剪轮“五铢”　3枚。文字特征与有郭五铢钱无异，仅余穿的四周部分。标本M1：1-1，钱径1.75、穿宽1厘米，重1克（图1-7，6）。

（二）M2

1. 墓葬形制

M2位于T0102南部。开口于第2层下，向下打破生土层，口距地表0.66米，方向268°。该墓为竖穴墓道砖室墓，平面形状近“凸”字形，由墓道、甬道和墓室三部分构成（图1-8）。

墓道　位于甬道西部，残存部分口部平面形状近梯形，直壁，坡底。口部长2.02、宽0.44～1.16米，残深0.92～1.36米，坡长2.08米。

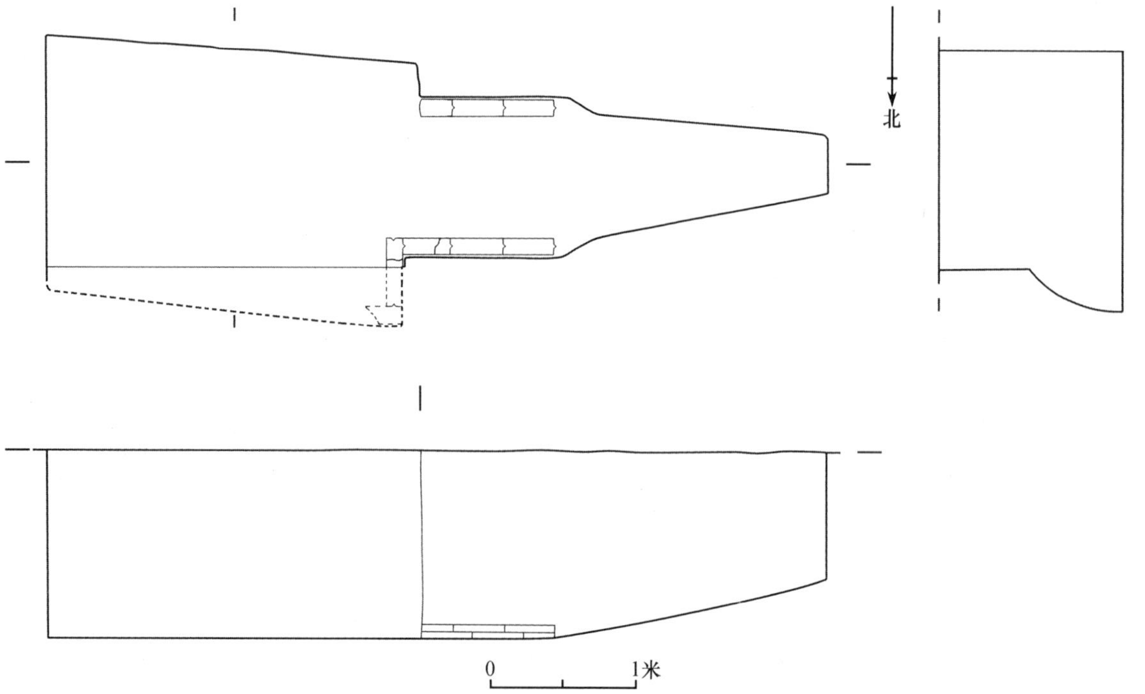

图1-8　M2平、剖面图

甬道　位于墓道与墓室之间，平面形状呈长方形，直壁，平底。长1、宽1.16米，底部距口深1.36米。南、北两壁各残存两层顺壁纵向错缝平铺的壁砖，砖体一侧饰有“五”字纹，两端为纵向子母口。砖长0.38、宽0.12、厚0.05米，

墓室　位于甬道东部，平面形状呈长方形，壁微斜，平底。口部长2.8、宽1.5～1.68米；底部长2.8、宽1.78～1.84米，残深1.36米。其中北壁在距口部0.66米处掏挖有侧室，高0.7米，进深0.16～0.43米。由于盗扰严重，砖室已完全破坏，仅在墓道口北部残存壁砖一层，单砖顺壁纵向平铺，与甬道壁砖连接在一起。

填土　由于盗扰严重，墓道和墓室填土较乱，土质较软，结构较疏松，包含有大量碎砖块、料姜石颗粒及乱骨。

葬具　不详。

葬式、性别及年龄　墓葬被盗严重，人骨残碎较甚，故其葬式、性别及年龄等均不详。

2. 随葬品

墓底乱土中清理出铜钱3枚。包括有郭“五铢”和剪轮“五铢”（图1-9）。

有郭“五铢”　2枚。“五”字交股弯曲；“朱”头圆折，中竖两端变细；“金”头为硕大正三角形，四点变长。绝大多数铸造粗略，重量较轻。标本M2：1-2，钱径2.6、穿宽1厘米，重2.8克（图1-9，2）。标本M1：1-3，钱径2.6、穿宽0.9厘米，重2.5克（图1-9，3）。

剪轮“五铢”　3枚。其在文字特征上与有郭五铢钱没有区别，但仅剩穿的四周部分。标本M2：1-1，钱径1.7、穿宽1厘米，重0.6克（图1-9，1）。

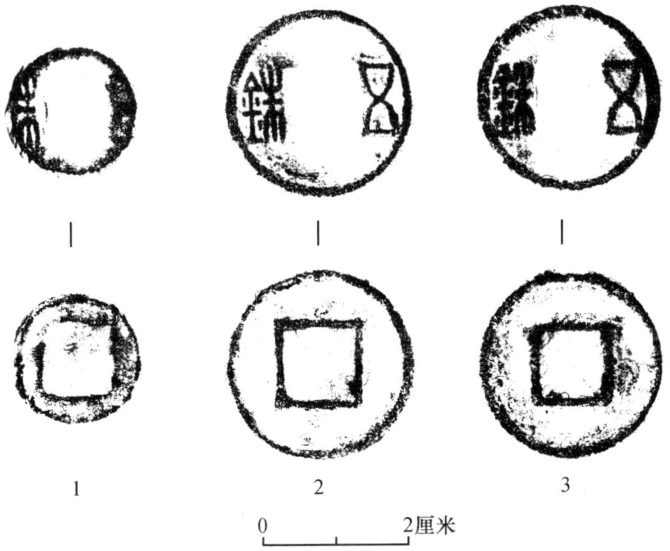

图1-9　M2出土铜钱拓本

1～3.“五铢”（M2：1-1～M2：1-3）

（三）M3

1. 墓葬形制

M3位于T0102北部。开口于第2层下，向下打破生土层，口距地表0.65米，方向270°。该墓为竖穴墓道土洞墓，平面形状近“凸”字形，由墓道和墓室两部分构成（图1-10）。

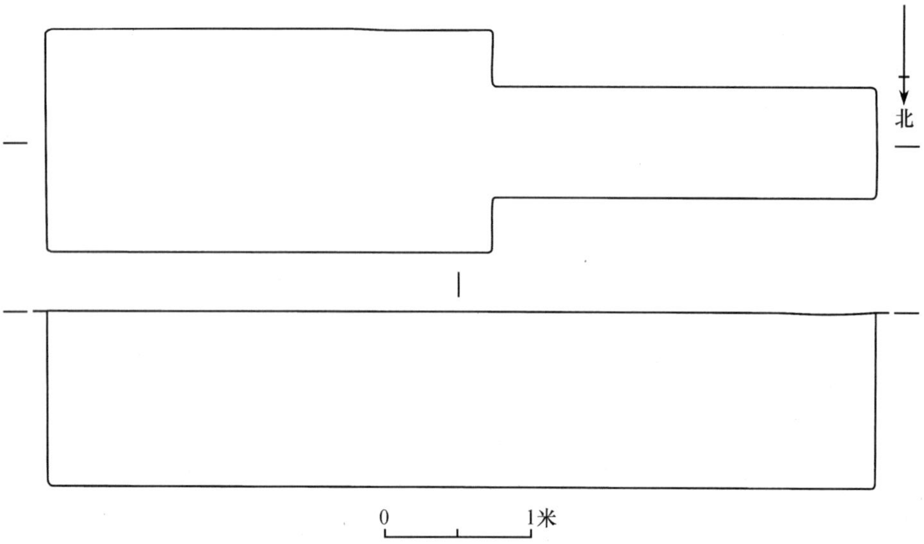

图1-10　M3平、剖面图

墓道　位于墓室西部，口部平面形状呈长方形，直壁，平底。长2.8、宽0.8米，残深1.26米。

墓室　位于墓道东部，底部平面形状呈长方形，直壁，平底。长3.3、宽1.6米，残深1.26米。

填土　墓道填土为褐色杂土，土质较硬，结构较致密，包含有料姜石颗粒；墓内填土较乱，土质稍软，结构较疏松，包含有料姜石颗粒，偶见陶片、碎骨等。

葬具　不详。

葬式、性别及年龄 墓葬被盗严重，人骨残碎较甚，故其葬式、性别及年龄等均不详。

2. 随葬品

由于盗扰严重，不见随葬遗物。

（四）M4

1. 墓葬形制

M4位于T0101中部。开口于第2层下，向下打破生土，口部距地表0.7米，方向263°。该墓为长方形竖穴土坑墓（图1-11）。

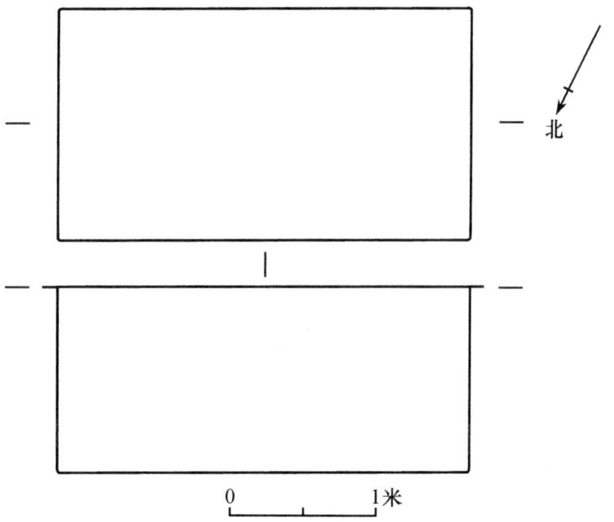

图1-11　M4平、剖面图

墓室　口部平面形状呈长方形，直壁，平底。长2.9、宽1.6米，深1.28米。

填土　填土为褐色杂土，土质稍软，结构较疏松，包含有料姜石颗粒及碎骨等。

葬具　不详。

葬式、性别及年龄　墓葬被盗严重，人骨残碎较甚，故其葬式、性别及年龄等均不详。

2. 随葬品

由于扰乱严重，未发现随葬品。

（五）M5

1. 墓葬形制

M5位于T0101南部。开口于第2层下，向下打破生土层，口部距地表0.7米，方向255°。该墓为竖穴墓道土洞墓，平面形状呈“凸”字形，由墓道和墓室两部分组成（图1-12）。

墓道　位于墓室西部，口部平面形状呈长方形，直壁，平底。长1.9、宽0.8米，残深1.3米。

墓室　位于墓道东部，底部平面形状呈长方形，直壁，平底。长3.3、宽2米，残深1.3米。

填土　墓道填土为褐色杂土，土质较硬，结构较致密，包含有料姜石颗粒；墓内填土较乱，土质较软，结构较疏松，包含有料姜石颗粒，偶见陶片、碎骨等。

葬具　不详。

葬式、性别及年龄　墓葬被盗严重，人骨残碎较甚，故其葬式、性别及年龄等均不详。

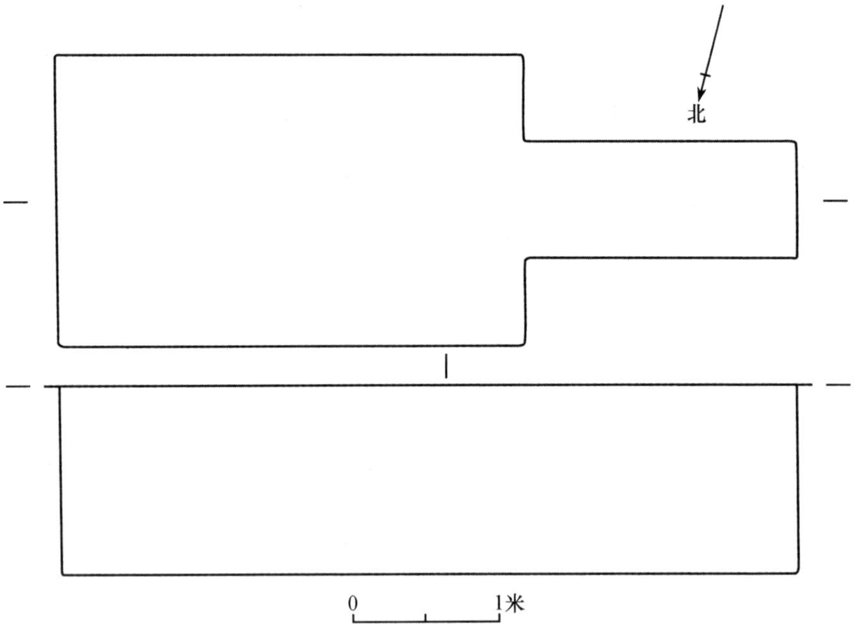

图1-12　M5平、剖面图

2. 随葬品

由于扰乱严重，未发现随葬品。

（六）M6

1. 墓葬形制

M6位于T0101北部。开口于第2层下，向下打破生土层，口部距地表0.7米，方向270°。该墓为竖穴墓道土洞墓，平面形状呈“凸”字形，由墓道和墓室两部分组成（图1-13）。

墓道　位于墓室西部，口部平面形状呈长方形，直壁，平底。长2.7、宽0.86米，残深1.24米。

墓室　位于墓道东部，底部平面形状呈长方形，直壁，平底。长3.5、宽1.8米，残深1.24米。

填土　墓道填土为褐色杂土，土质较硬，结构较致密，包含有料姜石颗粒；墓内填土较乱，土质较软，结构较疏松，包含有料姜石颗粒，偶见陶片、碎骨等。

葬具　不详。

葬式、性别及年龄　墓葬被盗严重，人骨残碎较甚，故其葬式、性别及年龄等均不详。

2. 随葬品

由于扰乱严重，未发现随葬品。

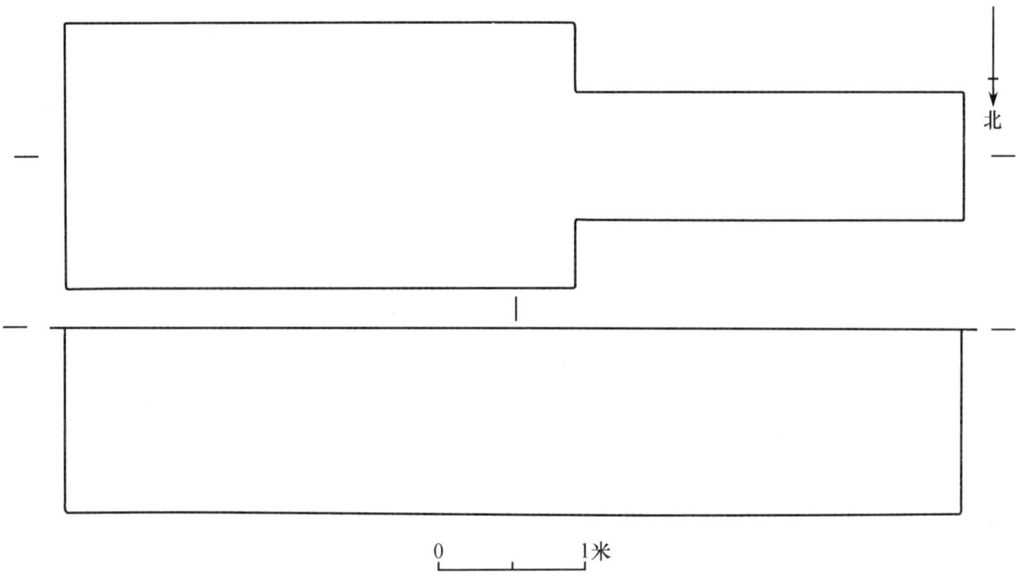

图1-13　M6平、剖面图

三、结　　语

夏庄墓地共清理古墓葬6座，分布较为集中，但无打破和叠压现象，当时应该经过有意规划。墓葬方向均为东西向，墓道均位于墓室西部，由于盗扰严重，葬具、葬式多已不详，其中M1墓主的葬式为单人仰身直肢葬。M1、M2共发现铜钱38枚，分为有郭“五铢”、磨郭“五铢”和剪轮“五铢”三种。

这批墓葬由于盗扰严重，出土遗物不甚丰富，判定墓葬的时代只能根据墓葬形制结构及出土铜钱等进行大体推断。5座带有墓道的墓葬均出土有子母口青砖，这种墓葬在许昌地区流行于东汉时期；M1、M2清理出有郭“五铢”铜钱，大部分为剪轮“五铢”，其特征与《洛阳烧沟汉墓》①中的三型、四型同类器物相似，主要流行于东汉晚期；M1中还清理出磨郭“五铢”，磨郭“五铢”流行于宣帝、元帝及西汉晚期和东汉时期。因此，这六座墓葬的时代大体在东汉晚期。

执　笔：赵广杰、王培娟

2014年6月

① 中国科学院考古研究所：《洛阳烧沟汉墓》，科学出版社，1959年。

附表1-1　许昌县夏庄墓地墓葬登记表

编号	开口层位	方向	形状结构	墓道（单位：米）			墓室（单位：米）			葬式	随葬品	时代
				长	宽	深	长	宽	深			
M1	第2层下	270°	“凸”字形竖穴砖室墓	1.78	0.6～0.7	0.96	2.42	1.1	1.1	仰身直肢	铜钱35枚	东汉晚期
M2	第2层下	268°	“凸”字形竖穴砖室墓	2.02	0.44～1.16	0.92～1.36	2.8	1.5～1.68（口） 1.78～1.84（底）	1.36	不详	铜钱3枚	东汉晚期
M3	第2层下	270°	“凸”字形竖穴土洞墓	2.8	0.8	1.26	3.3	1.6	1.26	不详	未发现	东汉晚期
M4	第2层下	263°	长方形竖穴土坑墓				2.9	1.6	1.28	不详	未发现	东汉晚期
M5	第2层下	255°	“凸”字形竖穴土洞墓	1.9	0.8	1.3	3.3	2	1.3	不详	未发现	东汉晚期
M6	第2层下	270°	“凸”字形竖穴土洞墓	2.7	0.86	1.24	3.5	1.8	1.24	不详	未发现	东汉晚期

第二章　长葛山孔遗址

一、遗址概况

山孔遗址位于长葛市西约13千米的后河镇山孔村西北，地理坐标为北纬34°15′30″，东经113°38′20″，高程为121.2～133.2米。南邻莱姚公路，北依径山，西有紫金山，东南是平原地带。此处地势西北高、东南低，为山前坡地的洪积地带。发源于径山和紫金山之间的庙沟将遗址分东西两部分，并向东南流入小洪河（图2-1、图2-2；彩版二）。

为配合南水北调中线工程干渠建设，河南省文物考古研究所（现河南省文物考古研究院）2004年组织人员沿线进行文物调查，在山孔村的北部和西北部发现有战国时期陶片等文化遗

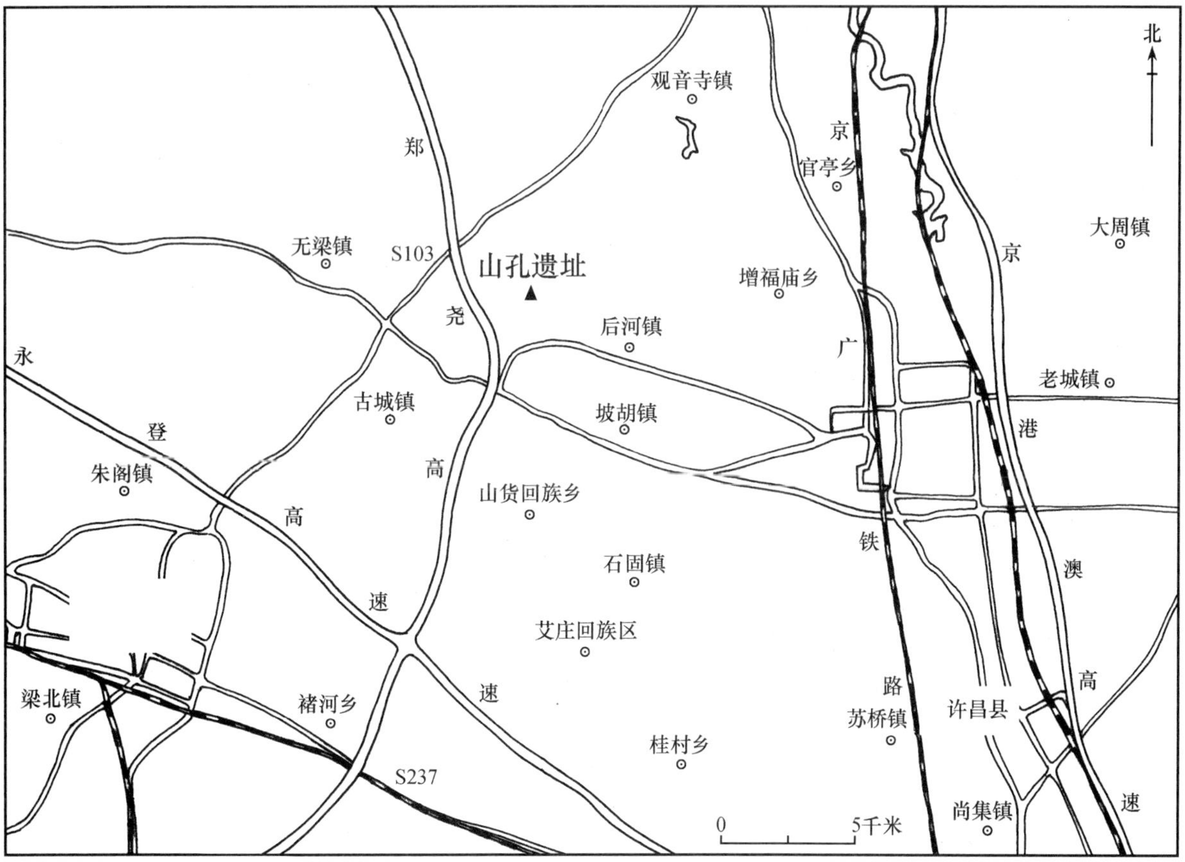

图2-1　长葛山孔遗址位置示意图

存，后又经钻探发现灰坑、窑址、古墓葬等遗迹（彩版三、彩版四）。

经调查和钻探，该遗址东西长960米，南北宽300米，面积288000平方米。由于遗址位于山前坡地地带，经过自然冲刷与农业耕作等人类活动，遗址上部均遭到一定程度的破坏。

2006年6月，河南省文物考古研究所（现河南省文物考古研究院）、许昌市文物工作队和长葛市文物管理所联合组成考古队，从2006年6月8日～11月19日对山孔遗址进行考古发掘。根据地势将遗址分成三区：Ⅰ区位于遗址东部，即庙沟以东，共布10×10米的探方29个，5米×5米探方4个，共发掘面积3000平方米；Ⅱ区位于遗址中部，即庙沟以西与生产路之间，共布10米×10米18个，5米×5米6个，扩方36平方米，共发掘面积1986平方米。Ⅰ区、Ⅱ区总计发掘面积4986平方米。Ⅲ区位于遗址西部，生产路以西地带，Ⅲ区破坏严重，未进行发掘。探方号前冠以“2006CHS”，“2006”代表发掘年份，“C”代表长葛市，“H”代表后河镇，“S”代表山孔村（图2-3、图2-4）。

二、地层堆积

山孔遗址面积较大，地势西高东低，地层的堆积不同，北薄南厚。现将Ⅰ区和Ⅱ区的地层堆积介绍如下。

（一）Ⅰ区地层堆积情况

Ⅰ区发掘面积共3000平方米，地层厚薄不均，堆积厚0.5～1.95米，最多可分6层，最少仅有3层，第1层、第2层和第6层基本均有，第3至第5层局部缺失。现以ⅠT0102南壁为例介绍如下：

第1层：耕土层，厚0.15～0.2米。灰色土，土质较软，结构疏松，包含有现代的白瓷碗、盘等残片，还有塑料制品碎片，草木灰以及植物的根系等。本层分布全方。

第2层：扰土层，深0.15～0.2、厚0.1～0.25米。灰褐色土，土质较硬，结构较致密，包含物不甚丰富，有现代陶片、瓷片，器形有碗、缸等，也有少量的草木灰、红烧土颗粒等。本层分布全方。

第3层：洪积层，深0.35～0.4、厚0.45～0.65米。浅黄色土，土质软，结构疏松，较纯净，包含物不多，偶见有近代瓷片、陶片和战国、汉代的陶片，以及料姜石颗粒。本层分布全方，北部较薄，南部较厚。该层下发现宋代墓葬1座。

第4层：深0.6～1、厚0.2～0.6米。灰褐色土，土质较硬，结构较致密。包含有宋代陶、瓷片，器形有碗、碟、盘等，还有草木灰、红烧土块、螺壳、料姜石颗粒等。本层分布全方。

第5层：深1.15～1.4、厚0.2～0.3米。黄灰色土，土质较软，结构较疏松。包含物较多，有唐代的陶片、瓷片，器形有罐、碗、钵、瓦等，另有炭屑、红烧土颗粒、料姜石颗粒等。本层分布全方。该层下发现有唐代灰沟1条，以及战国时期灰坑1个。

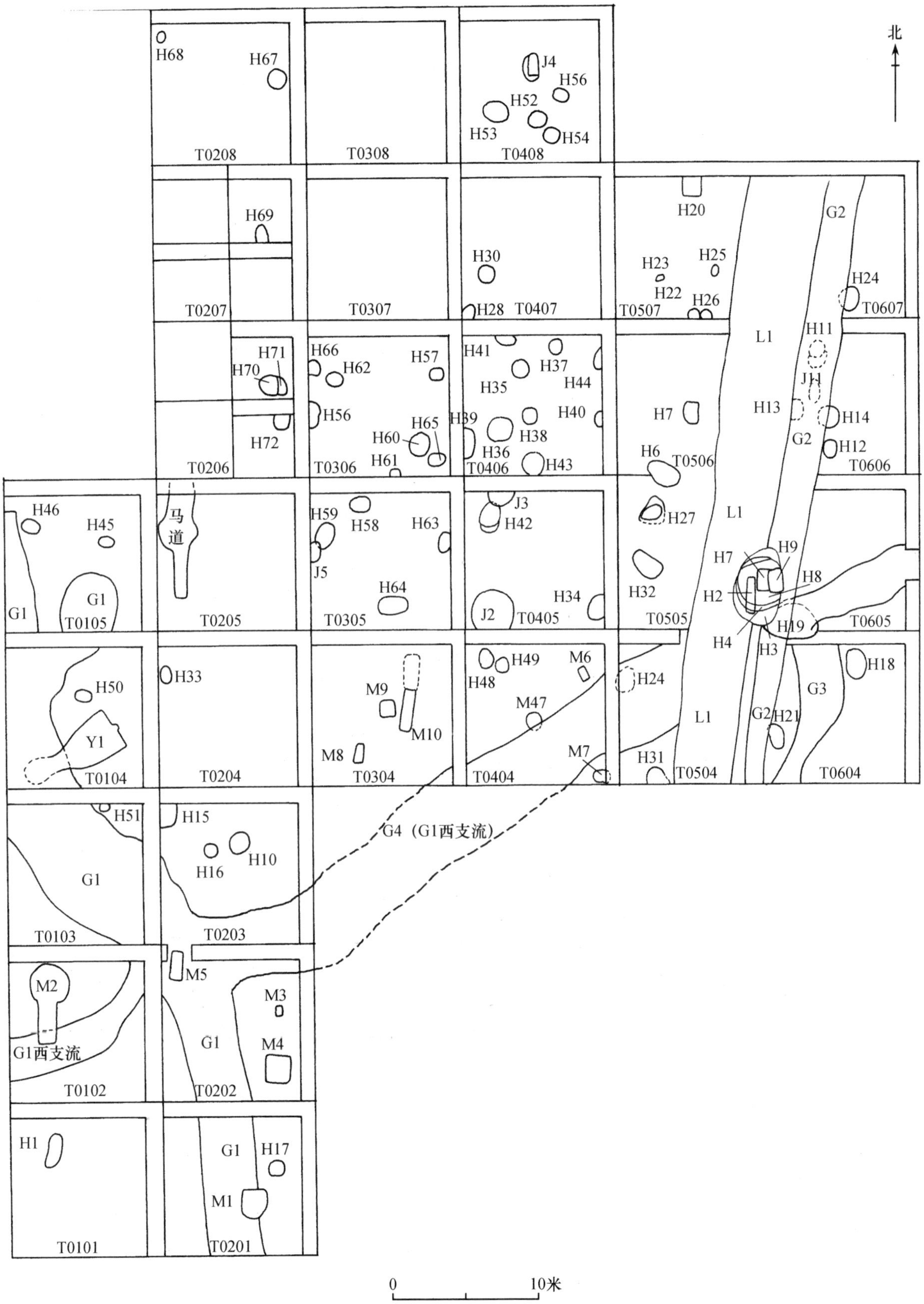
北
H68
H67
T0208
T0308
J4
H56
H52
H53
H54
T0408
H69
T0207
T0307
H30
H28
T0407
H20
G2
H23
H25
H22
H26
T0507
H24
T0607
H71
H70
H72
T0206
H66
H62
H57
H56
H65
H60
H61
T0306
H41
H37
H44
H35
H39
H40
H38
H36
H43
T0406
L1
H11
J1
H13
H14
H7
G2
H12
H6
T0506
T0606
H46
H45
G1
G1
T0105
马
道
T0205
H59
H58
H63
J5
H64
T0305
J3
H42
H34
J2
T0405
H27
L1
H32
T0505
H7
H9
H8
H2
H4
H19
H3
T0605
H50
Y1
T0104
H33
T0204
M9
M10
M8
T0304
H49
M6
H48
M47
M7
T0404
H24
L1
G2
H21
H31
T0504
H18
G3
T0604
H51
H15
H16
H10
G1
T0103
T0203
G4（G1西支流）
M5
M2
G1西支流
T0102
G1
M3
M4
T0202
H1
T0101
G1
H17
M1
T0201
0
10米

图2-3　Ⅰ区遗迹分布图

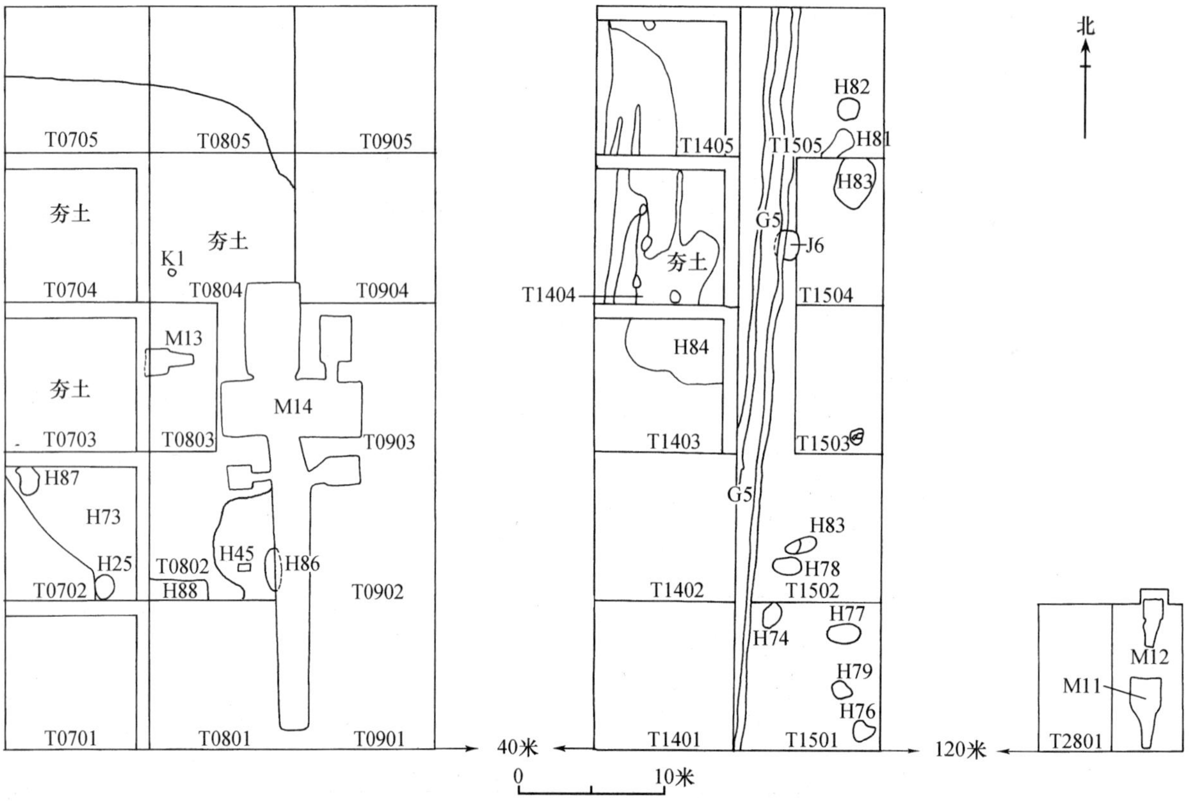

图2-4　Ⅱ区遗迹分布图

第6层：深1.5～1.7、厚0.1～0.25米。灰色土，土质较硬，结构较致密，黏性较大。包含有战国时期的陶片，器形有鬲、罐、豆、盆、盂、瓮等，另有炭屑、红烧土颗粒。本层分布全方。

第6层下为生土层（图2-5）。

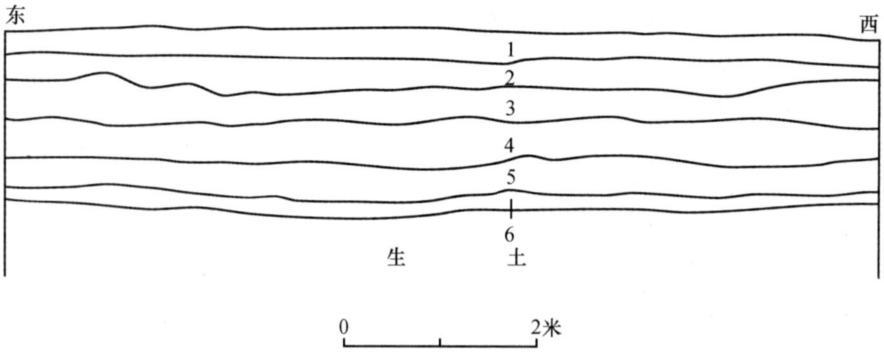

图2-5　Ⅰ T0102南壁剖面图

（二）Ⅱ区地层堆积情况

Ⅱ区发掘面积共1986平方米，西部台地原是汉墓封土，地层堆积较厚，厚2.95米；东部地势较低，堆积较薄，厚0.5～0.95米。现以Ⅱ T0802和Ⅱ T0902南壁为例介绍如下：

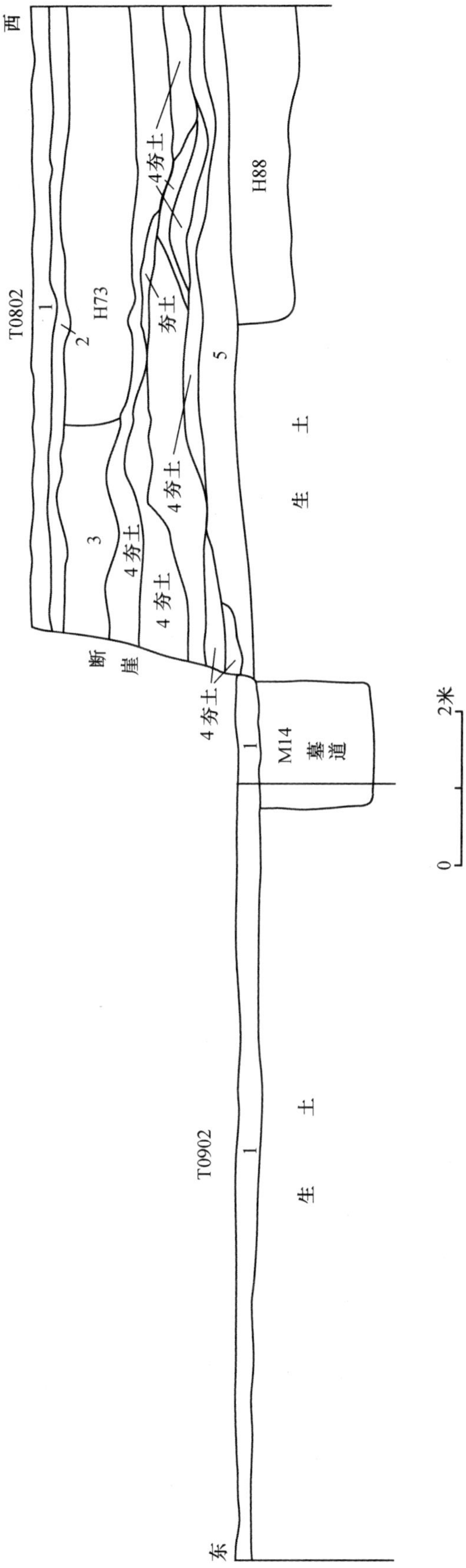

图2-6　Ⅱ T0802和Ⅱ T0902南壁剖面图

第1层：耕土层，厚0.2～0.25米。灰色土，土质较软，结构疏松，包含有草木灰、红烧土颗粒、塑料制品残片、铁钉、现代瓷盘、瓷碗残片以及大量植物根系。本层全方分布，ⅡT0902的该层下发现M14墓道。

第2层：扰土层，深0.2～0.25、厚0.15～0.2米。灰褐色土，经过大型机械碾压，土质较硬，结构致密。包含有炭屑、料姜石颗粒、粗砂粒，偶见近现代瓷片、瓦片等。该层在ⅡT0802内全方分布，该层下发现H73。

第3层：洪积层，深0.4～0.45、厚0.5～0.7米。浅黄色土，土质较软，结构疏松，较纯净。包含物很少，偶见汉代陶片和唐代瓷片等。本层仅分布在ⅡT0802的东部。

第4层：夯土层。深0.95～1.3、厚0.9～1.4米。土色杂，土质硬，结构致密，经过夯打，夯层厚薄不均，夯层厚0.1～0.4米，属于M14封土的夯土层，共8层。夯窝有圆形和方形两种，前者直径7～10厘米，深1厘米左右，后者长8、宽6厘米，深约0.7厘米左右。无包含物。

第5层：汉代文化层。深2.15～2.65、厚0.15～0.45米。黑灰色土，土质较硬，结构致密，性黏。包含有炭屑、红烧土颗粒、螺壳以及少量陶片，可辨器形有筒瓦、板瓦、罐、瓮、盆等。本层在ⅡT0802内全方分布。本层下发现H88。

第5层之下为生土层（图2-6）。

三、战国时期遗存

战国时期遗存有水井和灰坑两类。

（一）遗　　迹

1. 水井

3眼，即J1、J4和J5，分布于遗址的东部，均为圆角长方形。以J1和J4为例介绍如下。

J1　位于ⅠT0606北偏西部，开口于第3层下，向下打破第4层，口部距地表0.7米。平面为圆角长方形，井壁竖直，底部较平。井口部长1.5、宽1.06米；底部长1.4、宽0.76、深5.6米。距井口0.28～0.3米处有台阶，分布于井的东、西、北三面，宽0.09～0.2米。在井的东西壁上各有8个脚窝，呈错位分布。脚窝为半圆形，直径0.14～0.18、高0.1～0.12、进深0.14～0.18米；东壁第一个脚窝距井口1米，脚窝间距为0.52～0.64米；西壁第一个脚窝距井口0.67米、脚窝间距为0.51～0.62米（图2-7）。

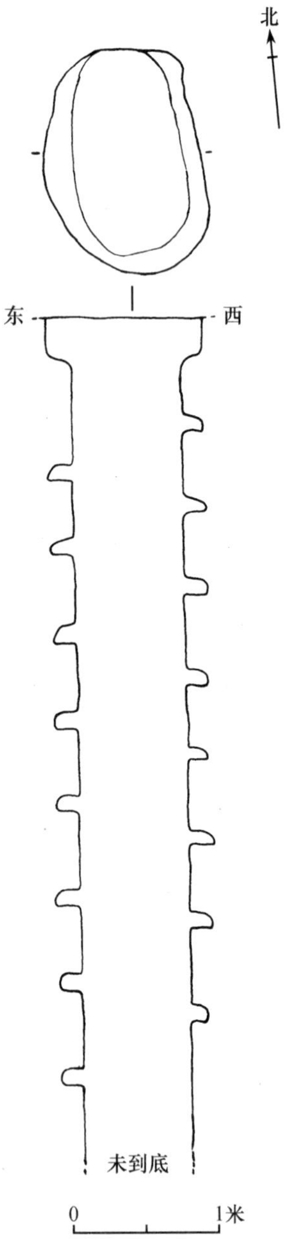

图2-7　J1平、剖面图

井内填土为深灰色土，土质较软，结构较疏松。潮湿而水分大。内含有草木灰、料姜石颗粒、蚌片、兽骨、铁钉和陶片等。陶片以泥质灰陶为主，泥质红陶和夹砂褐陶次之，纹饰有凹弦纹、凸弦纹、绳纹，还有一定数量的素面陶片。可辨器形有鬲、罐、豆、盆、碗等。

J4　位于ⅠT0408北部偏西，开口于第4层下，向下打破生土，口部距地表0.65米。平面为圆角长方形，井的四壁斜直而光滑，经过拍打加工处理。井口部长1.73、宽1米。由于积水较多，未发掘至底部，发掘深度为4.5米，底部长1.56、宽0.7米。距井口1.26米处有台阶，分布在西、南两壁，台阶宽0.14米。东、西两壁有脚窝，其中东壁4个，西壁3个，两壁脚窝错位分布。脚窝的大小不同，呈半圆形，直径0.1～0.15、高0.08～0.12、进深0.08～0.1米；东壁脚窝距井口分别为1.12、2.1、2.7、3.8米；西壁脚窝距井口的距离分别为1.7、2.52、3.46米（图2-8）。井内填土分上下两层：第1层填黄褐色土，土质较硬，结构较致密，厚1.52米。包含有卵石、料姜石颗粒、螺壳和陶片等；第2层填灰色土，质地较松软，结构较疏松，清理厚度2.98米。内含有炭屑、料姜石颗粒、蚌片、兽骨、铁钉和陶片等。陶片主要是泥质灰陶，也有少量的泥质红陶，纹饰有凹弦纹、凸弦纹、绳纹、压印纹等。可辨器形有鬲、缸、罐、豆、盆等。

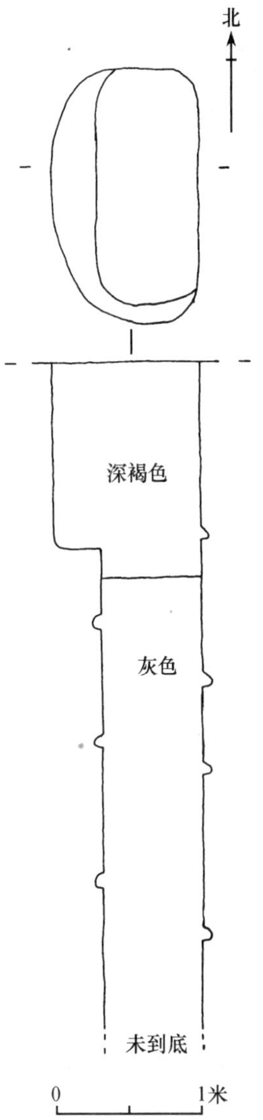

图2-8　J4平、剖面图

2. 灰坑

战国时期灰坑共63座。主要分布于遗址东部的Ⅰ区内。根据坑口平面形状可分为圆形、半圆形、椭圆形、方形、不规则形等。其中圆形灰坑发现19座，即H14、H17、H25、H28、H30、H35、H36、H37、H38、H40、H41、H43、H47、H52、H55、H60、H66、H67、H68。椭圆形灰坑共发现39座，即H7、H9、H10、H11、H12、H15、H18、H19、H23、H24、H26、H27、H29、H31、H32、H33、H34、H39、H42、H44、H46、H48、H49、H50、H51、H54、H56、H57、H58、H59、H61、H62、H63、H64、H65、H69、H70、H71、H72。方形灰坑发现2座，即H13、H20。不规则形灰坑发现3座，即H1、H7、H45。现择出土遗物丰富者进行介绍。

（1）圆形

H17　位于ⅠT0201东部。开口于第5层下，向下打破第6层，口部距地表1.78米。平面为圆形，口小底大，斜壁，平底。口径1.1、底径1.3～1.4、深1.75米（图2-9）。坑内填土为灰色土，土质软，结构疏松。包含有炭屑、烧土颗粒和陶片等。陶片以泥质灰陶为主，夹砂褐陶、红陶次之。纹饰有凹弦纹、绳纹、附加堆纹等；可辨器形有鬲、罐、豆、盂、盆等。

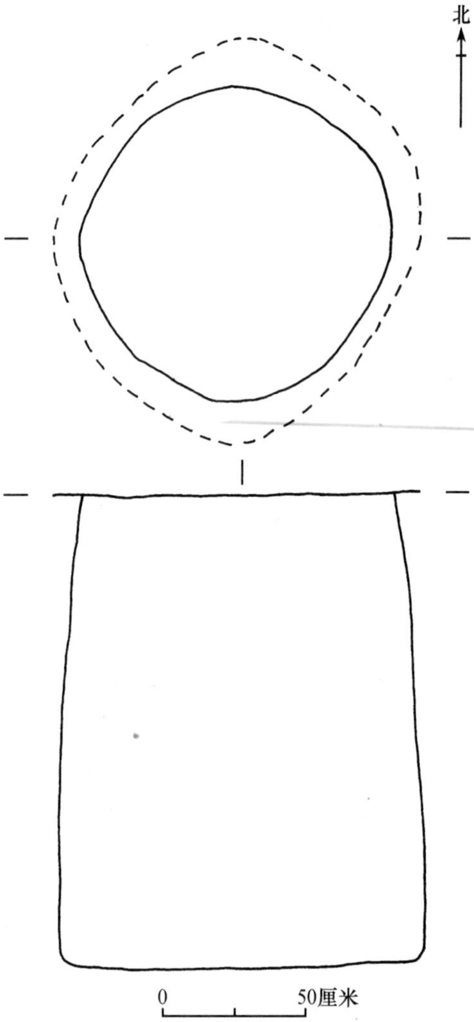

图2-9　H17平、剖面图

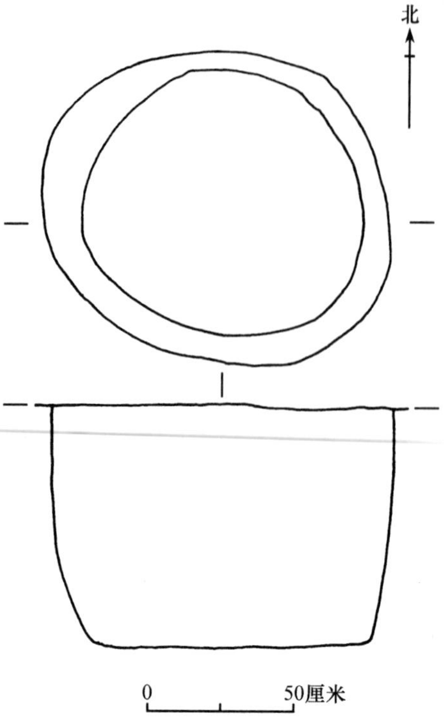

图2-10　H37平、剖面图

H37　位于ⅠT0406北部偏东。开口于第2层下，向下打破第4层，口部距地表0.7米。平面为圆形，斜壁，西壁内收，东壁外扩，平底。直径1.12、深0.9米（图2-10）。坑内填土为浅灰色土，土质硬，结构致密。包含有炭屑、兽骨、料姜石颗粒、蚌片和陶片等。陶片以泥质灰陶为主，泥质红陶和夹砂红陶较少；纹饰有凹弦纹、绳纹等，还有一定比例的素面；可辨器形有鬲、罐、豆、盆、盂等。

H41　位于ⅠT0406的北西部。开口于第2层下，向下打破第4层，口部距地表0.7米。平面为圆形，坑壁规整，弧壁内收，平底。口径1.2、底径0.98、深0.83米（图2-11）。坑内填土为灰色土，土质较软，结构疏

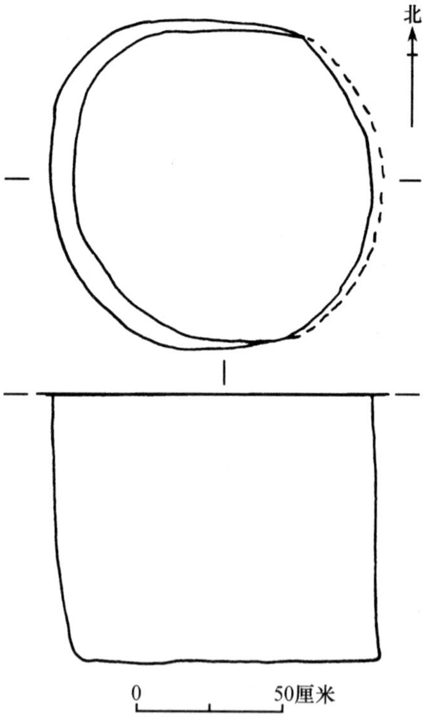

图2-11　H41平、剖面图

松，包含有炭屑、红烧土块和陶片等。陶片泥质灰陶和夹砂红陶约各占一半，偶见泥质红陶；纹饰有凹弦纹、绳纹等，还有一定比例的素面；可辨器形有鬲、罐、豆、盆等。

H43　位于ⅠT0406的部偏南。开口于第4层下，口部距地表0.9米。平面为圆形，坑壁规整，东壁斜向外扩，其余三壁垂直，近底部略向内收，平底。口径1.5、底径1.5、深1.35米（图2-12）。坑内填土分为两层：第1层为深灰色土，土质较软，结构疏松，厚0.75米，内含有炭屑、料姜石颗粒、兽骨残块和陶片等；第2层为黄灰色土，土质较硬，结构较致密，厚0.6米，内含有炭屑、红烧土块和陶片等。上下两层出土陶片的陶质、陶色、纹饰一致，器形基本相同。陶片以泥质灰陶为主，泥质红陶次之，夹砂红陶最少；纹饰有凹弦纹、绳纹、附加堆纹、暗纹等，还有一定比例的素面；可辨器形有鬲、罐、豆、盆、盂等。

H47　位于ⅠT0404的中部。开口于第5层下，向下打破第6层，口部距地表1.25米。平面为圆形，东南部被G1打破，坑壁规整，壁垂直，平底。直径1、坑深0.36米（图2-13）。坑内填土为深褐色土，土质硬，结构致密，包含有炭屑、红烧土块、蚌片和陶片等。陶片主要是泥质灰陶和夹砂红陶；纹饰有凹弦纹、绳纹等，还有一定比例的素面；可辨器形有罐、盂、豆等。

H60　位于ⅠT0306的东北部。开口于第2层下，向下打破第4层，口部距地表0.58米。平面为圆形，直壁，近底部外侈，底部呈凸镜状堆积。口径1.24、底径0.72、深2.3米。距口部0.4米处有一周台阶，台阶平整，东、北两侧较窄，其余较宽，最宽处0.45、最窄处仅0.08米（图2-14）。坑内填土为深灰色土，土质较软，架构疏松，包含有草木灰、料姜石颗粒、蚌片和少量陶片等。陶片以夹砂红陶为主，泥质灰陶次之，泥质红陶较少；纹饰有

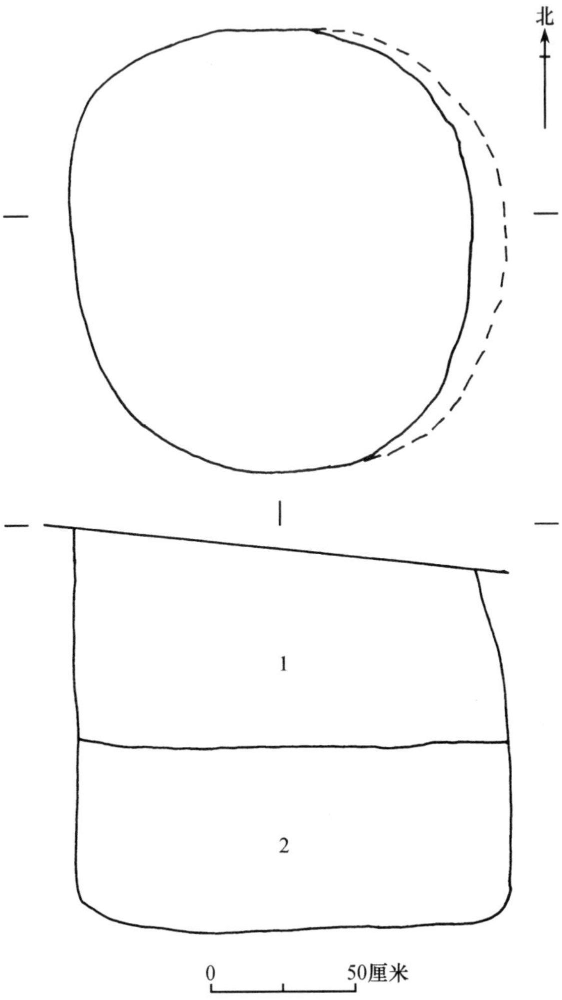

图2-12　H43平、剖面图

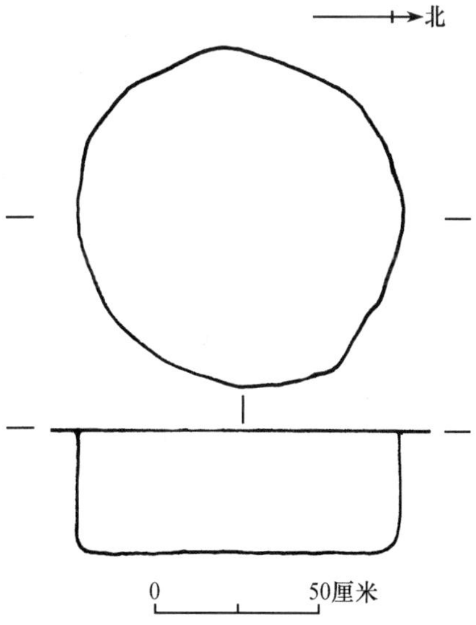

图2-13　H47平、剖面图

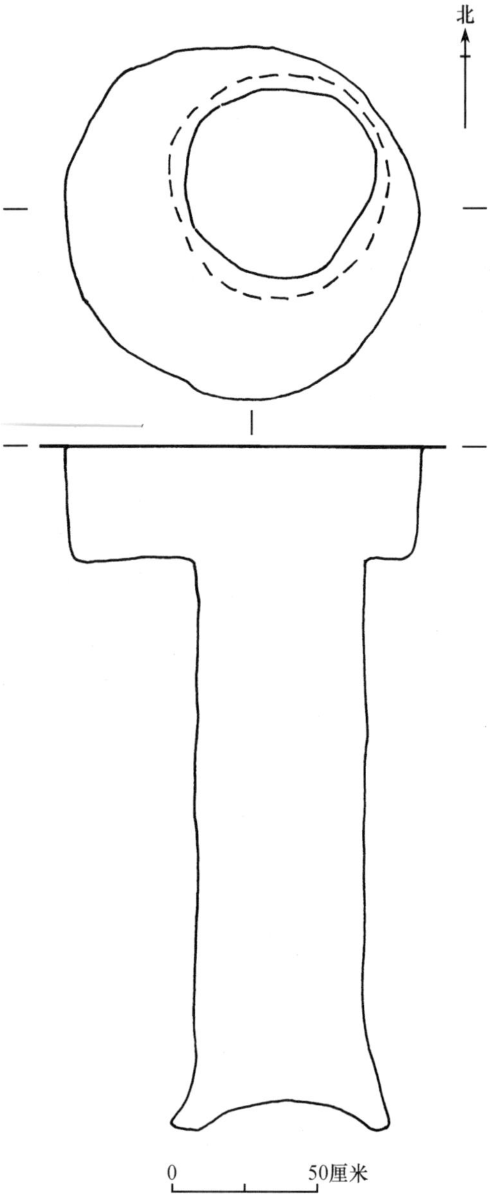

图2-14　H60平、剖面图

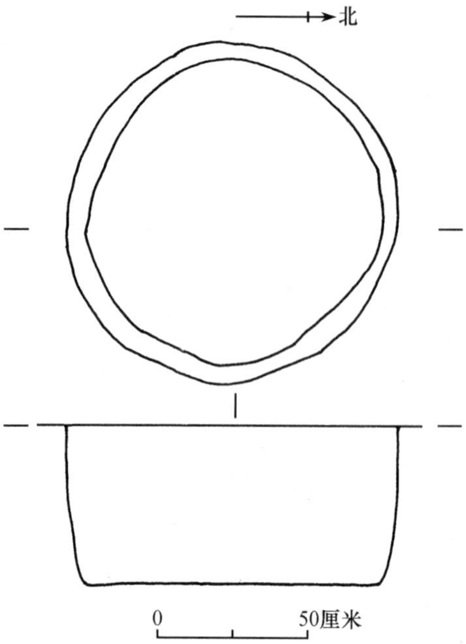

图2-15　H66平、剖面图

个别的绳纹、弦纹，余为素面；可辨器形有鬲、罐、盆、盂、豆等。

H66　位于Ⅰ T0306的东北部。开口于第2层下，向下打破第4层，口部距地表0.58米。平面为圆形，壁斜直，平底。口径1.12、底径0.98、深0.52米（图2-15）。坑壁规整，经加工处理，并留有拍打的痕迹。坑内填土为深褐色土，土质硬，结构致密，包含红烧土颗粒、炭屑、料姜石颗粒、蚌片和少量陶片等。陶片以泥质灰陶为主，夹砂陶红次之，泥质红陶较少；纹饰有绳纹、弦纹，余为素面；可辨器形有鬲、罐、盆、豆和陶饼等。

（2）椭圆形

H11　位于Ⅰ T0606西北部。开口于第3层下，向下打破第4层，口部距地表0.7米。平面近椭圆形，斜壁，平底。口部长径1.55、短径1.26、底部长径1、短径0.9、深1.2米。距坑口0.38米处南壁有一级台阶，长1.24、宽0.32米（图2-16）。坑内填土为灰色土，土质较软，结构疏松，包含有炭屑、烧土颗粒、料姜石颗粒和陶片等。陶片以泥质灰陶为主，红陶和夹砂褐陶次之，有少量深灰陶；纹饰有凹弦纹、绳纹、附加堆纹、暗纹等，还有一定比例的素面；可辨器形有鬲、罐、豆、盂、盆等。

H15　位于Ⅰ T0203的中北部。开口于第4层下，向下打破第6层，口部距地表1.2米。平面为椭圆形，坑壁斜直内收，平底。口部长径1.9、短径1.4、底部长径1.06、短径0.64、深0.8米（图2-17）。壁与底规整，且较硬，应经过加工处理。坑内填土为浅灰色土，土质较软，结构

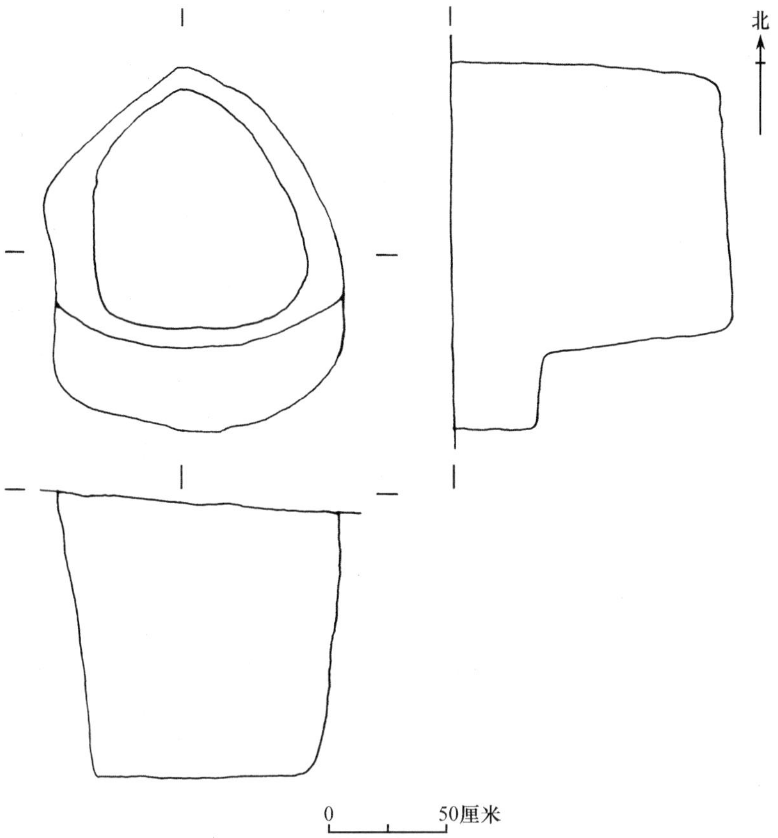

图2-16 H11平、剖面图

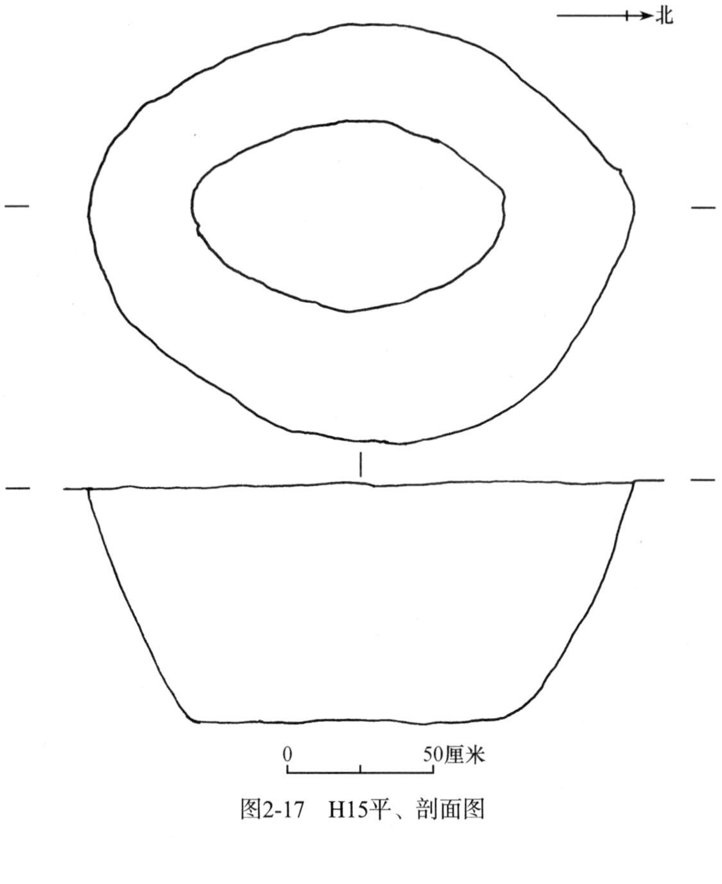

图2-17 H15平、剖面图

疏松，包含有草木灰屑、红烧土颗粒、兽骨、料姜石颗粒和陶片等。陶片主要是泥质灰陶，还有较少的泥质红陶和夹砂褐陶；纹饰有凹弦纹、绳纹等，还有一定比例的素面；可辨器形有鬲、鼎、罐、盆、豆等。

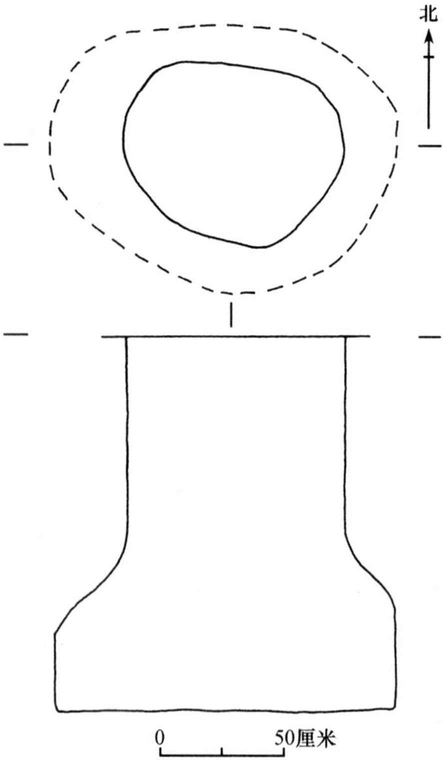

图2-18　H23平、剖面图

H23　位于Ⅰ T0507中西部。开口于第3层下，向下打破第4层，口部距地表0.6米。平面为椭圆形，距坑口0.8以上为直壁，以下坑壁斜直并向外张，呈袋状，平底。口部长径0.9、短径0.7米，底部长径1.3、短径1.1、深1.4米（图2-18）。坑内填土为浅灰色土，土质较软，结构疏松，包含有炭屑、红烧土颗粒、兽骨、土螺壳、蚌壳和陶片等。陶片以泥质灰陶为主，夹砂褐陶次之；纹饰有绳纹、凹弦纹等，还有一定比例的素面；可辨器形有鬲、盆、钵、豆、盂等。

H24　位于Ⅰ T0607的南部偏东。开口于第3层下，被G2打破，向下打破生土，口部距地表0.6米。平面为椭圆形，直壁，底部留有台阶，宽10厘米。口部长径1.65、短径1.56、底部长径1.52、短径1.4、深1.6米（图2-19）。坑

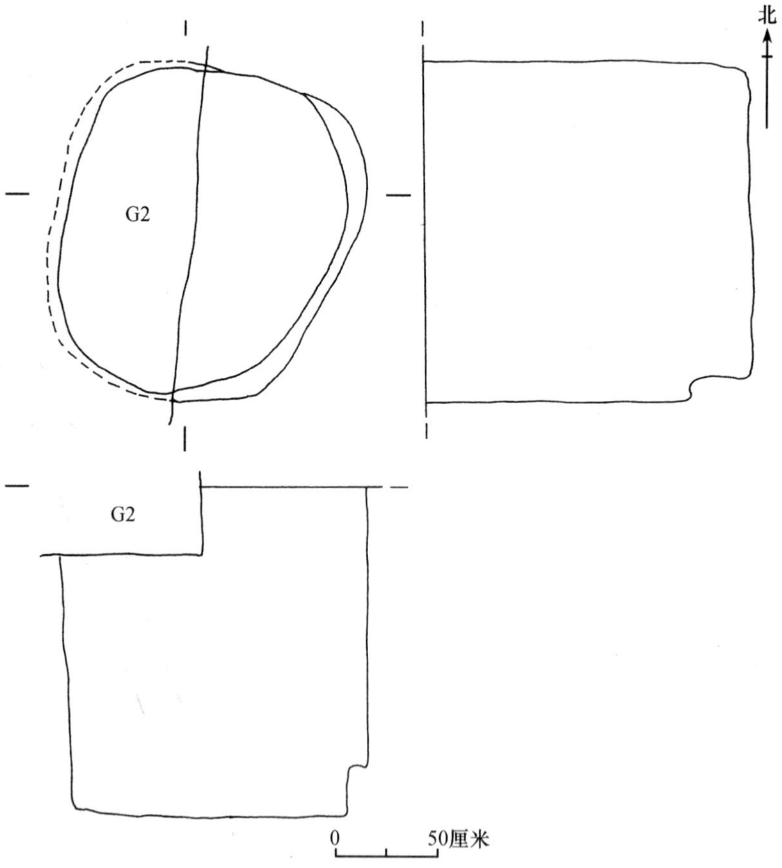

图2-19　H24平、剖面图

内填土为深灰色土，土质较软，结构疏松，包含有草木灰、料姜石颗粒、烧土颗粒、螺壳和陶片等。陶片以泥质灰陶为主，夹砂红陶次之，还有少量的泥质红陶；纹饰有凹弦纹、绳纹等，有一定比例的素面。可辨器形有鬲、罐、豆、盆等。

H27　位于ⅠT0505的西北部。开口于第3层下，向下打破生土，口部距地表0.56米。平面为椭圆形，坑壁上部较直，下部斜向外扩，呈袋状，平底。口部长径1.7、短径1.24、底部长径1.9、短径1.7、深2.8米。坑壁南、西、北三面有台阶，长0.8～1、宽0.1～0.44米，台面距坑口0.44米（图2-20）。坑内填土分二层：第1层为黄灰色土，厚1.5米，土质较硬，结构致密，包含有草木灰屑、烧土颗粒、料姜石颗粒和陶片等；第2层为灰褐色土，厚1.3米，土质硬，结构致密，包含有大量的红烧土块、炭屑、土螺和陶片等。陶片以泥质灰陶为主，夹砂红较少；纹饰有凹弦纹、绳纹等，有一定比例的素面；可辨器形有罐、盆、豆等。

H29　位于ⅠT0504的西部偏北。开口于第5层下，被G4打破，向下打破第6层，口部距地表0.9米。平面为椭圆形，坑壁斜直并向外扩，呈袋状，平底。口部残长径0.94、残短径0.36、底部长径1.3、短径1.26、深0.95米（图2-21）。坑内填土为深褐色土，土质硬，结构致密，包含有草木灰、料姜石颗粒、大量的红烧土颗粒和陶片等。陶片以夹砂红陶为主，泥质灰陶次之，还有少量的泥质红陶；纹饰有凹弦纹、绳纹等，还有一定比例的素面；可辨器形有鬲、罐、豆、瓮、盆等。

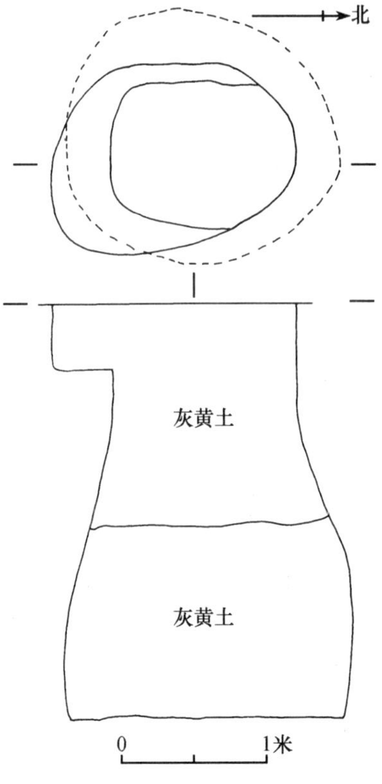

图2-20　H27平、剖面图

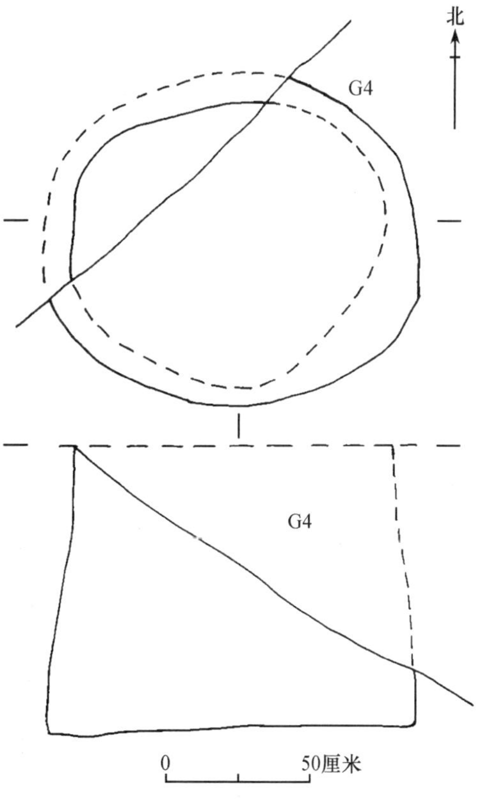

图2-21　H29平、剖面图

H32　位于Ⅰ T0505的西部。开口于第5层下，向下打破第6层，口部距地表0.8米。平面为椭圆形，口大底小，斜壁，小平底。口部长径1.92、短径1.25、底部长径0.4、短径0.3、深0.9米。西北部有两级台阶，第1级台阶较平，宽0.2、最长1米，距口部0.4米；第2级台阶为斜坡状，宽0.3、长1.3米，距口部0.58米（图2-22）。台阶土质较硬，应是人们长时间踩踏留下的痕迹。坑内填土为灰色土，土质较软，结构疏松，包含有草木灰、料姜石颗粒、螺壳和陶片等。陶片以泥质灰陶为主，夹砂褐陶次之；纹饰有凹弦纹、绳纹等，有一定比例的素面；可辨器形鬲、盆、豆等。

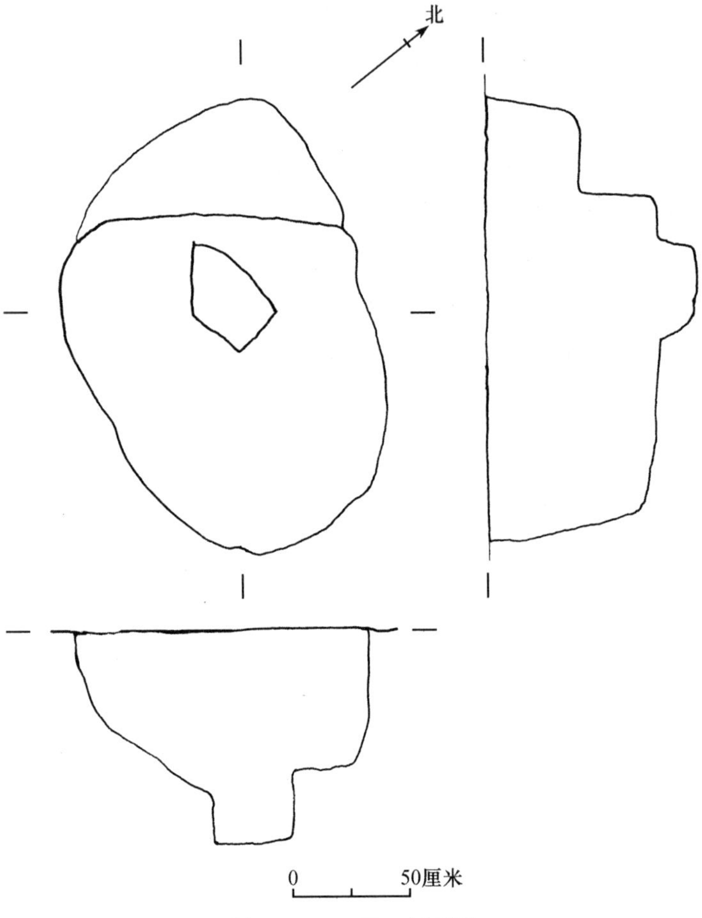

图2-22　H32平、剖面图

H33　位于Ⅰ T0204的西北部。开口于第4层下，向下打破第5层，口部距地表1.06米。平面为椭圆形，口小底大，斜直壁，坑壁规整，留有加工的痕迹，平底。口部长径0.9、短径0.7、底部长径1.5、短径1.2、深1.78米（图2-23）。坑内填土为浅灰色土，土质较软，包含有草木灰、红烧土颗粒、料姜石颗粒、陶片、蚌壳等。陶片以泥质灰陶为主，泥质红陶少见；纹饰有凹弦纹、绳纹、压印纹等，还有一定比例的素面；可辨器形有鬲、罐、盆、盂、豆等，还有蚌镰和陶纺轮等。

H34　位于Ⅰ T0405的东南角。开口于第4层下，向下打破第5层，口部距地表0.7米。平面

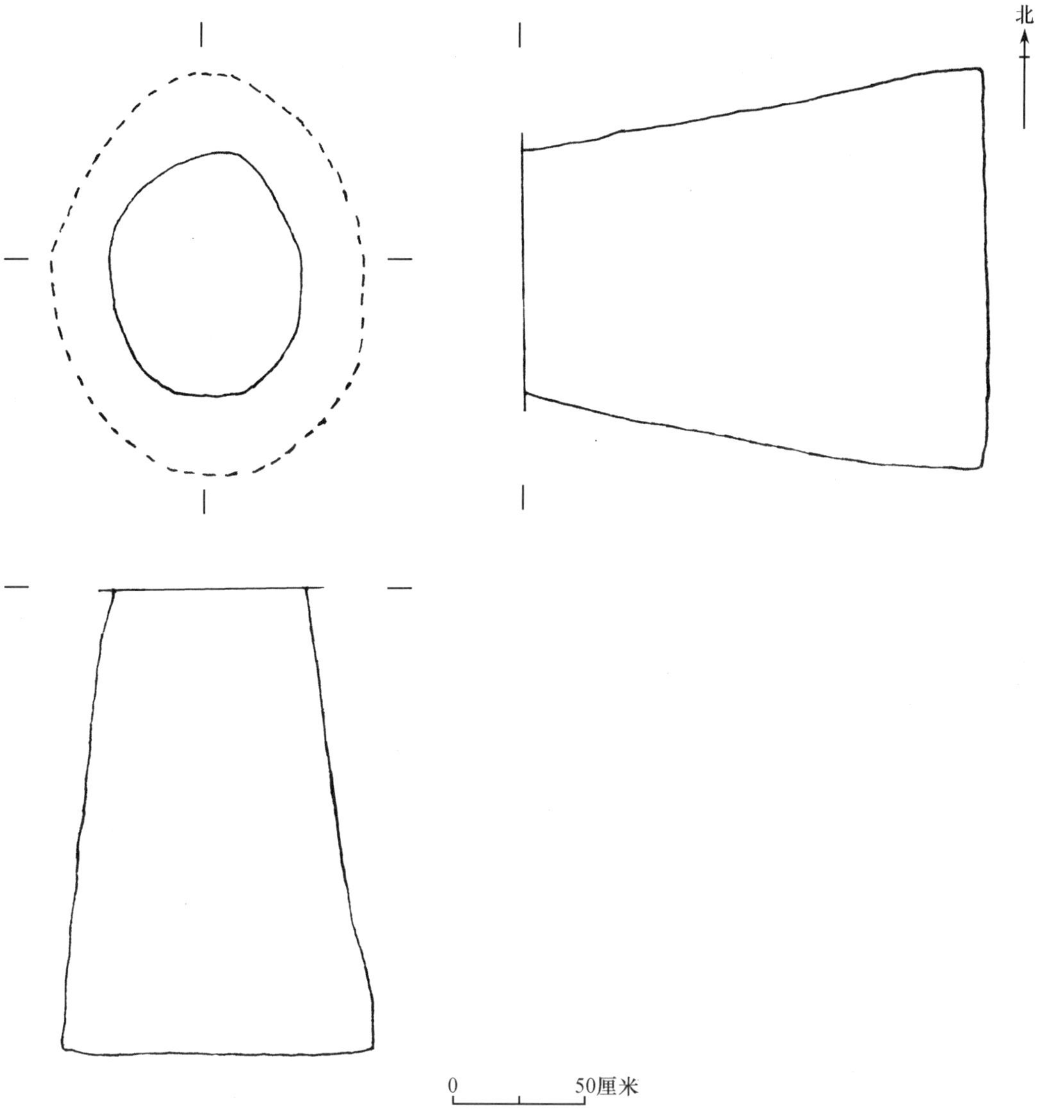

图2-23　H33平、剖面图

为椭圆形，斜直壁内收，壁较规整，经过加工处理，平底。口部长径1.8、短径1.08、底部长径1.44、短径0.9、深1.3米（图2-24）。坑内填土为浅灰色土，土质较软，包含有草木灰、红烧土颗粒、料姜石颗粒和陶片等。陶片以泥质灰陶为主，泥质红陶次之，夹砂红陶较少；纹饰有凹弦纹、绳纹等，还有一定比例的素面；可辨器形鬲、罐、豆、盆等。

H39　位于ⅠT0406的西壁偏南。开口于第3层下，向下打破第4层，口部距地表0.6米。平面为椭圆形，斜弧壁内收，壁较规整，平底，底部经过加工，较硬。口部长径1.85、短径1.1、底部长径1.75、短径0.95、深1.38米（图2-25）。坑内填土为深灰色土，土质较软，结构疏松，包含有炭屑、红烧土颗粒、料姜石颗粒、兽骨和陶片等。陶片以泥质灰陶居多，泥质红陶和夹砂褐陶次之，另还有少量深灰陶；纹饰有凹弦纹、绳纹，还有一定比例的素面；可辨器形有鬲、罐、豆、盆、盂等。

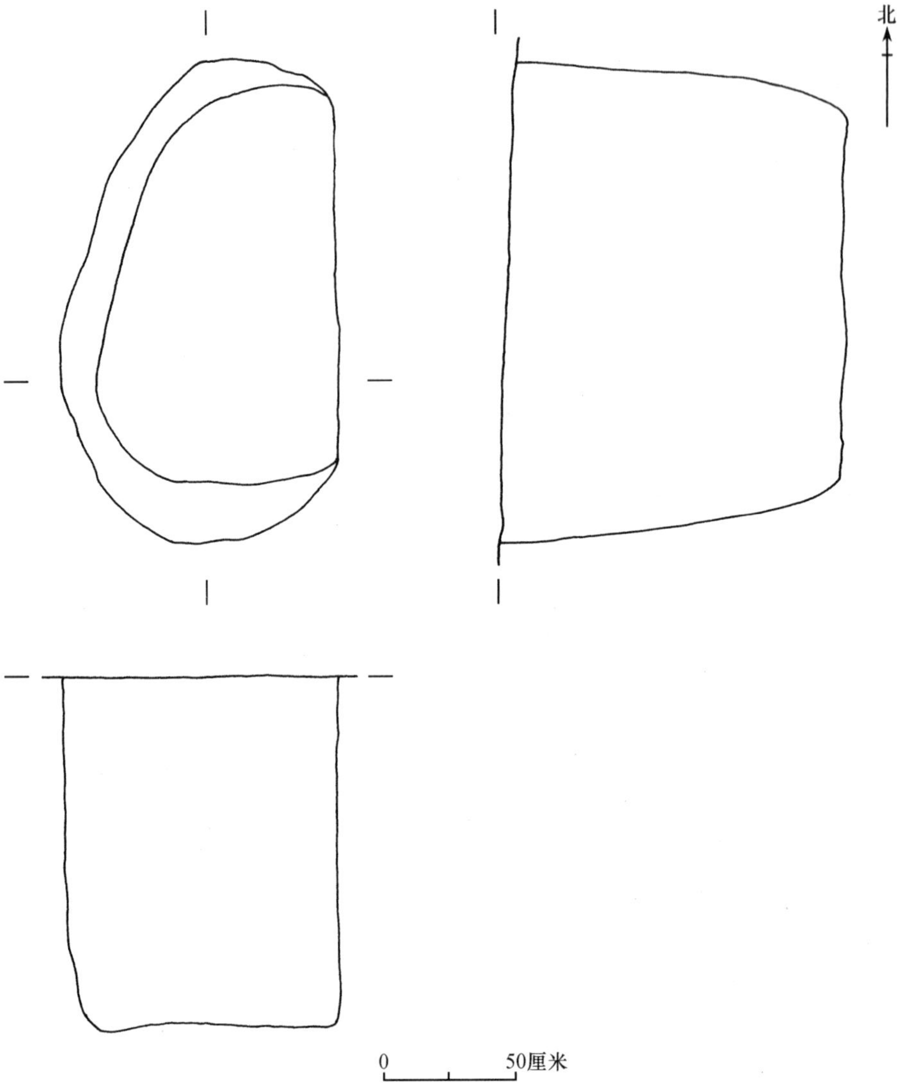

图2-24　H34平、剖面图

H44　位于ⅠT0406的东北部，部分进入东隔梁。开口于第4层下，向下打破生土，口部距地表0.75米。平面为椭圆形，直壁，壁较规整，底部有台阶，宽约0.8米，底部略经加工，较硬。口部长径1.5、短径0.7、底部长径0.7、短径0.66、坑深1.6米（图2-26）。坑内填土为黄灰色土，土质较硬，结构致密，包含有炭屑、烧土颗粒、兽骨和陶片等。陶片以泥质灰陶为主，夹砂褐陶次之，还有少数的泥质红陶；纹饰有凹弦纹、绳纹等，还有一定比例的素面；可辨器形有鬲、罐、豆、盆、盂等。

H49　位于ⅠT0404的西北部。开口于第5层下，向下打破第6层，口部距地表1.1米。平面为椭圆形，斜壁，平底。口部长径1.7、短径1.6、底部长径1.3、短径0.74、深1.05米。坑壁西北部有一层台阶，长0.78、最宽1.04、距口部0.5米（图2-27）。坑内填土为深褐色土，土质坚硬，结构致密，包含有炭屑、红烧土颗粒、螺壳和陶片等。陶片以泥质灰陶为主，夹砂红陶和

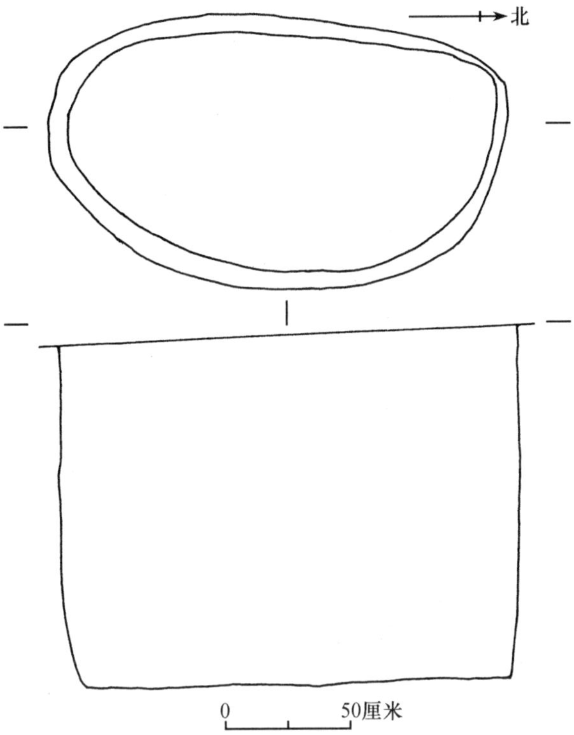

图2-25　H39平、剖面图

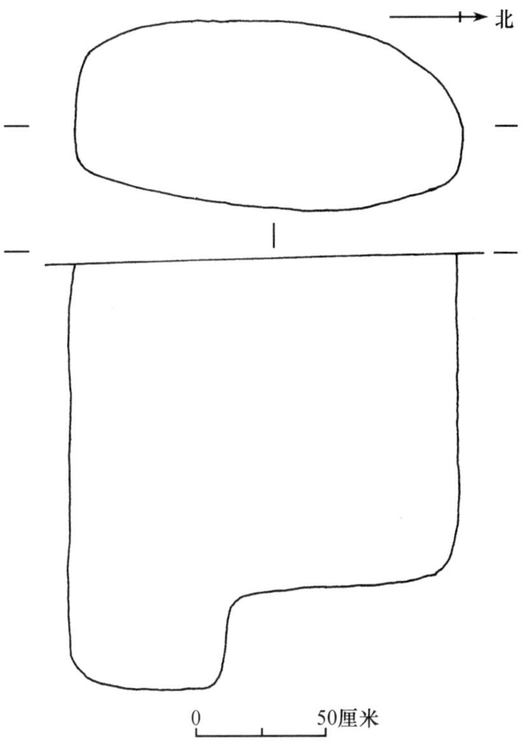

图2-26　H44平、剖面图

泥质红陶较少；纹饰有凹弦纹、绳纹等，还有一定比例的素面；可辨器形鬲、罐、豆、盆、盂等。

H56　位于ⅠT0306的西部，部分进入西壁。开口于第2层下，向下打破第4层，口部距地表0.53米。平面为椭圆形，斜壁，平底。口部长径1.8、短径1.06、底部长径1.64、短径1.08、深0.78米。南部有一级台阶，长1、宽0.68米，距口部0.6米（图2-28）。坑壁、台阶以及底部较规整，似经加工，较硬。坑内填土为深褐色土，土质较硬，结构致密，包含有炭屑、大量红烧土颗粒、兽骨、螺壳和陶片等。陶片主要是泥质灰陶，泥质红陶较少；纹饰有凹弦纹、绳纹等，还有一定比例的素面；可辨器形有鬲、盆、盂、豆、和纺轮等。

H62　位于ⅠT0306的西北部。开口于第3层下，向下打破第4层，口部距地表

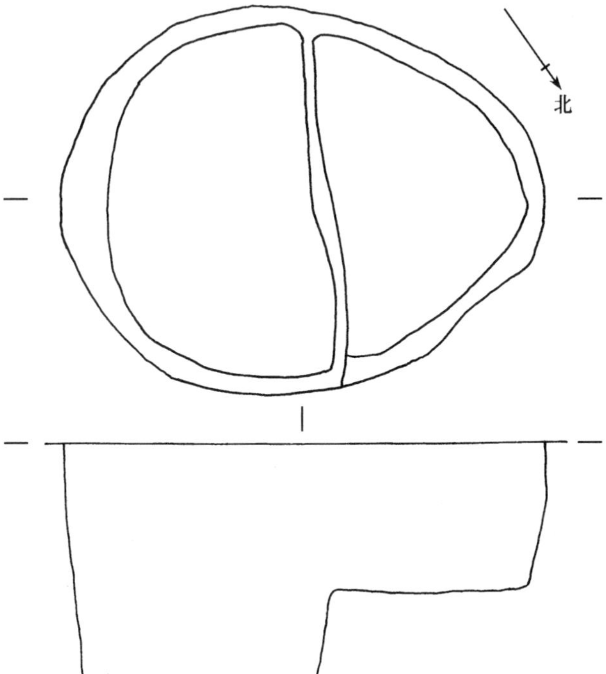

图2-27　H49平、剖面图

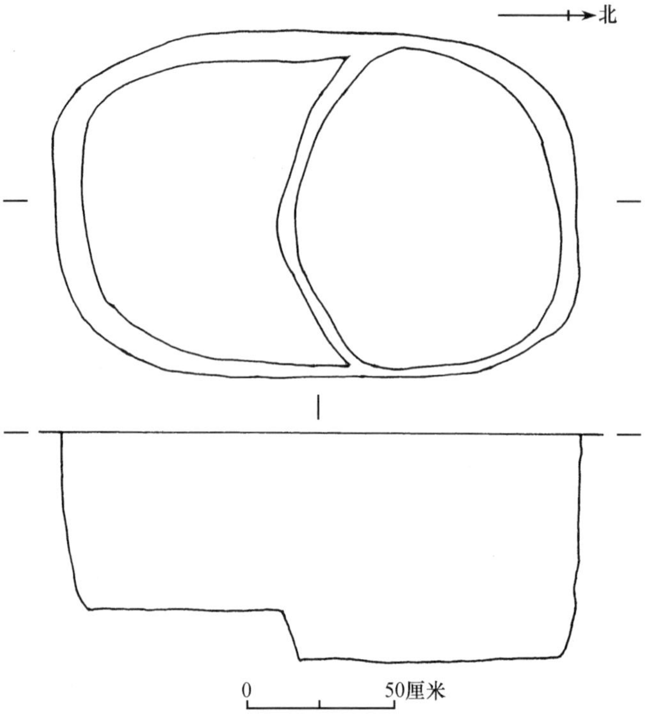

图2-28　H56平、剖面图

0.79米。平面为椭圆形，直壁，平底。口部长径1.46、短径1.36、深0.77米（图2-29）。壁与底均规整，似经加工，较硬。坑内填土为深褐色土，土质硬，结构致密，包含有烧土颗粒、炭屑、兽骨、陶片等。陶片以泥质灰陶为主，夹砂红陶次之，泥质红陶较少；纹饰有凹弦纹、绳纹等，还有较多的素面；可辨器形有鬲、罐、盂、盆、豆和纺轮等。

H65　位于ⅠT0306的东南角。开口于第3层下，向下打破第4层，口部距地表0.6米。平面为椭圆形，斜直壁，平底。口部长径1.3、短径0.9、底部长径1.1、短径0.7、深1米（图2-30）。坑壁与底部均规整，似经加工，较硬。坑内填土为深灰色土，土质较硬，结构致密，包含有大量的炭屑、烧土颗粒，以及兽骨、螺壳和陶片等。陶片以泥质灰陶为主，夹砂红陶次之，泥质红陶较少，还有较少的深灰色陶；纹饰有凹弦纹，绳纹等，还有较多的素面；可辨器形有鬲、罐、盂、豆、盆以及纺轮等。

H69　位于ⅠT0207的中南部。开口于第2层下，向下打破第4层，口部距地表0.56米。平面为椭圆形，上部为直壁，下壁斜向外张，呈袋状，平底。口部长径1.54、短径1.32、底部长径1.58、短径1.54、深2.04米。东壁有两级台阶，第一级台阶距口部0.2米，宽0.36米；第二级台阶距口部1米，长1米（图2-31）。台阶阶面较平，土质较硬，是经人们长期踩踏形成的。坑壁规整而较坚实，经加工处理，应是当时储存粮食的窖穴。坑内填土为深灰色土，土质较软，结构疏松，包含有炭屑、红烧土颗粒和陶片等。陶片以泥质灰陶为主，夹砂红褐陶次之，偶见泥质红陶；纹饰有凹弦纹、绳纹等，还有一定比例的素面；可辨器形有盂、鬲、盆、豆以及纺轮等。

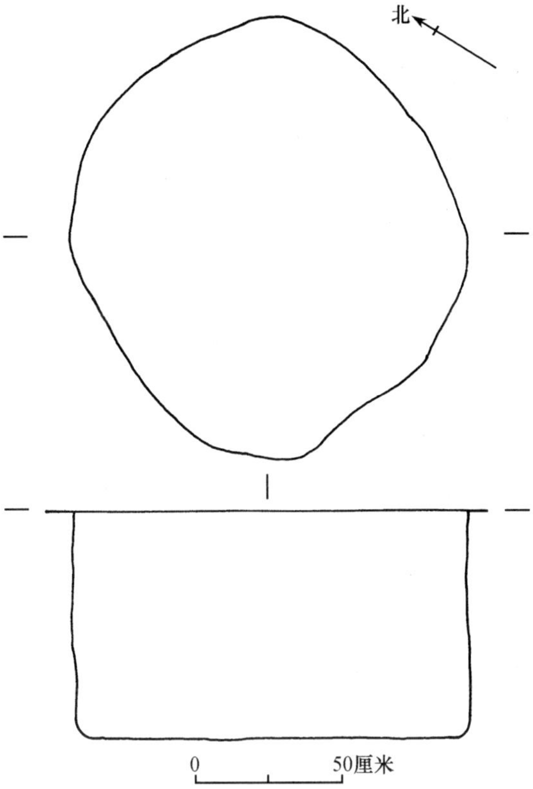

图2-29　H62平、剖面图

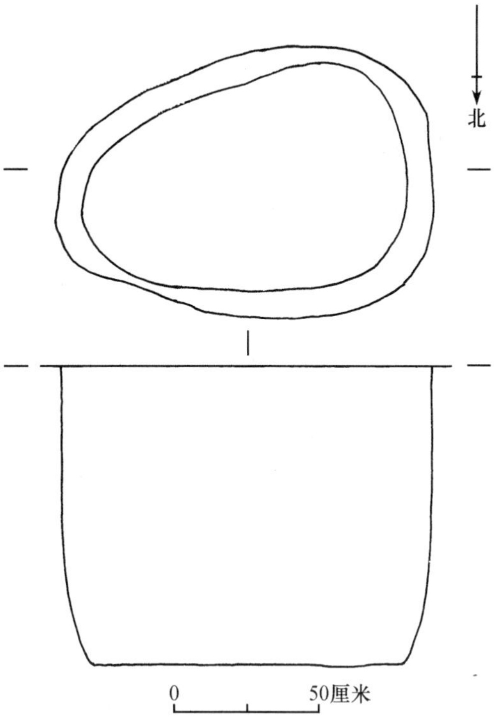

图2-30　H65平、剖面图

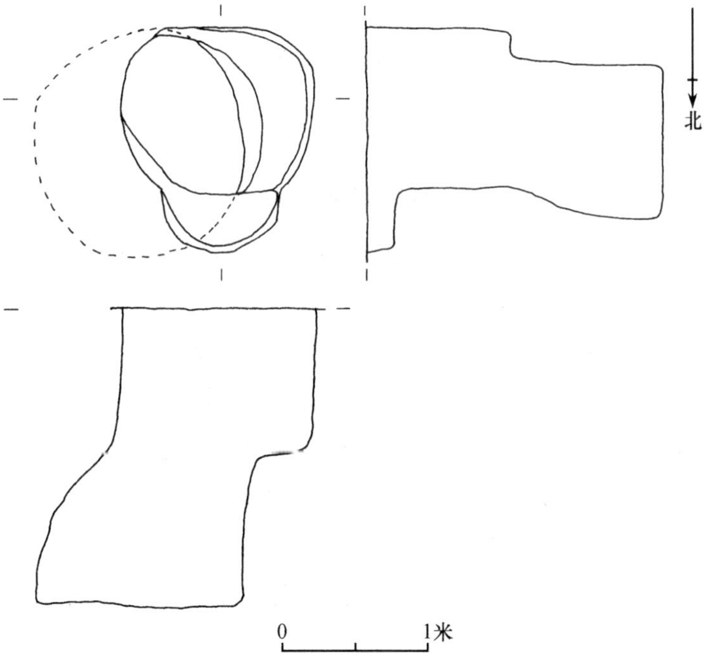

图2-31　H69平、剖面图

（3）方形

H20　位于ⅠT0507北部。开口于第2层下，向下打破第4层，口部距地表0.53米。平面为方形，坑壁较直，平底。边长1.2、深0.24米。上部已遭破坏，仅存底部（图2-32）。出土陶器较为完整，似应是存放陶器的窖穴。坑内填土为深褐色土，土质硬，结构致密，包含有草木灰、料姜石颗粒和陶片等。陶片较少，主要为泥质灰陶；纹饰有凹弦纹、绳纹等，还有一定比例的素面；器形为陶量、盆、鬲、罐、豆等。

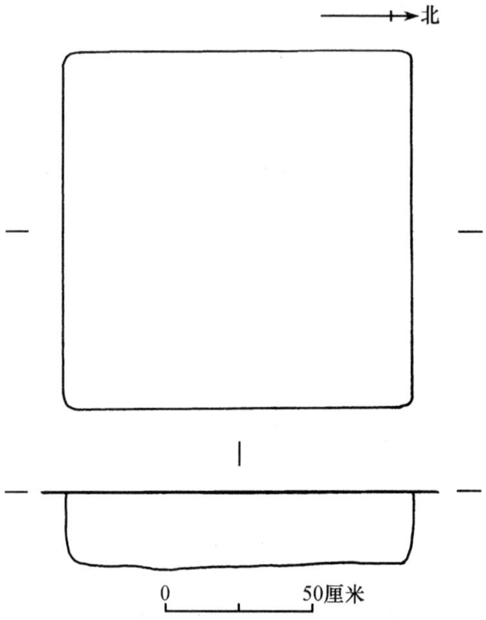

图2-32　H20平、剖面图

（4）不规则形

H1　位于ⅠT0101的东北角。开口于第6层下，向下打破生土，口部距地表2.2米。平面呈不规则形，坑壁弧向内收，近平底。口部长径2.2、短径1.32、底部长径1.9、短径0.9 、深0.8米（图2-33）。坑内填土为灰褐色土，土质较硬，结构致密，包含有草木灰、红烧土颗粒、料姜石颗粒和陶片等。陶片以泥质灰陶为主，夹砂褐陶次之，还有个别的泥质红陶和褐陶；纹饰有凹弦纹、绳纹、附加堆纹等，还有一定比例的素面；可辨器形有鬲、罐、瓮、壶和豆等。

H7　位于ⅠT0506中部。开口于第4层下，向下打破生土，口部距地表0.8米。平面呈不规则形，直壁，平底，长径1.26、短径0.9、深0.34米（图2-34）。坑内填土为褐色色土，土质较硬，结构较致密，包含有炭屑、红烧土颗粒和陶片等。陶片以泥质灰陶为主，红陶和夹砂褐陶较少；纹饰有凹弦纹、绳纹等，还有一定比例的素面；可辨器形有罐、盆、盂、豆等。

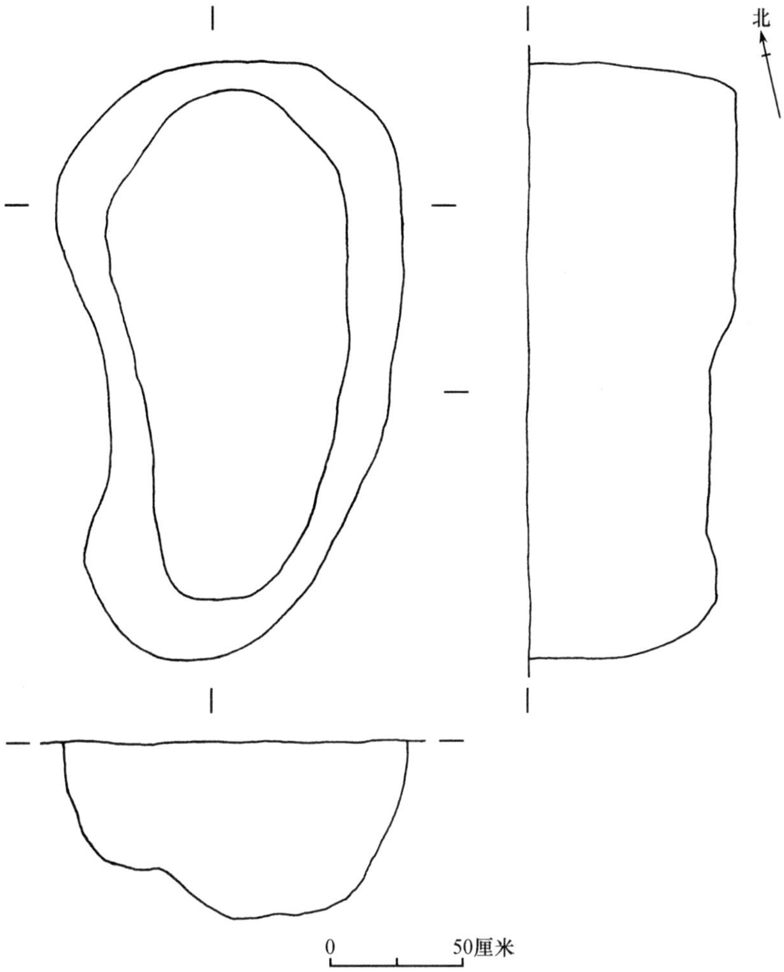

图2-33　H1平、剖面图

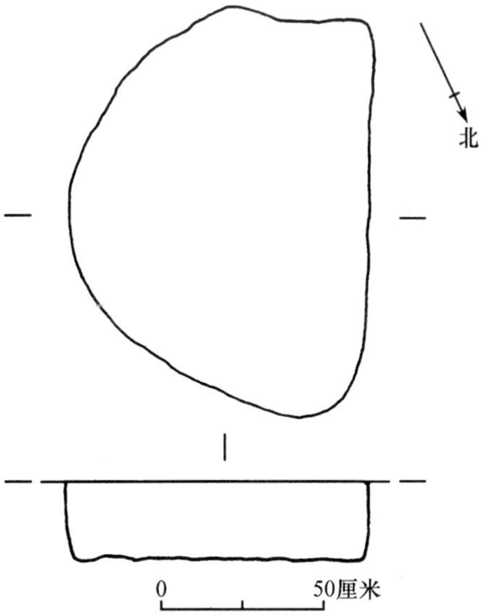

图2-34　H7平、剖面图

（二）出土遗物

1. 水井出土遗物

J1出土遗物

碗　标本J1：1，泥质灰陶。敞口，圆唇，弧腹，平底微凹。素面。口径15.5、底径6.4、高6.5 厘米（图2-35，3；图版三，1）。

蚌刀　标本J1：2，残。弧背，弧刃，刃部较宽，锋利。残长6、宽8厘米（图2-35，1）。

J4出土遗物

罐　标本J4：1，泥质灰陶。上部残，溜肩，上腹鼓腹，下腹弧收，平底。上腹和中腹各有两周凹弦纹，足跟处有一周瓦楞纹。残高17.5、底径10.5厘米（图2-35，2）。

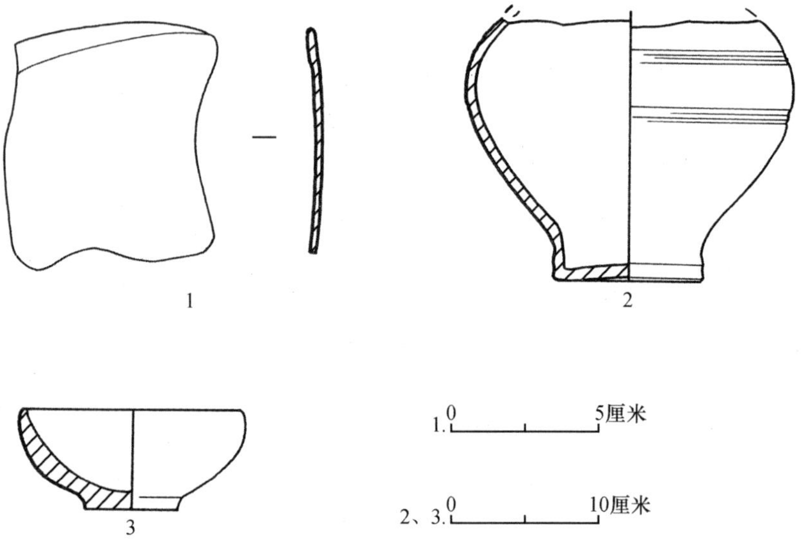

图2-35　战国时期水井出土遗物

1. 蚌刀（J1：2）　2. 陶罐（J4：1）　3. 陶碗（J1：1）

2. 灰坑出土遗物

H17出土遗物

盂　标本H17：1，泥质灰陶。直口微敛，平折沿，圆唇，上腹略鼓，下弧收，平底。素面无纹。口径18、底径8、高10厘米（图2-36，6）。

陶饼　标本H17：2，泥质灰陶。方形圆角。器表饰中绳纹。直径3.6、厚0.4 厘米（图2-36，1）。标本H17：3，泥质红陶，边或直或弧。器表有旋纹。直径3.7、厚0.3 厘米（图2-36，2）。

蚌镰　标本H17：4，残。弧背，刃部残，柄端残，尖端浑圆。残长10、残宽2.4厘米（图2-36，9）。

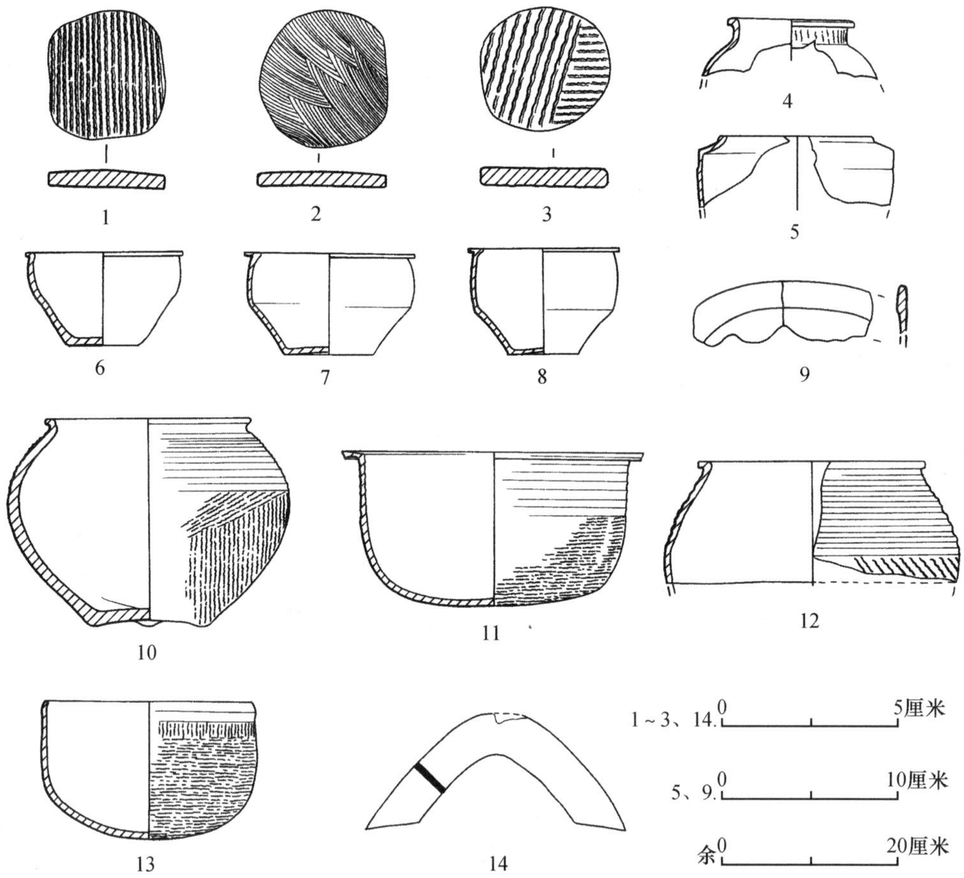

图2-36　战国时期灰坑出土遗物

1～3. 陶饼（H17：2、H17：3、H66：1）　4、5、13. 罐（H41：1、H60：2、H47：1）　6～8. 盂（H17：1、H37：1、H43：2）　9. 蚌镰（H17：4）　10、12. 鬲（H43：3、H60：1）　11. 盆（H43：1）　14. 铜璜（H17：5）

铜璜　标本H17：5，桥形，有外郭，较薄，锈蚀严重。长1.2、宽1.1、厚0.1厘米（图2-36，14；图版三，2）。

H37出土遗物

盂　标本H37：1，敛口，宽折沿稍内斜，方唇，折腹，上部略鼓，下弧内收，平底微凹。口径19、底径 10、高11厘米（图2-36，7；图版三，3）。

H41出土遗物

罐　标本H41：1，泥质灰陶。折沿，方唇，束颈，鼓肩，肩部以下残。颈部有浅显绳纹，余素面。口径14.8、残高6.6厘米（图2-36，4）。

H43出土遗物

盆　标本H43：1，泥质灰陶。直口，宽折沿，圆唇，直腹，圜底。上腹饰数周瓦楞纹，下腹及底部饰绳纹。口径34、高17厘米（图2-36，11；图版三，4）。

盂　标本H43：2，泥质灰陶。直口微敛，口沿稍残，平折沿，深折腹，上腹略鼓，下腹弧收，平底，底部有线割痕迹。素面。口径16、高11、底径7.8、高11.5厘米（图2-36，8；图三，5）。

鬲　标本H43：3，夹砂红陶。敛口，平折沿，圆唇，溜肩，鼓腹，矮足。肩饰数周瓦楞纹，腹及足部饰粗绳纹。口径23、高23厘米（图2-36，10；图版三，6）。

H47出土遗物

罐　标本H47：1，泥质灰陶。口及肩部残，深腹较直，圜底。腹部与底部饰中绳纹。口径23、高15.2厘米（图2-36，13）。

H60出土遗物

鬲　标本H60：1，夹砂红陶。敛口，平折沿，圆唇，溜肩，鼓腹。肩饰数周瓦楞纹，腹饰粗绳纹。口径26、残高13.2厘米（图2-36，12）。

罐　标本H60：2，泥质灰陶。敛口，平沿，圆唇，折肩较平，直腹，底残。素面磨光。口径18、残高8厘米（图2-36，5）。

H66出土遗物

陶饼　标本H66：1，泥质灰陶。圆形，由陶片磨制成，边缘不甚规整。器表饰有绳纹。直径3.6、厚0.5厘米（图2-36，3）。

H11出土遗物

盂　标本H11：1，泥质灰陶。敛口，折沿近平，尖圆唇，腹有折痕，上腹弧鼓，下腹弧收，平底。素面。口径17.8、底径8.8，高10厘米（图2-37，1；图版四，1）。

鬲　标本H11：2，夹砂红陶。直口微敛，折沿，尖圆唇，深腹圆鼓，袋足残。沿面有凹弦纹一周，腹部近口沿处有数周瓦楞纹，中腹饰附加堆纹，下腹及足部饰绳纹。口径59、残高36厘米（图2-37，9；图版四，2）。

H15出土遗物

豆　标本H15：1，泥质灰陶。敞口，尖圆唇，浅盘，盘壁有凸棱，柄细长，喇叭形底。口径10.4、底径6、高13.6厘米（图2-37，8；图版四，3）。

鼎　标本H15：2，泥质灰陶。子口内敛，平沿，圆唇，鼓腹，圜底，底附三足，稍残，附耳残缺，失盖。素面。口径16.8、腹径18.4、通高11.6 厘米（图2-37，13；图版四，4）。

H23出土遗物

蚌镰　标本H23：1，残。弧背，直刃，刃部尚存锯齿痕迹。残长13.2、宽6.8厘米（图2-37，11）。

H24出土遗物

盂　标本H24：1，泥质灰陶。敛口，折沿，方圆唇，沿面微鼓，深腹，上腹微鼓，下弧弧收，腹有折痕，平底微凹。素面。口径19.6、底径10、高11.4厘米（图2-37，2；图版四，5）。

H27出土遗物

盆　标本H27：1，泥质灰陶。敞口，斜折沿，唇圆，弧腹，圜底。上腹饰数周瓦楞纹，下腹及底部饰绳纹。口径43.2、高22厘米（图2-37，10；图版四，6）。

蚌刀　标本H27：2，近似椭圆形，弧背，凸刃，刃部锋利。通长10厘米（图2-37，5）。

石饼　标本H27：3，灰色细砂石，有层理结构。圆形边廓，中间厚边缘薄，有打磨痕

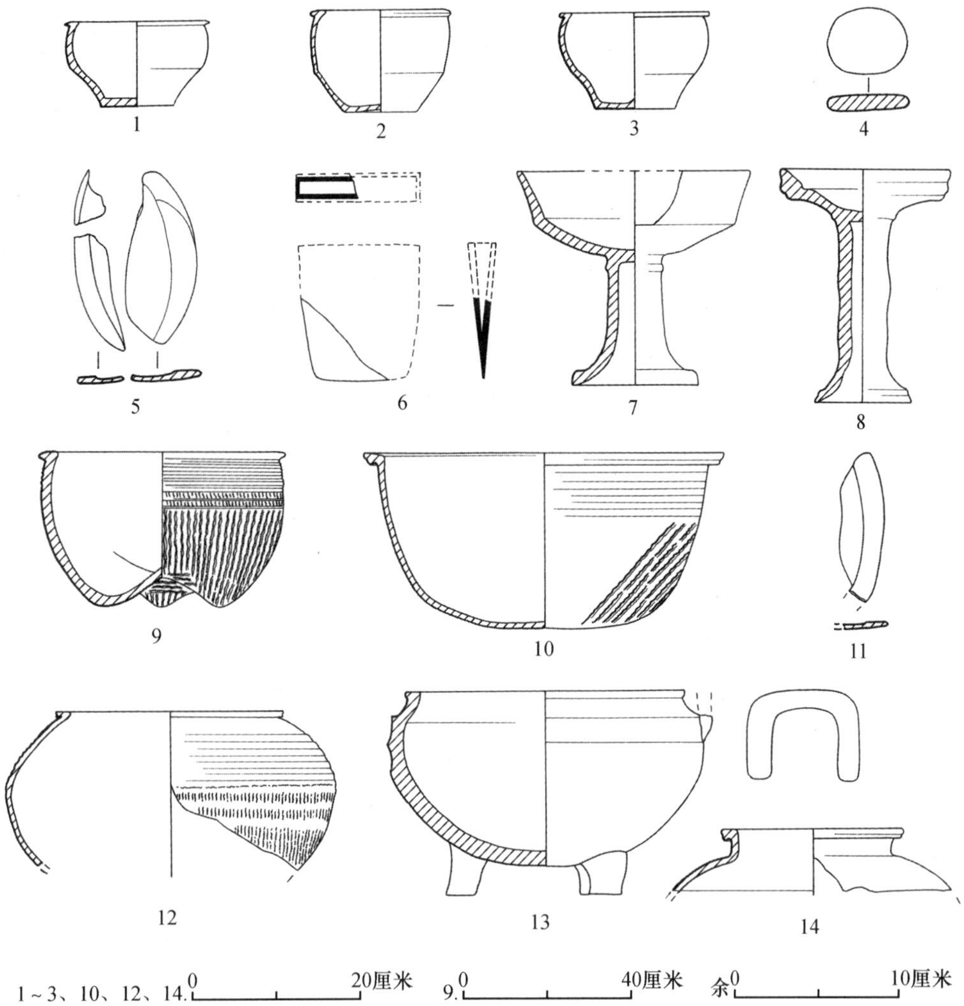

图2-37　战国时期灰坑出土遗物

1～3. 盂（H11：1、H24：1、H27：4）　4. 石饼（H27：3）　5. 蚌刀（H27：2）　6. 铁锸（H29：4）　7、8. 豆（H29：1、H15：1）　9、12. 鬲（H11：2、H29：2）　10. 盆（H27：1）　11. 蚌镰（H23：1）　13. 鼎（H15：2）　14. 罐（H29：3）

迹。直径5.3、厚0.9厘米（图2-37，4）。

盂　标本H27：4，泥质灰陶。敛口，卷沿，尖圆唇，深腹微折，上部略鼓，下部斜收，平底。素面。口径17、底径9、高12厘米（图2-37，3；图版五，1）。

H29出土遗物

豆　标本H29：1，泥质灰陶。敞口，圆唇，豆盘折腹，圜底，粗柄，喇叭形座。口径3.6、底径8、高12.4 厘米（图2-37，7）。

鬲　标本H29：2，夹砂红陶。敛口，折沿近平，方唇，唇面有一周凹弦纹，溜肩，鼓腹，底残。肩饰数周瓦楞纹，肩部以下饰绳纹。口径27.2、残高18厘米（图2-37，12）。

罐　标本H29：3，胎体厚重。直口，折沿，方唇，唇面有一周凹弦纹，矮领，溜肩，肩部以下残。素面。口径22.4、残高7.2厘米（图2-37，14）。

铁锸　标本H29：4，残存一角。平刃，方銎，器表锈蚀严重。残高4.8、残宽5厘米（图2-37，6）。

H32出土遗物

豆　标本H32：1，泥质灰陶，敞口，圆唇，折盘，圜底，粗柄，喇叭形座。口径13、底径6.4、高12厘米（图2-38，10；图版五，2）。

H33出土遗物

蚌镰　标本H33：1，较完整。弧背，弧刃，柄端宽且直，尖端较窄略圆，刃部锋利。残长11.3、宽5.1厘米（图2-38，7）。标本H33：3，弧背，直刃，部分残，残存刃部磨有细密的锯齿，柄部有一半圆形豁口，似为固定柄所设。残长7.1、宽 7.1厘米（图2-38，1）。标本H33：5，弧背，弧刃，柄部较尖，呈三角形，尖端残。残长7、宽3.6厘米（图2-38，4）。

陶纺轮　标本H33：2，泥质灰陶。两面较平，周边略鼓，中有圆孔。直径3.3、孔径0.9、厚1.6厘米（图2-38，12）。

蚌铲　标本H33：4，顶残。舌形单面刃，锐利。长6、宽5厘米（图2-38，2）。

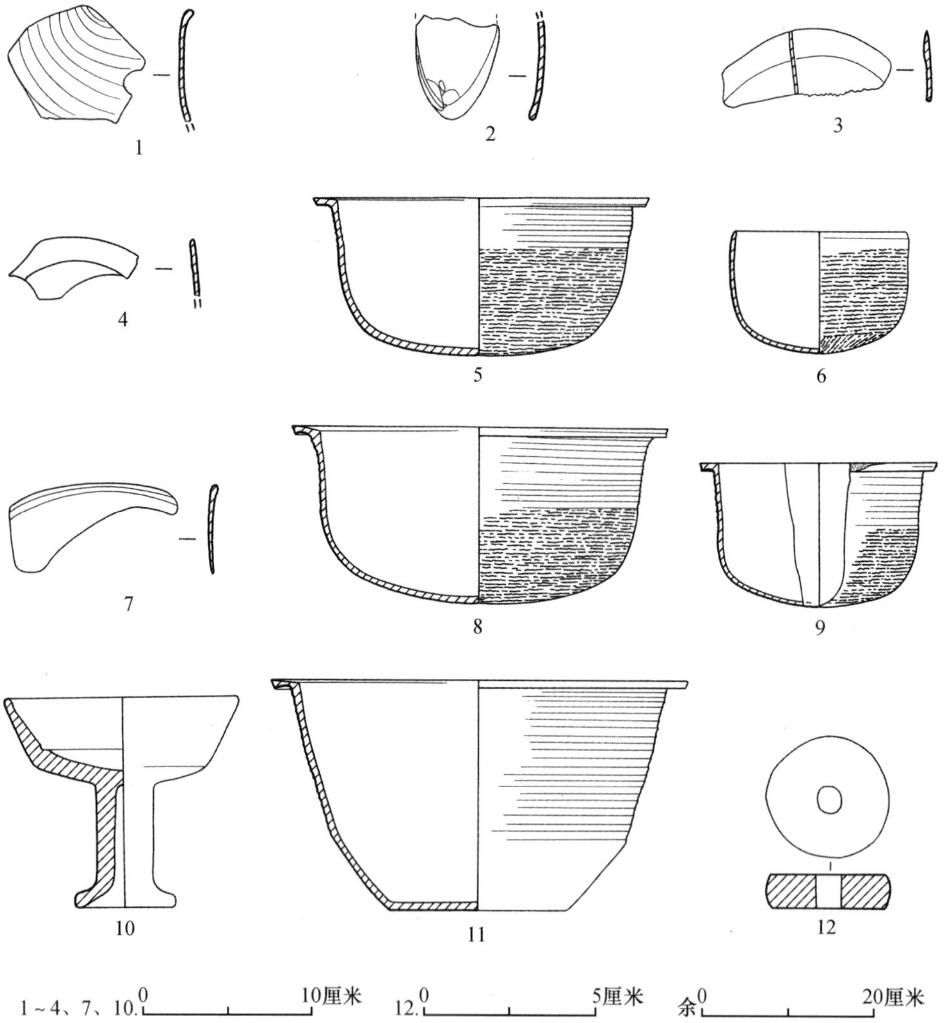

图2-38　战国时期灰坑出土遗物

1、3、4、7. 蚌镰（H33：3、H34：5、H33：5、H33：1）　2. 蚌铲（H33：4）　5、8、9. 盆（H34：2、H34：3、H33：6）　6. 罐（H34：4）　10. 豆（H32：1）　11. 甑（H34：1）　12. 陶纺轮（H33：2）

盆　标本H33：6，泥质灰陶。直口，折沿，圆唇，深腹较直，圜底。上腹饰数周瓦楞纹，下腹及底饰绳纹。口径28、高16.5厘米（图2-38，9）。

H34出土遗物

甑　标本H34：1，残，泥质灰陶。敞口，折沿宽平，斜方唇，深斜腹，平底。上腹饰密集瓦楞纹，下腹斜直，素面无纹，上下腹有明显折痕。残底部有镂孔痕迹，只是孔的分布方式不明。口径49、底径21、高26厘米（图2-38，11；图版五，3）。

盆　泥质灰陶。直口，斜折沿，斜方唇，深腹较直，圜底。上腹饰数周瓦楞纹，下腹及底部绳纹。标本H34：3，口径44、高20.4厘米（图2-38，8；图版五，4）。标本H34：2，口径39、高18厘米（图2-38，5）。

罐　标本H34：4，泥质灰陶。口残，折肩，直腹，下部略鼓，圜底。腹及底饰绳纹。口径24、残高14厘米（图2-38，6）。

蚌镰　标本H34：5，弧背，弧刃，刃部近柄端磨有锯齿，尖端较圆，柄端较直。长9.8、宽4厘米（图2-38，3）。

H39出土遗物

盆　标本H39：1，泥质灰陶。直口，宽折沿，斜方唇，深腹较直，圜底。上腹饰数周瓦楞纹，下腹及底饰绳纹。口径49.2、高18厘米（图2-39，5；图版五，5）。

豆　标本H39：2，泥质灰陶。残存豆盘，豆盘外壁有“×”形刻划符号。残高3、口径12厘米（图2-39，3）。

罐　标本H39：3，口残，底残，折腹微鼓。上腹素面，下腹饰绳纹，残高18厘米（图2-39，2）。

H44出土遗物

豆　标本H44：1，泥质灰陶。豆盘残，柄较高，喇叭形底。素面。底径7、残高8厘米（图2-39，9）。

H49出土遗物

豆　泥质灰陶。敞口，浅盘，圆唇，圜底近平，喇叭形座。标本H49：1，细柄较高，口径10.4、底径6、高13.6厘米（图2-39，6；图版五，6）。标本H49：2，豆盘残，粗柄，底座有凸棱一周。底径8、残高11厘米（图2-39，8；图版六，6）。

鬲　标本H49：3，夹砂红陶。口残，深弧腹，袋足较矮。腹饰绳纹。残高23厘米（图2-39，10）。

H56出土遗物

纺轮　标本H56：1，泥质灰陶。两面略鼓，边缘圆弧，中部有圆孔。表面粗糙，有裂纹，制作不精，器形不甚周正，烧制火候不高。直径6、厚 1.2厘米（图2-39，11）。

H62出土遗物

罐　标本H62：1，泥质灰陶。口、底均残，折肩，深弧腹内收。肩部有“十”字形刻划符号，余素面。残高14.4厘米（图2-39，7）。

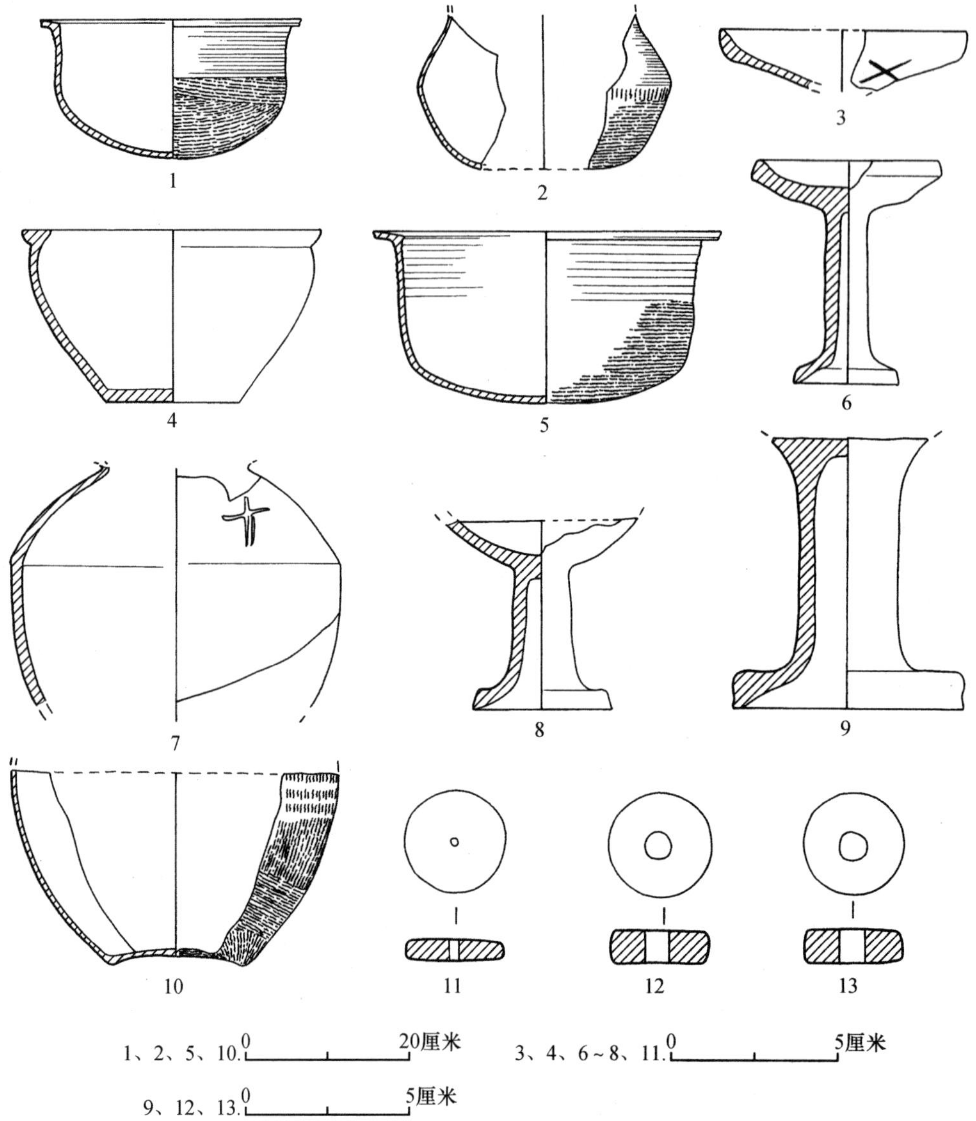

图2-39　战国时期灰坑出土遗物

1、5. 盆（H65：1、H39：1）　2、7. 罐（H39：3、H62：1）　3、6、8、9. 豆（H39：2、H49：1、H49：2、H44：1）　4. 盂（H69：3）　10. 鬲（H49：3）　11～13. 纺轮（H56：1、H69：1、H69：2）

H65出土遗物

盆　标本H65：1，泥质灰陶。直口，斜折沿，方唇，唇面有凹槽一周，深腹较直，圜底。上腹饰数周瓦楞纹，下腹及底饰绳纹。口径32、高17.2厘米（图2-39，1；图版六，1）。

H69出土遗物

纺轮　泥质灰陶。器形规整，两面较平，周边圆鼓，横断面呈扁圆长椭圆形，中有圆孔。标本H69：1，直径3、孔径0.8、厚1.7厘米（图2-39，12）。标本H69：2，直径3、孔径0.9、厚1.6厘米（图2-39，13）。

盂　标本H69：3，泥质灰陶。敛口，平折沿，圆唇，弧腹，平底。素面。口径18、底颈8、高10.2厘米（图2-39，4；图版六，2）。

H20出土遗物

量　标本H20：1，泥质灰陶。口部稍残。圆筒形，直口微敛，方唇，直壁，平底。素面。口径38、底径32、高24.8厘米（图2-40，3；图版六，3）。

盆　泥质灰陶。直口，斜折沿，圆唇，唇面微凹，直腹，圜底。上腹饰数周瓦楞纹，下腹及底饰绳纹。标本H20：2，口径45.6、高20.8厘米（图2-40，1）。标本H20：3，口径44、高22厘米（图2-40，2；图版六，4）。

H1出土遗物

罐　标本H1：1，泥质黄褐陶。敛口，平沿，折腹略鼓，下腹斜收，平底。素面。口径4.4、底径4、高5.6厘米（图2-40，5）。

壶　标本H1：2，泥质灰陶。口残，敛口，上腹斜直，下部弧收，平底。腹壁有数周瓦楞

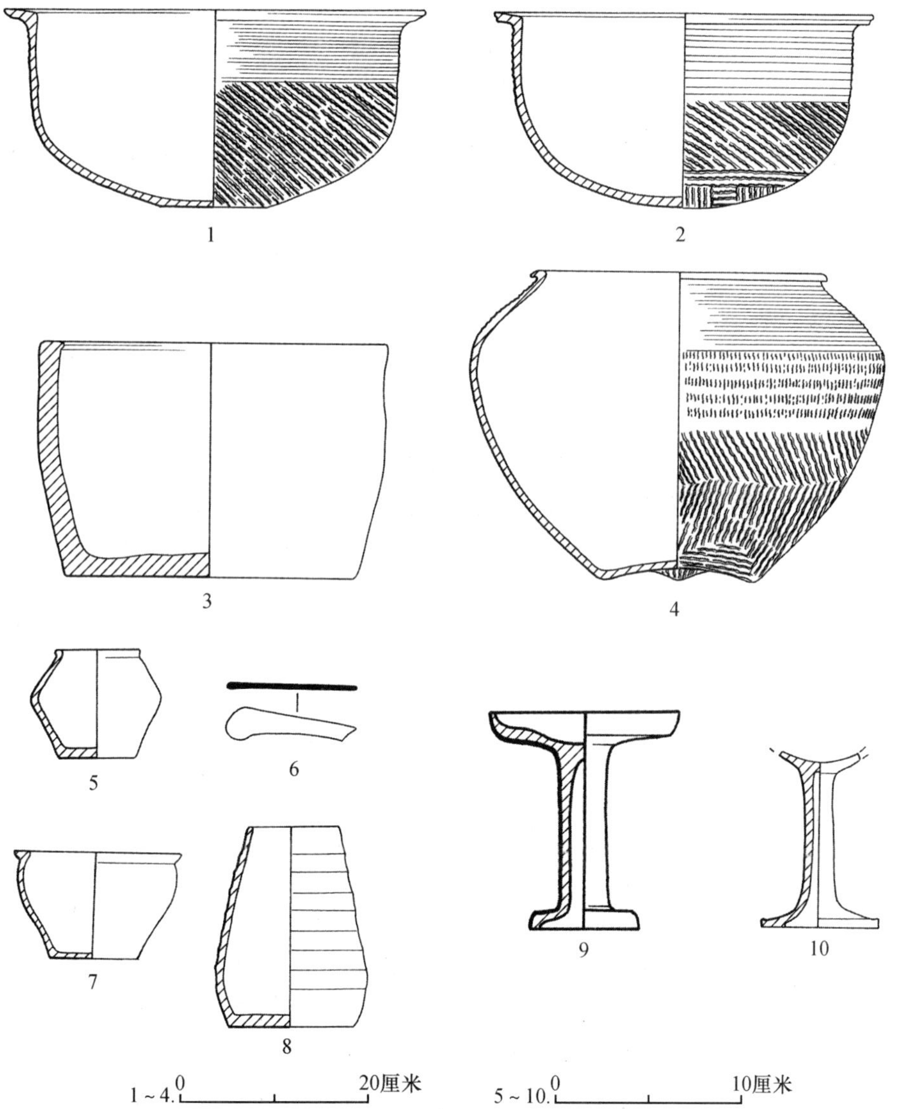

图2-40　战国时期灰坑及地层出土遗物

1、2. 盆（H20：2、H20：3）　3. 量（H20：1）　4. 鬲（H1：3）　5. 罐（H1：1）　6. 铁镰（H7：4）　7. 盂（IT0101⑥：1）　8. 壶（H1：2）　9、10. 豆（H7：1、IT0101⑥：2）

纹。口径5.2、底径6.8、高10.6厘米（图2-40，8）。

鬲　标本H1：3，夹砂红陶。敛口，卷沿，圆唇，溜肩，鼓腹，袋足较矮。肩部饰数周瓦楞纹，腹及足部饰绳纹。口径32、高32.2厘米（图2-40，4）。

H7出土遗物

豆　标本H7：1，泥质灰陶。敞口，圆唇，浅盘，圜底，细柄较高，喇叭形座。口径10、底径6、高11.2 厘米（图2-40，9；图版六，5）。

铁镰　标本H7：4，残。锈蚀严重。范铸，直背弧刃，背部有脊，柄端稍宽，尖端残。残长3.8、宽1.6厘米（图2-40，6）。

3. 地层出土遗物

战国文化层主要分布在Ⅰ区，以第5层或第6层为代表。出土遗物有鬲、盆、盂、豆、罐等。

盂　标本IT0101⑥：1，泥质灰陶。口微敛，平折沿，尖圆唇，弧腹内收，平底。素面。口径18、底径9、高11厘米（图2-40，7）。

豆　标本IT0101⑥：2，泥质灰陶，豆盘残，圜底，细柄中空，喇叭形座。素面。底径6.4、残高9厘米（图2-40，10）。

四、汉代文化遗存

汉代文化遗存发现不多，在Ⅰ区内未发现汉代文化层，仅发现个别灰坑；Ⅱ区内不仅发现该时期的文化层，还发现有该时期的遗迹。该时期的遗存有房基、柱础坑、水井、灰坑和墓葬等。

（一）遗　迹

1. 房基

1处，即F1。

F1　分布于ⅡT1404、ⅡT1405的中西部。开口于第3层下，向下打破生土，口部距地表0.4～0.65米。保存较差，仅残存部分垫土和5个柱础坑。垫土原为长条形，东部遭到破坏，南部和西部伸向探方壁外。残长19、宽7.85米。现存垫土层厚0.15～0.25米，每层厚0.05～0.08米。平夯，夯土坚实，土色纯净。柱础坑分为两排，东排仅存1个，西排残存4个，柱洞为圆形，大小相当。直径0.85、残深0.2米。东西两排间距3米，西排南端3个柱洞南北成行，间距2～3米。再往北10.8米处有一柱洞，中间柱洞已破坏殆尽（图2-41）。柱坑内部夯实，现存夯土3层，每层厚约0.07米，个别坑内还含有碎石块和料姜颗粒。房基周围有大量的汉代板瓦和

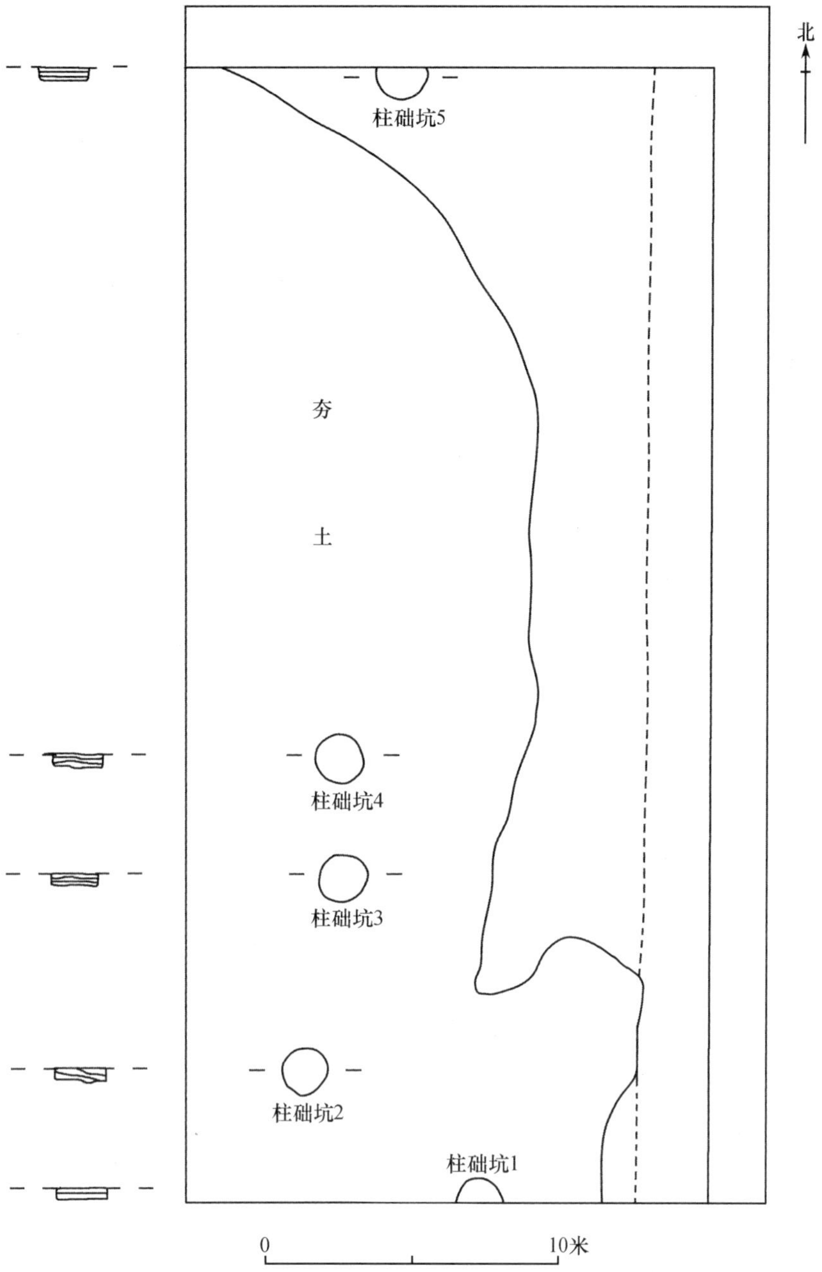

图2-41 F1平、剖面图

筒瓦残片，附近的坑中有铺地方砖，或方形柱础石。由于破坏严重，其形制结构尚不明确，从残存的夯土垫层推测原一座大型的长条形的房址。

2. 柱础坑

1个，即ZD1。

ZD1 位于ⅡT1503东南角。开口于第4层下，口部距地表1.34米。平面形状为圆角方形，斜壁，平底。口部长1.05、宽1、底部长0.98、宽0.95、深0.32米。坑内填土为黄色黏土，纯净，经过夯打，土质较硬，结构致密。坑内残存有两块近方形石灰石礅，上下叠压，略有错位。石礅长约0.4～0.42、宽0.36～0.4、厚0.12米。上下两侧为平面，周边经加工处理，较为规整（图2-42）。应是大型建筑残留遗存。

3. 祭祀坑

1个，即K1。

K1　位于ⅡT0804的西南部。开口于第1层下，叠压在M14夯土层上，口部距地表0.75米。平面近似椭圆形，直壁，平底。长0.95、宽0.85、深0.4米。坑壁和底均规整，底部较硬。坑内填土为杂色土，土质较软，结构疏松，底部出土一具兽骨，经鉴定为幼羊（图2-43）。

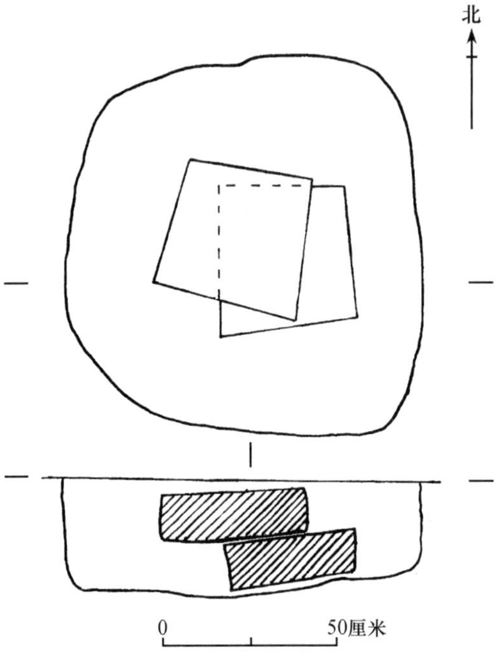

图2-42　ZD1平、剖面图

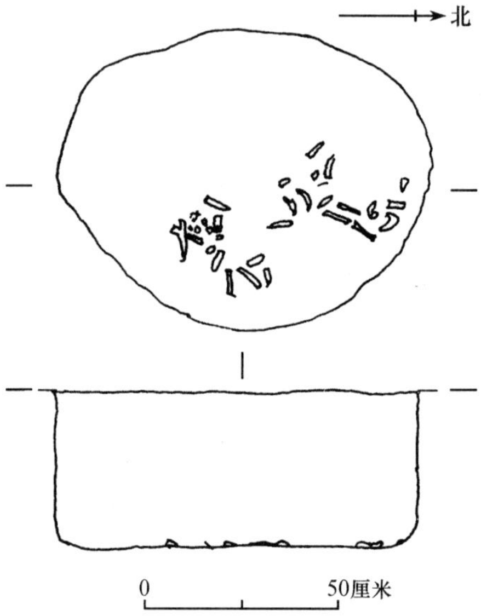

图2-43　K1平、剖面图

4. 水井

1眼，即J6。

J6　位于ⅡT1504中部偏西处。开口于第3层下，向下打破第4层，口部距地表深0.86米。平面为椭圆形，井壁斜直，周壁规整。井口部长径2.45、短径1.88米。由于地下水上涌，未现发掘至底部，发掘深度4.05米（图2-44）。填土分两层：第1层为黄褐色土，土质较软，结构较疏松，厚2.61米，包含有卵石、料姜石块、螺壳和陶片等；第2层为灰褐色土，土质较软，结构疏松，厚1.44米，包含有炭屑、兽骨、铁钉和陶片等。陶片主要为泥质灰陶，也有少量的泥质红陶等；纹饰有凹弦纹、凸弦纹、绳纹、压印纹、布纹等；可辨器形有鬲、罐、豆、盆、板瓦和筒瓦等。

5. 灰坑

汉代灰坑共16个，其中Ⅰ区内3座，分别是H8、H22和H53；Ⅱ区发现13座，分别是H76、H77、H78、H79、H80、H81、H82、H83、H84、H85、H86、H87、H88。其中椭圆形灰坑共发现8座，分别是H8、H53、H76、H73、H79、H80、H82、H86；长方形灰坑发现2座，即H85和H88；不规则形灰坑发现6座，分别是H22、H77、H81、H83、H84和H87。现择其中出土遗物丰富者介绍如下。

（1）椭圆形

H53　位于ⅠT0408的西南部。开口于第3层下，向下打破第4层，口部距地表0.3米。平面为椭圆形，东、南两壁略向外弧，余为直壁，平底。口部长径1.85、短径1.28、底部长径1.8、短径1.2、深0.6米（图2-45）。坑内填土为灰色土，土质较硬，结构较致密。包含炭屑、红烧土颗粒、蚌片和陶片等。陶片以泥质灰陶为主，夹砂褐陶和泥质红陶次之；纹饰主要为绳纹，还有一定比例的素面；可辨器形有罐、瓮、盆、板瓦、筒瓦等。

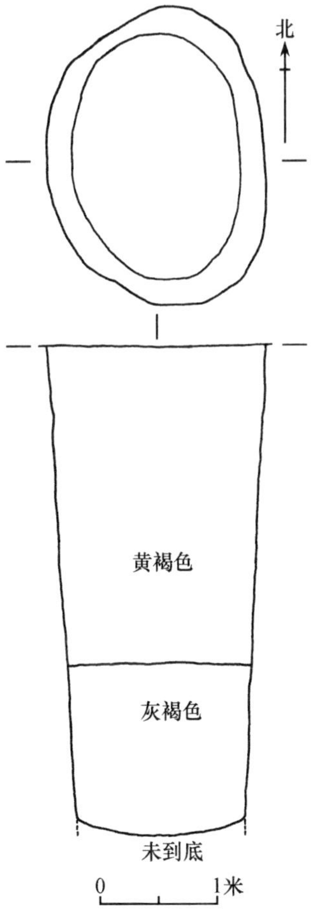

图2-44　J6平、剖面图

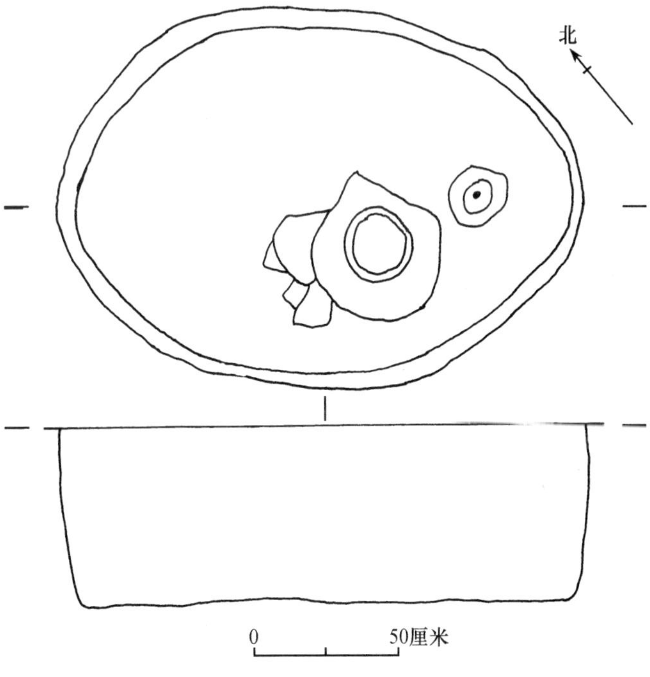

图2-45　H53平、剖面图

H76　位于ⅡT1501的东南部。开口于第4层下，向下打破生土，口部距地表1米。平面为近椭圆形，斜壁内收，圜底。口部长径1.12、短径0.82、深0.76米（图2-46）。坑内填土为黄灰色土，土质较硬，结构致密。包含有炭屑、红烧土颗粒、石块、砖块和陶片等。陶片以泥质灰陶为主，夹砂褐陶和泥质红陶较少；纹饰主要为绳纹、布纹，还有一定比例的素面；可辨器形有罐、盆、板瓦、筒瓦、铺地方砖等。

H82　位于ⅡT1505的东南部。开口于第3层下，向下打破第4层，口部距地表0.82米。平面为椭圆形，斜壁，圜底近平。口部长径1.9、短径1.72、底部长径1.84、短径1.6、深0.5～0.6米（图2-47）。坑内填土为黄灰色土，土质较软，结构疏松，包含有草木灰、料姜石颗粒、石块、砖块和陶片等。陶片以泥质灰陶为主，夹砂褐陶和泥质红陶较少；纹饰主要为绳纹、布纹，还有一定比例的素面；可辨器形有罐、盆、壶、板瓦、筒瓦等。

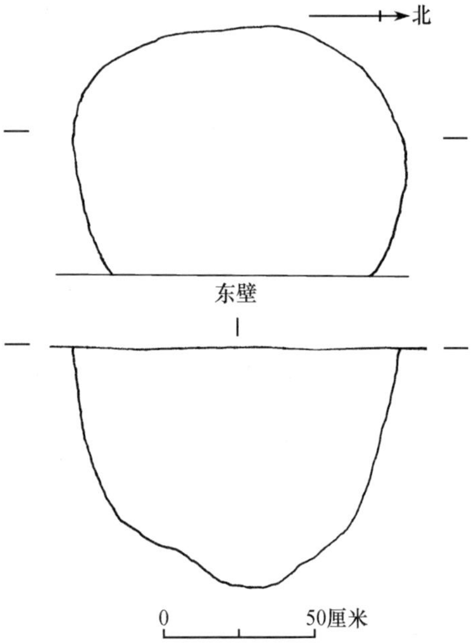

图2-46　H76平、剖面图

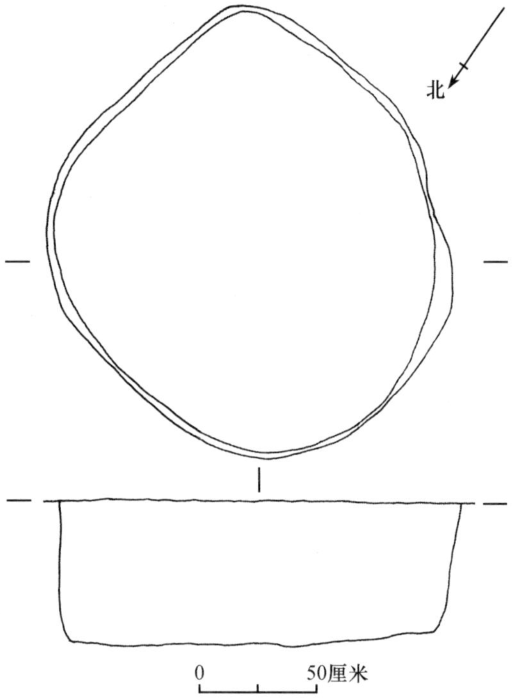

图2-47　H82平、剖面图

H86　位于ⅡT0802的东南部。开口于第4层下，被M14的墓道打破，向下打破生土，口部距地表2.6米。平面形状为椭圆形，坑壁不规整，底微圜。口部长径3.3、短径2.1、底部长径3.2、短径1.6、深1.25米。底部有一长方形小坑，深0.2米（图2-48）。坑内填土为深灰色土，土质较软，结构疏松，包含有灰屑、红烧土颗粒、料姜石颗粒、石块、陶片以及小件铜器等。陶片以泥质灰陶居多，夹砂陶较少；可辨器形有罐、盆、瓮等，此外，还出土有铜泡1枚。

（2）长方形

H85　位于ⅡT0802的中南部。开口于第3层下，向下打破第4层，口部距地表2.4米。平面形状为长方形，坑壁较直，平底。口部长1.1、宽0.8、底部长1、宽0.75、深0.6米（图2-49）。坑内填土为黑灰色土，土质较软，结构疏松，包含物有炭屑、料姜石颗粒、石块以及陶片等。

陶片以泥质灰陶居多，夹砂陶较少；可辨器形有盆、罐、瓮等。

H88　位于ⅡT0802的西南部。开口于第4层下，向下打破生土，口部距地表2.6米。平面形状为长方形，东壁斜直，其余三壁竖直，平底。口部长4.2、宽1、底部长4、宽1、深1.1米（图2-50）。坑内填土为黑灰色土，土质较软，结构疏松，包含大量草木灰屑，以及料姜石颗粒、红烧土颗粒、陶片等。陶片以泥质灰陶居多，夹砂陶较少；可辨器形有罐、盆、瓮、壶、板瓦、筒瓦等。

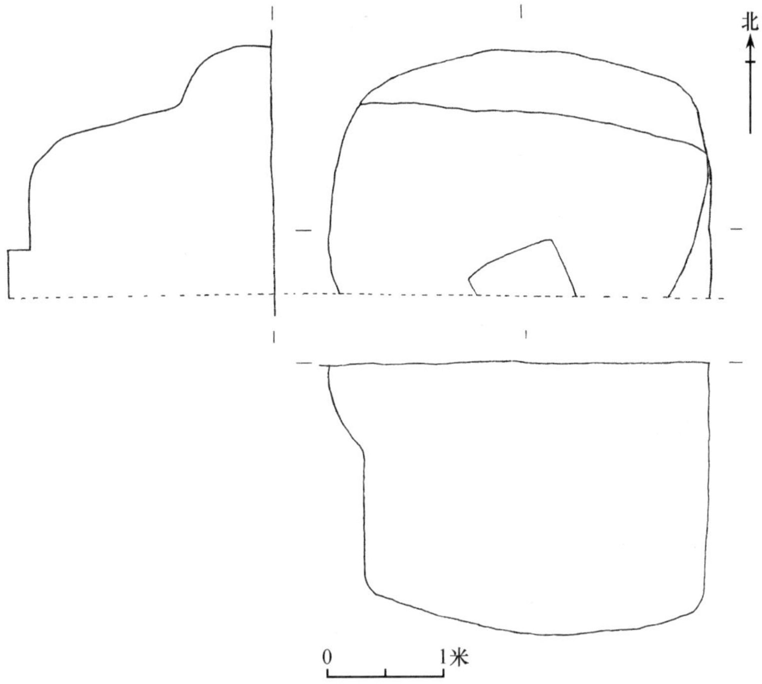

图2-48　H86平、剖面图

图2-49　H85平、剖面图

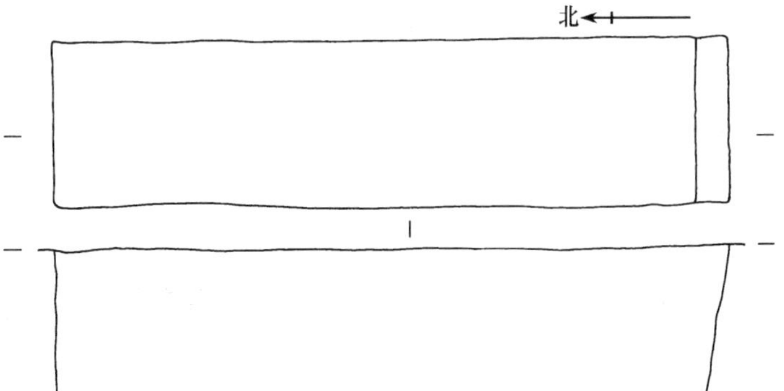

图2-50　H88平、剖面图

（3）不规则形

H81　位于ⅡT1505的东南部。开口于第3层下，向下打破第4层，口部距地表0.86米。平面为不规则形，南壁呈斜坡状，余为直壁，平底。口部长2.8、宽2.05、底部长1.3、宽1.25、深0.82米。东、西、北三壁有台阶，宽度不一，台阶下为长方形，台阶宽0.1～0.92米，距坑口深0.5米（图2-51）。坑内填土为黄灰色土，土质较硬，结构致密，包含炭屑、红烧土颗粒、料姜石颗粒、石块和陶片等。陶片以泥质灰陶为主，仅个别泥质红陶和夹砂红陶；纹饰主要为绳纹，还有少数的凹弦纹，另有少量素面等；可辨器形有罐、盆、板瓦、筒瓦和瓦当等。

H83　位于ⅡT1504的东北部。开口于第3层下，向下打破第4层，口部距地表0.86米。平面为不规则形，坑壁斜直，平底。口部长3.58、宽2.73、底部长3.55、宽2.73、深0.5～0.6米（图2-52）。坑内填土为灰褐色土，土质较硬，结构致密，包含炭屑、红烧土颗粒、料姜石颗粒、石块和陶片等。陶片以泥质灰陶为主，泥质红陶次之，夹砂红陶最少；纹饰主要为绳纹，少量凹弦纹，还有一定比例的素面等；可辨器形有鬲、罐、盆、板瓦、筒瓦等。

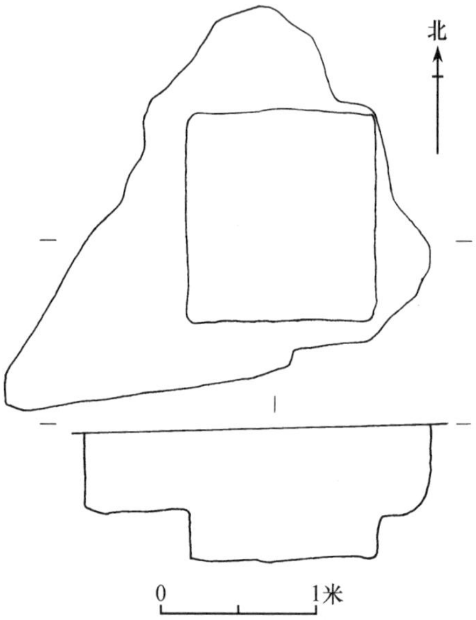

图2-51　H81平、剖面图

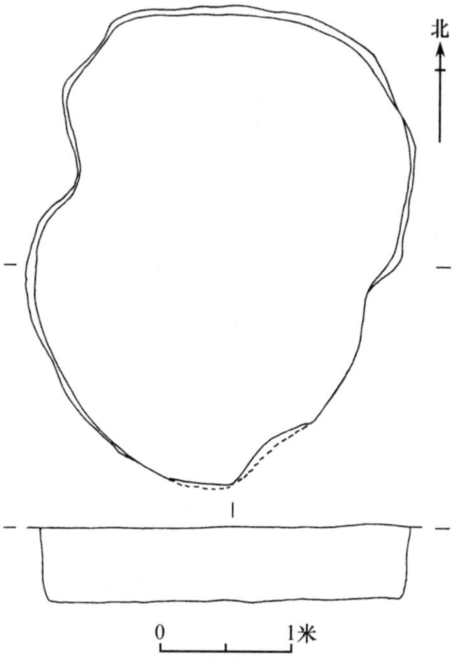

图2-52　H83平、剖面图

6. 墓葬

1座，即M14。

M14　分布在ⅡT0802、ⅡT0803、ⅡT0804、ⅡT0901、ⅡT0902、ⅡT0903内。开口于第3层下，向下打破第4层，口部距地表3.4米，方向180°。该墓由墓道、前室、中室、后室、北耳室、东耳室和西耳室组成，是一座大型砖砌墓（图2-53；彩版七，1）。

墓上原有高大的封土，现存封土南北长49、东西宽30、高1.2米，夯层厚0.1～0.15米，夯窝直径0.08～0.12米。墓室上部封土和东半部封土破坏严重，早已不存在，仅存西侧封土。墓室总长31、宽9.75米，除墓道为土坑外，墓室由子母砖砌成。

墓道　位于墓室南部，为斜坡墓道，坡度10°，壁直，壁面抹有一层白灰，厚0.5厘米。墓道前窄后宽，口部长16.1、宽1.6～2.25、深0～2.5米。

墓门　位于墓道北端，东西两壁内掏挖有凹槽，凹槽内有砖砌门柱，砖痕尚存，东门柱残高0.7、厚0.6米，西门柱残高0.52、厚0.6米。两侧砌有门框，宽0.4、厚0.3米。门宽1.6米，高度不详。

前室　在墓门以北，后接中室，室内部长4.5、宽1.7米，东西壁用墓砖上下错缝平砌。东壁最高1.26米，现存墓砖21层，上部起券。西壁保存不佳，南端基本被破坏殆尽，西部现存2～4层墓砖。东西两壁中部偏南各有一个耳室。

中室　位于前室之后，北接后室和北耳室。中室内部东西长8.6、宽2.8、高3.56米。中室墙壁厚0.46米，由墓砖上下错缝平砌。东壁保存较差，现存12层墓砖，残高0.72米。西壁保存完整。南北壁西端和券顶保存尚好，保存有墓砖42层，高3.56米。从现存券顶来看，中室为双层券顶，拱券半径为1.08米。北墙西部有甬道通向后室，东部亦有甬道与北耳室相连。

后室　位于中室北壁西部，中间有甬道与中室相通，顶已塌陷。甬道长2.26、宽2.74、残高1.6米。后室内部长4.26、宽2.74、高3.56米。东西两壁墓砖均是上下错缝平砌，从第35层墓砖开始起券，券顶亦为两层，后室北部券顶不存。北壁残宽0.74、残高1.1米。铺地砖为纵向侧立平铺，大部分已被移走。

东耳室　位于前室东壁的中南部，有甬道与前室相通。甬道长2.06、宽0.92、高0.86米。耳室内部长2.24、宽1.74（西）～1.8（东）、残高0.86米。其东、南、北壁的上半部和券顶都被破坏。甬道内铺地砖已被移走，耳室内铺地砖保存尚好，为错缝平铺。

西耳室　位于前室西壁的中南部，有甬道与前室相通。甬道的南北壁、铺地砖及券顶砖均被移走，根据砖痕可知甬道残长1.3、宽0.94、高0.8米。耳室内部长2.2、宽1.7、高2.23米。耳室券顶东部亦被破坏。耳室内铺地砖东部已被破坏，西部保存尚好，现存三排，为直缝平铺。

北耳室　位于中室的北壁偏东，有甬道与中室相通。甬道长1.18、宽0.9、高0.98米。耳室内部长2.2、宽1.7、高2.06米。甬道从第15层墓砖开始起券。室内铺地砖保存尚好，为直缝平铺。

该墓全用子母砖砌成，大多数砖侧面有纹饰，其中有菱形纹、三角纹、平行线纹、圆圈纹、圆点纹、斜十字纹、多种组合成的几何纹饰，还有树叶纹和压印的龙、虎、朱雀等三十余种图案。

填土　填土为黄褐色杂土，土质较软，结构疏松，包含大量残碎砖块。

葬具　后室东侧南部残留有木棺朽痕，残长2.28、宽0.8～0.9 米。中室有铁钉，可能也是木棺残留遗迹（彩版七，2）。

葬式、性别及年龄　由于盗扰严重，未发现人骨，葬式、性别及年龄均不详。

盗扰情况　该墓经过多次盗扰，发现盗洞有近二十个，经过对盗洞开口层位和残留遗物进行观察，发现大规模的盗墓活动有三次。第一次：东汉以后至唐代，主要盗后室，顺墓冢向下挖一盗洞，后室的西北角和券顶均被毁，形成一个长方形盗洞，盗者进入后室将室内的随葬品基本洗劫一空，墓底的铺地砖也被移出；第二次：在宋代，对墓冢进行大揭顶，中室券顶遭到严重破坏，此次盗墓活动进入中室、前室等。在清理盗坑时发现有宋代瓷碗；第三次：近现代，墓冢东部有一冲沟，洪水暴发冲积墓冢，后经人们挖土，暴露墓砖，逐步拆走中室东部和东耳室券顶和壁砖，遂致东耳室空无一物。

（二）遗　　物

1. 灰坑出土遗物

H53出土遗物

瓮　泥质灰陶。直口，方唇，矮颈，鼓肩，弧腹，平底。素面。标本H53：1，器形较小。口径14.4、底径15.6、高18.4厘米（图2-54，2）。标本H53：5，平底微凹。口径26、底径25、高64厘米（图2-54，4；图版八，4）。

罐　泥质灰陶。标本H53：2，敞口，平折沿，沿面微凹，方唇，唇面微凹，束颈，溜肩，平底。素面磨光。口径16、高30厘米（图2-54，5；图版八，5）。标本H53：3，底部残，敞口，宽折沿，斜方唇，束颈，溜肩，肩以下残。素面磨光。口径17.6、残高11.6厘米（图2-54，3）。

板瓦　标本H53：4，泥质红陶。残，形体宽大，拱形。拱面饰绳纹，凹面饰布纹。残长25、宽36、厚1.5 厘米（图2-54，6）。

H76出土遗物

铺地砖　均残，平面呈正方形，胎体厚重，烧制火候高，有明显的磨损痕迹。标本H76：1，边长42、厚5厘米（图2-54，7）。标本H76：2，边长42、厚5厘米（图2-54，8）。

H82出土遗物

瓦当　标本H82：1，泥质灰陶，乳钉云纹瓦当。边轮内有双线弦纹将当面分成内外两圆圈。内圈中心为凸起的素面圆形乳钉；外圈内当面被双直线分为四个扇面，每个扇面内各饰一朵蘑菇状卷云纹，线脚与内圈弦纹相连，云头正中各饰有一个圆形小乳钉。边轮外侧饰有绳纹。边轮宽1.2 厘米，当面直径14.6厘米，中心乳钉直径4厘米。瓦当后部有筒瓦残块，连接处有手抹痕迹。筒瓦厚1.2厘米，拱面饰绳纹，凹面饰布纹（图2-54，1）。

H86出土遗物

铜泡　标本H86：1，残，顶呈帽状，中空，下垂泡钉，钉尖残。口径2.6、残高1.7厘米（图2-54，9）。

H85出土遗物

盆　标本H85：1，泥质灰陶。敞口，宽折沿，方唇微垂，斜直腹，平底。内壁近口沿处和沿面均饰有均匀分布的暗弦纹，外壁饰数周瓦楞纹。口径39、底径17.6、高15.6厘米（图2-55，1；图版七，1）。

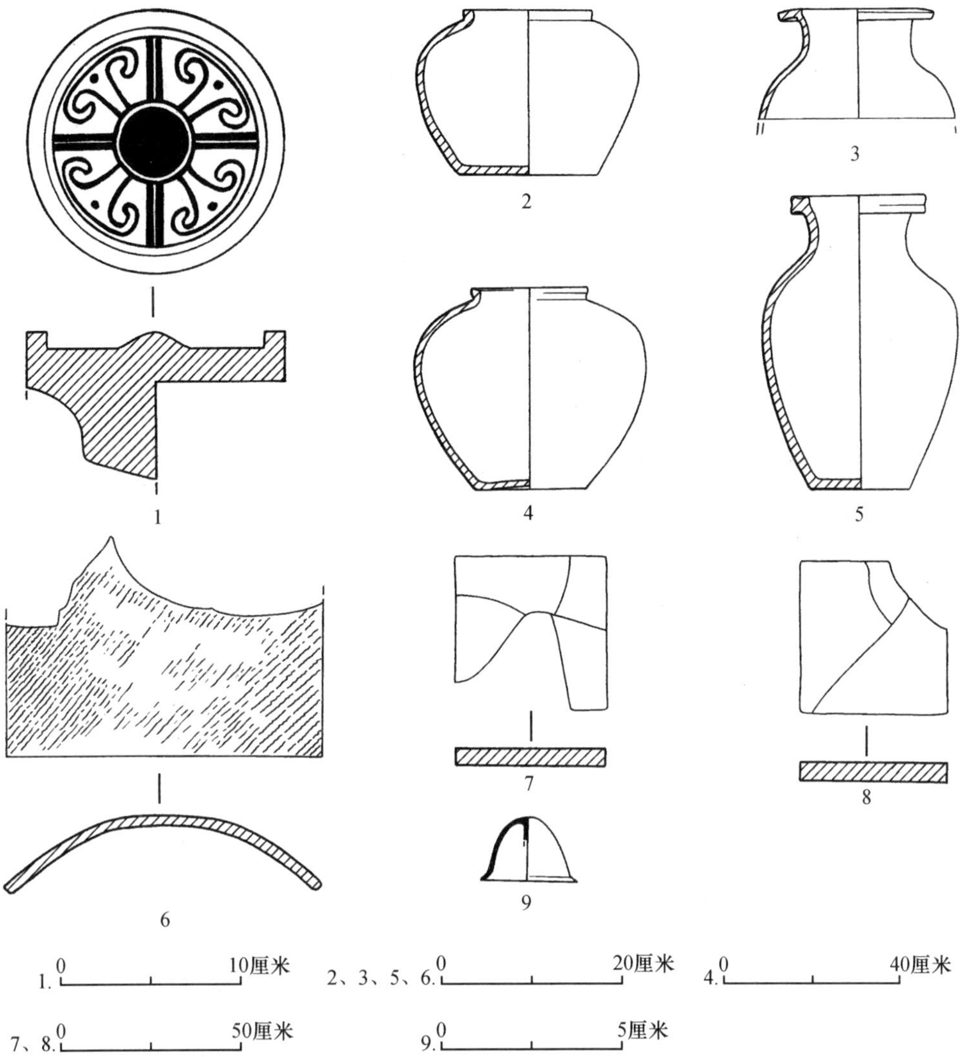

图2-54　汉代灰坑出土遗物

1. 瓦当（H82：1）　2、4. 瓮（H53：1、H53：5）　3、5. 罐（H53：3、H53：2）　6. 板瓦（H53：4）　7、8. 铺地砖（H76：1、2）　9. 铜泡（H86：1）

罐　标本H85：3，泥质灰陶。口及底残，矮直颈，溜肩，肩部耳残，耳部钻有两个小圆孔。颈部饰细密弦纹，肩部有细密斜线纹，且被凹弦纹隔断，均匀分布。残高9.5厘米（图2-55，2）。

H88出土遗物

直口盆　直口，方唇，直腹较浅，由上到下逐渐变厚，平底，边缘外凸。标本H88：1，口径68、底径90、高40厘米（图2-55，4）。标本H88：2，口径64、底径80、高44厘米（图2-55，5）。

H81出土遗物

瓦当　标本H81：1，泥质灰陶，乳钉云纹瓦当。边轮内有双线弦纹将当面分成内外两圆圈。内圈中心为凸起的素面圆形乳钉；外圈内当面被双直线分为四个扇面，每个扇面内各饰一

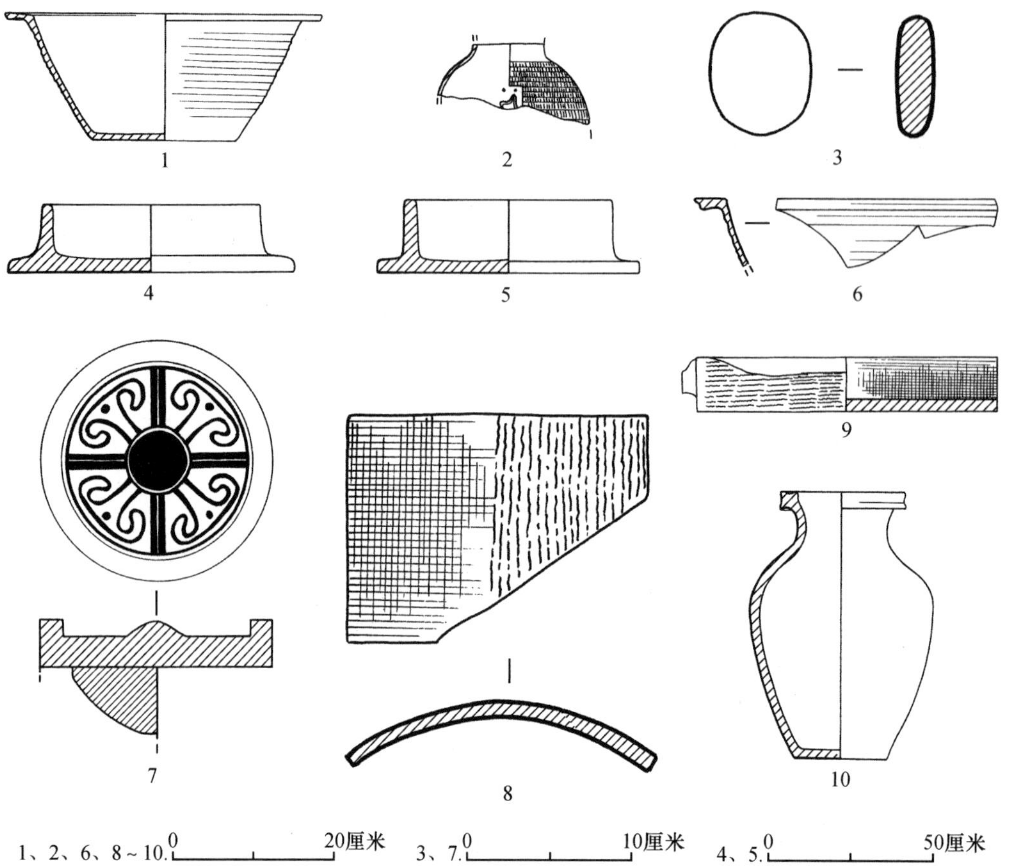

图2-55　汉代灰坑出土遗物

1、6. 盆（H85：1、H83：4）　2、10. 罐（H85：3、H83：2）　3. 陶饼（H83：3）　4、5. 直口盆（H88：1、2）
7. 瓦当（H81：1）　8. 板瓦（H81：2）　9. 筒瓦（H83：1）

朵蘑菇状卷云纹，线脚与内圈弦纹相连，云头正中各饰有一个圆形小乳钉。边轮外侧饰有绳纹。边轮宽1.4厘米，当面直径14.4厘米，中心乳钉直径3.6厘米。瓦当后部有筒瓦残块，连接处有手抹痕迹。筒瓦厚1.4厘米，拱面饰绳纹（图2-55，7）。

板瓦　标本H81：2，泥质灰陶。胎体厚重，拱面饰绳纹，凹面饰布纹，有部分在布纹上加饰方格纹。残长36.8、宽27.2、厚0.16厘米（图2-55，8）。

H83出土遗物

筒瓦　标本H83：1，泥质灰陶。拱面饰粗浅绳纹，两端绳纹浅显，凹面饰布纹。长36.4、瓦口宽12.6、厚1.4 厘米（图2-55，9）。

罐　标本H83：2，泥质灰陶。敞口，折沿，沿面微凹，方唇，唇面微凹，束径，溜肩，弧腹，小平底。素面。口径15、底径11、高32厘米（图2-55，10；图版八，5）。

陶饼　标本H83：3，泥质灰陶。平面呈圆形，边缘有人工打磨、使用的痕迹。素面。直径6.4、厚2.4厘米（图2-55，3）。

盆　标本H83：4，口沿残片，泥质灰陶。敞口，平折沿，斜腹。腹饰数周瓦楞纹。残长28.8、残高8厘米（图2-55，6）。

2. 墓葬出土随葬品

M14出土随葬品较为丰富，质地包括陶、瓷、铜、铁、漆，共计32件（彩版七，3）。

铜带钩　1件。M14：1，钩体弯曲，钩尾渐收呈弧形，钩背有圆形铜纽。素面。长1.4、宽1.2厘米（图2-56，20；图版七，2）。

五铢钱　1枚，M14：2，圆形，方穿，正反面都有郭。“铢”字的“金”字头呈三角形，“朱”首圆折，“五”字中间两笔交叉处弯曲，字体笔划细致，字迹清晰。直径2.52、厚0.11

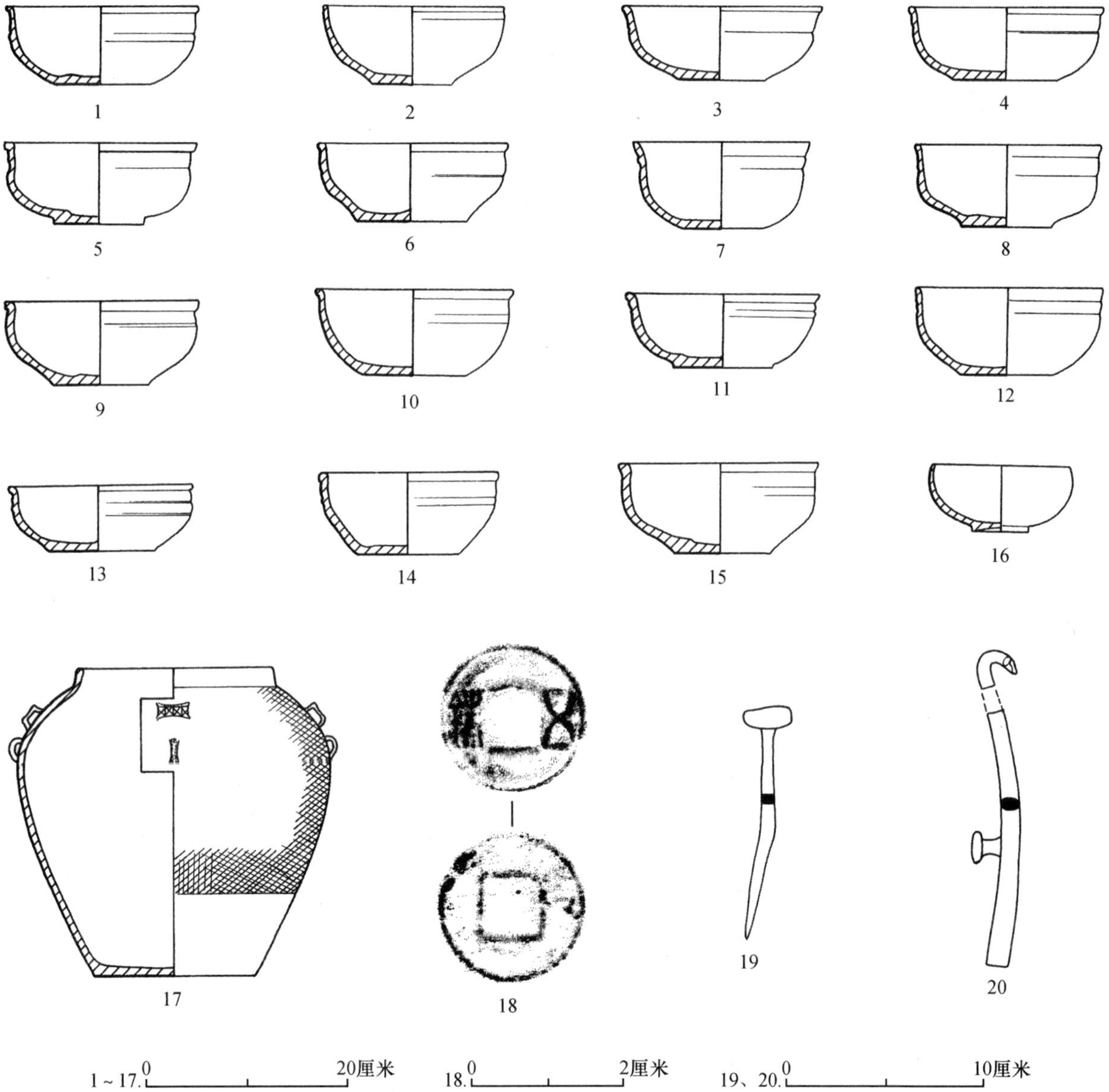

图2-56　M14及汉代地层出土遗物

1～15. 陶钵（M14：5、M14：7～11、M14：13、M14：14、M14：18、M14：22、M14：24、M14：26、M14：28、M14：32、M14：29）　16. 陶碗（IT0408④：1）　17. 瓷罐（M14：20）　18. 五铢钱（M14：2）　19. 棺钉（M14：21）　20. 铜带钩（M14：1）

厘米（图2-56，18）。

漆器残片　1件。M14∶3，红色，保存极差，未能提取。

瓷罐　1件。M14∶20，青瓷。直口微敛，直领，溜肩，弧腹，平底。肩部平均分布四系，每系有上下两耳组成，一横一竖。胎体呈灰褐色，中腹以上施青釉，釉色不纯，釉下压印有密集的斜方格纹。口径20、底径16、高30厘米（图2-56，17；图版七，3）。

棺钉　1件。M14∶21，圆锥状，横截面为椭圆形。长11.4厘米（图2-56，19）。

钵　15件。形制基本相同，泥质灰陶。直口微侈，圆唇，深腹略鼓，平底。腹饰一周凹弦纹。M14∶5，口径19.2、底径10、高7.6厘米（图2-56，1）。M14∶7，口径18、底径8、高7.6厘米（图2-56，2；图版七，4）。M14∶8，口径20、底径8.8、高7.2厘米（图2-56，3）。M14∶9，口径19.2、底径10、高7厘米（图2-56，4）。M14∶10，口径19.2、底径19、高8厘米（图2-56，5）。M14∶11，口径19.2、底径11.2、高7.6厘米（图2-56，6）。M14∶13，口径18、底径8、高8.4厘米（图2-56，7；图版七，5）。M14∶14，口径18.2、底径8.8、高8厘米（图2-56，8）。M14∶18，口径19.2、底径10、高8厘米（图2-56，9）。M14∶22，口径20、底径10、高8.4厘米（图2-56，10）。M14∶24，口径19.6、底径10、高7.2厘米（图2-56，11）。M14∶26，口径18、底径9、高8.4厘米（图2-56，12）。M14∶28，口径18、底径10、高8厘米（图2-56，13）。M14∶29，口径20、底径10、高8.8厘米（图2-56，15）。M14∶32，口径18、底径10、高6.4厘米（图2-56，14）。

瓮　12件，形制相同，泥质灰陶。器表呈青灰色，胎体细腻，呈棕红色。直口，圆唇，唇面内勾，矮颈，溜肩，弧腹内收，平底微凹。肩部饰多组花瓣纹、方形戳点纹和菱形戳点纹，上腹均饰两周凹弦纹。M14∶4，口径15、底径17、高27厘米（图2-57，1）。M14∶6，口径14、底径16、高28厘米（图2-57，2；图版七，6）。M14∶12，口径14、底径16、高27.2厘米（图2-57，3；图版八，1）。M14∶15，口径15.2、底径18、高29厘米（图2-57，4；图版八，2）。M14∶16，口径15.2、底径18、高28.4厘米（图2-57，5）。M14∶17，口径15.2、底径16.8、高29.2厘米（图2-57，6）。M14∶19，口径16、底径18、高29.2厘米（图2-57，7）。M14∶23，口径15、底径16.8、高28.4厘米（图2-57，8；图版八，3）。M14∶25，口径15、底径18、高28厘米（图2-57，9；图版八，6）。M14∶27，口径15、底径16.8、高27厘米（图2-57，10）。M14∶30，口径15.2、底径16.8、高28厘米（图2-57，11；图版九，1）。M14∶31，口径15.2、底径18、高28.8厘米（图2-57，12）。

3. 地层出土遗物

汉代地层主要分布在Ⅱ区，以第3或第4层为主。出土遗物主要有碗、豆、罐、器盖等。

碗　标本IT0408④∶1，泥质灰陶。口微敛，圆唇，鼓腹，平底微凹。素面。口径14、底径5.6、高6.5厘米（图2-56，16）。

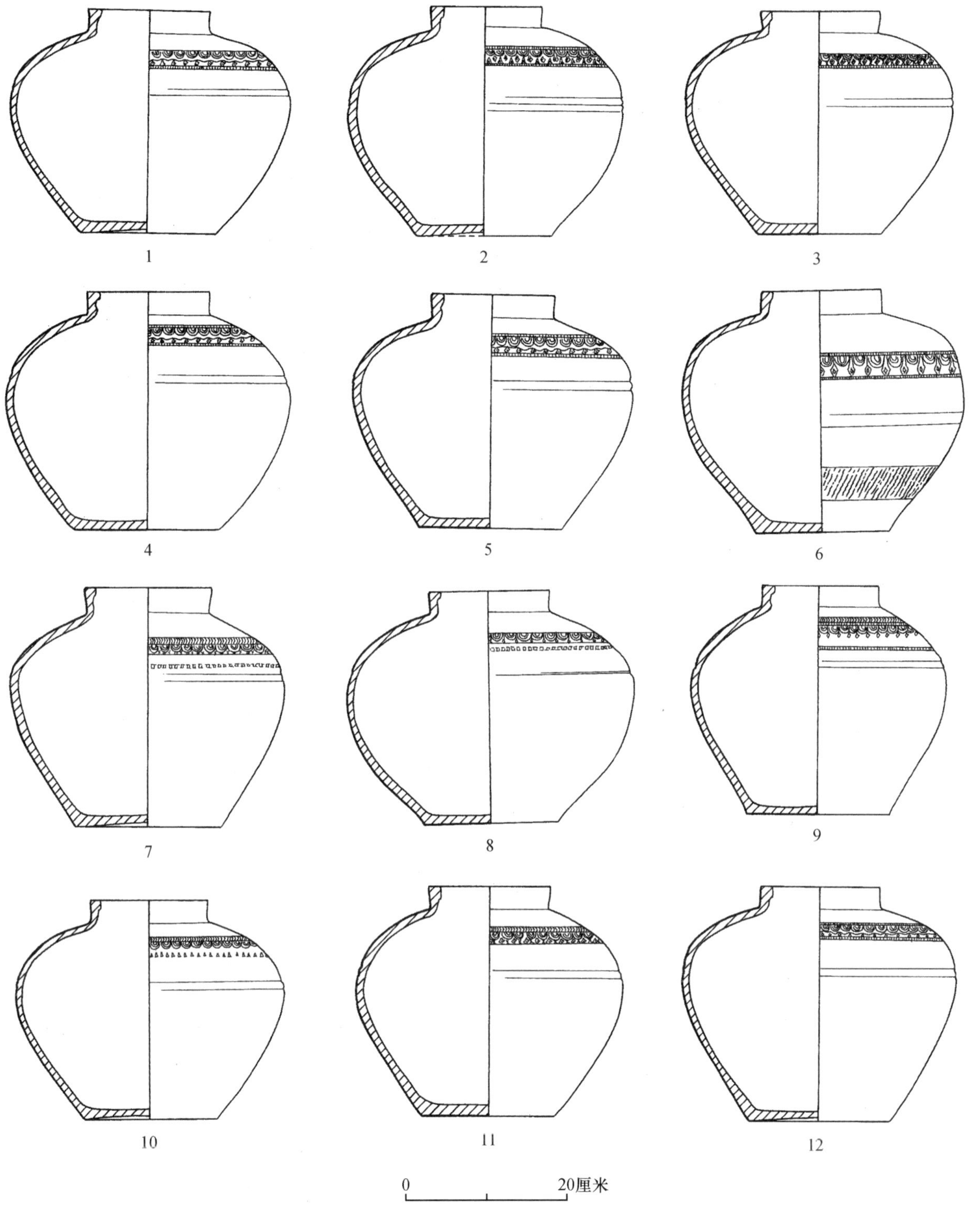

图2-57　M14出土陶瓮

1. M14∶4　2. M14∶6　3. M14∶12　4. M14∶15　5. M14∶16　6. M14∶17　7. M14∶19　8. M14∶23　9. M14∶25　10. M14∶27　11. M14∶30　12. M14∶31

五、唐代文化遗存

唐代文化遗存包括陶窑、灰沟、灰坑、墓葬等。

（一）遗　　迹

1. 陶窑

1座，即Y1。

Y1　位于ⅠT0104中南部偏西。开口于第4层下，被G1打破，向下打破第5层，口部距地表1米，方向225°。由操作间、窑门、火膛、窑室、烟室组成（图2-58；图版一）。

操作间　残存部分呈前窄后宽的倒梯形。残长0.72、残宽0.74～1.4米。

窑门　呈长方形，顶部不存。宽0.72、残高0.8米。

火膛　底部平面呈半圆形，直壁，平底。最长直径2.44、进深0.9米。

窑室　窑室平面呈长方形，顶部不存。长3.9、宽2.74米，窑壁残高1.55米。窑室内部有长方形窑床，长2.28、宽2.7、高0.6米。南北两壁下部掏挖有沟槽，形成火道，并与后壁烟道相接。火道进深0.06、高0.08米。窑壁与底均涂抹一层耐火泥。由于长期烧造，窑壁烧结层厚0.35米，从其颜色可四层，从内向外第1层为青灰色，质地坚硬，烧结度好，厚0.05米；第2层为豆青色，较竖硬，厚0.1米；第3层为黑色，质地坚硬，厚0.15米；第4层为红色，较硬，厚0.05米。

烟室　烟室底部平面呈梯形，前后两壁竖直，两腰微曲，烟室下部较宽，向上弧向内收为倒漏斗形。下部有五个烟孔与窑床相通。烟室底部长2.08、宽0.56、残高1.54米。五个烟孔均匀的开于后壁下部，均为四方形。孔宽0.24～0.28、高0.24米。五个烟孔上通烟囱，烟囱已倒塌，从残留痕迹看应为四方形。

填土　窑内填土略有不同，在火膛下部留有十分松软的草木灰，厚0.32米，可分二层。第1层为白色草木灰，厚0.05米；第2层呈豆青色，厚0.25米。窑室顶部塌下大量的烧结面，窑室淤土内含有大量的陶片、瓷片、瓦件等。可辨器形瓷器有钵、碗、碟，陶器有罐、盆、瓦等。

2. 灰沟

4条，即G1、G2、G3和G4（即G1东支流）。以G1为例介绍如下。

G1　位于Ⅰ区，贯穿于ⅠT0201、ⅠT0202、ⅠT0203、ⅠT0104、ⅠT0105、ⅠT0102、ⅠT0103、ⅠT0605、ⅠT0104、ⅠT0105、ⅠT0102、ⅠT0103。开口于第5层下，向下打破生土，口部距地表0.75～1.6米，方向335°（图2-59；图版二，2）。G1在T0201内被M1打破，G1

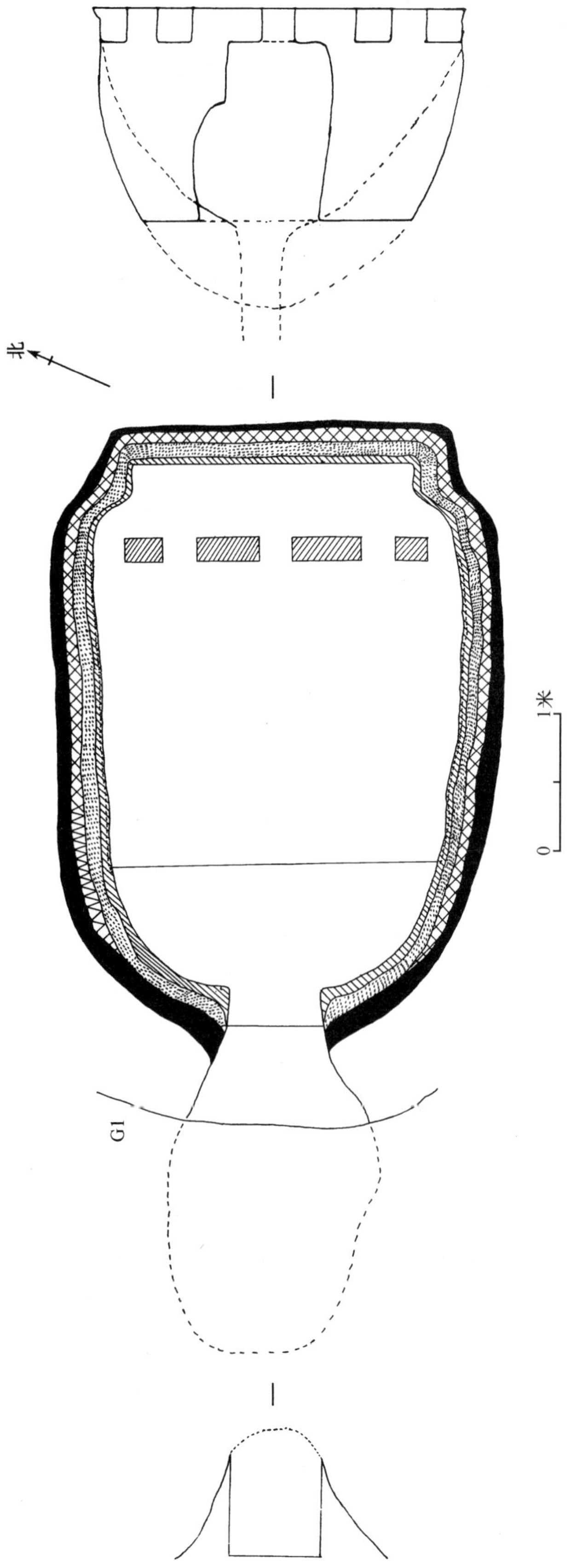

图2-58　Y1平、剖面图

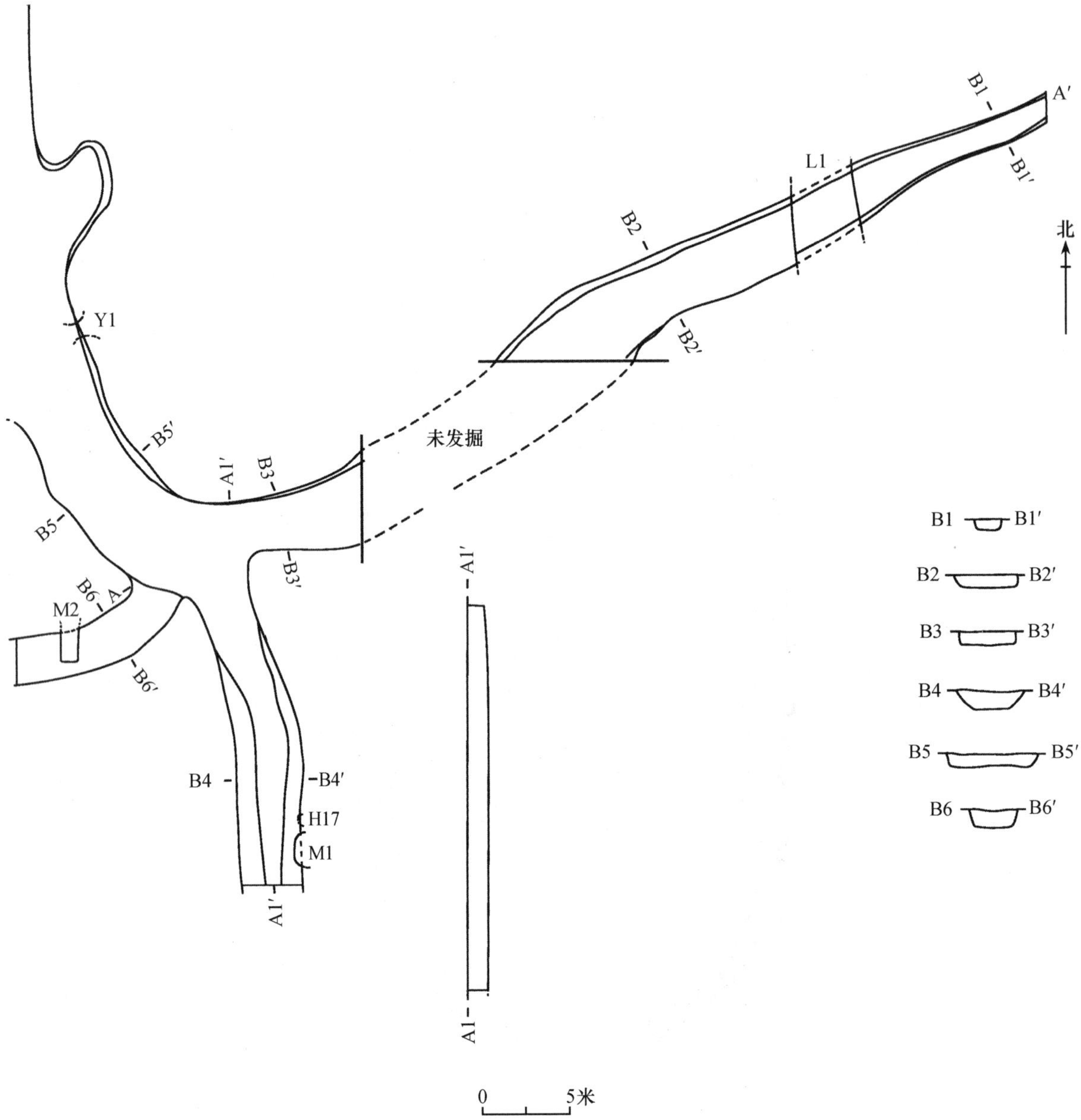

图2-59　G1平、剖面图

又打破H17，在T0102内被M2的墓道打破，在T0104内打破Y1。

G1分为主流和支流两部分，主流呈西北—东南向，由西北方向的T0105内发出，向南经IT0104、IT0103、IT0102、IT0201等五个探方。主流口大底小，底部呈斜坡状，沟底凸凹不平，沟壁曲折不齐，西北部浅，南部较深。此沟应为洪水冲刷而成。发掘部分长52.5、口宽3～5.5、底宽1～5、深0.5～1.2米，坡度约2°～6°。东支流，即G4，呈东北—西南走向，东北由ⅠT0605发出，经ⅠT0604、ⅠT0504、ⅠT0404、ⅠT0403、ⅠT0303至T0202交汇于主流，其中IT0403、IT0303没有发掘，仅进行钻探。发掘部分长42米，复原长度55米，口宽1.6～5、底宽2.7～4.4、深0.65～0.95米，坡度约2.5°；西支流在IT0102内发出，连接G1，呈东北—西南走向。发掘部分长9.7、口宽2.7、底宽2.4、深0.65～0.95米，坡度约1°。

沟内填土可分两层，填土厚薄不均。第1层为浅黄色土，土质较软，结构疏松，厚约0.2～0.8米。包含炭屑、粗砂、石子、螺壳和瓷片等；第2层为浅灰色土，土质较硬，结构较致密，厚约0.35～0.7米。包含料姜石颗粒、砂粒、石子、螺壳、兽骨和瓷片、瓦片等。

3. 灰坑

3座，即H21、H73和H74。以H73为例介绍如下。

H73　位于Ⅱ区西部，跨ⅡT0705、ⅡT0704、ⅡT0703、ⅡT0702和ⅡT0805、ⅡT0804、ⅡT0803、ⅡT0802等8个探方。开口于第2层下，向下打破第3层，口部距地表0.16～0.3米。平面形状为不规则形，壁不规整，坐落在M14封土之上，高低起伏。长46、宽31.6、深 0.85米。坑内填土杂乱，厚薄不均，土色不一，土质较软，结构疏松，包含有红烧土颗粒、料姜石块、陶片等。陶片纹饰有绳纹、附加堆纹、蓝纹、弦纹等；可辨器形有罐、筒瓦、板瓦等。从发掘得知，该坑为盗掘M14所形成，实为盗扰M14翻出的盗扰层。

4. 墓葬

1座，即M10。

M10　位于ⅠT0304东北部。开口于第5层下，向下打破第6层，口部距地表1.25米，方向190°。该墓为长方竖穴墓道土洞墓，由墓道、墓门和墓室组成（图2-60）。

墓道　位于墓室南部。口部平面呈长方形，直壁，底部略呈斜坡状。长2.18、宽0.7～0.76、深1.36～1.46米。

墓门　位于墓室和墓道之间。平面呈圆角长方形，宽0.62、高0.71米。用毛坯青石板封堵，石板长1、宽0.76、厚0.06～0.09米。

墓室　位于墓道北端。底部平面呈长方形，直壁，拱顶。底部长2.1、宽0.7～0.76、高1.02～0.68米。

填土　填土为黄褐色杂土，土质较软，结构疏松。

葬具　根据残存棺钉，推测葬具为木棺。

葬式、性别及年龄　墓室底部发现人骨一具，人骨保存较好。仰身直肢葬，头向南，面向上。经鉴定为壮年男性。

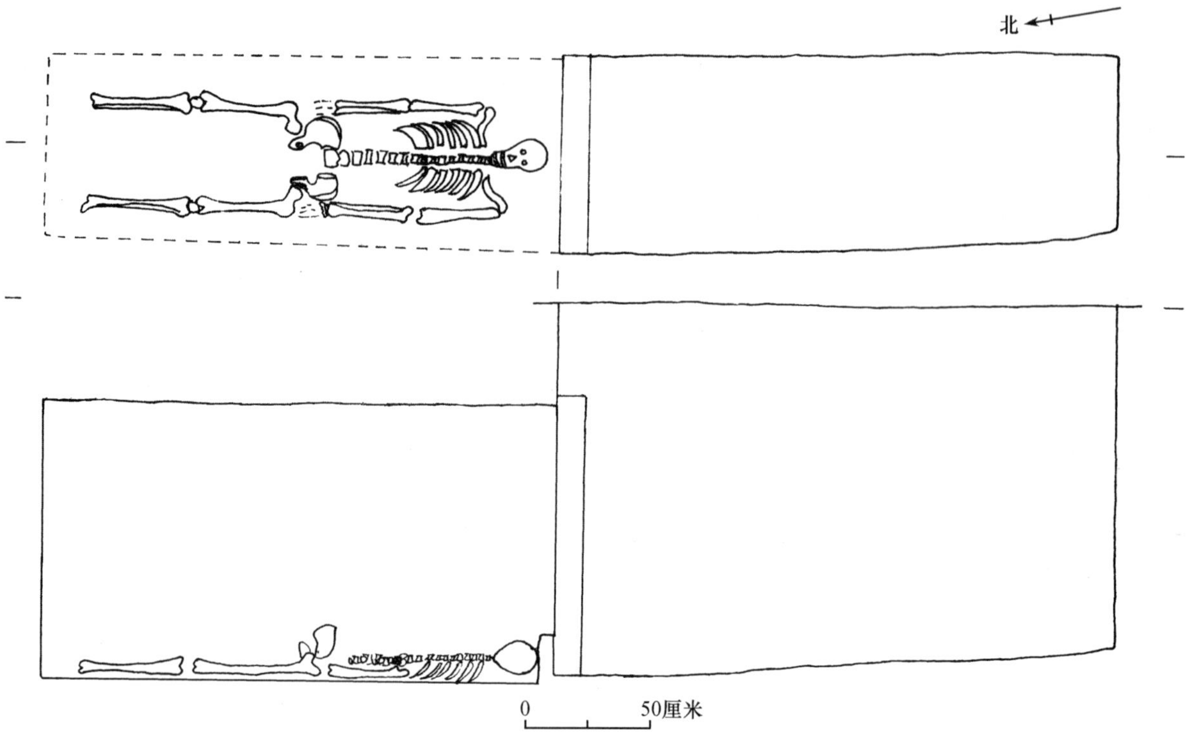

图2-60　M10平、剖面图

（二）遗　　物

1. 陶窑出土遗物

瓷碗　敞口，圆唇。标本Y1：1，曲腹，底部有矮圈足。内外壁皆施甜白釉，无光泽。口径19、底径8、高5.6厘米（图2-61，8；图版九，2）。标本Y1：8，底残，弧腹，内外壁皆施酱黄釉。残高6.8厘米（图2-61，9）。

瓷碟　敞口，尖圆唇，弧腹，饼状足。内壁及外壁近口沿处施灰白釉，外腹施白釉。标本Y1：2，口径13、底径8、高3.6厘米（图2-61，3；图版九，3）。标本Y1：3，口径12.8、底径7.2、高3.6厘米（图2-61，4）。标本Y1：7，口径13、底径6.2、高4厘米（图2-61，2；图版九，4）。

瓷钵　敞口，圆唇，弧腹，饼状足，上腹近唇部微凹，内外壁皆施酱黄釉。标本Y1：4，口径15.2、底径11.2、高6.4厘米（图2-61，5；图版九，5）。标本Y1：5，口径16、底径10.6、高6厘米（图2-61，7）。标本Y1：6，口径16、底径12、高7厘米（图2-61，6）。标本Y1：9，口径16、底径10.6、高6厘米（图2-61，10）。

板瓦　标本Y1：10，泥质灰陶。整体呈梯形，胎体厚重，瓦身扭曲变形。拱面素面无纹，凹面饰布纹。长32、宽18～22.4、厚1.8～2.2厘米（图2-61，1）。

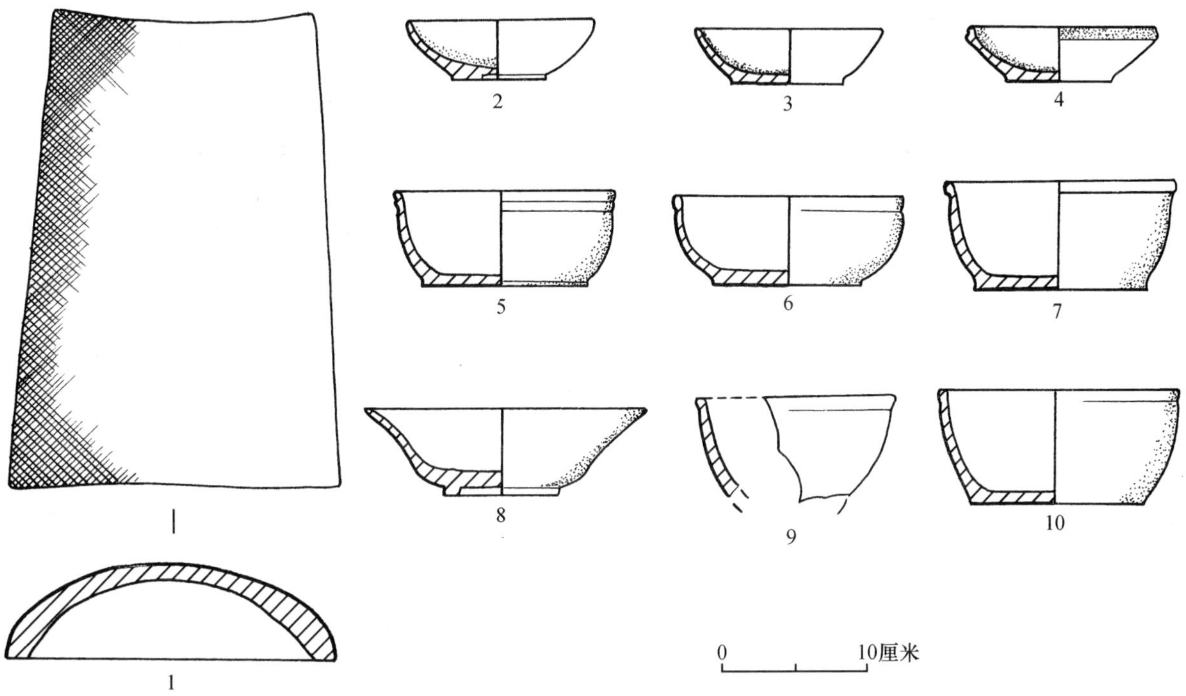

图2-61　唐代Y1出土遗物
1. 板瓦（Y1：10）　2～4. 瓷碟（Y1：7、Y1：2、Y1：3）　5～7、10. 瓷钵（Y1：4、Y1：6、Y1：5、Y1：9）
8、9. 瓷碗（Y1：1、Y1：8）

2. 灰坑出土遗物

瓦当　1件。H73：1，残，泥质灰陶，乳钉云纹瓦当。边轮内有双线弦纹将当面分成内外两圆圈。内圈中心为凸起的素面圆形乳钉；外圈内当面被三条直线分为四个扇面，每个扇面内各饰一朵蘑菇状卷云纹，线脚与内圈弦纹相连，云头正中各饰有一个三角形小乳钉。边轮宽1.8厘米，当面直径14.8厘米，中心乳钉直径5厘米。瓦当边轮外侧素面无纹，背面与筒瓦粘接处有手抹痕迹（图2-62，4）。

3. 墓葬出土遗物

陶饰件　1件。标本M10：1，发现于墓室淤土中，泥质灰陶。圆饼状，中间模印两条交叉的小鱼，把整个圆分成四等份，外部有线纹。边沿薄，正面拱出，背面磨光。直径1.5厘米（图2-62，3）。

4. 地层出土遗物

该时期地层主要分布在Ⅰ区，以第4层或第5层为代表，出土遗物有罐、器盖等。

罐　标本ⅠT0605⑤：1，泥质褐陶。直口，折沿，沿面内凹，尖圆唇，矮直领，鼓腹，平

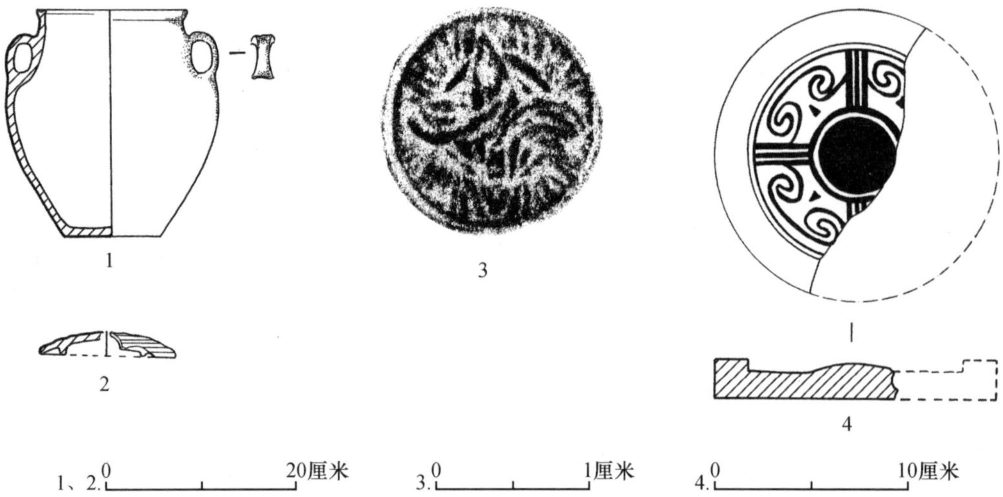

图2-62　唐代灰坑及地层出土遗物

1. 罐（ⅠT0605⑤：1）　2. 器盖（ⅠT0505⑤：2）　3. 陶饰件（M10：1）　4. 瓦当（H73：1）

底，上腹有一对称桥形耳。素面。口径16、底径10、高19厘米（图2-62，1）。

器盖　标本ⅠT0505⑤：2，泥质灰陶。纽残。子母口，弧顶，由口至顶有六周凸弦纹。口径14、残高2.5厘米（图2-62，2）。

六、宋代文化遗存

宋代文化遗存包括道路、灰沟、灰坑、墓葬等。

（一）遗　　迹

1. 道路

1条，即L1。

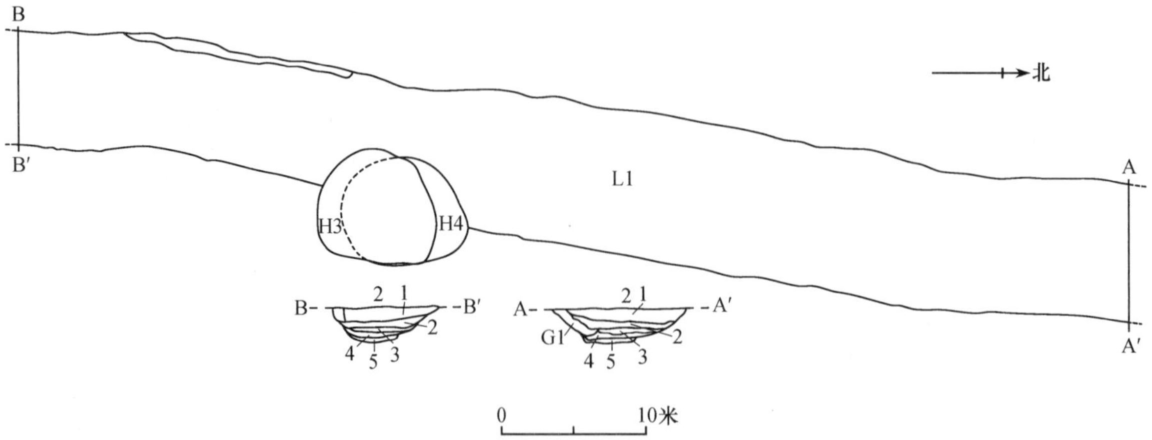

图2-63　L1平、剖面图

面为长条形，从南到北跨
延伸，未经发掘。发掘部
第1层，距地表0.46、厚
，土质较硬，结构致密。
J3.12米。包含有清代瓷碗
。由碎石、砂粒、黏土混
等；第3层，深0.6～0.65、
致密。中部有车辙，两条
的瓷片和铜簪等；第4层，
，土质硬，结构致密。中
含宋金时期的瓷片等；第5
合而成，土质硬，结构致
。包含宋代瓷碗和唐代瓷
、石、黏土混合碾压而成

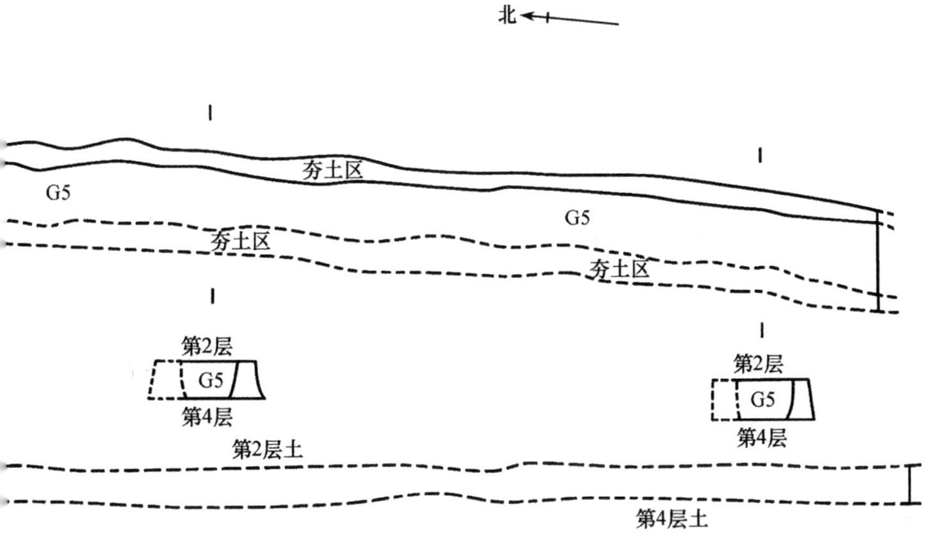

、T1504、T1505等5个探
.45～0.52米。平面呈长条
0.7～1.25米；底部长49、
实，夯层厚度约20厘米左
浅灰色，土质较硬，结构

2层下，向下打破第3层，
、短径3.6、深0.78米（图
、红烧土颗粒、料姜石颗

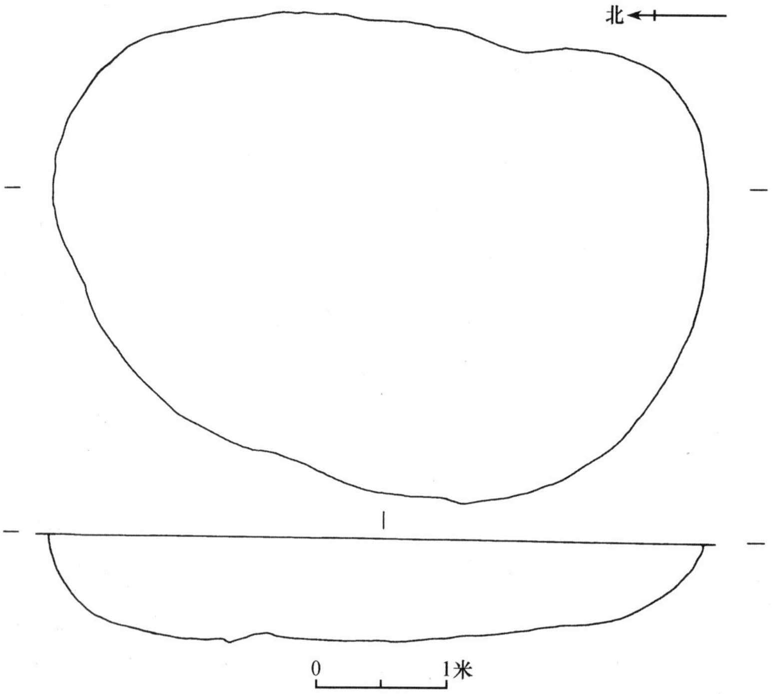

图2-65　H4平、剖面图

4. 墓葬

共11座。有9座分布于Ⅰ区的西南部，2座分布于Ⅱ区的东南部。其中Ⅰ区T0201内有M1，T0102内有M2，T0202内有M3、M4、M5，T0404内有M6、M7，T0304内有M8、M9；Ⅱ区内有2座，均在T2801内，即M11、M12。

（1）M1

M1位于ⅠT0201的东南部。开口于第3层下，向下打破第4层，口部距地表1.1米，方向180°。该墓为竖穴土坑砖室墓（图2-66）。

墓室　口部平面呈圆角长方形，直壁，平底。口部长2.08、宽1.6、深1.3米。墓室建于土圹之中。底部平面呈五边形，北壁宽0.66、残高0.1米；东壁宽0.64、残高0.15米；西壁宽0.8、残高0.05～0.15米；南壁不存。墓室南部无铺地砖，北半部置砖砌棺床，长1.2、宽0.76、高0.05米。

填土　填土为黄褐色杂土，土质较软，结构疏松。

葬具　由于保存较差，未发现葬具。

葬式、性别和年龄　棺床上发现人骨2具，保存较好。2具人骨散乱的堆放在棺床上，南北并列，二者头向西，北侧墓主面向上，南侧墓主面向北。经鉴定，南侧墓主为男性青年，北侧墓主为女性壮年。

（2）M2

M2位于ⅠT0102中部偏西。开口于第3层下，向下打破第4层，口部距地表0.78米，方向

183°。该墓为竖穴阶梯墓道砖室墓，由墓道、墓门、墓室和耳室等部分组成（图2-67；彩版五，1、2）。

墓道　位于墓室南部，为竖穴阶梯墓道，口部平面呈梯形，南窄北宽，壁直。口部长3.8、宽1.02～1.27、深2.8米。从南向北有三级台阶，第1层台阶，距口部0.94米，长1～1.1、宽0.49米；第2层台阶，距口部1.88米，长1.1～1.12、宽0.7米；第3层台阶，距口部2.16米，长1.12～1.22、宽1.4米。

墓门　位于墓道和墓室之间。为砖砌仿木门楼，高1.12、宽0.84米。下部有门坎，用青砖平铺而成，长0.84、宽0.16、高0.06米。门楼两侧用三组一平一竖青砖砌为门框，以上为平砌至顶，门框外侧竖向侧砌一排青砖。门框和拱顶以上为错缝平砌，作为门额，正中有两朵八边形砖制门簪。门额上部砌有仿木门楼，顶部有五块斜向青砖，作为瓦垄。封门系用青砖错缝平砌封堵。

墓室　砖券墓室建于土圹中，平面呈正方形。墓室内部长1.86、宽1.82、高2.28米。四壁为青砖错缝平砌，二十三层以后开始起券，收为四角攒尖顶。中部为长方形，由四块砖侧立封顶。棺床位于墓室的北部，长1.82、宽1～1.24、高0.12米。

耳室　位于墓室东西两侧近墓门处，平面呈长方形，周壁由青砖错缝平砌，顶部为叠涩式，其中东侧耳室有铺地砖，西侧耳室则无。东室内部长0.86、南北宽0.32、高0.48米；西室内部内长0.9、宽0.34、高0.48米。

填土　填土为黄褐色杂土，土质较软，结构疏松。

葬具　未发现葬具。

葬式、性别及年龄　墓底发现六具人骨，均为二次葬，保存较好（彩版六，1）。其中棺床上有四具人骨，分为南北两组，每组二人。南组居中，两人并列，其他骨殖置于头骨之下，北组与南组放置方式相同，均为头向西，面向上。从南向北依次编号为1～4。经鉴定，1号为壮年女性，2号为壮年男性、3号为壮年女性、4号为壮年女性。东西耳室各放一具人骨，均为二次葬。西耳室墓主头向东，面向上头，经鉴定为壮年男性；东耳室墓主头骨散落于墓室东南角，经鉴定为壮年男性。

（3）M3

M3位于ⅠT0202东北部。开口于第3层下，向下打破第4层，口部距地表0.95米，方向0°。该墓为竖穴土坑砖室墓（图2-68；彩版六，2）。

墓室　平面呈长方形。砖砌墓室建于土圹之中，底部以8块青砖横向平铺，东西两侧均以完整青砖侧立为壁，南北两侧以残砖侧立为壁，顶部用4块青砖横铺封护。内部长0.64、宽0.21～0.23、高0.16米。

填土　填土为黄褐色杂土，土质较软，结构疏松。

葬具　不详。

葬式、性别及年龄　墓底发现人骨一具，为二次葬，头向北，面向下，四肢骨等摆放在头骨下。经鉴定墓主为童年，性别不详。

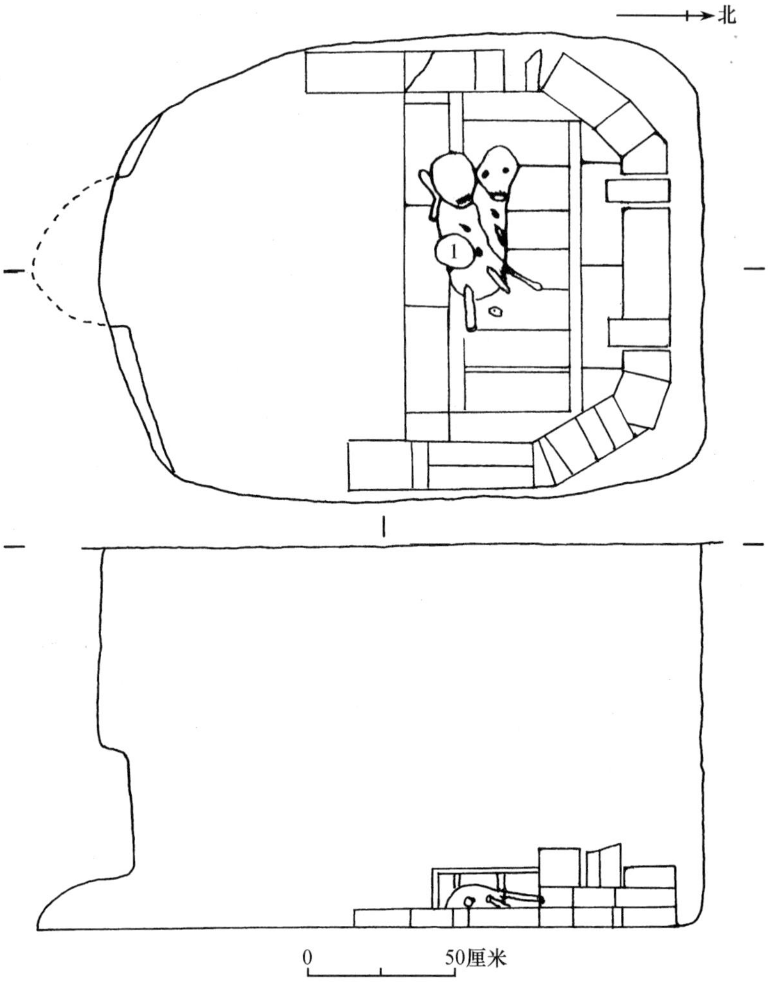

图2-66　M1平、剖面图
1. 铜镜

（4）M4

M4位于ⅠT0202东南部。开口于第4层下，向下打破第5层，口部距地表1.6米，方向180°。该墓为竖穴土坑砖室墓（图2-69）。

墓室　墓圹呈长方形，长1.9、宽1.8米。砖砌墓室建于土圹之中，东、南、北三壁不存，西壁尚存1～3层青砖。墓室长1.6、宽1.8、残高0.8米。

填土　填土为黄褐色杂土，土质较软，结构疏松。

葬具　不详。

葬式、性别及年龄　未发现人骨，葬式、性别及年龄等均不详。

（5）M5

M5位于ⅠT0202西北部。开口于第4层下，向下打破第6层，口部距地表0.75米，方向184°。该墓为竖穴土坑砖室墓（图2-70）。

墓室　平面呈长方形。砖砌墓室建于土圹之中，东西两侧均以完整青砖侧立为壁，南北两

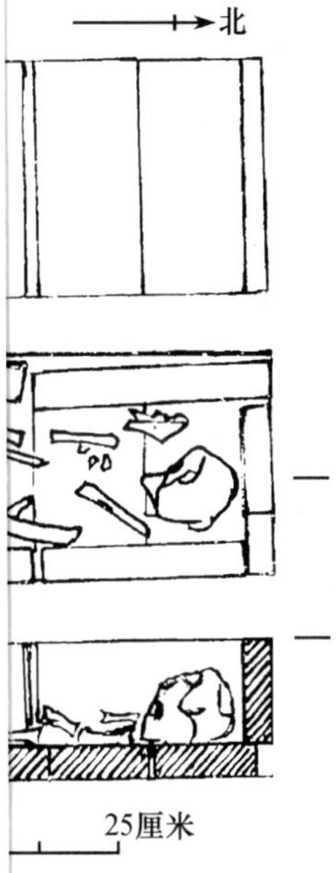

M3平、剖面图

瓷瓶　3. 瓷盒

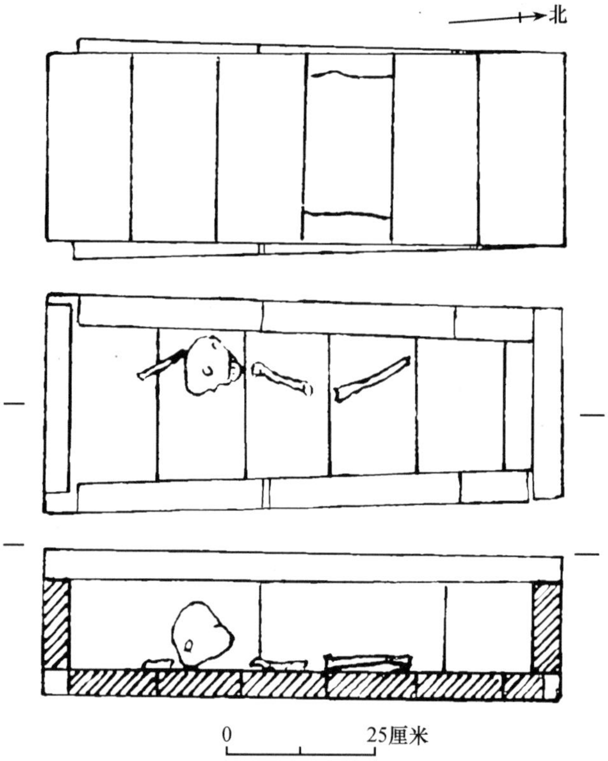

图2-70　M5平、剖面图

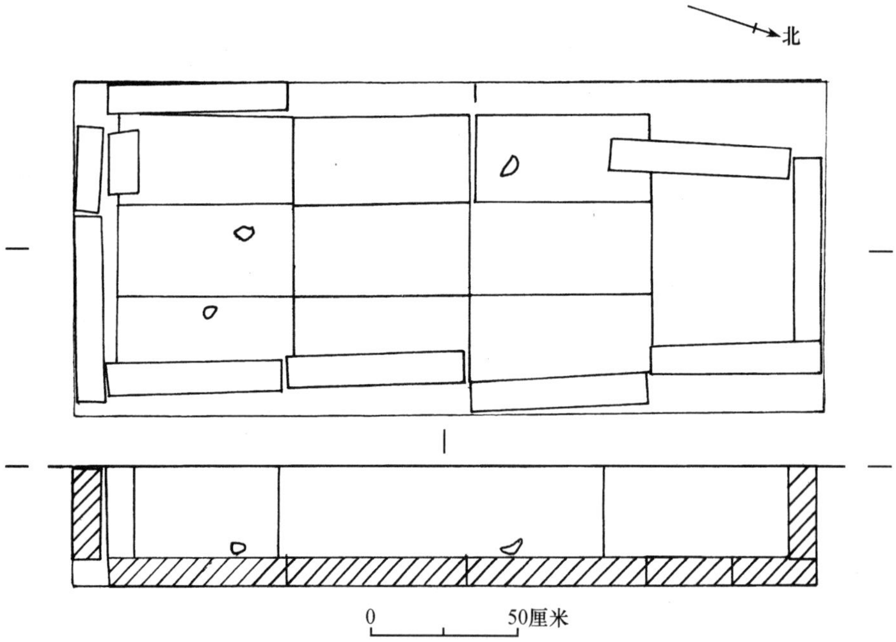

图2-71　M6平、剖面图

填土　填土为黄褐色杂土，土质较软，结构疏松。

葬具　不详。

葬式、性别及年龄　墓底发现人骨一具，为二次葬，头骨不存，残存少量四肢骨。经鉴定墓主为童年，性别不详。

（7）M7

M7位于ⅠT0404东南部，开口于第4层下，向下打破第6层，口部距地表0.7米，墓向90°。该墓为竖穴土坑墓（图2-72）。

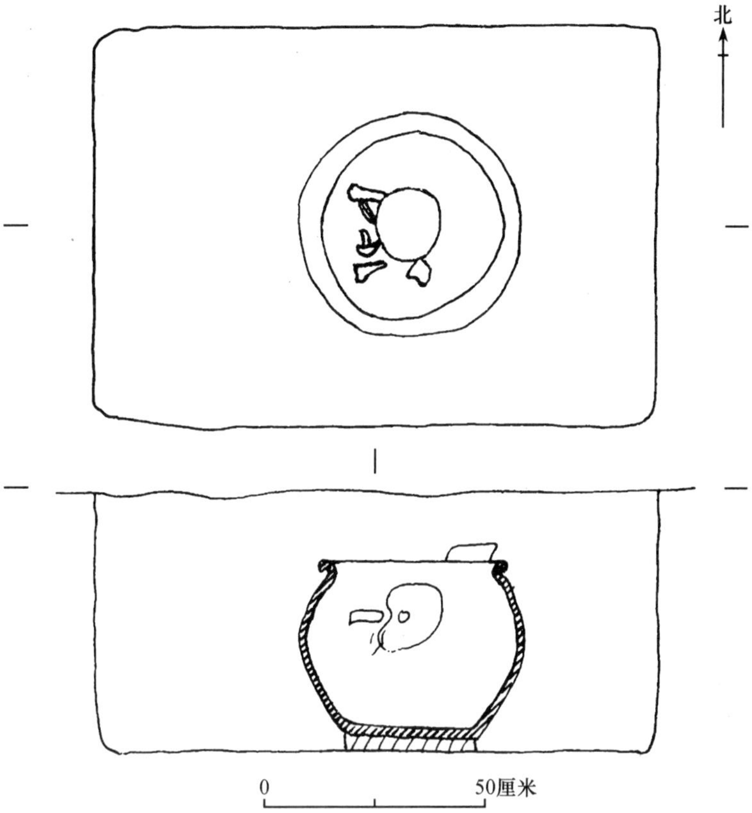

图2-72　M7平、剖面图

墓室　墓圹平面呈长方形，长1.3、宽0.9、深0.6米。

填土　填土为黄褐色杂土，土质较软，结构疏松。

葬具　瓮棺。

葬式、性别及年龄　瓮棺内置骨架一具，为二次葬，经鉴定墓主为成年，性别不详。

（8）M8

M8位于ⅠT0304南部偏西，开口于第3层下，向下打破第4层，距地表0.55米，方向0°。该墓为长方形竖穴土坑墓（图2-73）。

墓室　平面为长方形，南北两壁竖直，东西两壁微斜。长1.3、宽0.8、深0.4米。北壁放一块立砖，室内中北部平放一块青砖。

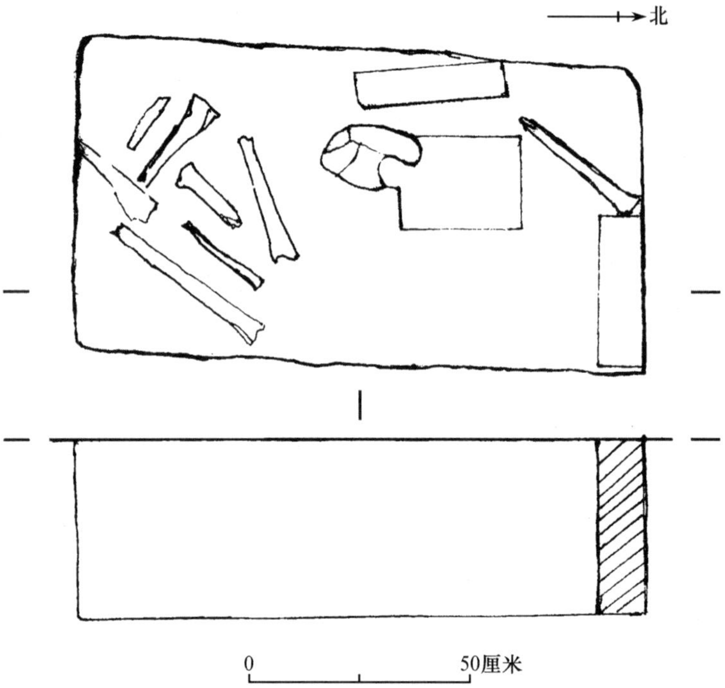

图2-73　M8平、剖面图

填土　填土为黄褐色杂土，土质较软，结构疏松。

图2-74　M9平、剖面图

葬具　不详。

葬式、性别及年龄　墓底发现少量人骨，墓主遗骨已被迁葬他处。

（9）M9

M9位于Ⅰ T0304中部，开口于第4层下，向下打破第5层，距地表0.8米，方向0°。该墓为长方形竖穴土坑砖室墓（图2-74）。

墓室　平面呈长方形，直壁，平底，四壁由青砖平铺围合，其中南北两壁3块，东西两壁2块。墓圹长1.3、宽1、深0.4米。

填土　填土为黄褐色杂土，土质较软，结构疏松。

葬具　不详。

葬式、性别及年龄　墓底发现人骨二具，为二次葬，左右并列，东侧墓主面向下，西侧墓主面向上，头骨下有其他骨骼。经鉴定，东侧墓主为壮年男性，西侧墓主为壮年女性。

（10）M11

M11位于ⅡT2801东南部。开口于第3层下，口部距地表1.2米，方向180°。该墓为竖穴阶梯墓道砖券墓，由墓道、墓门和墓室组成（图2-75；彩版五，3）。

墓道 位于墓室南部，为竖穴阶梯墓道，口部平面呈梯形，南窄北宽，直壁，距墓门0.8米处两壁向外扩为弧形。长3、宽0.66～1.98、深2.4米。台阶距口部1.4米，长1.26、宽0.66～0.84米。

墓门 位于墓室和墓道之间。为砖砌仿木门楼，墓门高1.3、宽0.7米。墓门两侧用四组一平一竖青砖砌为门框，以上为平砌至顶，门框外侧竖向侧砌一排青砖。门框和拱顶以上为错缝平砌，作为门额，门额上有两朵六边形门簪。墓门上部砌有6层青砖，作为挡土墙，厚0.28米。墓门由青砖侧砌封堵。

墓室 位于墓道北部。内部平面略呈方形，周壁为由青砖错缝平砌，第21层以上开始起券。底部有砖砌棺床，长1.04、宽1.1、高0.19米。墓室内部长1.26、宽1.1、高1.18米。

填土 填土为黄褐色杂土，土质较软，结构疏松。

葬具 不详。

葬式、性别及年龄 棺床上发现人骨三具，为二次葬，三具人骨并列摆放，头向西，四肢骨整齐的放于头骨之下。从南向北依次编为1～3号，1号墓主面向上，2号墓主面向南，3号墓主面向北。经鉴定，1号墓主为中老年男性，2、3号墓主为老年女性。

（11）M12

M12位于ⅡT2801东北部。开口于第3层下，口部距地表1.1米，方向180°。该墓为竖穴墓道砖室墓（图2-76；彩版五，4）。

墓道 位于墓室南部。为竖穴墓道，口部平面呈梯形，南窄北宽，直壁，距墓门0.4米处两壁向外扩为弧形。长1.86、宽0.52～1.06、深1.86米。

墓门 位于墓道和墓室之间。平面为长方形，两侧用青砖砌为门框。墓门宽0.54、高0.76米。墓门由砖封堵，下部顺铺一层，其上竖立一层，之后均错缝平砌。墓门上部有向北弧凸的挡土墙一道，顶部与墓口齐平。

墓室 位于墓道北部。平面呈长方形，周壁为由青砖错缝平砌，第10层以上开始起券。墓室底部有一层铺地砖，最南端顺铺一排，东侧又顺铺青砖直到北壁，其余则对缝横铺。墓室内部长1.3、宽0.54、高0.66米。

填土 填土为黄褐色杂土，土质较软，结构疏松。

葬具 不详。

葬式、性别及年龄 墓底发现人骨一具，为二次葬，头向南，四肢骨整齐的摆放于头骨之下。经鉴定，墓主为壮年男性。

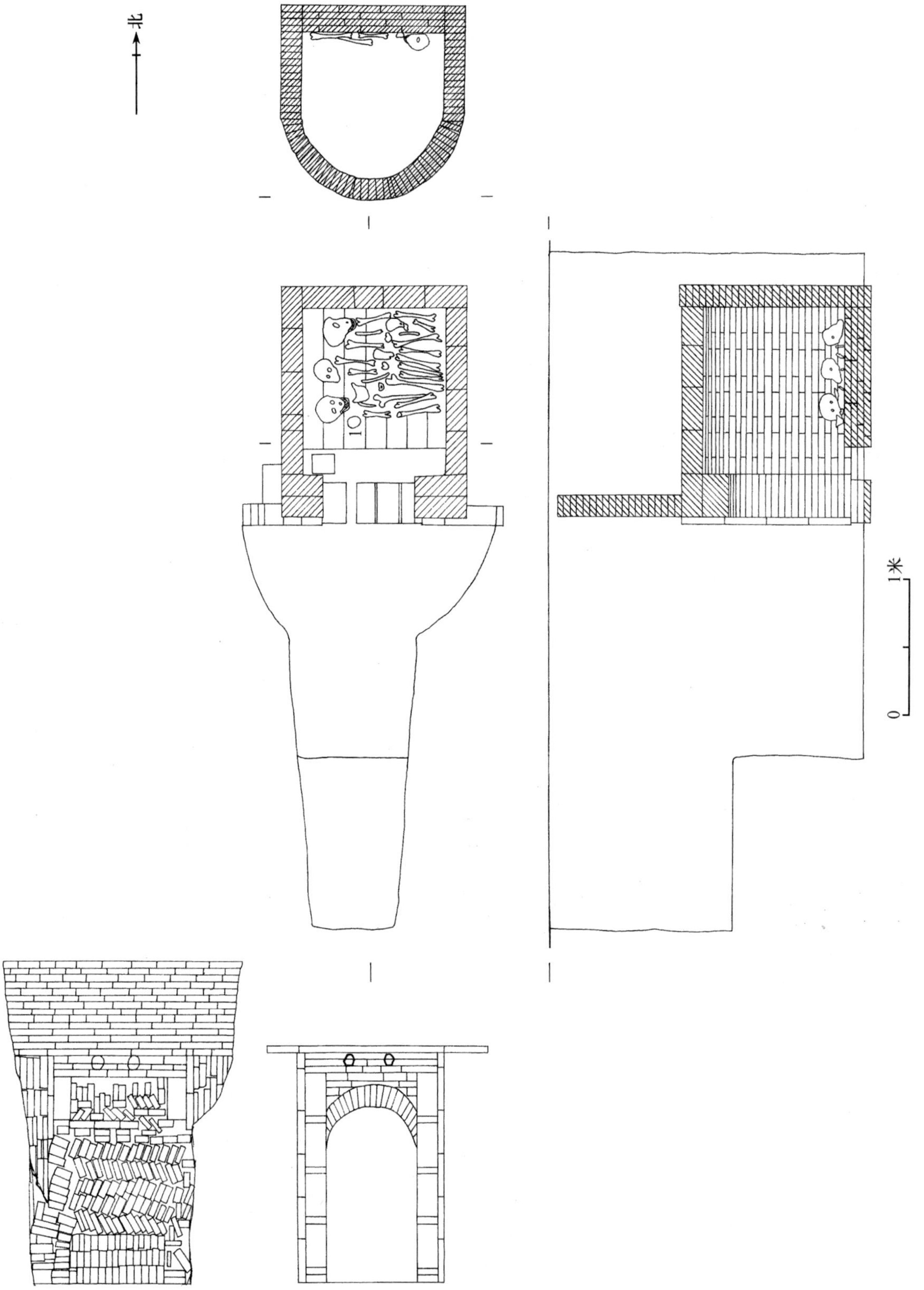

图2-75　M11平、剖面图
1. 瓷碗

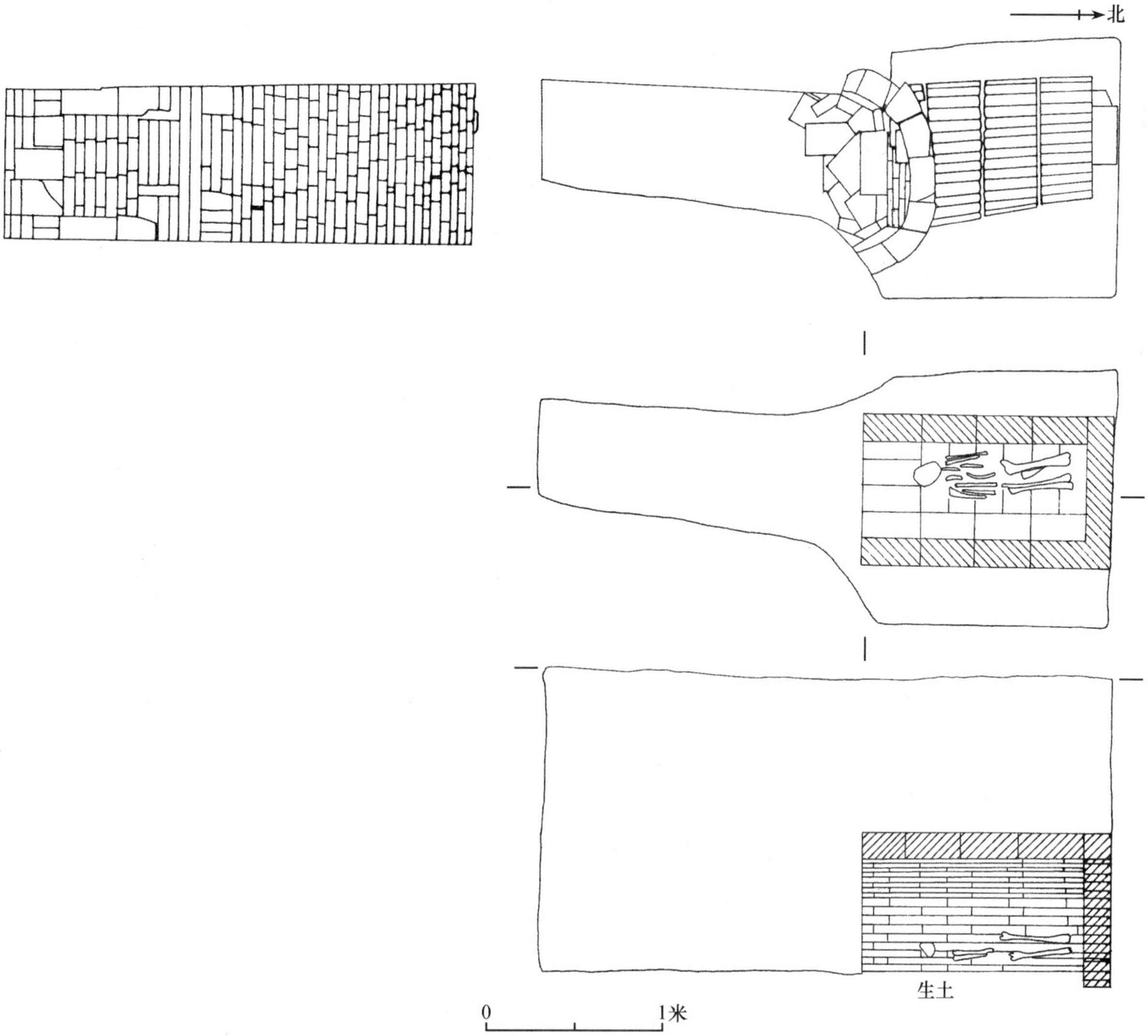

图2-76　M12平、剖面图

（二）遗　　物

1. 道路出土遗物

铜簪　2枚。L1③：1，由铜丝弯制而成，双股，整体呈U形，尖首。长4、宽0.4厘米，双股间距为2厘米（图2-77，4）。L1③：2，残，长条形，簪头弯卷，尾端残。长10厘米（图2-77，5）。

铁钉　1枚。L1④：2，锥状，上端呈方形，下端尖首。长8.4、直径0.6厘米（图2-77，6）。

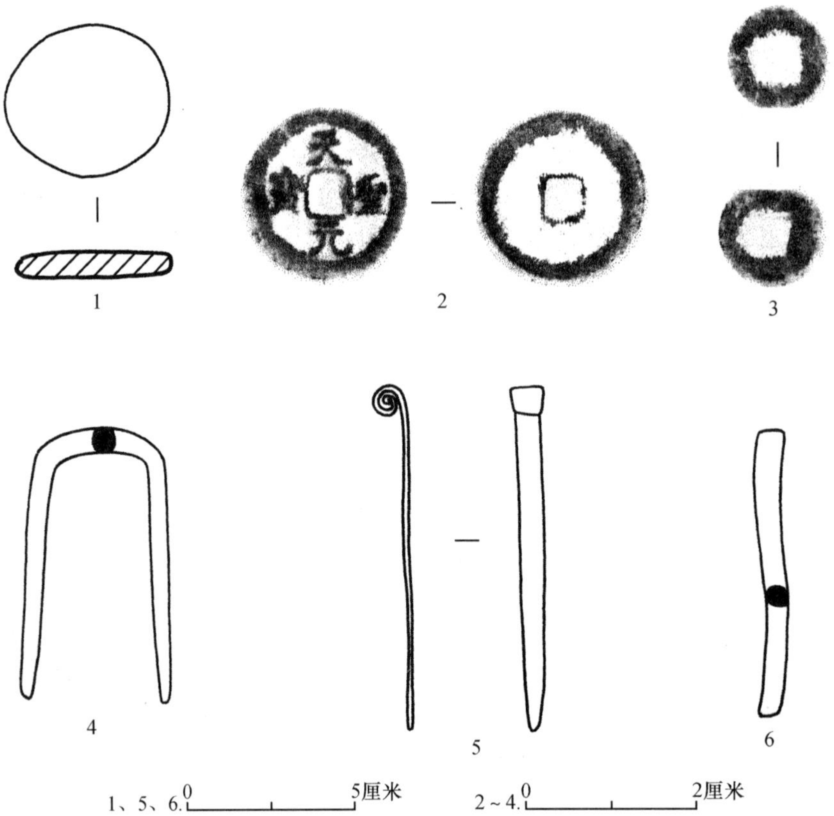

图2-77　宋代灰坑出土遗物

1. 陶饼（H4：1）　2、3. 铜钱（G5：1、H4：2）　4、5. 铜簪（L1③：1、L1③：2）　6. 铁钉（L1④：2）

2. 灰沟出土遗物

铜钱　1枚。G5：1，圆形，方穿，外郭较宽，钱文为“天圣元宝”，楷书，旋读。钱径2.5、穿径0.8厘米（图2-77，2）。

3. 灰坑出土遗物

陶饼　1件。H4：1，泥质灰陶。圆形，厚薄一致，表面有使用痕迹，素面。直径10厘米（图2-77，1）。

铜钱　1枚。H4：2，圆形，方穿，剪轮，字体模糊不清。钱径1.5、穿宽0.7厘米（图2-77，3）。

4. 墓葬出土遗物

M1出土随葬品

铜镜　1件。M1：1，位于人骨腿部。四分葵花形，镜面微凸，圆形纽，纽座为六分葵花形，座外分布有六组圆形旋涡纹图案。直径12、纽高0.3、纽宽1厘米（图版九，6）。

砖　标本M1∶2，泥质灰陶，长方形，一侧有阴刻图案，形似桌子，下侧为箱子，分上下两层，上层为盖，下层为箱身，在盖和箱身上分布刻有形似元宝图案。长33.5、宽17、厚5厘米（图2-78，7）。

M2出土随葬品

瓷碗　1件。位于第一组人骨南侧，保存完整，制作精致。M2∶1，敞口，圆唇，弧腹，下附矮圈足。器身施酱釉。口径9.4、高3.5厘米（图2-78，6；图版一〇，1）。

M3出土随葬品

瓷瓶　2件。位于墓主腿骨处。盘口，尖圆唇，束颈，鼓腹，平底，矮圈足。M3∶1，外壁施白釉，口径2.5、底径3.8、高9.3厘米（图2-78，2；图版一〇，2）。M3∶2，外壁施褐釉，口径2.9、底径3.2、高7.9厘米（图2-78，1；图版一〇，3）。

瓷盒　1件。位于墓主腿骨处。M3∶3，子母口，尖唇，斜直腹，平底，假圈足。内外壁皆施豆青釉。口径2.4、底径1.8、高2.5厘米（图2-78，4；图版一〇，4）。

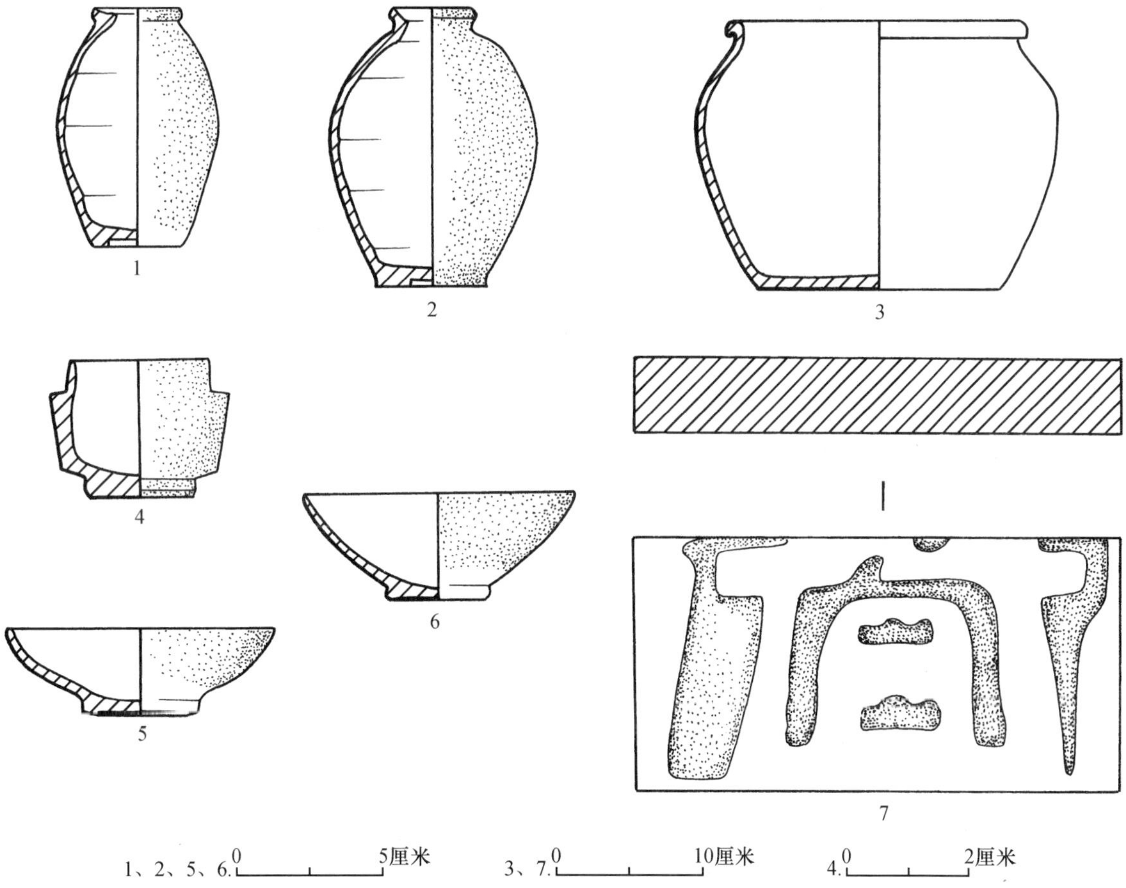

图2-78　宋代墓葬出土遗物

1、2. 瓷瓶（M3∶2、M3∶1）　3. 陶瓮（M7∶1）　4. 瓷盒（M3∶3）　5. 瓷碗（M11∶1）　6. 瓷碗（M2∶1）　7. 砖（M1∶2）

M7出土随葬品

陶瓮　1件。M7∶1，泥质灰陶。敛口微侈，卷沿，圆唇，上腹鼓，下腹斜收，平底。口径42、底径30、高40厘米（图2-78，3；图版一〇，5）。

M11出土随葬品

瓷碗　1件。M11∶1，位于1号墓主头骨下。敞口，圆唇，弧壁，平底，矮圈足。内外壁皆施白釉。口径9.3、底径3、高2.8厘米（图2-78，5；图版一〇，6）。

5. 地层出土遗物

宋代地层以Ⅰ区分布最广，主要以第4层为代表，出土遗物有瓷碗、瓷杯、器盖等。

瓷碗　敞口，圆唇，弧腹，平底，底附矮圈足。内外壁皆施白釉。IT0604④∶1，口径13.8、底径5.6、高3.8厘米（图2-79，1）。T0604④∶2，外壁有四道折棱，富有层次感。口径15.2、底径3.1、高5.8厘米（图2-79，2）。

器盖　标本ⅠT0305④∶1，泥质黑皮陶。整体呈圆形，平顶，斜沿，方唇，下部为子口。素面。直径10、高2厘米（图2-79，3）。

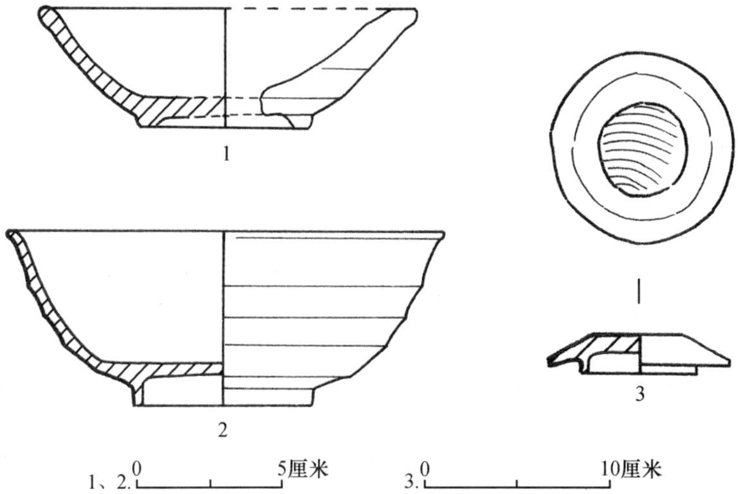

图2-79　宋代地层出土遗物

1、2. 瓷碗（IT0604④∶1、T0604④∶2）　3. 器盖（IT0305④∶1）

七、结　　语

山孔遗址分布范围较大，文化层堆积较厚。通过发掘，基本搞清了山孔遗址的文化内涵。关于不同时期的遗存，我们初步认识如下（见附表2-1）。

（一）关于战国时期文化遗存的认识

战国时期文化遗存是该遗址分布范围最广堆积最丰富的。共发掘水井3眼、灰坑63座。但遗迹之间叠压打破关系较少，并且集中分布于Ⅰ区。灰坑分布较为密集，出土遗物基本是生活用具，以鬲、豆、盆、量、碗、壶为主，还有一些建筑材料，如板瓦、筒瓦等。其中生活用具是中原地区东周时期常见的陶器组合，并且同类器的形制基本一致。

该遗址出土的陶盆形制大致相同，多作微敞口，宽折沿，上腹微斜，圜底，上腹饰瓦楞纹，下腹及底饰粗绳纹。这些特征和新郑郑国祭祀遗址出土的战国晚期同类器基本相同[①]，如H27和H20出土陶盆（H27：1、H20：3）分别和郑国祭祀遗址战国晚期前段AⅤ式（T612H2188：27）、AⅥ式（T652H2117：13）和AⅡ式陶盆相似；H34出土陶甑（H34：1）虽然不知底部气孔的分布情况，但是整体形制和郑国祭祀遗址战国晚期后段AⅠ式甑（T599H1805：14）基本相同；J4出土陶罐（J4：1），口部残缺，腹部及底部特征和郑国祭祀遗址战国晚期前段CⅠ式罐（T624③：2）一致；H29和H32出土陶豆（H29：1、H32：1）和郑国祭祀遗址战国晚期前段B形豆（T619②：1）相似，H49出土陶豆（H49：1）和该遗址战国晚期后段CⅢ式豆（T565H2175：15）形制相近；H1出土陶鬲（H1：3）和郑国祭祀遗址战国晚期前段AⅠ式鬲（T576②：11）几乎一致。此外，该遗址出土的陶量、陶碗等分别与登封阳城遗址出土的战国晚期的量（VZT2H11：7）、碗（VT102H1：10）形制相同[②]，表明其时代约略相当。综合分析，山孔遗址战国遗存的年代大体在战国晚期。

（二）关于汉代遗存的认识

山孔遗址汉代文化层分布不均，Ⅰ区没有发现文化层，仅发现3个灰坑。文化层主要集中在Ⅱ区，共发现房基1座、柱础坑1个、水井1眼、灰坑13个以及墓葬1座。

汉代遗物以陶器为主，器形有盆、罐、碗、钵等，建筑材料有板瓦、筒瓦、瓦当等。通过和以往发掘材料对比，山孔遗址汉代文化遗存的年代基本为东汉晚期。如H53、H83出土陶罐（H53：3、H83：1）为平折沿，方唇，束颈，溜肩，弧腹，平底，与《洛阳烧沟汉墓》[③]Ⅱ③式罐M1023：28相似。陶瓮（H53：5）与《洛阳烧沟汉墓》Ⅲ①式陶瓮（M146：19）相似，流行于东汉中晚期。M14形制为前堂横陈双后室墓，属于《洛阳烧沟汉墓》第五型墓葬。该墓虽遭多次盗扰，仍出土较多随葬品，共清理出盆、罐、钵、钱币等32件。其中五铢钱（M14：2）钱文样式与《洛阳烧沟汉墓》Ⅳ①式五铢相似。此外，M14发现的子母砖形体较

---

① 河南省文物考古研究所：《新郑郑国祭祀遗址》，大象出版社，2006年。

② 河南省文物研究所、中国历史博物馆考古部：《登封王城岗与阳城》，文物出版社，1992年。

③ 中国科学院考古研究所：《洛阳烧沟汉墓》，科学出版社，1959年。

大，花纹图案多样，以及陶罐为矮直领，鼓弧肩，最大腹径基本在中腹以上的特征时代均在东汉晚期。

（三）关于唐代文化遗存的认识

该遗址唐代文化层堆积较厚，但分布不均，仅在Ⅰ区南部发现。该时期遗迹共发现3个，其中陶窑1座、沟1条、墓葬1座。出土遗物较少，有瓷碗、瓷钵、磁碟、陶罐、器盖、板瓦等。Y1出土瓷碗（Y1：1）和瓷碟（Y1：3）分别与洛阳新区厚载门唐墓①出土的瓷碗（M2：10）和瓷碟（M2：8）相似，年代为唐代晚期。瓷钵也与唐代晚期的同类器近似②，所以该遗址的唐代遗存应属唐代晚期。

（四）关于宋代文化遗存的认识

宋代地层分布不均，仅在Ⅰ区南部发现。该时期遗存共发现墓葬12座，但出土随葬品较少。地层和墓葬中出土的黑釉碗、瓶等器形与宋代中晚期常见的同类器物相同③，表明其时代约略相当，如M2、M3、M11出土的瓷碗（M2：1、M3：1和M11：1）与驻马店泌阳宋墓④出土的瓷碗形制相同，均作圆唇，斜直壁略弧，矮圈足，内外壁施白釉，属于宋代中晚期的风格。

执笔：杨俊伟

2015年6月

---

① 洛阳市第二文物工作队：《洛阳新区厚载门唐墓发掘简报》，《文物》2011年第1期。

② 赵青云：《河南陶瓷史》，紫禁城出版社，1993年。

③ 赵青云：《河南陶瓷史》，紫禁城出版社，1993年。

④ 驻马店市文物管理考古所：《河南泌阳县宋墓发掘简报》，《华夏考古》2005年第2期。

附表2-1　山孔遗址灰坑统计表

编号	位置	层位关系	形状与结构	尺寸（单位：米）	出土遗物	时代
H1	IT0101	⑥→H1→生土	不规则形，弧直内收，近平底	口部长2.2、宽1.32、底部长1.9、宽0.9 、深0.8米	豆、罐、盆、鬲等残片	战国
H2	IT0505	①→H2→②	长方形，直壁，平底	长2.35、宽1、度0.6米	近代瓷碗残片、战国豆柄等	近代
H3	IT0505	②→H3→L1	椭圆形，弧壁，圜底	长2.9、宽3.25、深0.85米	现代碗片、砖瓦、陶片等	近代
H4	IT0505	②→H3→H4→③	椭圆形，斜壁内收，圜底	长径5.1、短径3.6、深0.78米	瓷碗片和铜钱以及石饼等	宋代
H5	IT0202	②→H5→③	长方形，直壁，平底	长2.15、宽0.9、深1.3米	近代瓷碗片绳纹陶片	近代
H6	IT0506	③→H6→生土	椭圆形，壁外扩，底部内收，平底	口部长1.7、宽1.5、底部长1.75、宽1.5、深0.5米	豆、罐、盆、鬲等残片	战国
H7	IT0506	④→H7→生土	不规则形，直壁，平底	长1.26、短0.9、深0.34米	豆、罐、盆、鬲、瓮等残片	战国
H8	IT0505	②→H4→H8→③	椭圆形，弧壁，圜底	长3.3、宽2.9、深0.58米	罐、鬲、瓮等残片	汉代
H9	IT0505	②→H8→H9→生土	椭圆形，斜直壁内收，平底	口部长1.5、残宽0.9、底部长1.3、残宽0.84、坑深0.7米	鬲、罐、豆等残片	战国
H10	IT0203	④→H10→⑥	椭圆形，西南斜壁，东北直壁，平底	口部长1.32、宽1.22、底部长1.3、宽1.17、深0.5米	鬲、钵、豆等残片	战国
H11	IT0606	③→H11→④	椭圆形，斜壁，平底，有台阶	口部长1.55、宽1.26、底部长1、宽0.9、深1.2米	鬲、罐、豆、盂、盆等	战国
H12	IT0606	③→H12→④	椭圆形，直壁，平底	口部长1.13、宽0.98、底部长1.2、宽0.96、深0.3米	鬲、罐、豆等残片	战国
H13	IT0606	③→H13→④层	长方形，壁不规整，底不平	口部长1.3、宽0.8、底部长1.22、宽0.72、深0.22米	陶鬲、盆、豆等残片	战国
H14	IT0606	③→H14→④层	圆形，斜直壁，平底	口径1.4、底径1.3、深0.4米	鬲、罐、豆、盂、盆等残片	战国
H15	IT0203	④→H15→⑥	椭圆形，壁斜直内收，平底	口部长1.9、宽1.4、底部长1.06、宽0.64、深0.8米	鬲、鼎、罐、盆、豆等残片	战国
H16	IT0203	④→H16→⑥	圆形，直壁，平底	直径0.95、深0.36米	豆、鬲等残片	战国
H17	IT0201	⑤→H17→⑥	圆形，斜壁外扩，平底	口径1.1、底径1.3～1.4、深1.75米	蚌片、铜桥形饰和陶鬲、罐片	战国
H18	IT0604	⑤→H18→⑥	椭圆形，斜壁内收，平底	口部长2、宽1.46、底部长1.74、宽1.26、深1米	鬲、罐、盆、盂、豆等残片	战国
H19	IT0605	⑤→H19→⑥	椭圆形，斜壁内收，圆形小平底	口部长3.7、宽2.12、底径1.1、深1.8米	罐、豆、盆等残片	战国
H20	IT0507	②→H20→④	方形，直壁，平底	长1.2、深0.24米	陶量、盆、鬲、罐、豆等残片	战国
H21	IT0604	⑤→H21→⑥	椭圆形，直壁，平底	长1.6、宽1.2、深0.72米	唐代瓷片、战国盆残片	唐代
H22	IT0507	③→H22→④	不规则形，直壁，平底	长1.3、宽1.25、深0.44米	豆、筒瓦等残片	汉代
H23	IT0507	③→H23→④	椭圆形，上壁较直，下壁外扩，袋状，平底	口部长0.9、宽0.7、底部长1.3、宽1.1、深1.4米	蚌镰、盂、豆、瓮、鬲等残片	战国

续表

编号	位置	层位关系	形状与结构	尺寸（单位：米）	出土遗物	时代
H24	IT0607	③→H24→④	椭圆形，被G2打破，直壁，平底，底部留有台阶	口部长1.65、宽1.56、底部长1. 52、宽1.4、深1.6米	陶鬲、豆残片	战国
H25	IT0507	③→H25→④	圆形，南壁略外弧，余为直壁，平底，有台阶	口径1.15、底径0.86、深1.8米	鬲、罐、豆、盂、盆等残片	战国
H26	IT0507	③→H26→④	椭圆形，直壁，平底	口部长1.65、宽1.56、底部长1.52、宽1.4、深1.5米	鬲、钵、豆、盂、盆等残片	战国
H27	IT0505	③→H27→出土	椭圆形，上壁较直，下壁向外扩，袋状，平底	口部长1.7、宽1.24、底部长1.9、宽1.7、深2.8米	石饼、盂、鬲、罐、盆、豆等残片	战国
H28	IT0407	②→H28→④	圆形，斜直壁外扩，平底	口径0.8、底径0.98、深0.4米	鬲、盆、豆等残片	战国
H29	IT0504	⑤→H29→⑥	椭圆形，西部被G4打破，斜壁外扩，平底	口残长0.94、残宽0.36、底部长1.3、宽1.26、深0.95米	鬲、罐、豆、瓮、盆等残片	战国
H30	IT0407	②→H30→④	圆形，弧壁内收，平底	口径1.3、底径1.1、深1.3米	兽骨、陶鬲、盆残片	战国
H31	IT0504	⑤→H31→⑥	椭圆形，直壁，平底	长1.26、宽1.22、深0.54米	鬲、豆、盆等残片	战国
H32	IT0505	⑤→H32→⑥	椭圆形，斜壁内收，平底	口部长1.92、宽1.25、底部长0.4、宽0.3、深0.9米	鬲、盆、豆等残片	战国
H33	IT0204	④→H33→⑤	椭圆形，袋状，斜直壁，平底	口部长0.9、宽0.7、底部长1.5、宽1.2、深1.78米	蚌镰、铲、陶纺轮和鬲、罐、豆、盘等残片	战国
H34	IT0405	④→H34→⑤	椭圆形，斜直壁内收，平底	口部长1.8、宽1.08、底部长1.44、宽0.9、深1.3米	鬲、罐、豆、盆等残片	战国
H35	IT0406	②→H35→④	圆形，直壁，平底	直径1.2、深0.4米	鬲、罐、豆、盂等残片	战国
H36	IT0406	②→H36→④	圆形，直壁，平底	直径1.5、深0.5米	鬲、罐、豆、盂等残片	战国
H37	IT0406	②→H37→④	圆形，斜壁，西壁内收，东壁外扩，平底	直径1.12、深0.9米	鬲、罐、豆、盆、盂等残片	战国
H38	IT0406	②→H38→④	圆形，直壁，平底	直径1.2、深0.65米	豆、鬲、盂等残片	战国
H39	IT0406	③→H39→④	椭圆形，斜弧壁内收，平底	口部长1.85、宽1.1、底部长1.75、宽0.95、深1.38米	鬲、罐、豆、盆、盂等残片	战国
H40	IT0406	③→H40→④	圆形，袋状，平底	口径1、底径1.2米	豆、盂、盆等残片	战国
H41	IT0406	②→H41→④	圆形，弧壁内收，平底	口径1.2、底径0.98、深0.83米	鬲、罐、豆、盆等陶片	战国
H42	IT0405	④→H42→⑤	椭圆形，北部被J3打破，斜壁内收，平底，有台阶	口部长1.7、宽1.52、底部长1.1、宽1、深2米	鬲、罐、豆、盆等残片	战国

续表

编号	位置	层位关系	形状与结构	尺寸（单位：米）	出土遗物	时代
H43	IT0406	④→H43→生土	圆形，东壁外扩，余为直壁，平底	口径1.5、底径1.5、深1.35米	鬲、罐、豆、盆、盂等残片	战国
H44	IT0406	④→H44→生土	椭圆形，直壁，平底，有台阶	口部长1.5、宽0.7、底部长0.7、宽0.66、深1.6米	陶鬲、盆、豆残片	战国
H45	IT0105	④→H45→生土	不规则形，斜直壁内收，平底	口部长1.5、宽1.3、底部长1.32、底宽1.14、深0.7米	陶豆、器物盖残片	战国
H46	IT0105	④→H46→生土	椭圆形，直壁，平底，有台阶	口部长1.3、宽0.9、底部长0.92、宽0.81、深0.5米	泥质灰陶片	战国
H47	IT0404	⑤→H47→⑥	圆形，直壁，平底	直径1、深0.36米	罐、盂、豆等残片	战国
H48	IT0404	⑤→H48→⑥	椭圆形，斜壁内收，平底	口部长1.75、宽1.6、底部长1.42、宽1.6、深1.05米	鬲、罐、盆、豆、盂等残片	战国
H49	IT0404	⑤→H49→⑥	椭圆形，斜壁，平底，有台阶	口部长1.7、宽1.6、底部长1.3、宽0.74、深1.05米	鬲、罐、豆、盆、盂等残片	战国
H50	IT0104	④→H50→⑤	椭圆形，直壁，平底	长1、宽0.6、深0.3米	鬲、豆等残片	战国
H51	IT0103	④→H33→⑥	椭圆形，直壁，平底	长0.94、宽0.64、深0.44米	鬲、盆、豆等残片	战国
H52	IT0408	④→H52→生土	圆形，北壁外扩，余为直壁，平底	口径1.2、底径1.25、深1.2米	鬲、盆等残片	战国
H53	IT0408	③→H53→④	椭圆形，东南壁略外弧，余为直壁，平底	口部长1.85、宽1.28、底部长1.8、宽1.2、深0.6米	罐、瓮、盆、板瓦、筒瓦等残片	汉
H54	IT0408	②→H54→④	椭圆形，直壁，平底	长1.12、宽0.85、深0.6米	鬲、罐、豆和筒瓦等残片	汉
H55	IT0408	②→H55→④	圆形，弧壁内收，平底	口径1.2、底径1.18、深0.5米	罐、豆等残片	战国
H56	IT0306	②→H56→④	椭圆形，斜壁，平底有台阶	口部长1.8、宽1.06、底部长1.64、宽1. 08、深0.78米	鬲、盆、盂、豆和纺轮等	战国
H57	IT0306	②→H57→④	椭圆形，斜壁，平底	口部长1.74、宽1.2、底部长1.58、宽0.98、深0.78米	罐、盆、盂、豆等残片	战国
H58	IT0305	④→H58→⑥	椭圆形，直壁，平底	长1.4、宽1.1、深0.62米	鬲、罐、盆、豆等残片	战国
H59	IT0305	④→H59→⑥	椭圆形，直壁，平底	长1.75、宽1.1、深0.62米	鬲、罐、盆等残片	战国
H60	IT0306	②→H60→④	圆形，直壁，底部外扩，凸底	口径1.24、底径0.72、深2.3米	鬲、罐、盆、盂、豆等残片	战国
H61	IT0306	③→H61→④	椭圆形，斜壁，平底	口部长0.9、宽0.6、底部长0.8、宽0.56、深0.33米	鬲、盆、豆等残片	战国
H62	IT0306	③→H62→④	椭圆形，直壁，平底	长1.46、宽1.36、深0.77米	鬲、罐、盂、豆和陶纺轮等	战国
H63	IT0305	④→H63→⑥	椭圆形，壁微斜，平底	口部长1.12、宽0.66、底部长1、宽0.56、深0.46米	鬲、罐、盆、豆等残片	战国
H64	IT0305	⑤→H64→⑥	椭圆形，南北壁微斜，东西壁直，平底	口部长1.8、宽1.18、底部长1.8、宽1.07、深0.35～0.65米	鬲、罐、盆、豆等残片	战国
H65	IT0306	③→H65→④	椭圆形，壁斜直内收，平底	口部长1.3、宽0.9、底部长1.1、宽0.7、深1米	鬲、罐、盂、豆、盆以及纺轮等	战国

续表

编号	位置	层位关系	形状与结构	尺寸（单位：米）	出土遗物	时代
H66	IT0306	②→H66→④	圆形，壁斜直内收，平底	口径1.12、底径0.98、深0.52米	陶鬲、罐等残片	战国
H67	IT0208	②→H67→④	圆形，斜壁内收，平底	口径1.3、底径1.25、深0.7米	鬲、罐、豆等残片	战国
H68	IT0208	②→H68→④	圆形，直壁，平底	口径0.75、底径0.75、深0.3米	鬲、罐等残片	战国
H69	IT0207	②→H69→④	椭圆形，上部为直壁，下壁外张呈袋状，平底	口部长1.54、宽1.32、底部长1.58、宽1.54、深2.04米	盂、鬲、盆、豆以及纺轮等	战国
H70	IT0206	②→H70→③	椭圆形，直壁，平底有台阶	口部长径1.8、短径1.25、底部长径1.1、短径1、深0.64米	鬲、罐、豆、盆等残片	战国
H71	IT0206	②→H71→③	椭圆形，东西为直壁，南北为弧壁，圜底近平	口部长1.08、宽0.68、底部长0.96、宽0.56、深0.28米	鬲、罐、豆、盆等残片	战国
H72	IT0206	②→H72→③	椭圆形，西南斜壁，东北直壁，平底	口部长1.14、宽1、底部长1.04、宽0.94、深0.58米	鬲、罐、豆、盆等残片	战国
H73	ⅡT0704等八个探方	②→H73→③	不规则形，壁不规整，底坐落在M14封土之上，高低起伏	长46、宽31.6、深 0.85米	罐、筒瓦、板瓦残片	唐代
H74	ⅡT1501	②→H74→③	不规则形，南、北壁斜坡，东、西壁较直，圜底	口部长1.48、宽0.48～1.1、深1.54米	陶罐、盆、白瓷碗等残片	唐代
H75	ⅡT0702	②→H75→③	不规则形，斜壁内收，平底	口部长1.4、宽1.55、底部长1.1、宽1.45、深1.25米	无	近代
H76	ⅡT1501	④→H76→生土	椭圆形，斜壁内收，圜底	口部长1.12、宽0.82、深0.76米	罐、板瓦、筒瓦、铺地砖等	汉代
H77	ⅡT1501	④→H77→生土	不规则形，斜壁，圜底	口部长3.6、宽2.34、深1.2米	罐、盆、甑、板瓦、筒瓦等	汉代
H78	ⅡT1501	③→H78→④	椭圆形，斜直壁，平底	口部长2.45、宽1.14、底部长2.4、宽1.1、深0.5米	罐、盆、壶、板瓦、筒瓦等	汉代
H79	ⅡT1501	④→H78→生土	椭圆形，斜壁，圜底	口部长1.7、宽1.3、深0.78米	罐、盆、壶、板瓦、筒瓦等	汉代
H80	ⅡT1502	③→H80→生土	椭圆形，斜壁，平底，有台阶	口部长3.9、宽1.92、底部长1.94、宽1.6、深0.86米	罐、盆、壶、板瓦、筒瓦等	汉代
H81	ⅡT1505	③→H81→④	不规则形，南壁斜坡，余为直壁，平底	口部长2.8、宽2.05、底部长1.3、宽1.25、深0.82米	罐、盆、板瓦、瓦当等	汉代
H82	ⅡT1505	③→H82→④	椭圆形，斜壁，圜底近平	口部长1.9、宽1.72、底部长1.84、宽1.6、深0.5～0.6米	罐、盆、板瓦、瓦当等	汉代
H83	ⅡT1504	③→H83→④	不规则形，壁斜直，平底	口部长3.58、宽2.73、底部长3.55、宽2.73、深0.5～0.6米	鬲、罐、盆、板瓦、筒瓦等	汉代
H84	ⅡT1403	③→H84→④	不规则，弧壁内收，圜底近平	口部长3.58、宽2.73、底部长3.55、宽2.73、深0.5～0.6米	鬲、罐、盆、板瓦、筒瓦等残片	汉代

续表

编号	位置	层位关系	形状与结构	尺寸（单位：米）	出土遗物	时代
H85	ⅡT0802	M14封土→H52→④	长方形，斜直壁，平底	口部长1.1、宽0.8、底部长1、宽0.75、深0.6米	盆、罐、瓮等残片	汉代
H86	ⅡT0802	④→H86→生土	椭圆形，斜壁，底微圜	长3.3、宽2.1、底部长3.2、宽1.6、深1.25米	铜泡，罐、盆、瓮残片	汉代
H87	ⅡT0702	②→H87→M14封土	不规则形，壁斜直，平底	口部长1.93、宽0.96～1.76、底部长1.58、宽1.08、深0.8米	罐、缸、盆、板瓦、筒瓦等	汉代
H88	ⅡT0802	④→H88→生土	长方形，东壁斜直，余为直壁，平底	长4.2、宽1、底部长4、宽1、深1.1米	罐、盆、瓮、壶、板瓦、筒瓦等残片	汉代

附表2-2　山孔遗址墓葬统计表

编号	所在探方	层位	墓向	结构	墓道（单位：米）			墓室（单位：米）			葬式	随葬品	时代
					长	宽	深	长	宽	高			
M1	IT0201	第3层下	270°	竖穴土坑砖室墓				2.08	1.6	1.3	二次葬	铜镜1、砖1	宋代
M2	IT0102	第3层下	183°	竖穴阶梯墓道砖券墓	3.8	1.27	2.8	1.86	1.82	2.28	二次葬	瓷碗1	宋代
M3	IT0202	第3层下	0°	竖穴土坑砖室墓				0.64	0.23	0.16	二次葬	瓷瓶2、瓷盒1	宋代
M4	IT0202	第4层下	180°	竖穴土坑砖室墓				1.9	1.8	0.8	不详		宋代
M5	IT0404	第4层下	0°	竖穴土坑砖室墓				0.8	0.65	0.16	二次葬		宋代
M6	IT0404	第4层下	0°	竖穴土坑砖室墓				1.2	0.42	0.15	不详		宋代
M7	IT0404	第4层下	0°	竖穴土坑墓				1.3	0.9	0.6	二次葬	陶瓮1（葬具）	宋代
M8	IT0304	第3层下	0°	竖穴土坑墓				1.3	0.8	0.4	二次葬		宋代
M9	IT0304	第4层下	180°	竖穴土坑砖室墓				1.3	1	0.4	二次葬		宋代
M10	IT0304	第5层下	10°	竖穴墓道土洞墓	2.18	0.76	1.46	2.1	0.76	1.02	二次葬	陶饰件1	唐代
M11	ⅡT2801	第3层下	180°	竖穴阶梯墓道砖券墓	3	1.98	2.4	1.26	1.1	1.18	二次葬	瓷碗1	宋代
M12	ⅡT2801	第3层下	180°	竖穴墓道砖砌券顶墓室	1.86	1.06	1.86	1.3	0.54	0.66	二次葬		宋代
M13	ⅡT0803	第2层下	94°	竖井墓道土坑墓	1.48	1.12	0.27	1.86	1.6	0.27	二次葬		近现代
M14	Ⅱ区	第3层下	180°	斜坡墓道，由墓门、三墓室、三耳室构成	16.1	1.6～2.25	0～2.2	31	9.75	2.05	不详	铜带钩1、五铢钱1、漆器残片1、瓷罐1、棺钉1、陶钵15、陶瓮12	汉代

附表2-3　山孔遗址水井统计表

编号	所在探方	层位关系	形状结构	尺寸	出土遗物	时代
J1	IT0606	③→J1→④	圆角长方形，直壁，平底，有台阶	口部长1.5、宽1.06、底部长1.4、宽0.76、深5.6米	铁钉、兽骨、蚌片，以及鬲、罐、豆、盆、碗等陶器残片	战国
J2	IT0405	③→J2→④	口部圆形，直壁		近代瓷片、铁丝等	近代
J3	IT0405	③→J3→④	口部圆形，直壁		近代铁丝等	近代
J4	IT0408	④→J4→生土	圆角长方形，直壁，有台阶	口部长1.73、宽1、发掘深度为4.5米	鬲、缸、罐、豆、盆等陶器残片	战国
J5	IT0305	⑥→J5→生土	圆角长方形，斜直壁，有台阶	口部长1.98、宽0.96、发掘深度为4.5米	兽骨，鬲、罐、豆、盆、甑等陶器残片	战国
J6	ⅡT1504	③→J6→④	椭圆形，斜直壁内收	口部长2.45、宽1.88、发掘深度为4.05米	罐、豆、盆、板瓦、筒瓦等陶器残片	汉代

第三章　长葛曹庄遗址

曹庄遗址位于长葛市增福庙乡境内，西南约2千米为长葛市区，东部1.5千米依次为石武高速客运专线和京港澳高速公路。地理坐标为东经113°47′，北纬34°15′，海拔87～90米。该处属平原地区，地势平坦，征地前大多为基本农田，地表种植小麦、玉米等基本农作物（图3-1、图3-2；彩版八，2）。

2011年8月28日，当地群众反映，南水北调中线工程受水区供水配套工程长葛段的施工过程中发现有古文化遗存被破坏现象，我队闻讯，立即组织人员迅速赶赴现场，及时制止施工方。现场施工方已开挖沟渠宽8米，长1千余米，最深约4米，最浅约1米。我队在现场立即将破

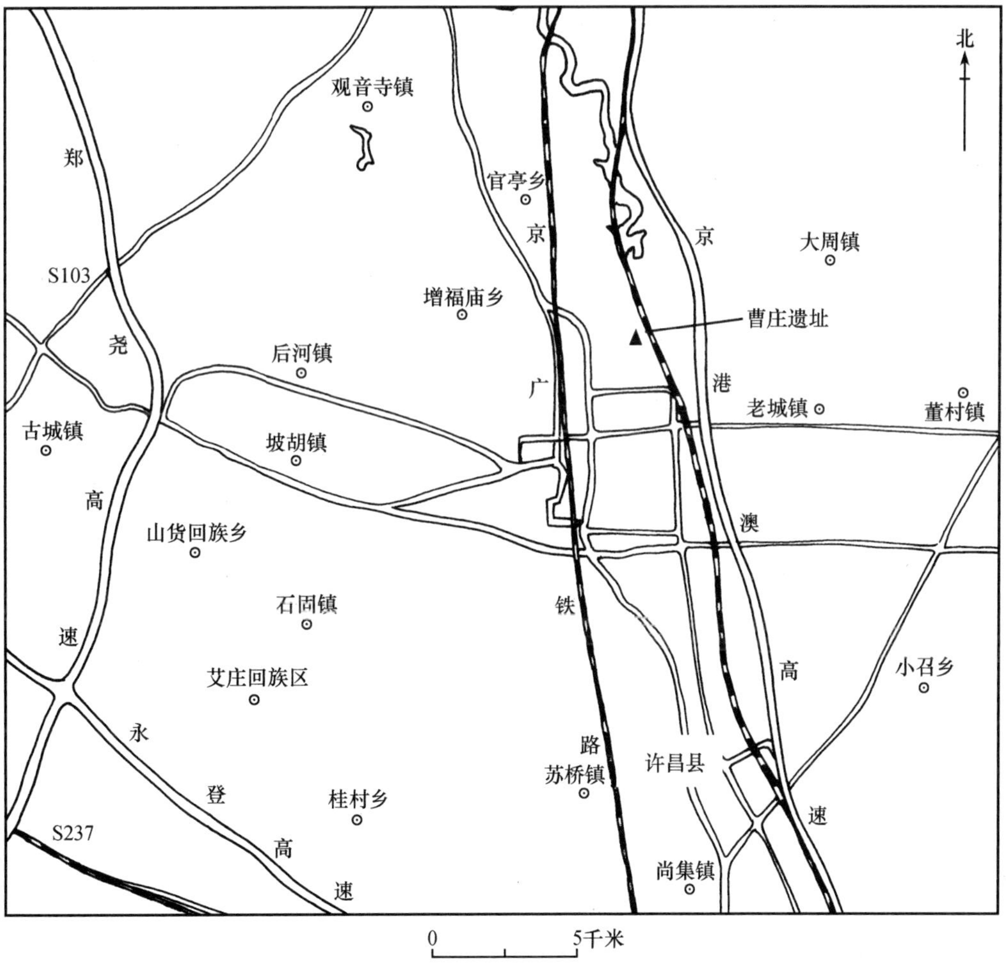

图3-1　曹庄遗址地理位置示意图

坏情况上报河南省文物局，之后受河南省文物局南水北调文物保护办公室委托，许昌市文物工作队在长葛市文物管理所的配合下，于2011年8月28日至10月26日对曹庄遗址进行抢救性文物考古发掘（彩版一〇）。

根据勘探结果，我们将曹庄遗址分为Ⅰ区、Ⅱ区两个区域（彩版八，1；彩版九，1）。遗址发掘总基点设在“220KV·长颖线·25号”输电线塔东北角。该线塔为铁质结构，位于Ⅰ区、Ⅱ区的近交接处。发掘基点设在总基点西偏北32.3°，两者直线距离323.5米，位于Ⅱ区2011CZCT0101西南角。遗迹号前冠以“2011CZC”，“2011”代表发掘年份，“C”代表长葛市，“Z”代表增福庙乡，“C”代表曹庄村（图3-3）。

一、地层堆积

（一）Ⅰ区地层堆积情况

Ⅰ区遗址南北长850米，征地范围内宽35米，地层大体可分为三层（图3-4）。

第1层：耕土层，厚0.25～0.3米，土色浅灰，土质较软，结构疏松，包含有大量植物根系及当代垃圾。

第2层：扰土层，深0.25～0.3米，厚0.25～0.3米，土色灰，带有黄斑，土质较软，结构较疏松，包含有少量陶、瓷片。

第3层：汉代文化层，深0.5～0.8米，厚0.5～0.7米，土色褐，带有灰斑，土质较软，结构较疏松，包含少量陶片等遗物。

第3层以下为生土层，土色浅黄，土质较软，结构较疏松。

（二）Ⅱ区地层堆积情况

位于曹庄西北部约750米，北面紧邻金鱼河，Ⅱ区遗址东西长300余米，征地范围内宽35米，地层大体可分为3层。现以T2002东壁剖面为例进行介绍（图3-5）：

第1层：耕土层，厚0.25～0.3米，土色浅灰，土质较软，结构疏松，包含有大量植物根系及当代垃圾。

第2层：扰土层，深0.25～0.3米，厚0.8～1米，土色灰，带有黄斑，土质较软，结构较疏松，包含有少量陶、瓷片。

第3层：冲积土层，又分为a、b层。第3a层：深1.1～1.25米，厚0.5～0.75米，土色浅黄，土质较软，结构较疏松，较纯净；第3b层：深1.75～2米，厚0.25～0.5米，土色深黄，土质较软，结构疏松，包含有草木灰、红烧土颗粒、碎砖块等。

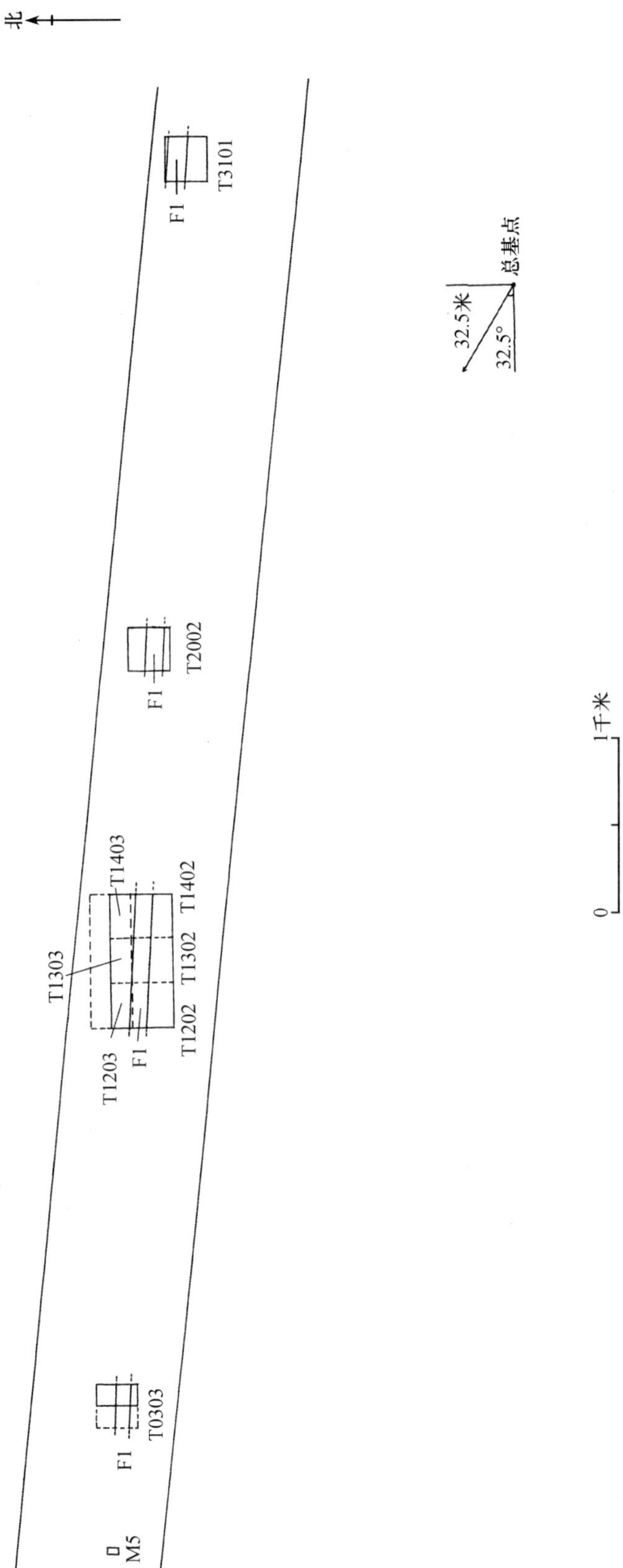

图3-3　曹庄遗址Ⅱ区遗迹分布图

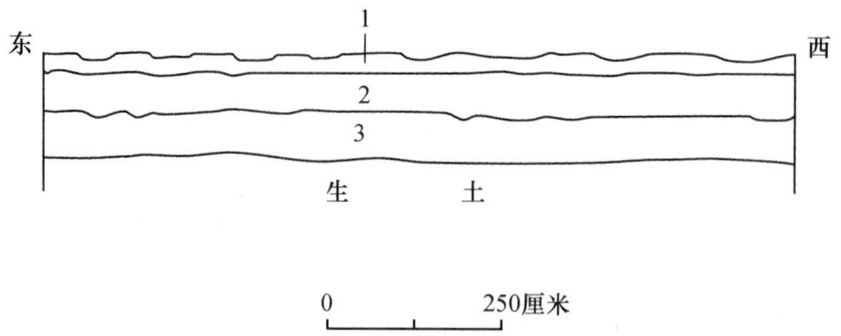

图3-4　Ⅰ区地层剖面图

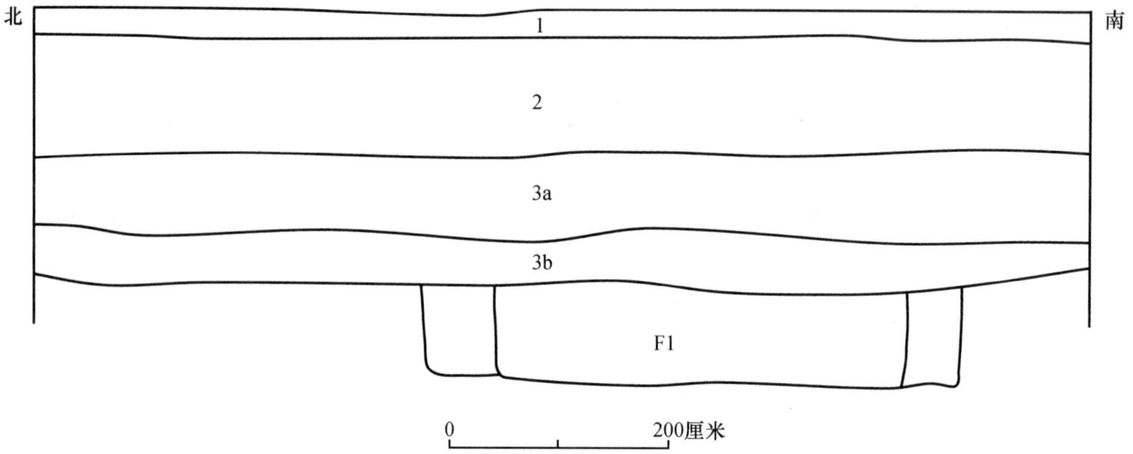

图3-5　Ⅱ区地层剖面图

二、遗迹及遗物

曹庄遗址Ⅰ区共发现灰坑26座，墓葬4座，水井2眼，陶窑1处；Ⅱ区发现墓葬2座，房址1座。

（一）灰　坑

遗迹概况

共发现灰坑26座，均位于Ⅰ区。形状主要有椭圆形或近椭圆形、长方形或近长方形、不规则形和圆形四种。除已遭到破坏开口层位不详外，其余灰坑皆开口于第2层下，向下打破第3层。

（1）椭圆形或近椭圆形

11座。坑壁主要有直壁和斜壁两种，坑底以平底居多，圜底和其他形状底较少。

H2　位于Ⅰ区北部。大部已遭破坏，开口层位不详，向下打破第3层，口部距地表约0.7米。残存平面形状呈椭圆形，口大底小，斜壁，底近平。口径1.68～2.1、底径1.3～1.7米，残深0.34米（图3-6）。坑内填土无明显分层，土色黑灰，土质较，结构疏松，包含有红烧土颗粒，泥质灰陶残片、兽骨等。其中陶片可辨器形有盆、罐口沿，器盖、板瓦等。

H3　位于Ⅰ区南部。开口于第2层下，向下打破第3层，口部距地表约0.6米。平面形状呈椭圆形，口大底小，斜壁，平底。口径1.72～1.8、底径1.56～1.78米，深2.7米（图3-7）。坑内填土无明显分层，呈深灰色，土质较软，结构疏松，包含物主要为泥质灰陶残片，可辨器形有罐、筒瓦等。

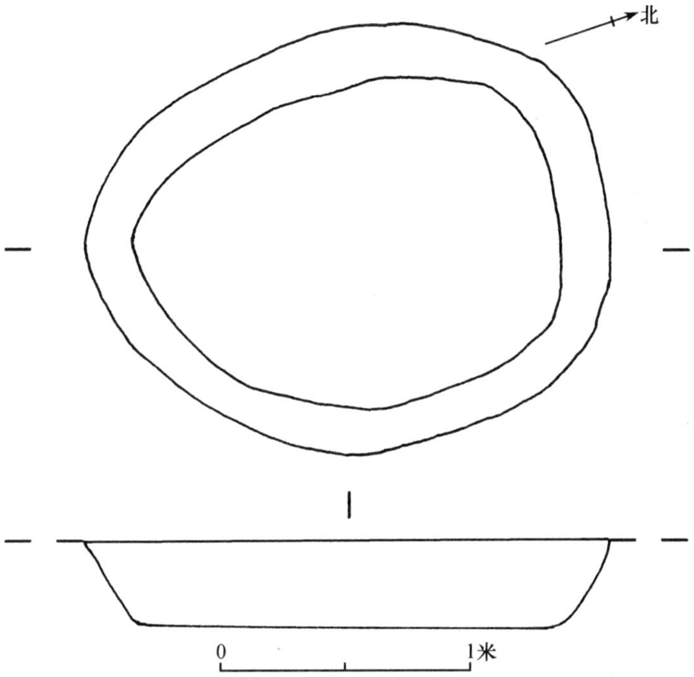

图3-6　H2平、剖面图

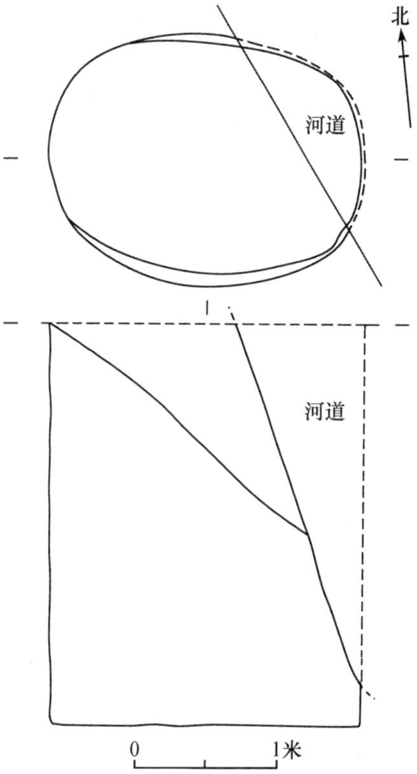

图3-7　H3平、剖面图

H7　位于Ⅰ区北部。开口于第2层下，向下打破第3层，口部距地表0.7米。平面形状呈椭圆形（西部稍有破坏），口大底小，斜壁，底近平。残存部分口径1.2～2、底径0.76～1.5米，深2.1米（图3-8）。坑内填土无明显分层，呈黑灰色，土质较软，结构疏松，包含有炭屑、红烧土块，以及泥质灰陶残片等。可辨器形有盆等。

H9　位于Ⅰ区北部。开口于第2层下，向下打破第3层，口部距地表0.7米。平面形状近椭圆形，直壁，近圜底。残存部分口径2.4～2.9米，最深处0.64米（图3-9）。坑内填土无明显分层，呈黑灰色，土质较软，结构疏松，包含有炭屑、红烧土块，以及泥质灰陶残片等。可辨器形有板瓦、筒瓦、甑、器盖等。

H10　位于Ⅰ区北部。开口于第2层下，向下打破第3层，口部距地表1.4米。平面形状呈椭圆形，斜壁，平底。口径0.92～1.84、底径0.78～1.7米，深0.4米（图3-10）。坑内填土无明显分层，土色灰褐，土质较硬，结构较致密，上包含有炭屑、红烧土块，以及泥质灰陶残片等。

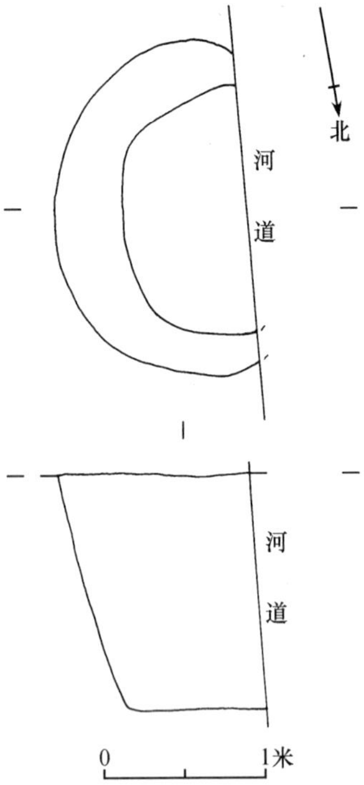

图3-8　H7平、剖面图

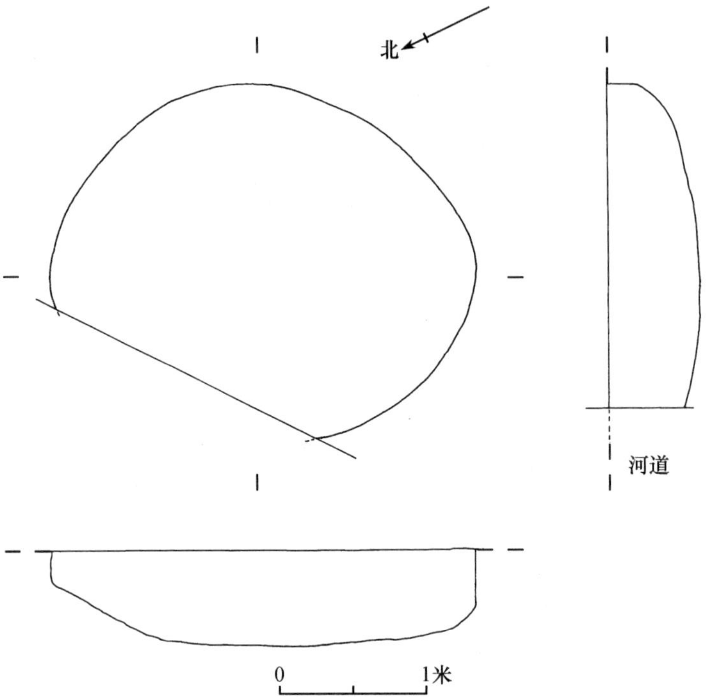

图3-9　H9平、剖面图

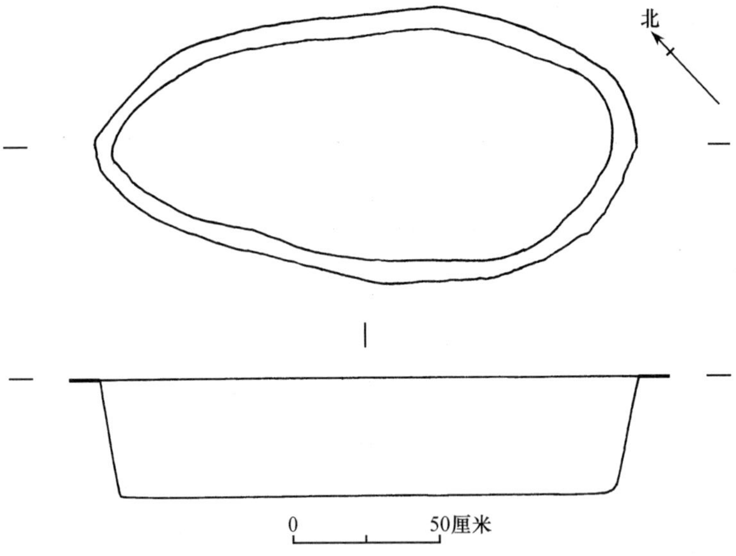

图3-10　H10平、剖面图

可辨器形有盆、器盖等。

H11　位于Ⅰ区北部。开口于第2层下，向下打破第3层，口部距地表0.65米。平面形状近椭圆形，直壁，圜底。残存部分口径1.16～1.4米，最深0.35米（图3-11）。坑内填土无明显分层，土色黑灰，土质较软，结构较疏松。包含有少量炭屑和大量泥质灰陶残片。陶片可辨器形有盆、瓮、罐、甑及器盖等。

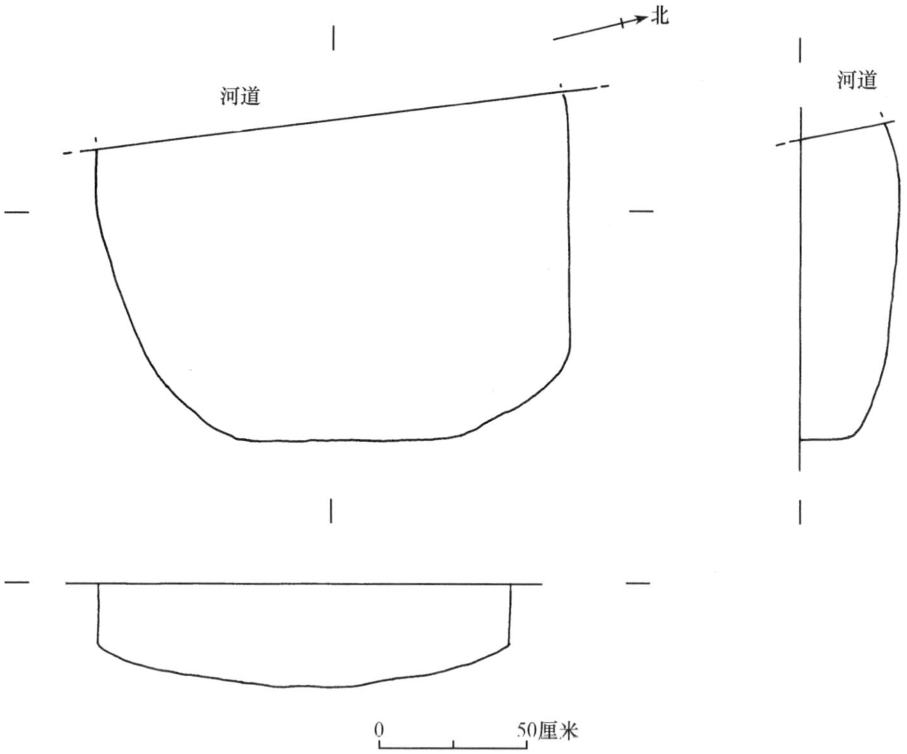

图3-11　H11平、剖面图

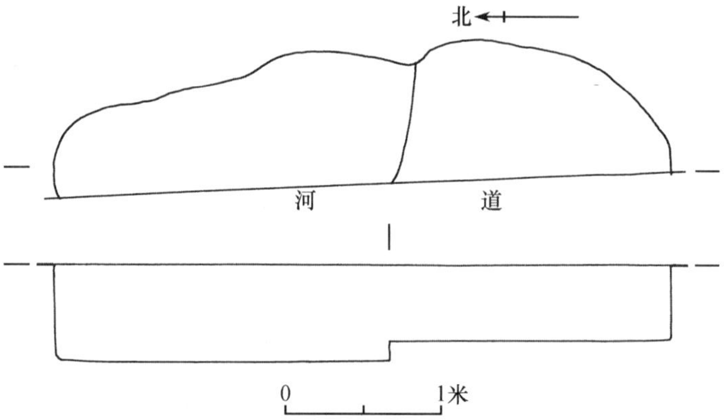

图3-12　H17平、剖面图

H17　位于Ⅰ区南部。开口于第2层下，向下打破第3层，口部距地表约1米。平面形状近椭圆形，直壁，底部不甚规整。残存部分口径0.94～3.94米，最深0.6米（图3-12）。坑内填土无明显分层，土色灰褐，土质土较硬，结构较致密。包含有少量炭屑和泥质灰陶残片。陶器可辨器形主要有钵、盆、豆、筒瓦等，此外还出土有铜钱等遗物。

H19　位于Ⅰ区南部。开口于第2层下，向下打破第3层，口部距地表约0.9米，平面形状近椭圆形，直壁，平底。残存部分口径1.2～1.6米，深1.6米（图3-13）。坑内填土无明显分层，土色黑灰，土质较软，结构较疏松。包含有少量炭屑和泥质灰陶残片。可辨器形有盆、筒瓦等。

H21　位于Ⅰ区北部。开口于第2层下，向下打破第3层，口部距地表1.4米。平面形状近椭

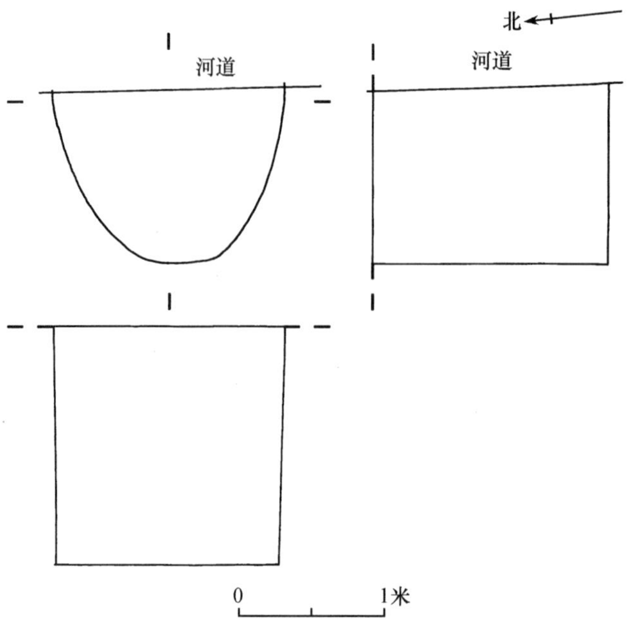

图3-13　H19平、剖面图

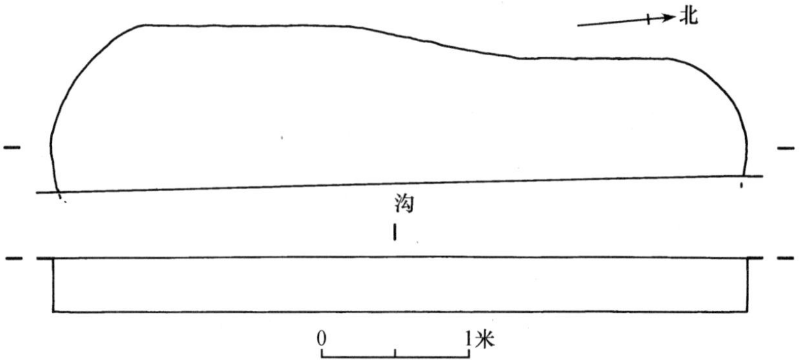

图3-14　H21平、剖面图

圆形，直壁，平底。残存部分口径1.1～4.7米，深0.36米（图3-14）。坑内填土无明显分层，土色灰褐，土质较硬，结构较致密。包含有少量炭屑、红烧土颗粒和泥质灰陶残片。可辨器形有罐、瓮、壶等。

H24　位于Ⅰ区北部。开口于第2层下，向下打破第3层，口部距地表0.66米。平面形状呈椭圆形，直壁，平底。残存部分口径0.84～1.7米，深0.55米（图3-15）。坑内填土无明显分层，土色黑灰，土质较软，结构较疏松。包含有少量炭屑、泥质灰陶残片。可辨器形有盆、罐、碗、筒瓦等。

H25　位于Ⅰ区北部。开口于第2层下，向下打破第3层，口部距地表0.66米。平面形状近椭圆形，直壁，平底。残存部分口径1.44～1.6米，深0.56米（图3-16）。坑内填土无明显分层，土色黑灰，土质较软，结构较疏松。包含有少量炭屑、红烧土颗粒和泥质灰陶残片。可辨器有盆、瓮、罐等。

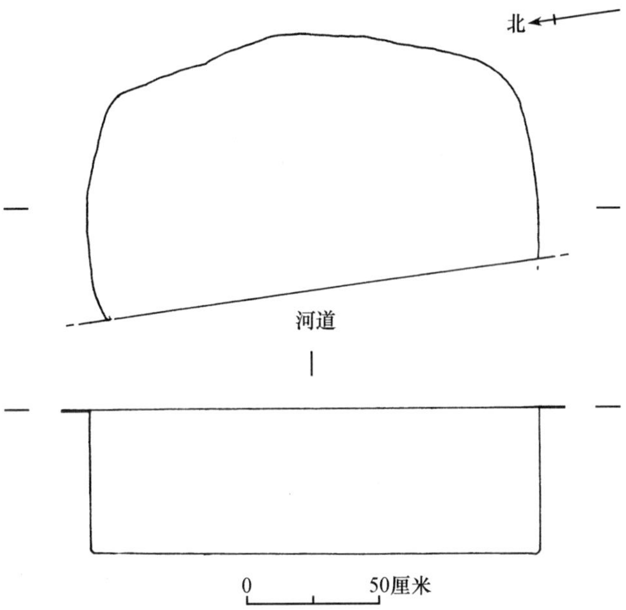

图3-15　H24平、剖面图

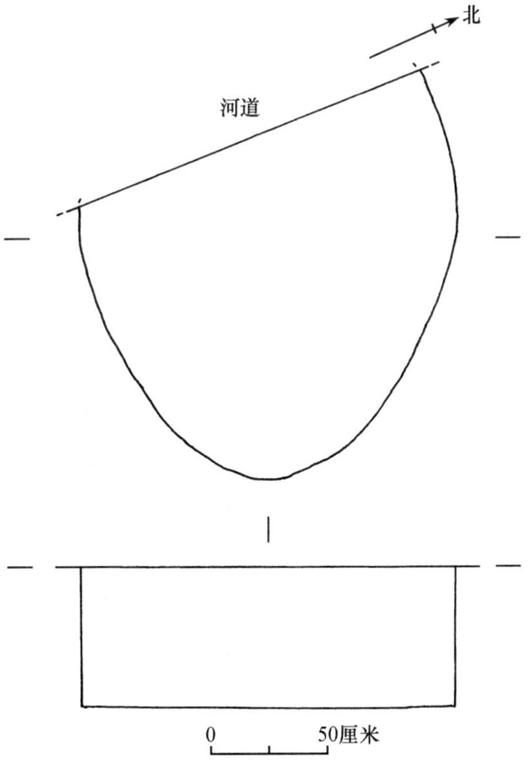

图3-16　H25平、剖面图

（2）长方形或近长方形

8座。均不甚规则，基本上为圆角长方形。以直壁平底者居多，斜壁圜底者较少，另有部分呈袋状。

H4　位于Ⅰ区南部。开口于第2层下，向下打破第3层，口部距地表0.7米。平面形状近长方形，直壁，平底。长3、宽1.6米，深0.8米（图3-17）。坑内填土无明显分层，土色黑灰，土质较软，结构较疏松。包含有大量泥质灰陶残片。可辨器形有盆、罐、板瓦等。

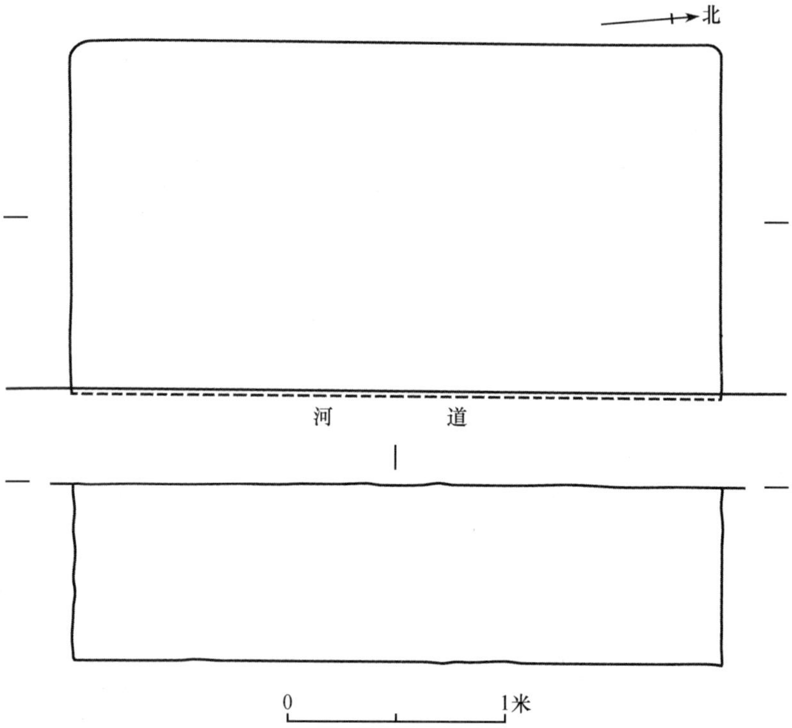

图3-17　H4平、剖面图

H6　位于Ⅰ区南部。开口于第2层下，向下打破第3层，口部距地表0.7米。残存部分平面形状近长方形，斜壁，底部不平。长4.06、宽0.8～1米，残深0.2～1米（图3-18）。坑内填土无明显分层，土色黑灰，土质较软，结构较疏松。包含有陶片、烧土颗粒、兽骨等，可辨器形有盆、壶、甑、纺轮及建筑构件等。

H12　位于Ⅰ区北部。开口于第2层下，向下打破第3层，口部距地表0.7米。平面形状近长方形，直壁，平底。长3.6、宽1.2米，深0.7米（图3-19）。坑内填土无明显分层，土色黑灰，土质较软，结构较疏松。包含有陶片、红烧土颗粒等，陶片可辨器形有瓮、罐、豆等。

H13　位于Ⅰ区北部。部分已遭破坏，开口于第2层下，向下打破第3层，口部距地表1.5米。残存部分平面形状近长方形，直壁，平底。长1.64、宽1.36米，残深1.4米（图3-20）。坑内填土无明显分层，土色黑灰，土质较软，结构较疏松，包含有少量炭屑及陶片等，可辨器形有盆、板瓦等。

H14　位于Ⅰ区南部。部分已遭破坏，开口于第2层下，向下打破第3层，口部距地表

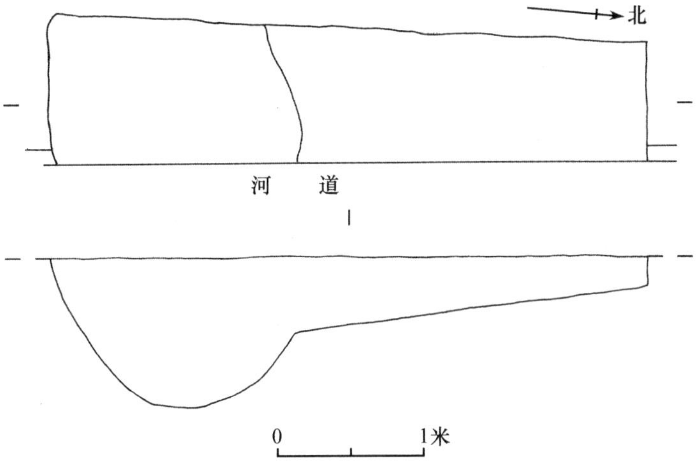

图3-18　H6平、剖面图

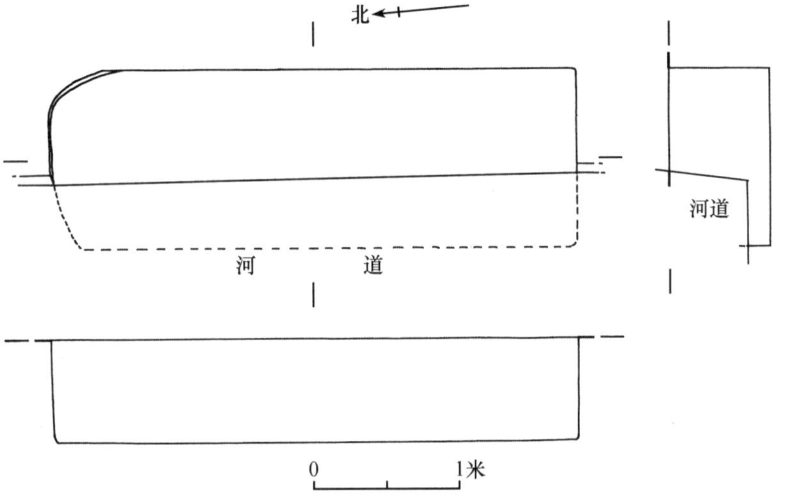

图3-19　H12平、剖面图

1米。残存部分平面形状为长方形，斜壁，口小底大。口部长1.8、宽1.2米，底部长2、宽1.38～1.4米，深1.56米（图3-21）。坑内填土可分两层。第1层：基本呈水平堆积，厚0.26米，土呈灰色，带有黄斑，土质较硬，结构较致密，无包含物；第2层：基本呈水平堆积，厚1.3米，土色黑褐，土质较软，结构疏松，包含有大量炭屑、陶片。可辨器形有罐、盆等。

H16　位于Ⅰ区南部。部分已遭破坏，开口于第2层下，向下打破第3层，口部距地表0.8米。残存部分平面形状近长方形，坑壁不甚规整，平底。口部长1.2、宽0.26～0.46米，底部宽0.16～0.4米，深1.2米（图3-22）。坑内填土可分两层。第1层：基本呈水平堆积，厚1米，土呈黄灰色，土质较软，结构疏松，包含有陶片等遗物，可辨器形有盆、罐等；第2层：基本呈水平堆积，厚0.2米，土呈黑灰色，包含大量炭屑。

H18　位于Ⅰ区北部。部分已遭破坏，开口于第2层下，向下打破第3层，口部距地表1.16米。平面形状近长方形，残长1.4、宽1.2米，直壁，底近平，深0.4米（图3-23）。坑内填土无明显分层，土色黑褐，土质较硬，包含有草木灰颗粒、泥质灰陶残片等。陶片可辨器形主要有

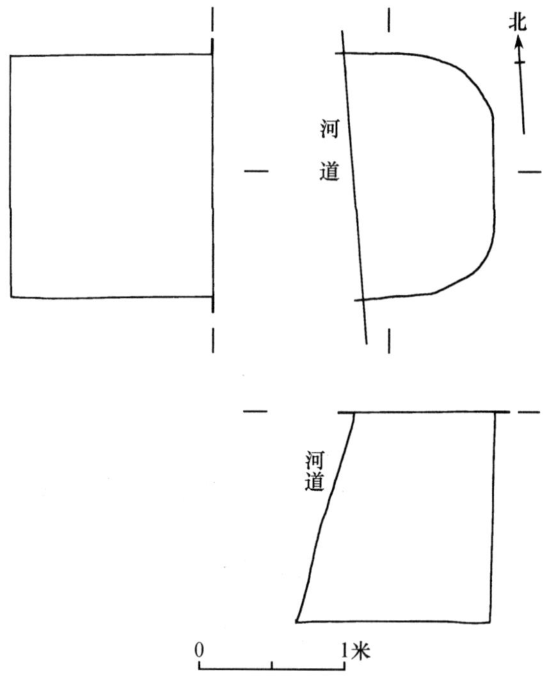

图3-20　H13平、剖面图

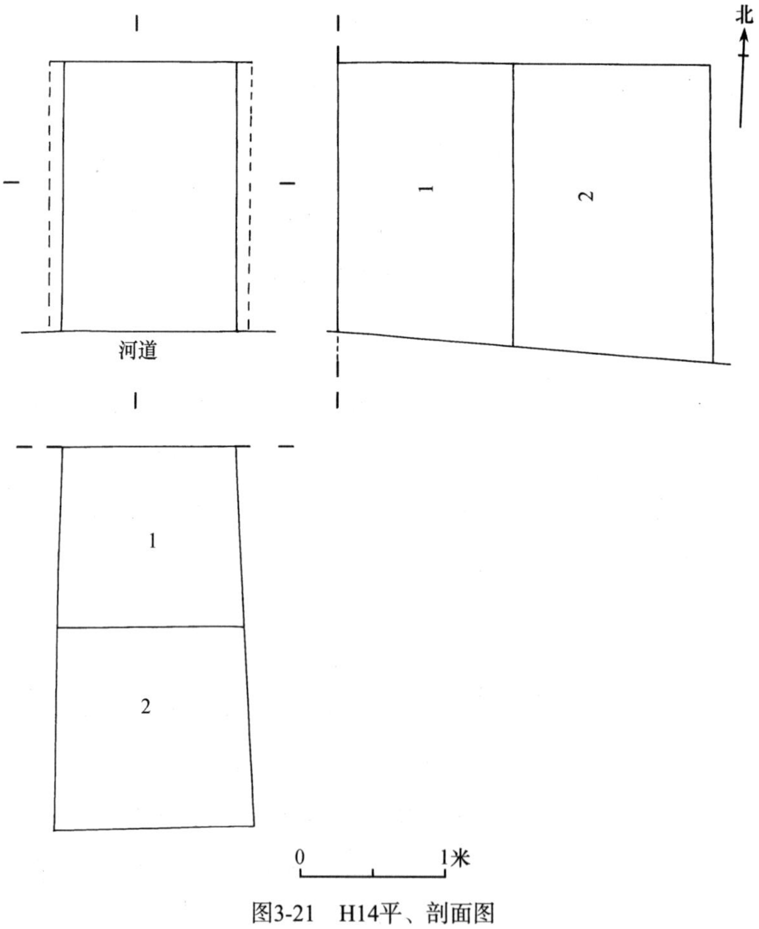

图3-21　H14平、剖面图

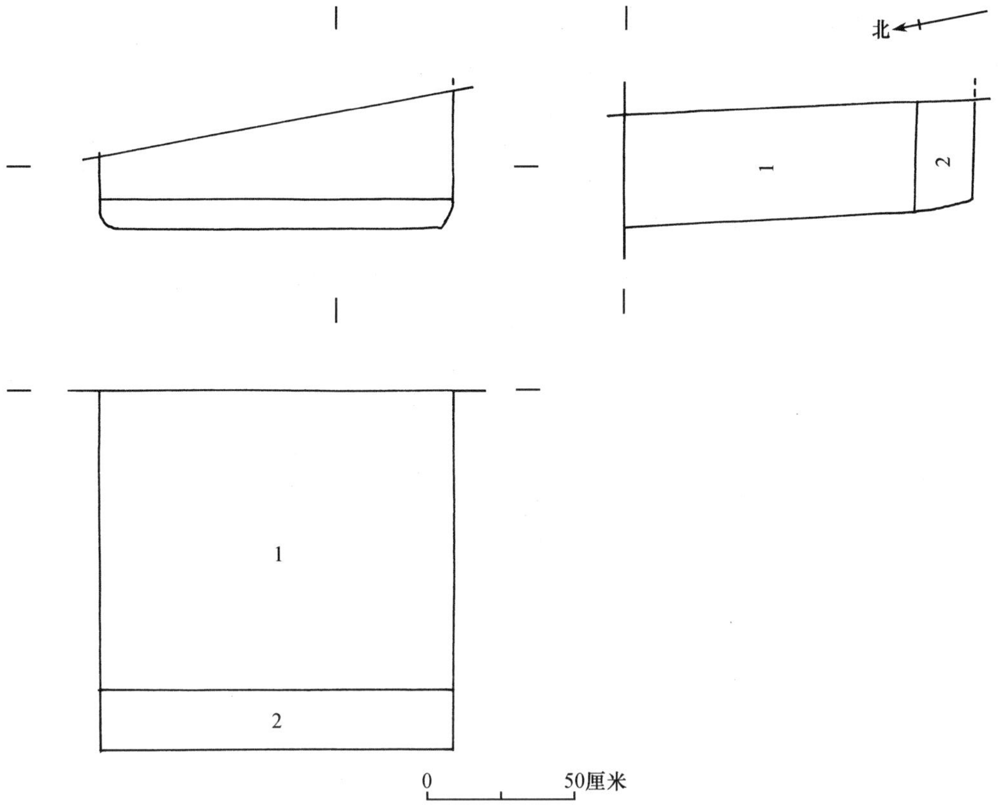

图3-22　H16平、剖面图

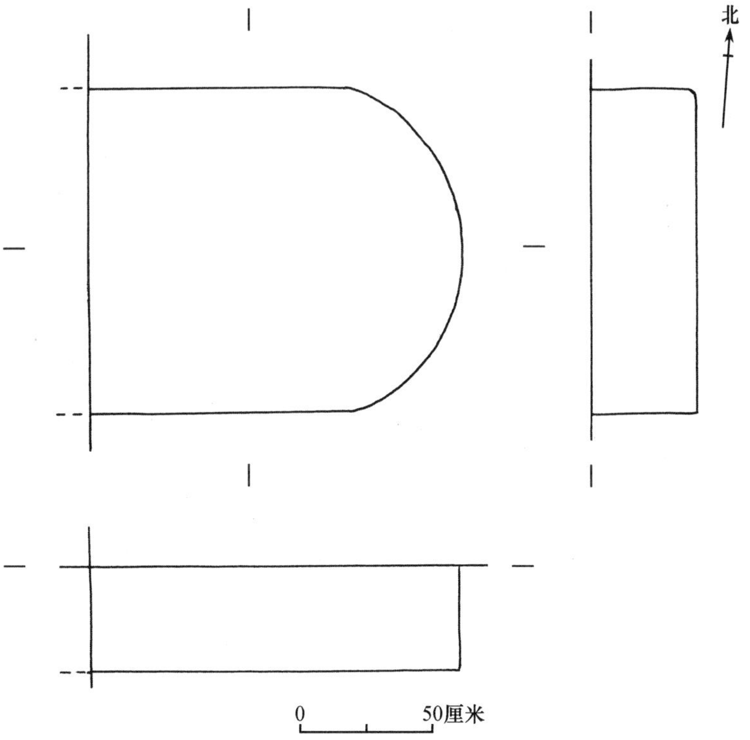

图3-23　H18平、剖面图

盆、罐口沿等，纹饰有弦纹和细绳纹。

H23　位于Ⅰ区北部。大部已遭破坏，上部又被近代扰坑打破，开口层位不详，现存口部距地表2.1米。残存平面形状近长方形，直壁，底部不平。长1.9、宽1.06米，残深0.54米（图3-24）。坑内填土无明显分层，土呈灰色，带有褐斑，土质较硬，结构较致密，包含有炭屑、红烧土颗粒以及陶片等。可辨器形有盆、罐、筒瓦等。

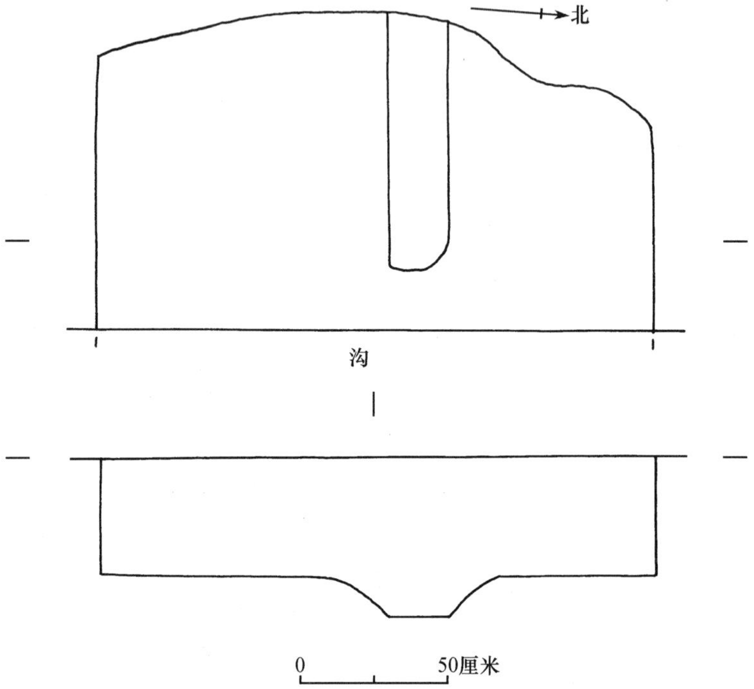

图3-24　H23平、剖面图

（3）不规则形

6座。口部均呈不规则形，坑壁有直壁、斜壁、不规则形壁等，底部以不规则形底居多，圜底或平底较少。

H1　位于Ⅰ区南部。大部已遭破坏，开口层位不详，向下打破第3层，残存口部距地表1.1米。残存部分平面形状呈不规则形，直壁，底部不平。最长3.9、宽2.3米，残深0.3米（图3-25）。坑内填土无明显分层，土呈深灰色，土质软，结构疏松，包含有陶片等遗物，可辨器形主要有盆、罐等。

H8　位于Ⅰ区北部。大部已遭破坏，开口层位不详，向下打破第3层，残存口距地表1.5米。残存部分平面形状呈不规则形，直壁，平底。最长4.3、最宽1.16米，残深0.1米（图3-26）。坑内填土无明显分层，土呈深灰色，土质软，结构疏松，包含有炭屑、红烧土块、陶片等，无可辨器形。

H15　位于Ⅰ区南部。开口于第2层下，向下打破第3层，口部距地表1米。平面形状呈不规则形，坑壁与坑底均不甚规整。最长1.9、最宽0.66米，最深0.9米（图3-27）。坑内填土无明显

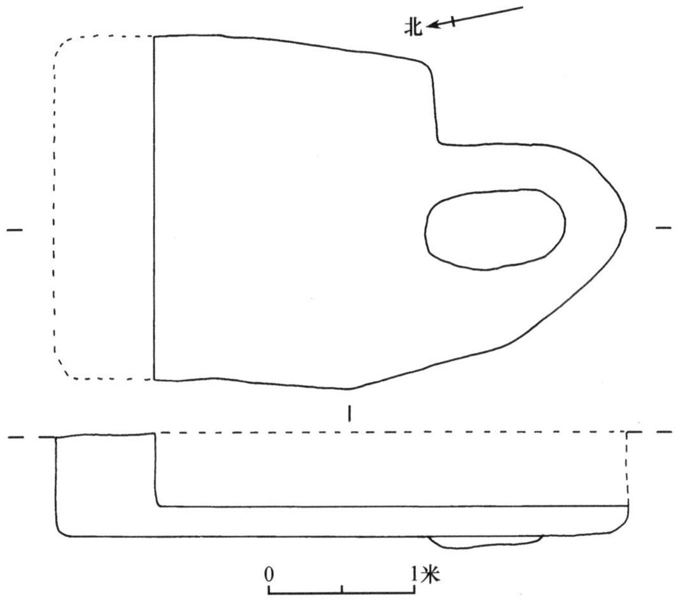

图3-25　H1平、剖面图

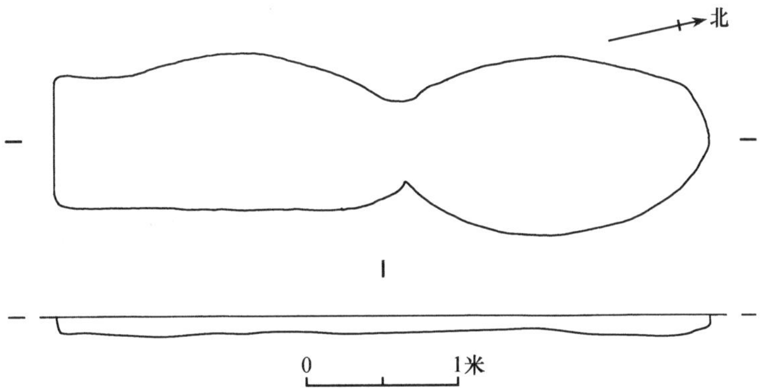

图3-26　H8平、剖面图

分层，土色黑褐，土质较硬，结构较致密，包含有大量炭屑、红烧土颗粒及陶片等，可辨器形有盆、罐、甑、器盖、板瓦、筒瓦等。

H20　位于Ⅰ区北部。开口于第2层下，向下打破第3层，口部距地表1.34米。平面形状呈不规则形，口小底稍大，中部起台，底部不平。口部最长2.6、最宽1.64米；底部最长2.7、最宽1.68米；深0.3～0.7米（图3-28）。坑内填土无明显分层，土色黑灰，土质较软，结构较疏松，包含有炭屑、陶片等。可辨器形有盆、板瓦、筒瓦等。

H22　位于Ⅰ区北部。开口于第2层下，向下打破第3层，口部距地表1米。平面形状呈不规则形，坑壁及坑底均不甚规整。口部最长4.6、最宽1米；底部最长3.2、最宽0.6米；最深0.8米（图3-29）。坑内填土无明显分层，土色黑灰，土质较硬，结构较致密，包含有大量红烧土块及少许陶片，可辨器形有盆、板瓦等。

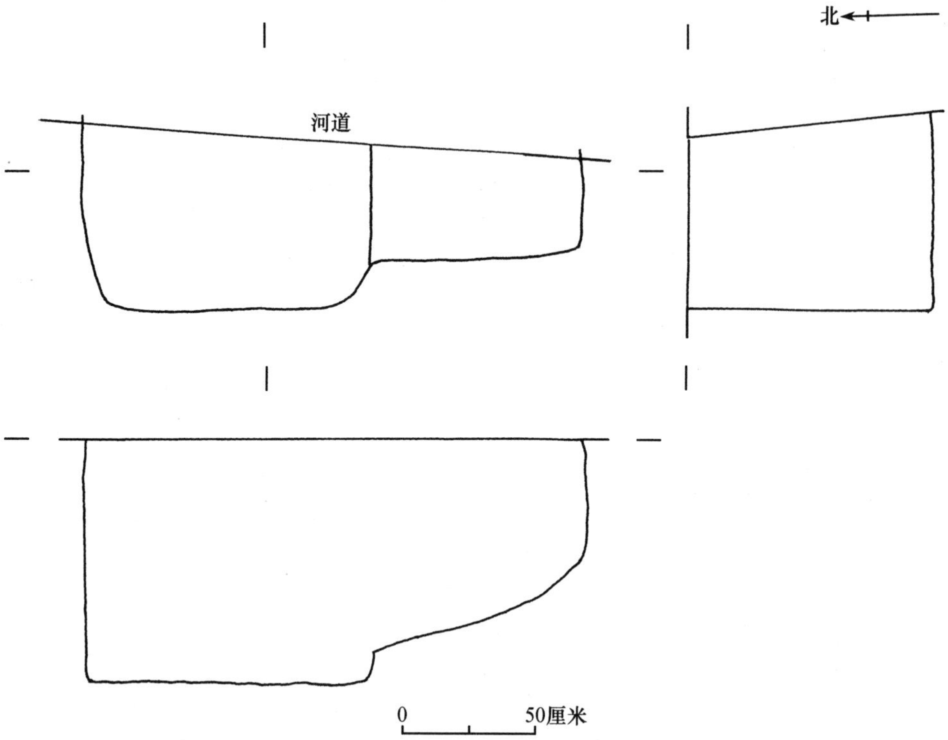

图3-27　H15平、剖面图

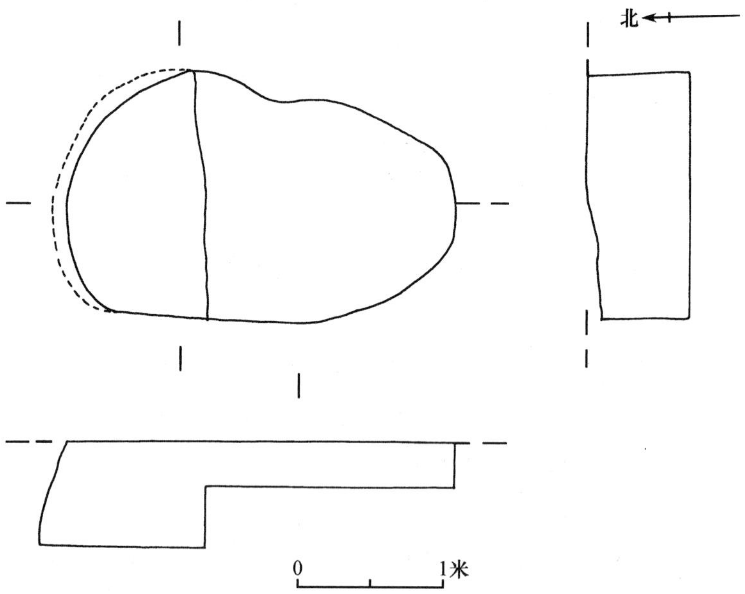

图3-28　H20平、剖面图

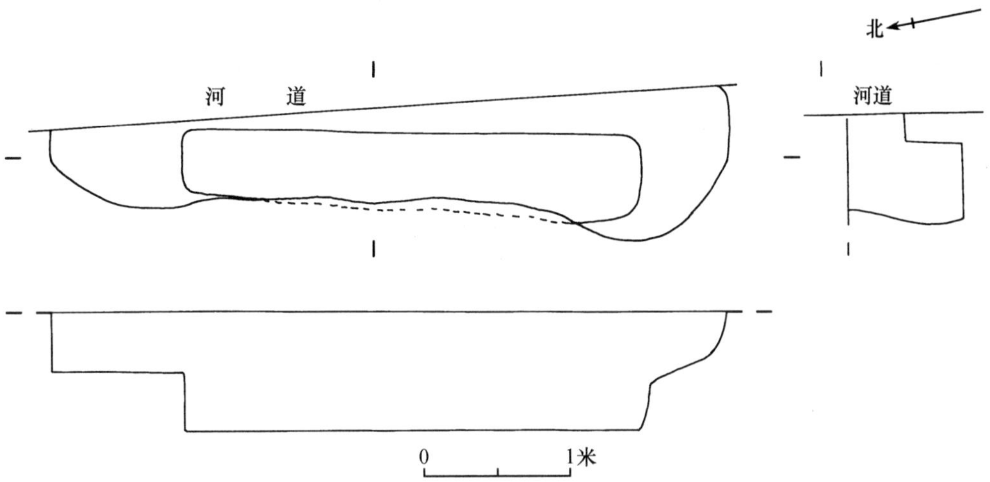

图3-29　H22平、剖面图

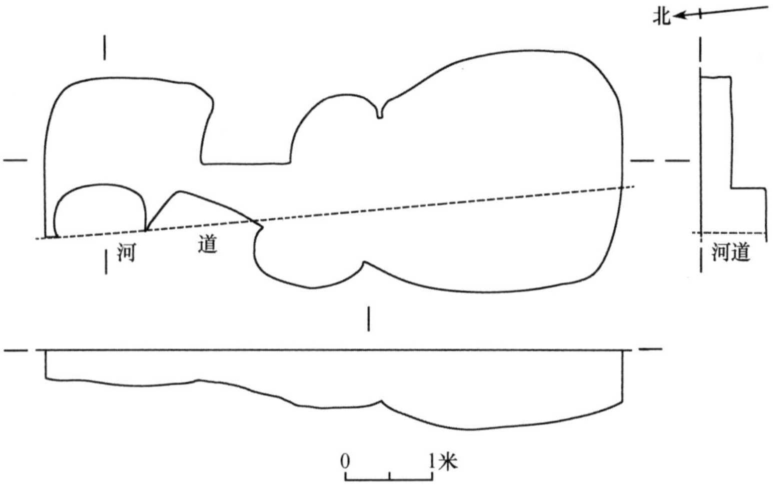

图3-30　H26平、剖面图

H26　位于Ⅰ区北部。开口于第2层下，向下打破第3层，口部距地表0.8米。平面形状呈不规则形，斜壁，不甚规整，圜底。口部最长6.6、最宽2.7米，深0.9米（图3-30）。坑内填土无明显分层，土色黑灰，土质较软，结构疏松，包含有炭屑、红烧土块及陶片等。可辨器形有盆、罐、瓮、豆等。

（4）圆形灰坑

1座。即H5。

H5　位于Ⅰ区南部。局部遭破坏，开口于第2层下，向下打破第3层，口距地表0.6米。平面形状近圆形，直壁，平底。直径1.58米，深2.2米（图3-31）。坑内填土无明显分层，土色黑灰，土质软，结构疏松，包含有陶片等，可辨器形有盆等。

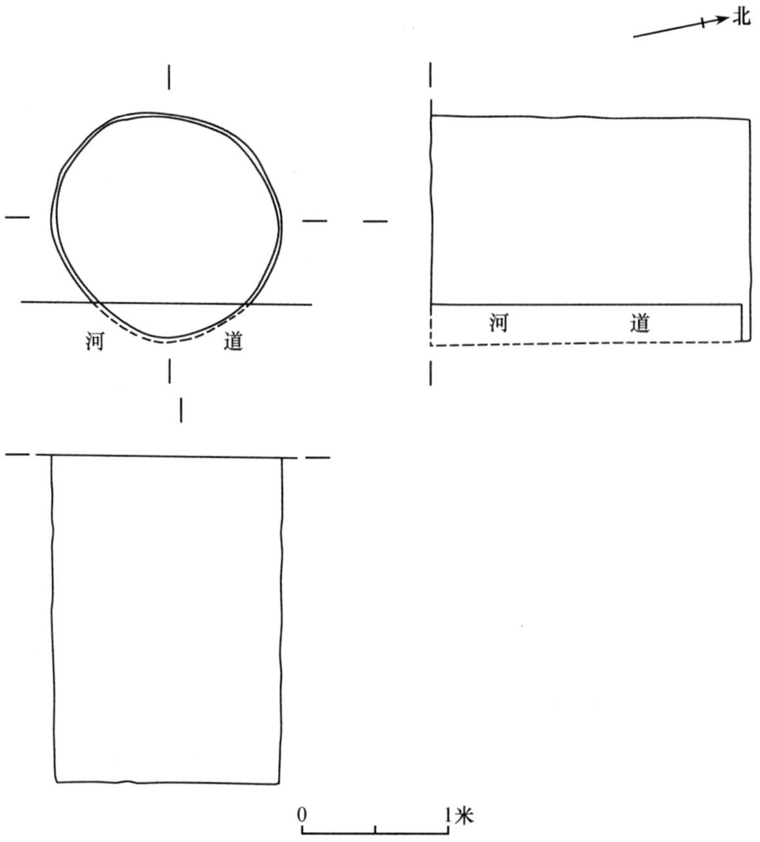

图3-31　H5平、剖面图

（二）灰坑出土遗物

H2出土遗物

罐　标本H2：1，泥质灰陶。口沿残片，矮直领，直口，方唇，溜肩，素面。口径20、残高6厘米（图3-32，1）。

盆　泥质灰陶。侈口，宽折沿，素面。标本H2：2，斜方唇，沿面微鼓，腹较直。口径34、残高8厘米（图3-32，2）。标本H2：3，圆唇。平沿，斜腹。口径40、残高9厘米（图3-32，3）。

陶瓦　标本H2：4，泥质灰陶。尖唇、直壁，腹部密饰绳纹。残长20厘米（图3-32，4）。

器盖　泥质灰陶。子口，方唇，平顶，两侧向外突出。标本H2：5，口径34、高2.6厘米（图3-32，5）。标本H2：6，口径32、高2.4厘米（图3-32，6）。

H3出土遗物

盆　标本H3：1，泥质灰陶。侈口，折沿，弧壁，素面。标本H3：1，圆唇，沿面有一周凹槽。口径36、残高16.8厘米（图3-33，1）。标本H3：2，平沿，方唇。口径38、残高8厘米（图3-33，3）。

罐　标本H3：3，泥质灰陶。侈口，卷沿，圆唇，束颈，溜肩，肩部有耳，素面。口径

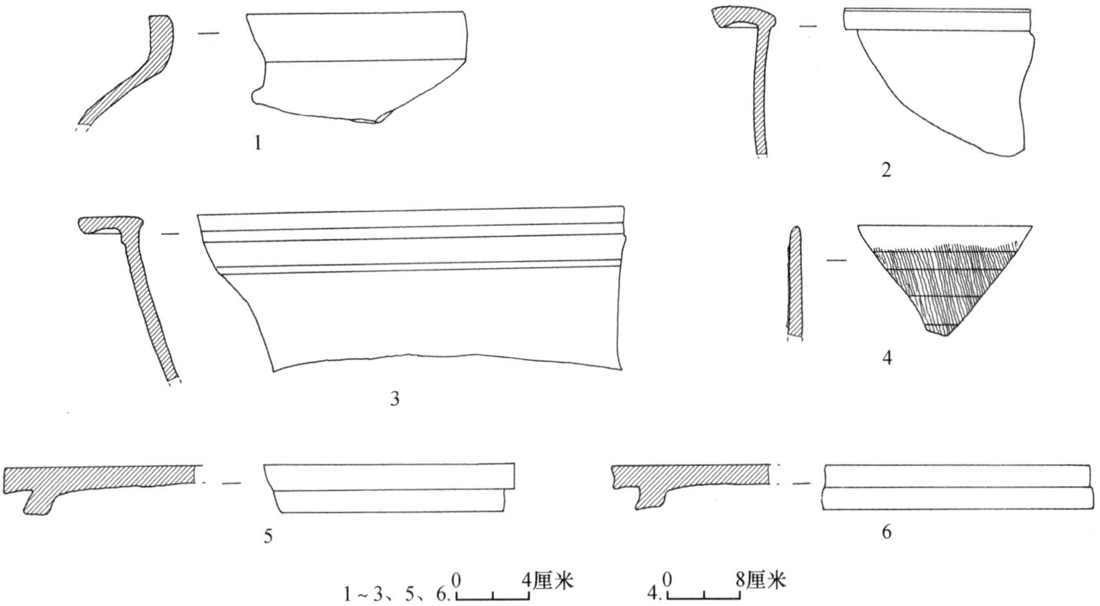

图3-32　H2出土遗物

1. 罐（H2：1）　2、3. 盆（H2：2、H2：3）　4. 陶瓦（H2：4）　5、6. 器盖（H2：5、H2：6）

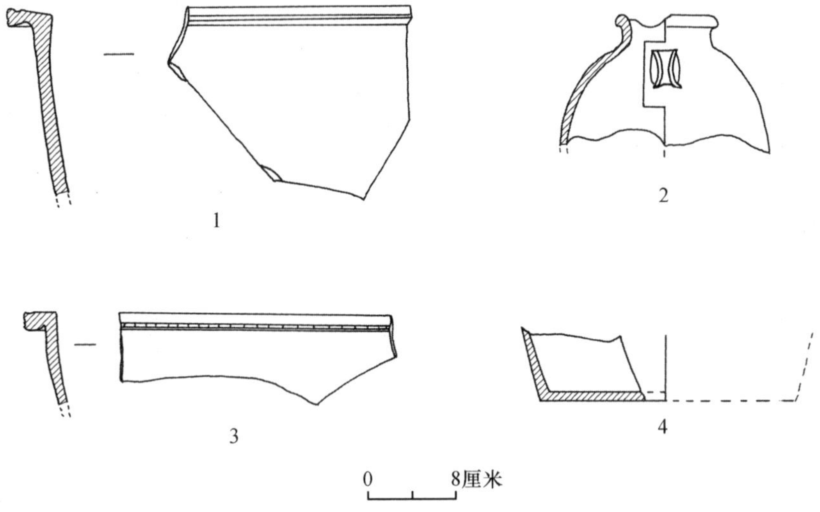

图3-33　H3出土遗物

1、3. 盆（H3：1、H3：2）　2. 罐（H3：3）　4. 盆底（H3：4）

8、残高12厘米（图3-33，2）。

盆底　标本H3：4，泥质灰陶。平底。底径24厘米（图3-33，4）。

H7出土遗物

盆底　标本H7：1，泥质灰陶。平底，腹部饰弦纹。底径14.2厘米（图3-34，6）。

罐底　标本H7：2，泥质灰陶。凹底，腹部饰绳纹。底径8.6厘米（图3-34，5）。

盆　泥质灰陶。侈口，宽平折沿，方唇，斜腹。标本H7：3，口径36、残高10.4厘米（图3-34，2）。标本H7：4，腹部饰弦纹。口径33、残高10厘米（图3-34，4）。标本H7：5，口

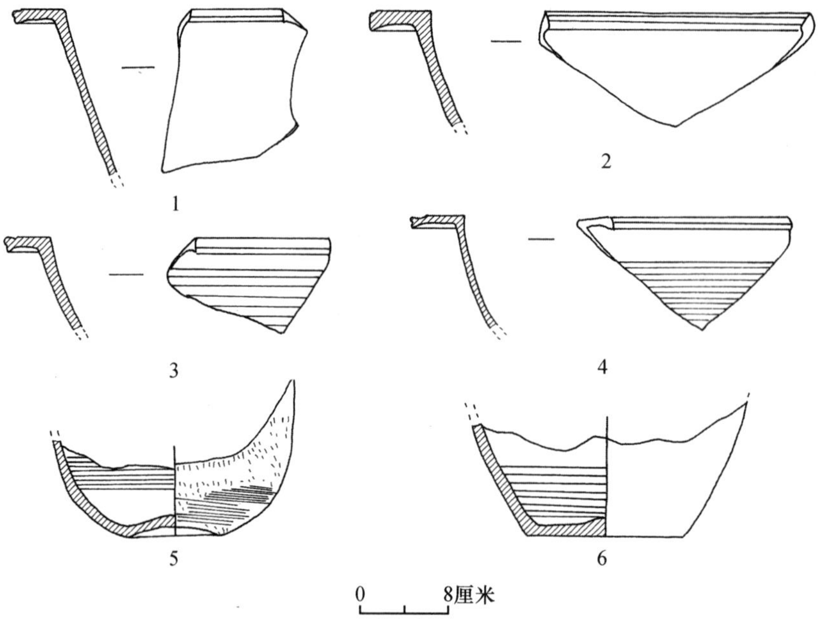

图3-34　H7出土遗物

1～4. 盆（H7：5、H7：3、H7：6、H7：4）　5. 罐底（H7：2）　6. 盆底（H7：1）

径34.8、残高15.2厘米（图3-34，1）。标本H7：6，腹部饰弦纹。口径34、残高8.4厘米（图3-34，3）。

H9出土遗物

盆　标本H9：1，泥质灰陶。敞口，折沿，沿面外卷，方唇，斜腹，腹饰弦纹。口径48、残高10厘米（图3-35，3）。

陶瓦　标本H9：2，泥质灰陶。直腹，饰绳纹。残长12.2厘米（图3-35，2）。

器盖　标本H9：3，泥质灰陶。子口，方唇，平顶，两侧外凸。口径34、高2厘米（图3-35，1）。

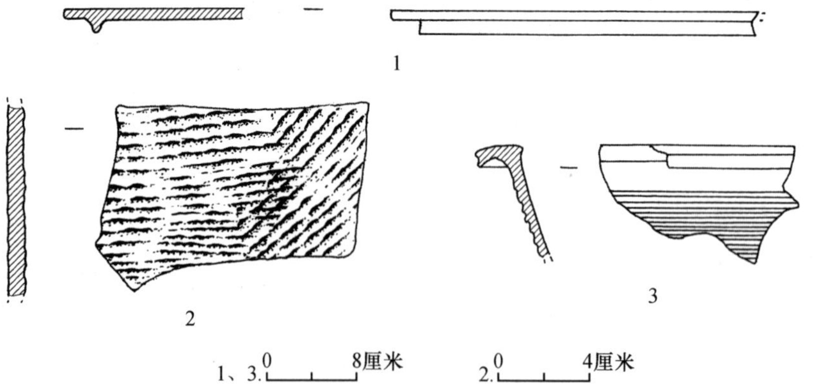

图3-35　H9出土遗物

1. 器盖（H9：3）　2. 陶瓦（H9：2）　3. 盆（H9：1）

H10出土遗物

盆　泥质灰陶。侈口，折沿，方唇，素面。标本H10：1，沿面有一周凹槽，弧腹。口径36.8、残高6厘米（图3-36，2）。标本H10：2，斜腹。口径34.8、残高6厘米（图3-36，3）。标本H10：3，沿面有一周凹槽，弧腹。口径38.2、残高8厘米（图3-36，1）。

器盖　标本H10：4，泥质灰陶。子口，方唇，平顶，两侧外凸。口径35.6、高3厘米（图3-36，4）。

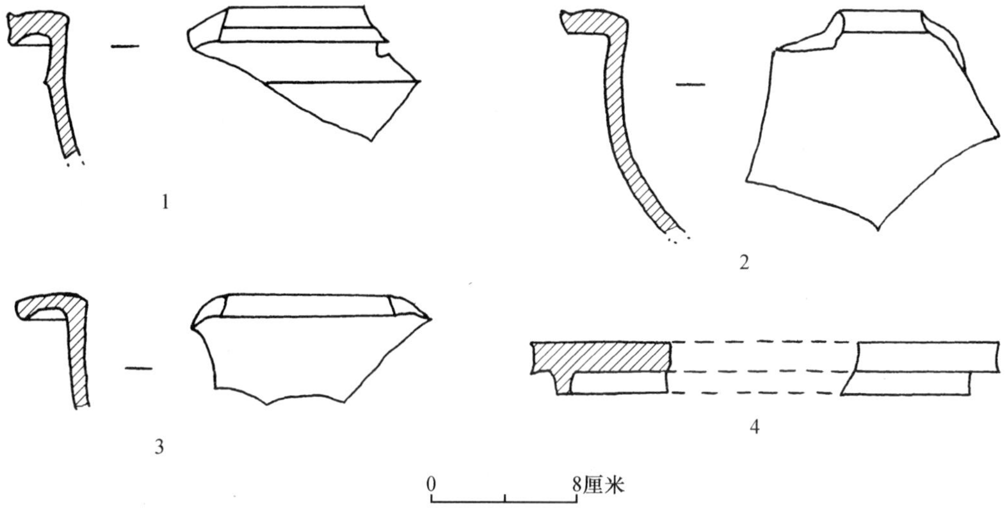

图3-36　H10出土遗物

1～3. 盆（H10：3、H10：1、H10：2）　4. 器盖（H10：4）

H11出土遗物

盆　泥质灰陶。敞口，折沿，素面。标本H11：1，方唇，弧腹。口径40、残高17厘米（图3-37，2）。标本H11：2，方唇，沿面有一周凹槽，弧腹饰弦纹。口径38、残高14厘米（图3-37，3）。标本H11：3，圆唇，斜腹。口径69、残高18厘米（图3-37，1）。

瓮　泥质灰陶。矮直领，圆唇，溜肩，素面。标本H11：4，口径48、残高12.4厘米（图3-37，6）。标本H11：5，口径28、残高4.8厘米（图3-37，4）。

壶　标本H11：6，泥质灰陶。敞口，卷沿，圆唇，束颈，素面。口径16、残高6.8厘米（图3-37，5）。

甑　标本H11：7，泥质灰陶。斜壁，平底。底径22、残高3.6厘米（图3-37，7）。

器盖　泥质灰陶。子口，方唇，平顶，两侧外凸。标本H11：8，口径34、高2.2厘米（图3-37，9）。标本H11：9，口径34、高2厘米（图3-37，8）。

H17出土遗物

钵　标本H17：2，泥质灰陶。敞口，圆唇，弧壁，平底，素面。口径17、底径8、高8厘米（图3-38，5）。

豆　标本H17：3，泥质灰陶。敞口，圆唇，浅盘，盘壁内弧外折，细柄残。口径10、残高5厘米（图3-38，6）。

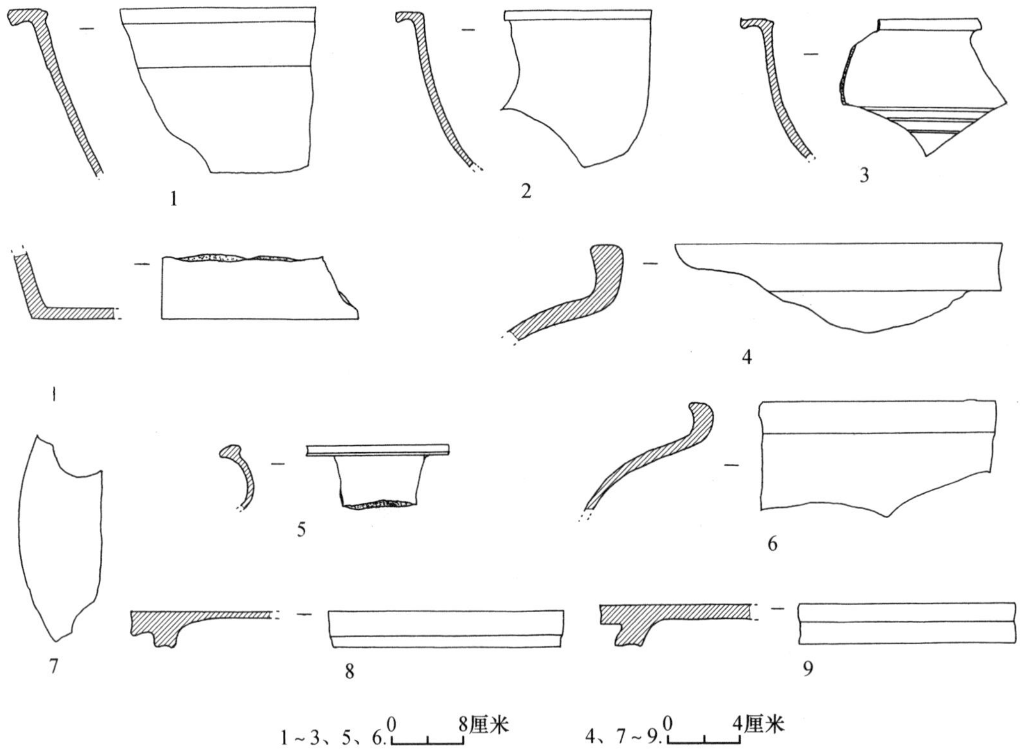

图3-37　H11出土遗物

1～3. 盆（H11：3、H11：1、H11：2）　4、6. 瓮（H11：5、H11：4）　5. 壶（H11：6）　7. 甑（H11：7）　8、9. 器盖（H11：9、H11：8）

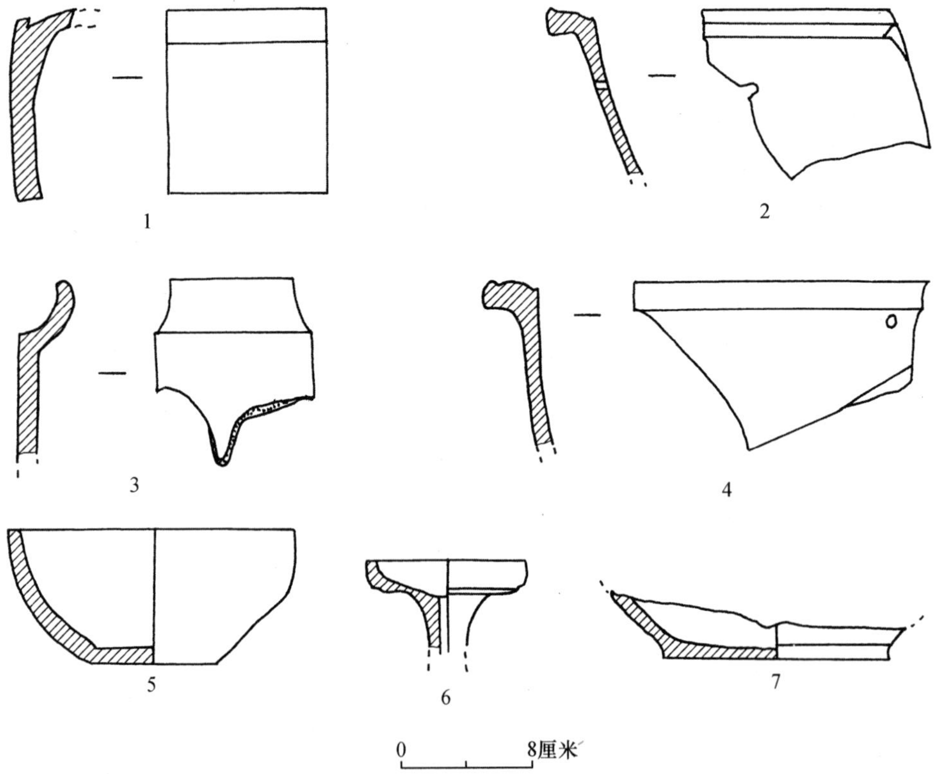

图3-38　H17出土遗物

1. 建筑材料（H17：8）　2、4. 盆（H17：5、H17：6）　3. 筒瓦（H17：7）　5. 钵（H17：2）　6. 豆（H17：3）　7. 铁器（H17：4）

铁器　标本H17：4，平底似假圈足，斜壁。底径14、残高4厘米（图3-38，7）。

盆　泥质灰陶。折沿，圆唇，沿面有凹槽，素面。标本H17：5，敞口，折沿，圆唇，斜腹。口径42、残高10厘米（图3-38，2）。标本H17：6，侈口，弧腹，沿下有穿孔。口径45、残高10厘米（图3-38，4）。

筒瓦　标本H17：7，泥质灰陶。瓦舌较短，外卷，筒状直腹，素面。宽11.8、残长11厘米（图3-38，3）。

建筑材料　标本H17：8，泥质灰陶。顶残，直壁，素面。长11、残宽10厘米（图3-38，1）。

H19出土遗物

盆　泥质灰陶。敛口，折沿，方唇，沿面有凹槽，斜腹。标本H19：1，腹部有穿孔。口径37.2、残高16厘米（图3-39，1）。标本H9：2，口径36、残高12厘米（图3-39，2）。

筒瓦　标本H19：3，瓦舌较短，直腹饰绳纹。残长12厘米（图3-39，3）。

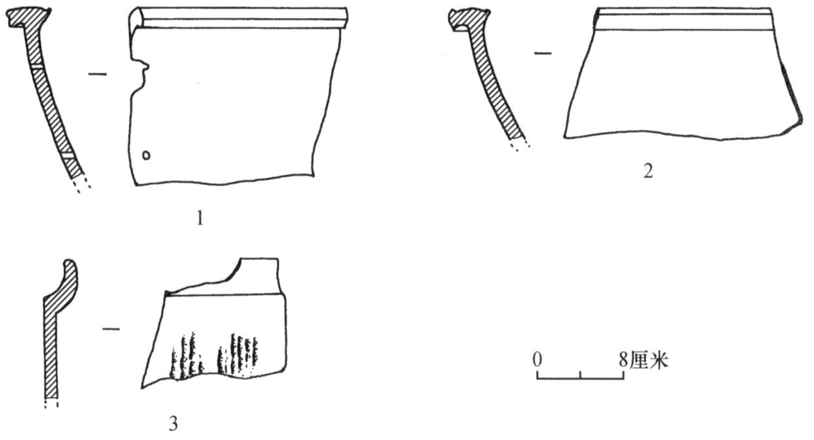

图3-39　H19出土遗物

1、2. 盆（H19：1、H19：2）　3. 筒瓦（H19：3）

H21出土遗物

罐　标本H21：1，泥质灰陶。侈口，卷沿，圆唇，束颈，溜肩，素面。口径10、残高7厘米（图3-40，4）。

盆　标本H21：2，泥质灰陶。敞口，卷沿，圆唇，斜腹。口径38、残高7厘米（图3-40，2）。

瓮　标本H21：3，泥质灰陶。侈口，卷沿，直领。口径38.6、残高6厘米（图3-40，3）。

壶　标本H21：4，泥质灰陶。盘形口，圆唇，束颈。口径14.6、残高9厘米（图3-40，1）。

H24出土遗物

碗　标本H24：1，泥质红陶。弧腹，平底似假圈足。底径4、残高4厘米（图3-41，3）。

筒瓦　标本H24：2，泥质灰陶。瓦舌直长，圆唇。残长6厘米（图3-41，2）。

盆　标本H24：3，泥质灰陶。敞口，沿外卷，方唇，唇中部略内凹，弧腹。口径45、残高6.6厘米（图3-41，1）。

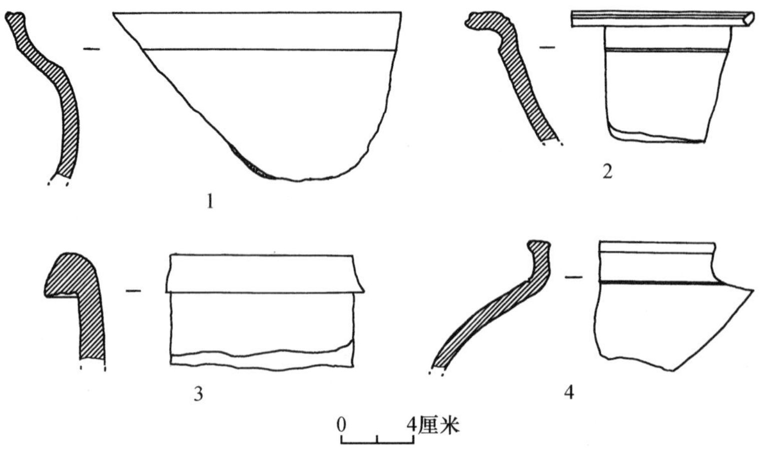

图3-40　H21出土遗物

1. 壶（H21：4）　2. 盆（H21：2）　3. 瓮（H21：3）　4. 罐（H21：1）

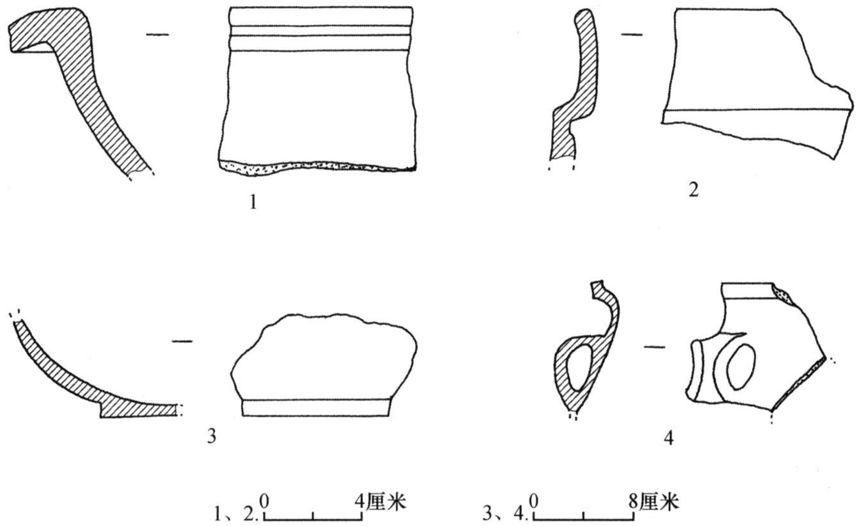

图3-41　H24出土遗物

1. 盆（H24：3）　2. 筒瓦（H24：2）　3. 碗（H24：1）　4. 罐（H24：4）

罐　标本H24：4，泥质灰陶。浅盘形口，卷沿，束颈，颈下有桥形耳。口径12、残高10厘米（图3-41，4）。

H25出土遗物

盆　标本H25：1，泥质灰陶。敞口，卷沿，方唇，斜腹。口径35、残高4.6厘米（图3-42，1）。

瓮　标本H25：2，泥质灰陶。卷沿，圆唇，直领，溜肩。口径32、残高12厘米（图3-42，2）。

罐　标本H25：3，泥质灰陶。浅盘形口，卷沿，束颈，颈下有桥形耳。口径12、残高9.2厘米（图3-42，3）。

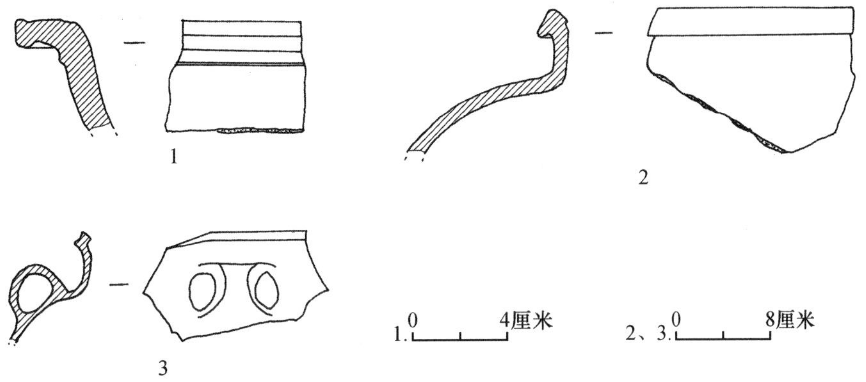

图3-42　H25出土遗物

1. 盆（H25：1）　2. 瓮（H25：2）　3. 罐（H25：3）

H4出土遗物

盆　标本H4：1，泥质灰陶。直口，宽折沿较平，圆唇，直腹。口径40、残高4厘米（图3-43，1）。

罐　标本H4：2，泥质灰陶。矮直领，圆唇，溜肩，素面。口径12、残高4厘米（图3-43，2）。

器盖　标本H4：3，泥质灰陶。子口，方唇，平顶，两侧外凸。口径34、高2厘米（图3-43，3）。

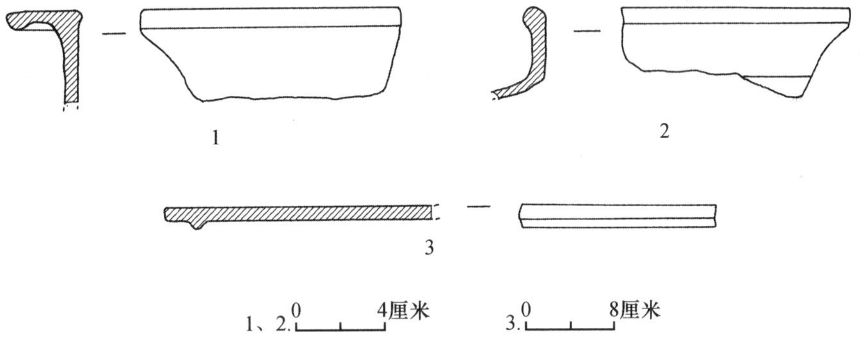

图3-43　H4出土遗物

1. 盆（H4：1）　2. 罐（H4：2）　3. 器盖（H4：3）

H6出土遗物

壶　标本H6：1，泥质灰陶。口沿残，溜肩，鼓腹，平底。底径7、残高10.8厘米（图3-44，3）。标本H6：3，泥质灰陶。敞口，折沿，方唇，沿面有凹槽，长颈残。口径16、残高3.6厘米（图3-44，4）。标本H6：4，泥质灰陶。敞口，折沿，方唇，长颈残。口径20、残高5.6厘米（图3-44，5）。

甑　标本H6：2，泥质灰陶。斜壁，平底。残存5孔。底径24、残高8厘米（图3-44，1）。

盆　标本H6：5，泥质灰陶。敞口，宽平折沿，方唇，斜腹。口径29、残高6.8厘米（图3-44，6）。

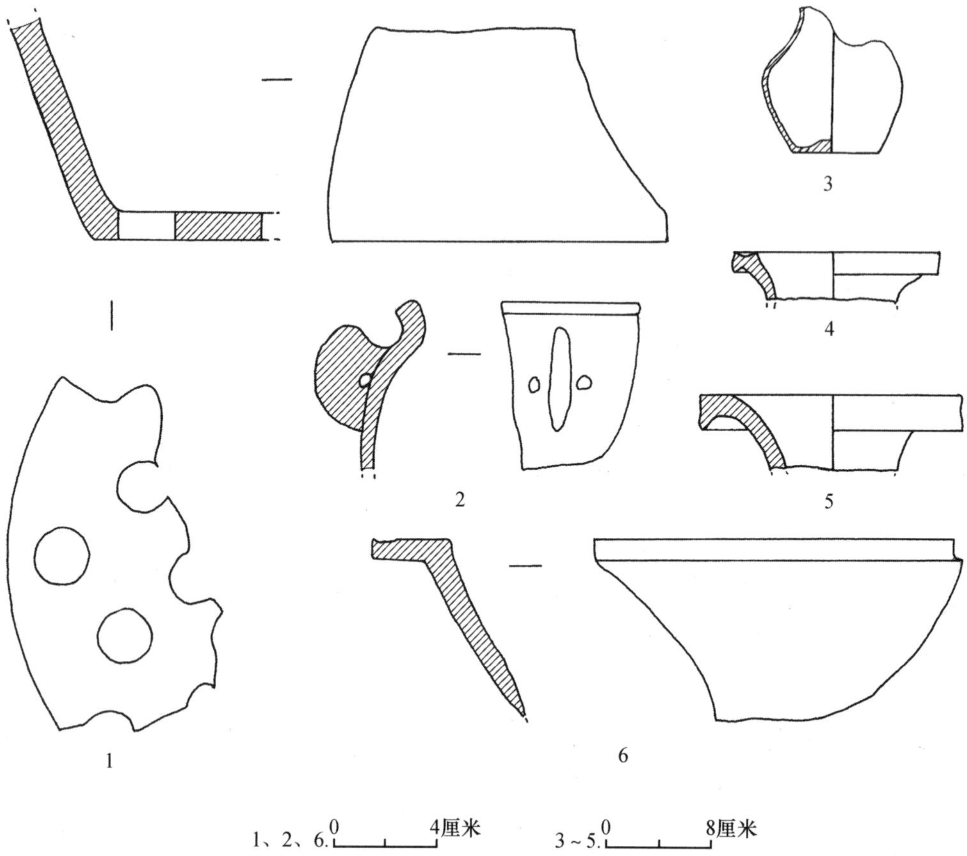

图3-44　H6出土遗物

1. 甑（H6：2）　2. 罐（H6：6）　3～5. 壶（H6：1、H6：3、H6：4）　6. 盆（H6：5）

罐　标本H6：6，泥质灰陶。敞口，卷沿，溜肩，肩部有耳。口径20、残高6.4厘米（图3-44，2）。

H12出土遗物

罐　标本H12：1，泥质灰陶。敞口，卷沿，束颈，溜肩，素面。口径12、残高7厘米（图3-45，2）。标本H12：2，泥质灰陶。口残，溜肩，桥形耳。残高10厘米（图3-45，5）。标本H12：3，泥质灰陶。斜壁，平底。底径14、残高8厘米（图3-45，1）。

器盖　标本H12：4，泥质灰陶。口径11、残高2.2厘米（图3-45，4）。

瓮　标本H12：5，泥质灰陶。敞口，卷沿，圆唇，直领。口径34、残高8.2厘米（图3-45，3）。

H13出土遗物

盆　泥质灰陶。侈口，折沿，圆唇，沿面有凹槽，弧壁。标本H13：1，口径33、残高6厘米（图3-46，2）。标本H13：2，口径37.6、残高6厘米（图3-46，1）。标本H13：3，口径35.8、残高6厘米（图3-46，3）。

H14出土遗物

盆　泥质灰陶。侈口，折沿，圆唇，沿面有凹槽，斜腹。标本H14：1，口径42、残高6厘

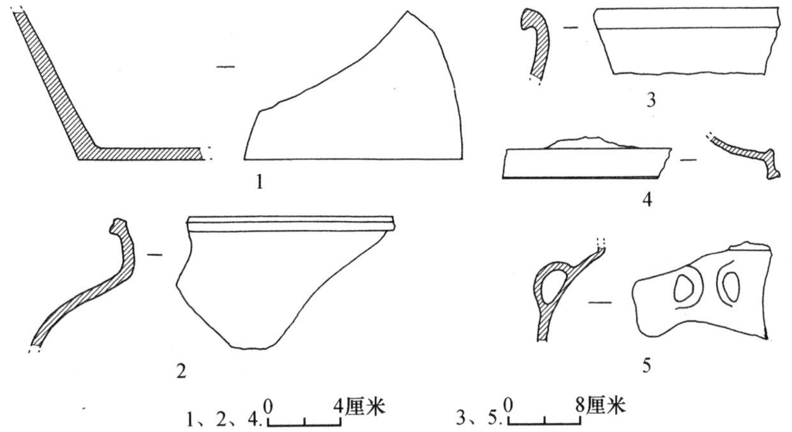

图3-45　H12出土遗物

1、2、5. 罐（H12：3、H12：1、H12：2）　3. 瓮（H12：5）　4. 器盖（H12：4）

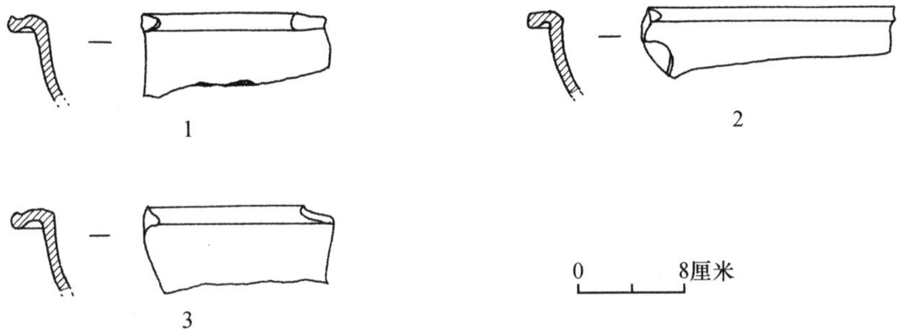

图3-46　H13出土遗物

1～3. 盆（H13：2、H13：1、H13：3）

米（图3-47，2）。标本H14：2，口径38、残高6厘米（图3-47，4）。

罐　标本H14：3，泥质灰陶。直口，卷沿，尖唇，矮颈，溜肩。口径16、残高6.8厘米（图3-47，3）。

瓮　标本H14：4，泥质灰陶。敞口，卷沿，矮束颈，溜肩。口径20、残高5厘米（图3-47，1）。

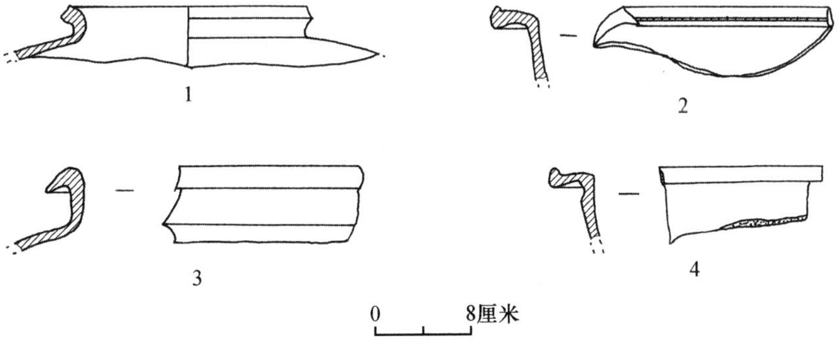

图3-47　H14出土遗物

1. 瓮（H14：4）　2、4. 盆（H14：1、H14：2）　3. 罐（H14：3）

H16出土遗物

罐　标本H16：1，泥质灰陶。敞口，卷沿，圆唇，矮束颈，溜肩，肩部置有两个桥形耳。口径13.6、残高12.4厘米（图3-48，1）。

盆　标本H16：2，泥质灰陶。敞口，卷沿，圆唇，弧腹。口径36.8、残高12厘米（图3-48，2）。

H18出土遗物

盆　标本H18：1，泥质灰陶。口微敛，卷沿，弧腹。口径34.6、残高7厘米（图3-49，1）。标本H18：2，泥质灰陶。斜腹，平底。底径12、残高6厘米（图3-49，3）。

罐　标本H18：3，泥质灰陶，敞口，卷沿，束颈，溜肩，肩部置有双耳。口径8、残高6.8厘米（图3-49，2）。

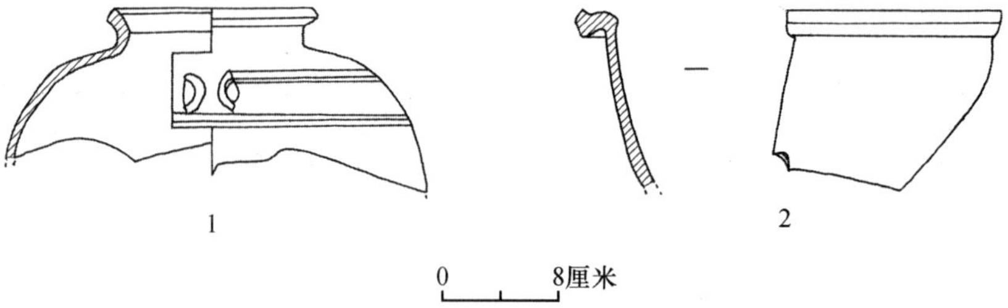

图3-48　H16出土遗物

1. 罐（H16：1）　2. 盆（H16：2）

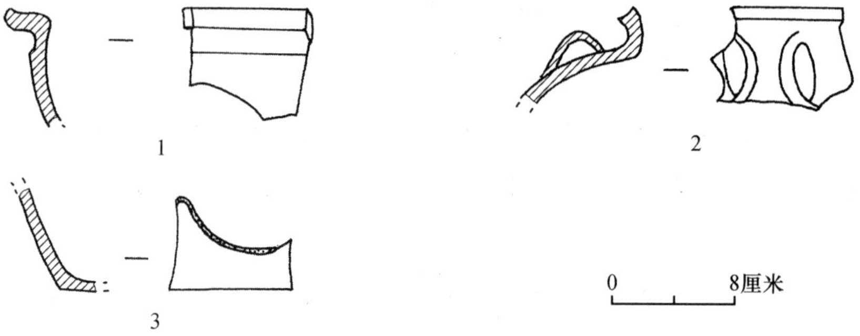

图3-49　H18出土遗物

1、3. 盆（H18：1、H18：2）　2. 罐（H18：3）

H23出土遗物

盆　泥质灰陶。侈口，折沿较窄，圆唇，弧腹，素面。标本H23：1，口径48、残高8.8厘米（图3-50，3）。标本H23：2，口径62、残高19.6厘米（图3-50，1）。标本H23：3，方唇。口径38、残高12厘米（图3-50，4）。标本H23：6，口径38、残高7厘米（图3-50，7）。

盆底　标本H23：7，泥质灰陶。斜壁，平底。底径32、残高6厘米（图3-50，6）。

罐　标本H23：4，泥质灰陶，敞口，卷沿，方唇，束颈，溜肩，肩部置有两个桥形耳。口径12、残高8厘米（图3-50，5）。H23：5，泥质灰陶，敛口，鼓腹，素面。口径12、残高9厘米（图3-50，2）。

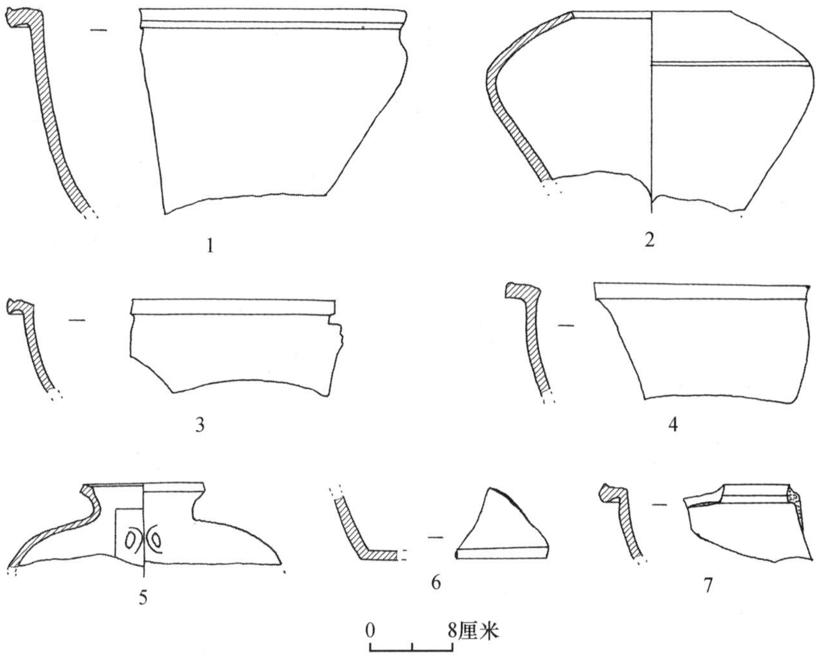

图3-50　H23出土遗物

1、3、4、7. 盆（H23：2、H23：1、H23：3、H23：6）　2、5. 罐（H23：5、H23：4）　6. 盆底（H23：7）

H1出土遗物

盆　标本H1：1，泥质灰陶。敞口，折沿，方唇，斜腹。口径38、残高7.6厘米（图3-51，2）。标本H1：3，泥质灰陶。敞口，卷沿，圆唇，斜腹。口径42、残高10厘米（图3-51，1）。

罐　标本H1：2，泥质灰陶。敞口，卷沿，溜肩。口径13、残高10厘米（图3-51，3）。

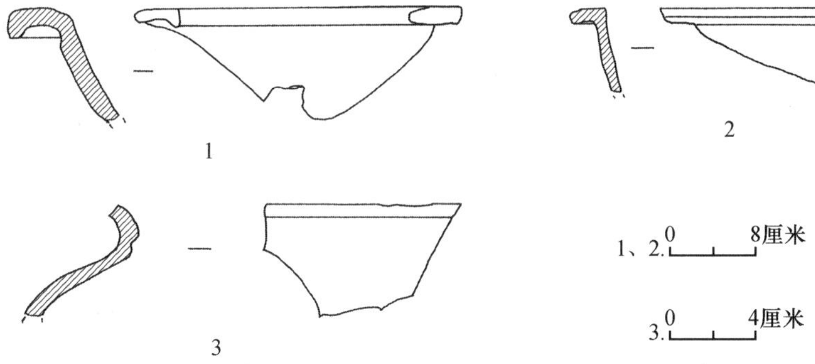

图3-51　H1出土遗物

1、2. 盆（H1：3、H1：1）　3. 罐（H1：2）

H15出土遗物

器盖　标本H15：1，泥质灰陶。圆唇，平顶，两侧外凸。口径32、高2.6厘米（图3-52，8）。

盆　泥质灰陶。侈口，折沿，方唇，弧腹。标本H15：2，腹部饰弦纹。口径44、残高15厘米（图3-52，2）。标本H15：3，口径42、残高8厘米（图3-52，3）。标本H15：4，口径39.6、残高15厘米（图3-52，7）。

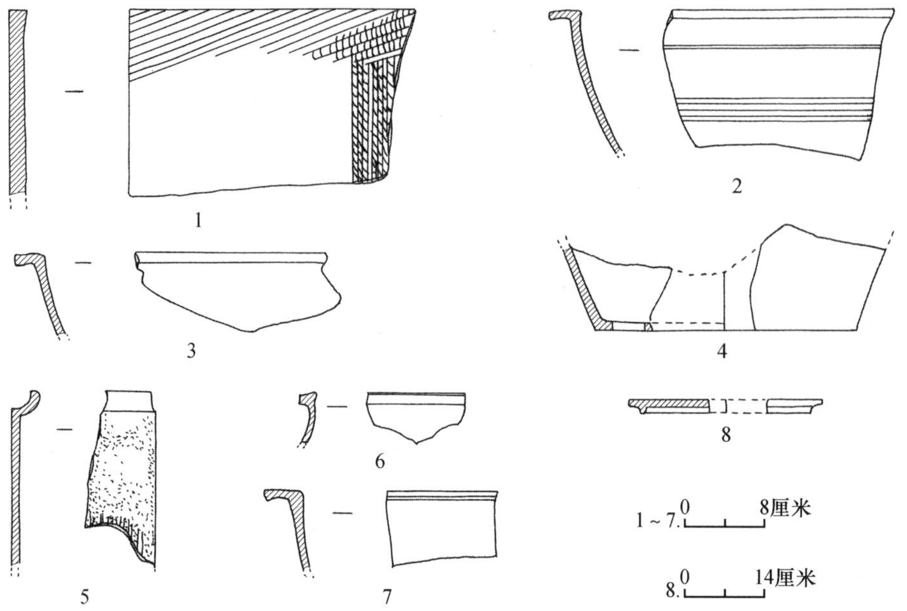

图3-52　H15出土遗物

1. 板瓦（H15∶8）　2、3、7. 盆（H15∶2、H15∶3、H15∶4）　4. 甑（H15∶6）　5. 筒瓦（H15∶7）　6. 罐（H15∶5）　8. 器盖（H15∶1）

罐　标本H15∶5，泥质灰陶。侈口，卷沿，方唇，矮颈。口径12、残高5厘米（图3-52，6）。

甑　标本H15∶6，泥质灰陶。斜壁，平底。底径18.4、残高8厘米（图3-52，4）。

筒瓦　标本H15∶7，泥质灰陶。瓦舌较短，尖唇，直腹饰绳纹。残长16.8厘米（图3-52，5）。

板瓦　标本H15∶8，泥质灰陶。长方形，直腹饰绳纹。残长18厘米（图3-52，1）。

H20出土遗物

盆　泥质灰陶，侈口，宽折沿，方唇，斜腹。标本H20∶1，唇部内凹，腹饰凹弦纹。口径36、残高5厘米（图3-53，1）。标本H20∶2，唇部内凹，腹饰凹弦纹。口径40、残高4.6厘米（图3-53，3）。标本H20∶3，口径42、残高4.6厘米（图3-53，2）。

筒瓦　标本H20∶4，泥质灰陶。瓦舌短直，圆唇，直腹。残长12厘米（图3-53，5）。

板瓦　标本H20∶5，泥质灰陶。拱形。宽14.6、残长14厘米（图3-53，4）。

永安五铢　6枚。青铜质，圆钱方穿，正、背面均有郭，阳文篆书直读“永安五铢”，北魏考庄永安二年（公元529年）所铸年号钱。标本H20②∶1，钱径2.4、穿宽0.8、厚0.12厘米，重2.8克（图3-53，6）。标本H20②∶2，钱径2.4、穿宽0.9、厚0.11厘米，重2.7克（图3-53，7）。

H22出土遗物

盆　标本H22∶1，泥质灰陶。侈口，折沿，圆唇，沿面有凹槽，斜腹。口径82、残高7厘米（图3-54，3）。

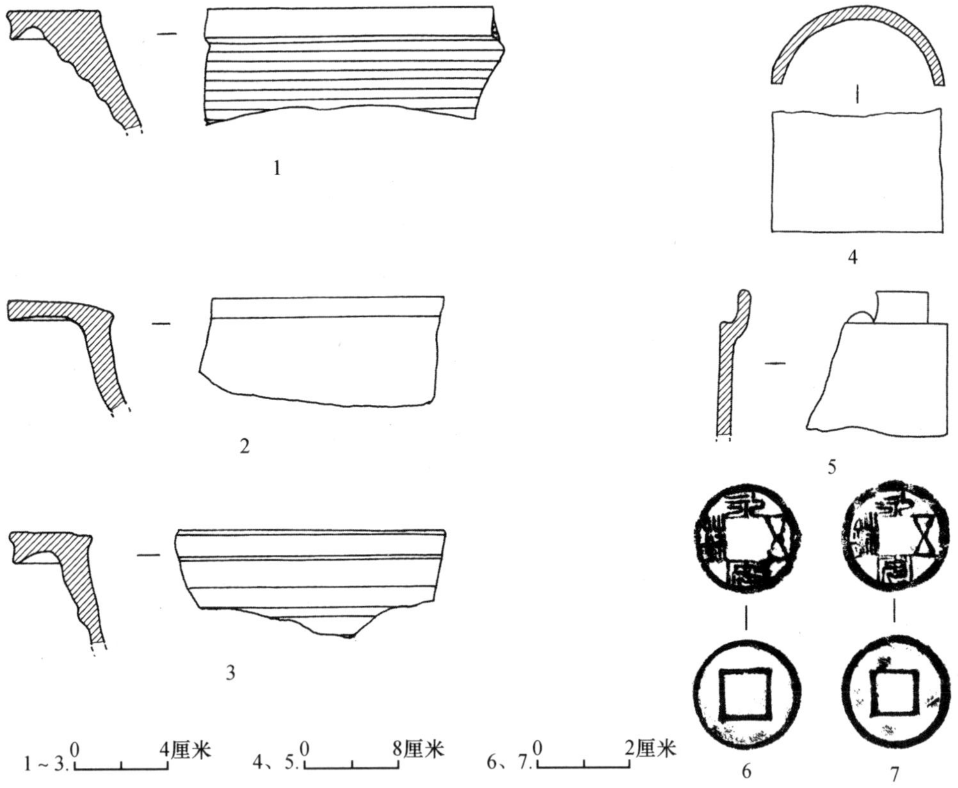

图3-53　H20出土遗物及铜钱拓本

1～3. 盆（H20：1、H20：3、H20：2）　4. 板瓦（H20：5）　5. 筒瓦（H20：4）　6、7. 铜钱（H20②：1、H20②：2）

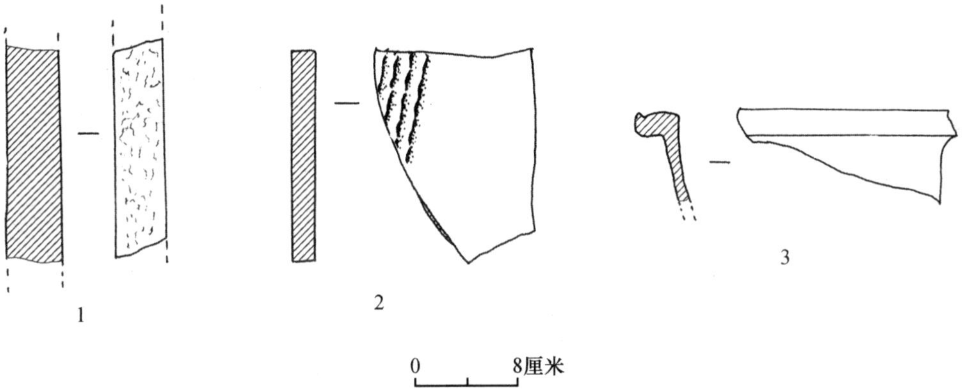

图3-54　H22出土遗物

1. 铁器（H22：3）　2. 板瓦（H22：2）　3. 盆（H22：1）

板瓦　标本H22：2，泥质灰陶。平面为长方形，饰绳纹。残长17、宽12厘米（图3-54，2）。

铁器　标本H22：3，平面为长方形。残长16、宽4厘米（图3-54，1）。

H26出土遗物

盆　均为泥质灰陶。标本H26：1，口部残，鼓腹，平底。底径18、残高16.4厘米（图3-56，3）。标本H26：2，敞口，折沿，方唇，斜腹，平底。口径53.4、底径24、高20.4厘米（图3-56，5）。标本H26：3，斜壁，平底。底径11、残高8厘米（图3-56，2）。标本H26：6，敞口，卷沿，圆唇，弧腹。口径42、残高10厘米（图3-55，4）。标本H26：7，侈口，折沿，圆唇，弧腹。口径38、残高17厘米（图3-55，11）。标本H26：8，侈口，折沿，方唇，沿面有凹槽，弧腹。口径42、残高5厘米（图3-55，1）。标本H26：9，斜壁，平底。底径36、残高12厘米（图3-55，12）。标本H26：10，敞口，卷沿，圆唇，弧腹。口径40、残高12厘米（图3-55，9）。标本H26：11，侈口，折沿，方唇，弧腹。口径48、残高12厘米（图3-55，10）。

瓮　均为泥质灰陶。标本H26：4，直口，圆唇，矮颈，溜肩。口径58、残高8厘米（图3-55，8）。标本H26：5，口微敛，卷沿，窄方唇较长，矮颈，溜肩。口径50、残高8厘米（图3-55，7）。标本H26：12，侈口，卷沿，方唇，矮颈。口径50、残高4厘米（图3-55，2）。

罐　均为泥质灰陶。标本H26：13，侈口，卷沿，方唇。口径30、残高6厘米（图3-55，5）。标本H26：14，敞口，卷沿，圆唇，束颈，溜肩。口径13.4、残高8厘米（图3-56，1）。标本H26：16，侈口，卷沿，尖唇，矮颈，溜肩。口径12、残高7厘米（图3-55，6）。标本H26：17，侈口，卷沿，方唇，矮颈。口径14、残高4厘米（图3-55，3）。

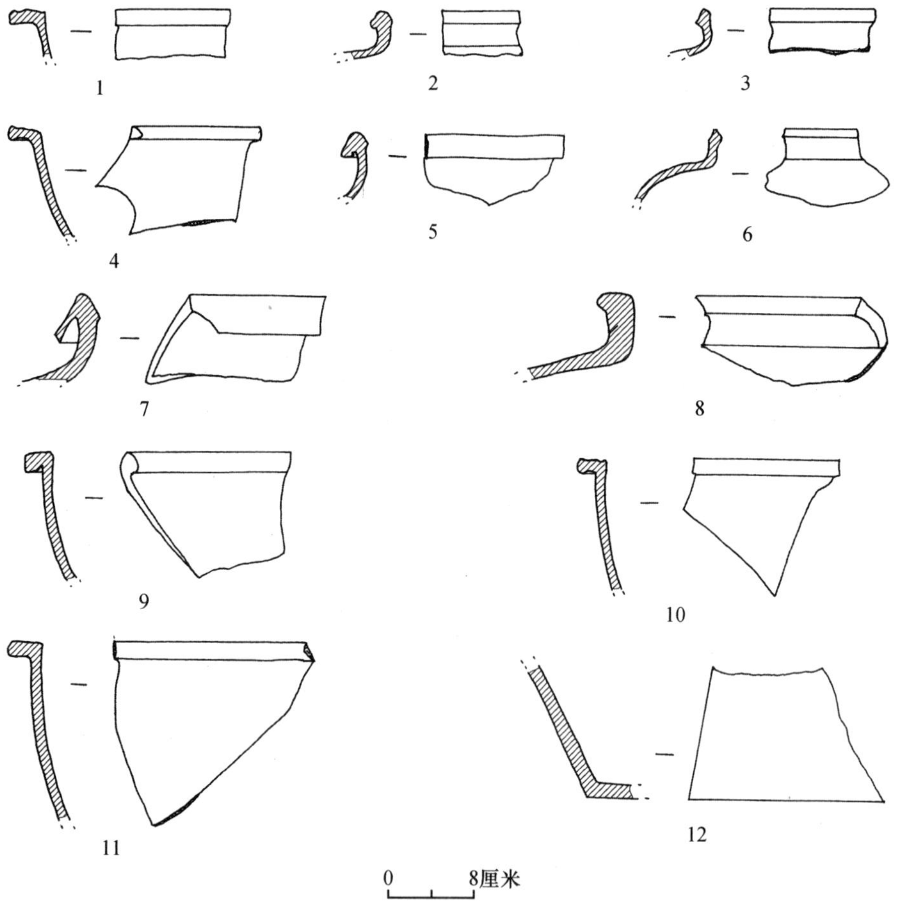

图3-55　H26出土遗物（一）

1、4、9～12. 盆（H26：8、H26：6、H26：10、H26：11、H26：7、H26：9）　2、7、8. 瓮（H26：12、H26：5、H26：4）　3、5、6. 罐（H26：17、H26：13、H26：16）

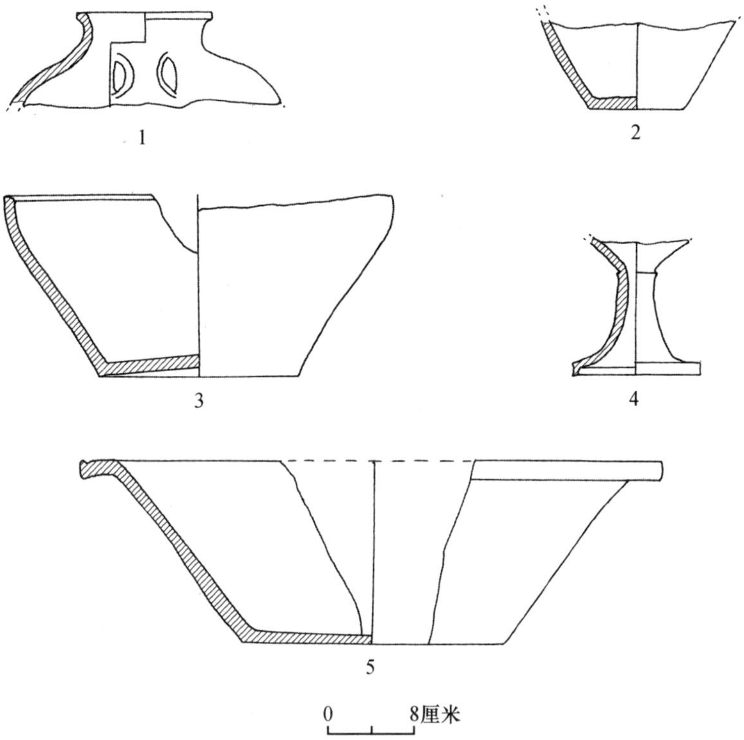

图3-56　H26出土遗物（二）
1. 罐（H26∶14）　2、3、5. 盆（H26∶3、H26∶1、H26∶2）　4. 豆（H26∶15）

豆　标本H26∶15，泥质灰陶。豆盘残，喇叭形圈足，圈足底部有削痕。底径12、残高12厘米（图3-56，4）。

（三）墓　　葬

6座。其中4座发现于Ⅰ区，即M1～M4；2座发现于Ⅱ区，即M5、M6。

M1

1. 墓葬形制

M1位于Ⅰ区南部。大部已遭破坏，开口层位不详，向下打破第3层，残存墓口距地表1.6米，方向110°，该墓为竖穴土坑墓（图3-57）。

墓室　残存口部平面形状呈长方形，直壁，平底。长3.5、宽2.94米，残深0.3米。

填土　填土呈色灰色，土质较软，结构较疏松。

葬具　不详。

葬式、性别及年龄　未发现人骨。

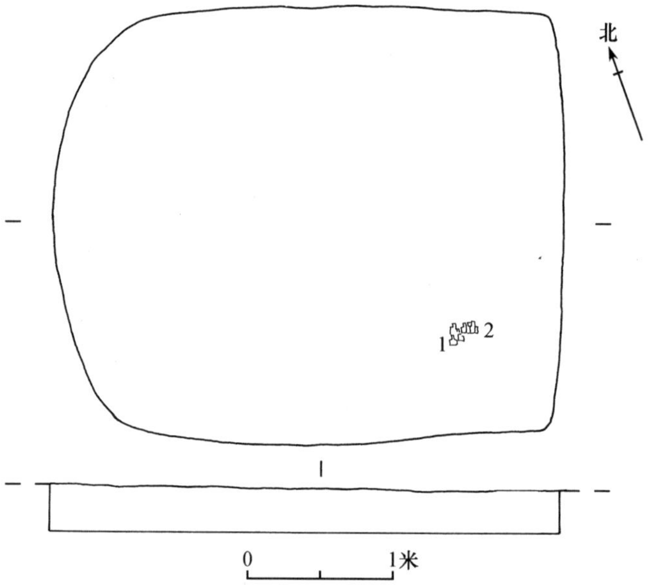

图3-57　M1平、剖面图
1. 铜钱（85枚）　2. 石饰件

2. 随葬品

石饰件　1件。位于墓底东南部。M1：2，青灰色砂岩，磨制，长方体，一端有穿，横截面呈方形。残长4、截面边长1～1.1厘米。

平首布　85枚。位于墓底东南部。均为青铜质，根据其形状特征的不同又可分为釿布、锐角布和方足布三种（图3-58～图3-61）。

（1）釿布

36枚。又称桥形布，钱文古拙粗放（彩版一一，2）。

安邑一釿　2枚。平首，圆肩，圆裆，方足。面文《安邑一釿》四字倒书。M1：1-7，通高5.5、足宽1厘米，重13.5克（图3-58，1）。M1：1-8，通高5.5、足宽1厘米，重14.3克（图3-58，2）。

安邑二釿　1枚。体形较大，平首，圆肩，圆裆，方足。面文《安邑二釿》四字倒书。M1：1-3，通高6.9、足宽1.1厘米，重25.1克（图3-58，3）。

晋阳一釿　1枚。平首，肩微耸，圆裆，方足，平背。面文《晋阳一釿》四字倒书。M1：1-1，通高为5.4、足宽1厘米，重13.3克（图3-58，4）。

梁一釿　1枚。平首，肩微耸，圆裆，方足，平背。面文《梁一釿》三字倒书。M1：1-11，通高约为5.5、足宽0.7厘米，重12.5克（图3-58，5）。

梁充釿百（金）当寽　6枚。平首，圆肩，圆裆，方足。面文《梁充釿百（金）当寽》。标本M1：1-9，通高为5.5、足宽1.2厘米，重15.4克（图3-58，6）。

梁正尚百（金）当寽　25枚。平首，圆肩，圆裆较低，方足。面文《梁正尚百（金）当

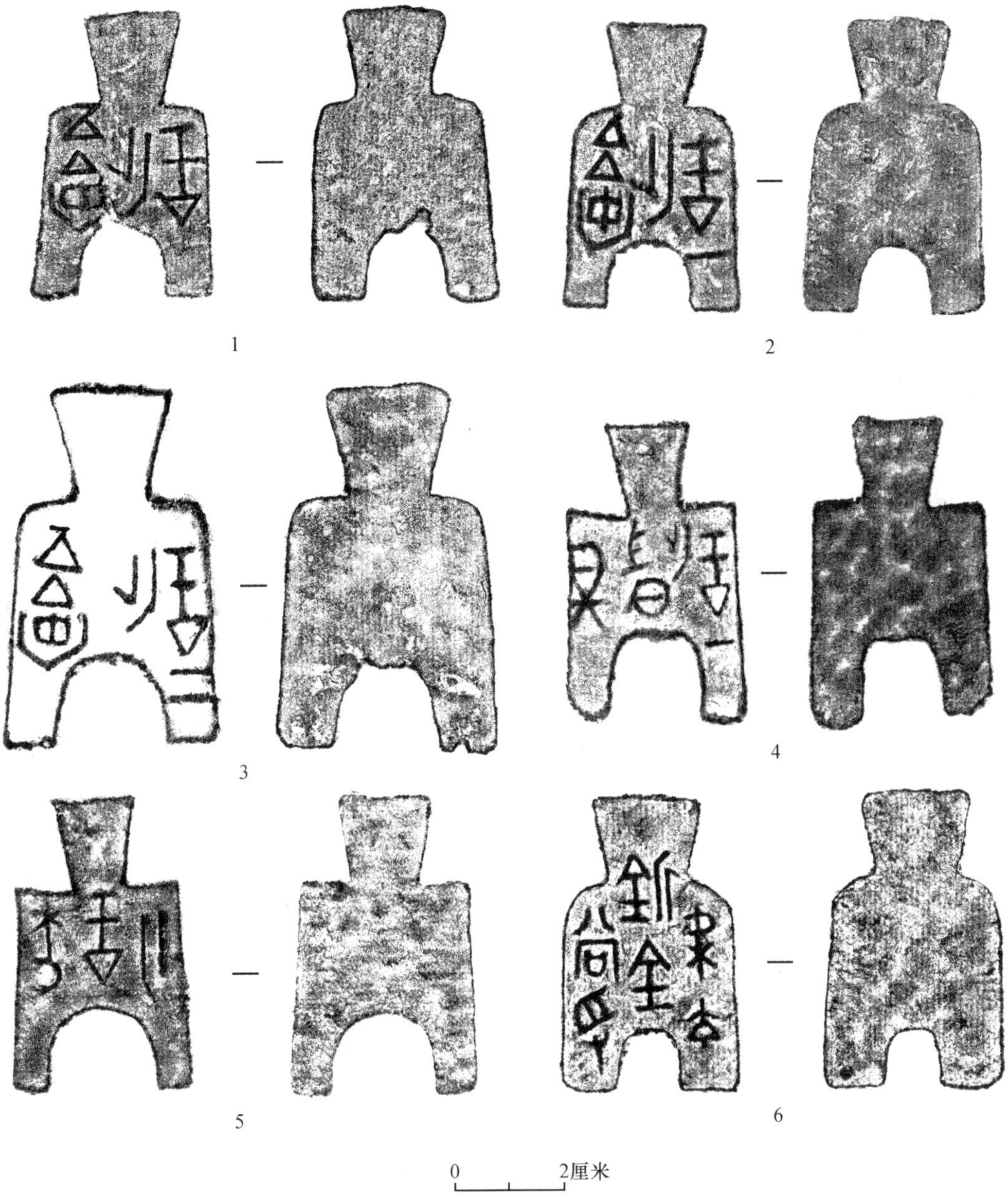

图3-58　M1出土钱币拓本（一）

1、2. 安邑一釿（M1∶1-7、M1∶1-8）　3. 安邑二釿（M1∶1-3）　4. 晋阳一釿（M1∶1-1）　5. 梁一釿（M1∶1-11）　6. 梁充釿百（金）当寽（M1∶1-9）

寽》。标本M1∶1-4，通高6、足宽1.2厘米，重11.6克（图3-59，1）。标本M1∶1-13，通高6.1、足宽1.2厘米，重14.2克（图3-59，2）。标本M1∶1-14，通高5.8、足宽1.2厘米，重13.3克（图3-59，3）。标本M1∶1-15，通高6、足宽1厘米，重10.9克（图3-59，4）。标本M1∶1-16，通高5.9、足宽1.1厘米，重11.6克（图3-59，5）。

（2）锐角布

19枚。首部两端呈锐角，平肩、方足、裆呈“^”形。

“垂”字布　10枚。面无竖线或斜线，字在中间，其背面两侧各有一从首至足的斜线。标

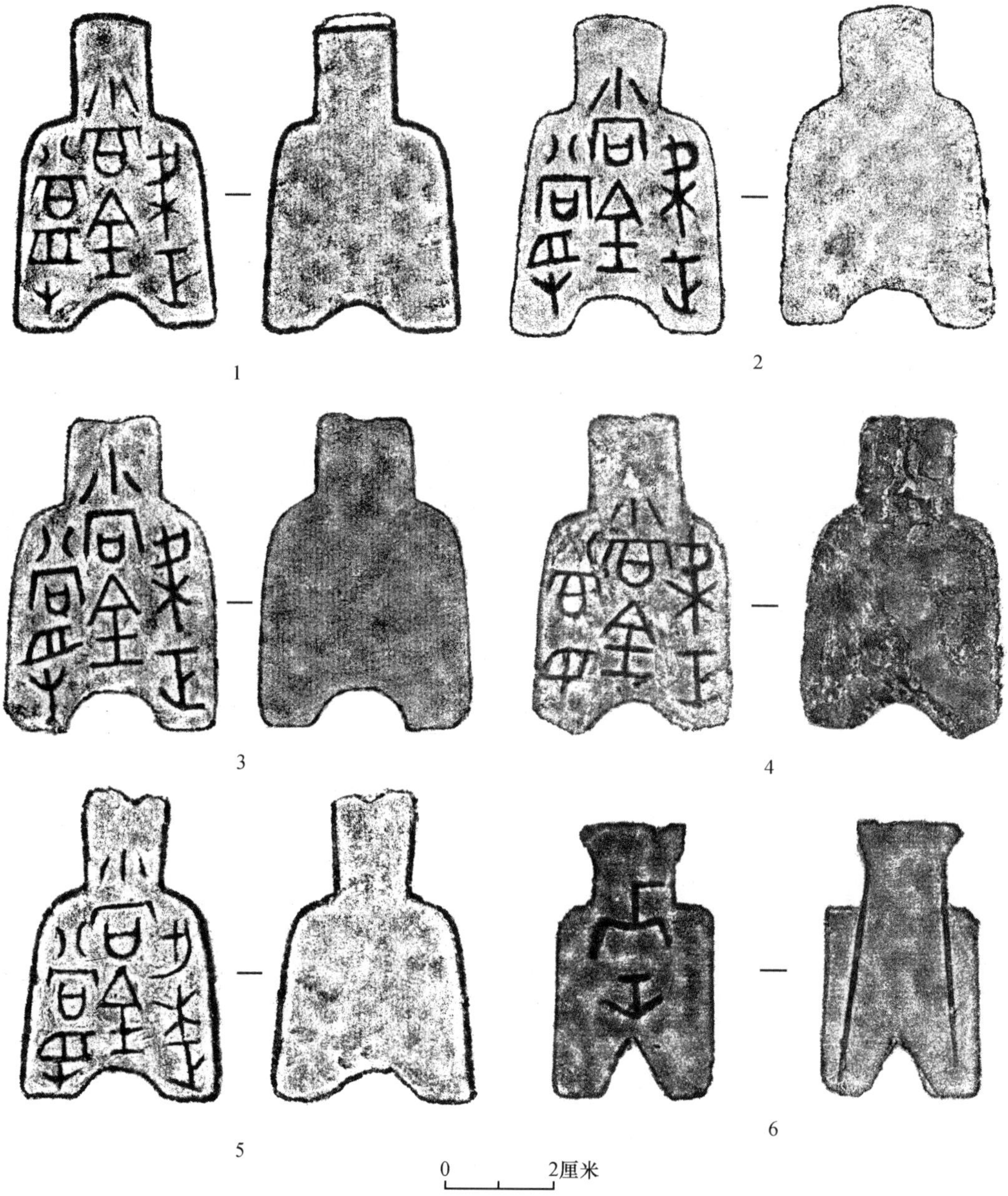

图3-59　M1出土钱币拓本（二）

1～5. 梁正尚百（金）当寽（M1：1-14、M1：1-13～M1：1-16）　6. "垂"字布（M1：1-5）

本M1：1-5，通高5.1、足宽1.1厘米，重8.3克（图3-59，6）。

"公"字布　9枚。面之两侧各有一从首至足的斜线，中间有一古篆"公"字，币首铸有两道竖纹，其背面中有一从首至裆的竖线，两侧各有一从首至足的斜线。标本M1：1-10，通高4.6、足宽1厘米，重4.5克（图3-60，1）。标本M1：1-12，通高4.6、足宽0.9厘米，重6.6克（图3-60，2）。

（3）方足布

30枚。平肩，平足，面、背均有郭。

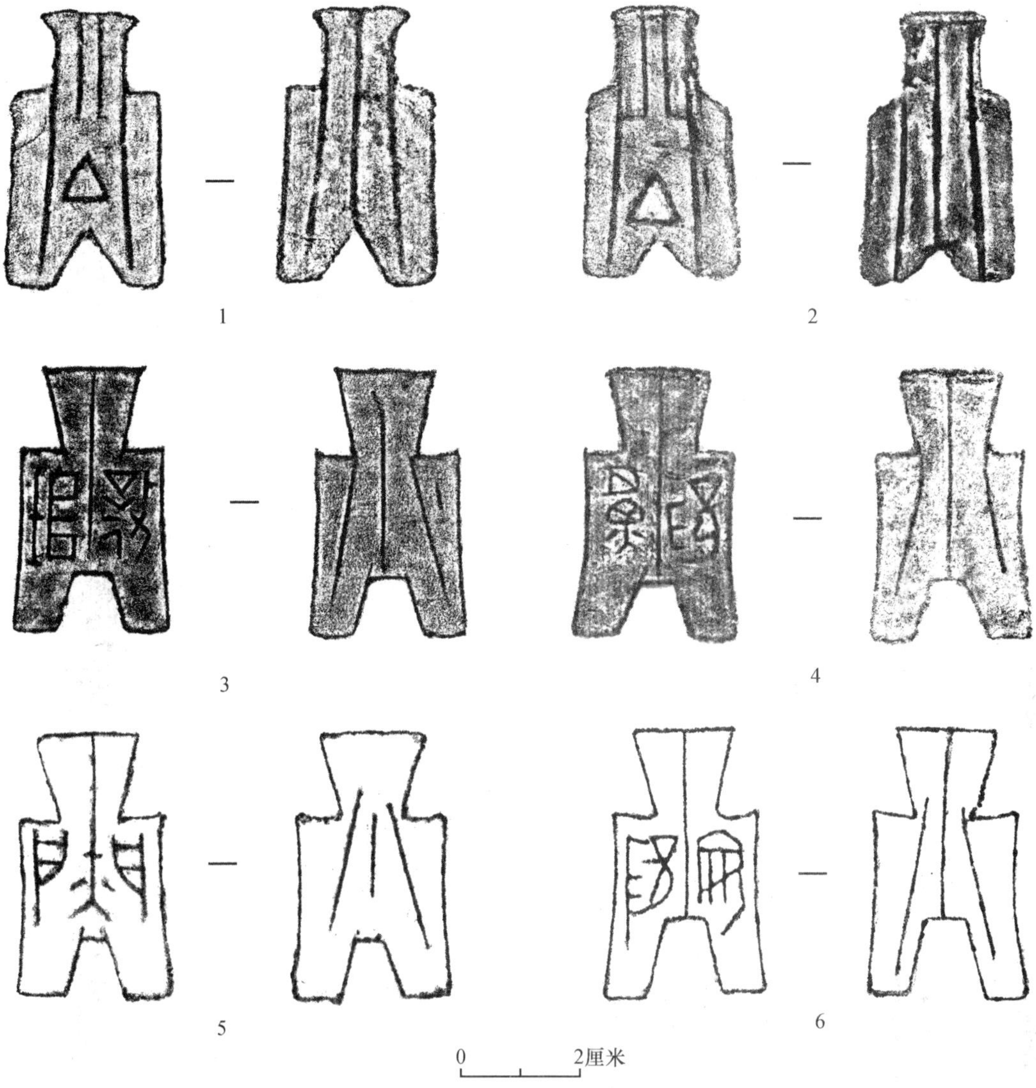

图3-60　M1出土铜钱拓本（三）

1、2."公"字布（M1∶1-10、M1∶1-12）　3."襄垣"布（M1∶1-6）　4."虞阳"布（M1∶1-19）
5."蔺"字布（M1∶1-17）　6."安阳"布（M1∶1-18）

"襄垣"布　1枚。平首，平肩，平足，面、背均有郭，正面自首部至裆部有一道竖线，左、右古篆"襄垣"二字，背面中部一道竖纹，两侧各一道斜纹。M1∶1-6，通高4.6、足宽0.8厘米，重5.5克（图3-60，3）。

"虞阳"布　1枚。平首，平肩，平足，面、背均有郭，正面自首部至裆部有一道竖线，左、右古篆"襄垣"二字，背面中部一道竖纹，两侧各一道斜纹。M1∶1-19，通高4.6、足宽0.9厘米，重4.8克（图3-60，4）。

"蔺"字布　1枚。平首，平肩，平足，面、背均有郭，正面自首部至裆部有一道竖线，"蔺"分布于竖线两侧，背面中部一道竖纹，两侧各一道斜纹。M1∶1-17，通高4.6、足宽0.9厘米，重4.8克（图3-60，5）。

"安阳"布　25枚。平首，平肩，平足，面、背均有郭，正面自首部至裆部有一道竖线，

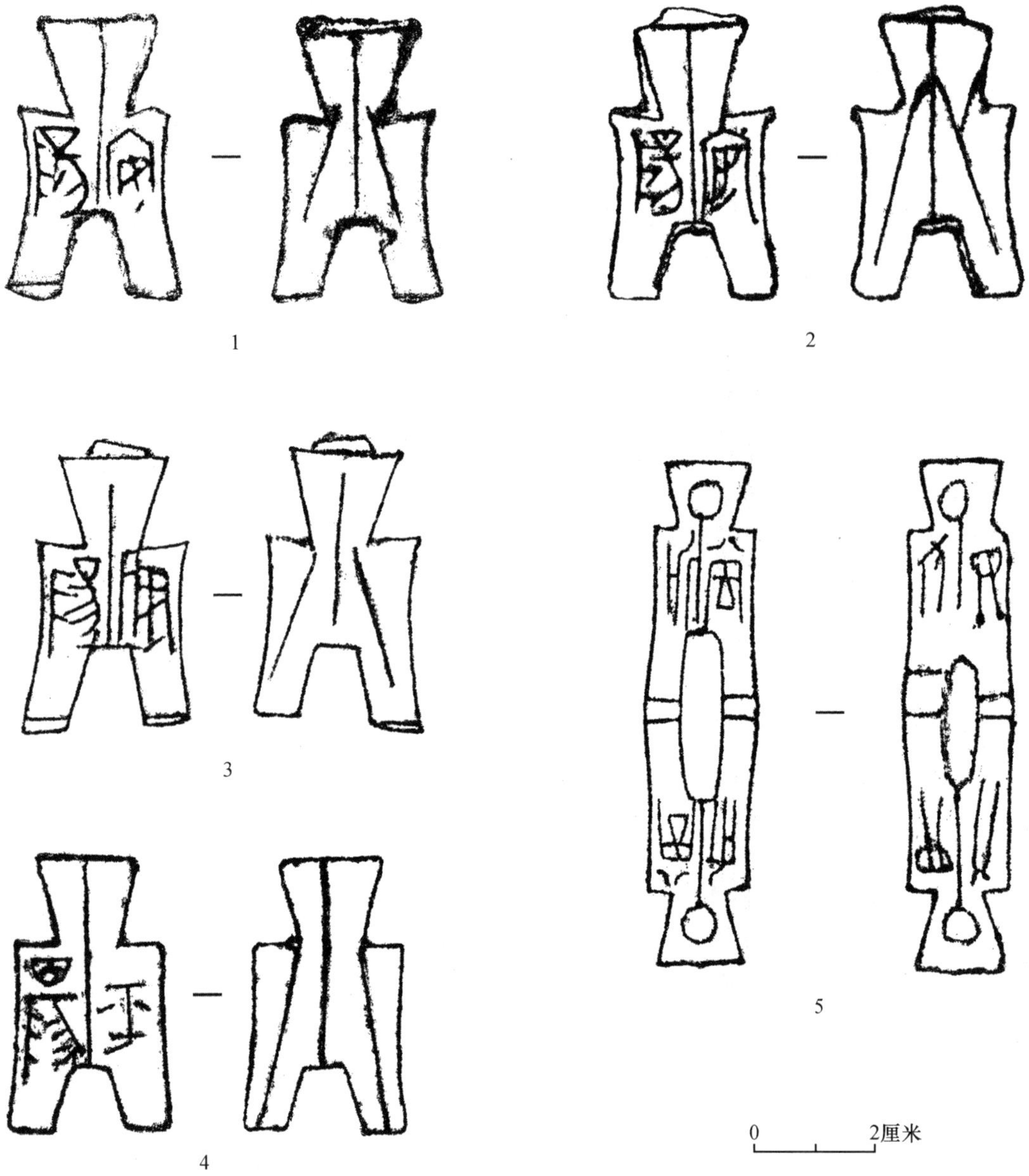

图3-61　M1出土铜钱拓本（四）

1～3. “安阳”布（M1∶1-20～M1∶1-22）　4. “平阳”布（M1∶1-23）　5. 四布当忻（M1∶1-2）

左、右古篆“安阳”二字，背面中部一道竖纹，两侧各一道斜纹。标本M1∶1-18，通高4.6、足宽0.9厘米，重5.2克（图3-60，6）。标本M1∶1-20，通高4.6、足宽0.9厘米，重5.1克（图3-61，1）。标本M1∶1-21，通高4.8、足宽0.9厘米，重5.6克（图3-61，2）。标本M1∶1-22，通高4.9、足宽0.9厘米，重5.5克（图3-61，3）。

“平阳”布　1枚。平首，平肩，平足，面、背均有郭，正面自首部至裆部有一道竖线，左、右古篆“平阳”二字，背面中部一道竖纹，两侧各一道斜纹。M1∶1-23，通高4.6、足宽0.8厘米，重5.7克（图3-61，4）；

四布当忻　1枚。连布，两枚小布足部相连，正面铭为“四布”，背面铭为“当忻”。M1∶1-2，通高8.7、足宽2.1厘米，重16克（图3-61，5）。

M2

1. 墓葬形制

M2位于Ⅰ区北部。开口于第2层下，向下打破第3层，口部距地表1米，方向270°。该墓为竖穴墓道砖室墓，平面形状近“凸”字形，由墓道、前室、后室三部分组成（图3-62）。

墓道　位于墓室西部偏南，平面呈长方形，直壁，平底。残长1、宽1.2米，残深0.86米。

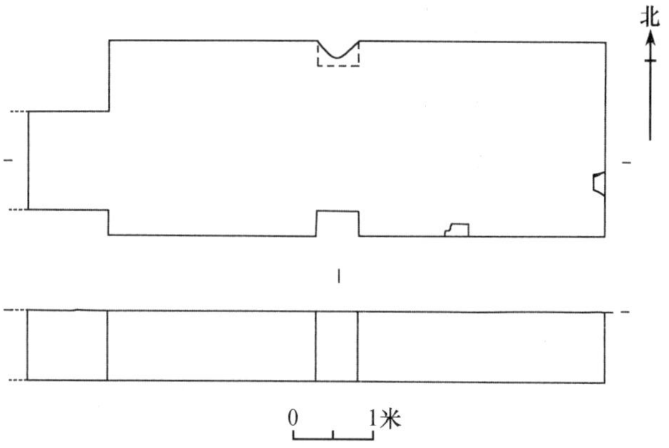

图3-62　M2平、剖面图

前室　位于墓道与后室之间，平面形状呈长方形，土圹规整，壁砖已完全破坏，直壁，平底。长2.6、宽2.36米。在前室与后室之间的南北两壁均残存有生土立柱，进深0.5、宽0.3米。

后室　平面形状呈长方形，土圹规整，直壁，平底，在东壁及南壁残存壁砖各一块，为顺向平铺。长3.1、宽2.36米。

填土　由于盗扰严重，填土较乱，土质较软，包含大量碎砖块。

葬具　墓底淤土中残存有铁质棺钉，推测葬具为木棺。

葬式、性别及年　未发现人骨。

2. 随葬品

铜钱　15枚。发现于前室和后室底部淤土中，均为有郭“五铢”。正、背面面均有郭。标本M2：1-1，钱径2.6、穿宽0.9、厚0.1厘米，重2.4克（图3-63，1）；标本M2：1-2，钱径2.5、穿宽1、厚0.1厘米，重3.3克（图3-63，2）；标本M2：1-3，钱径2.6、穿宽0.9、厚0.1厘米，重2.4克（图3-63，3）；标本M2：1-4，钱径2.5、穿宽0.9、厚0.1厘米，重2.9克（图3-63，4）；标本M2：1-5，钱径2.6、穿宽0.9、厚0.1厘米，重3克（图3-63，5）。

M3

1. 墓葬形制

M3位于Ⅰ区北部。开口于第2层下，向下打破第3层，口部距地表1.5米，方向270°。该墓为斜坡墓道砖室墓，平面形状近“凸”字形，由墓道、甬道、墓室、南北耳室五部分构成（图3-64）。

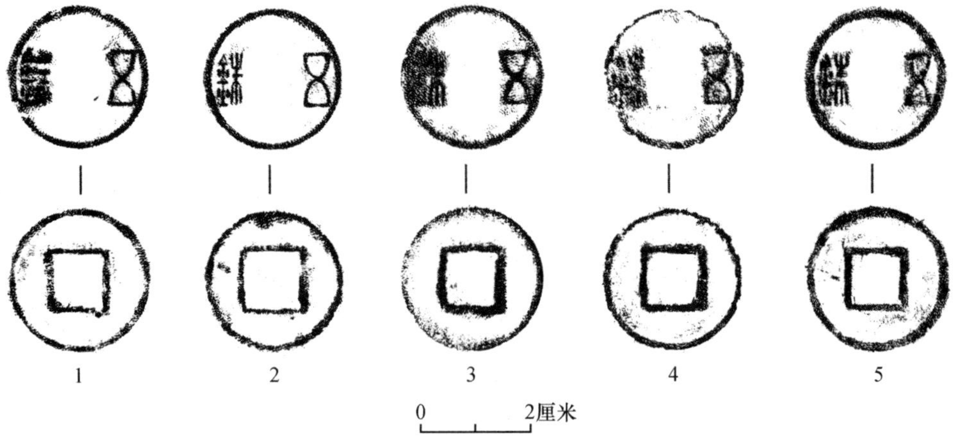

图3-63　M2出土铜钱拓本

1~5. 五铢（M2：1-1~M2：1-5）

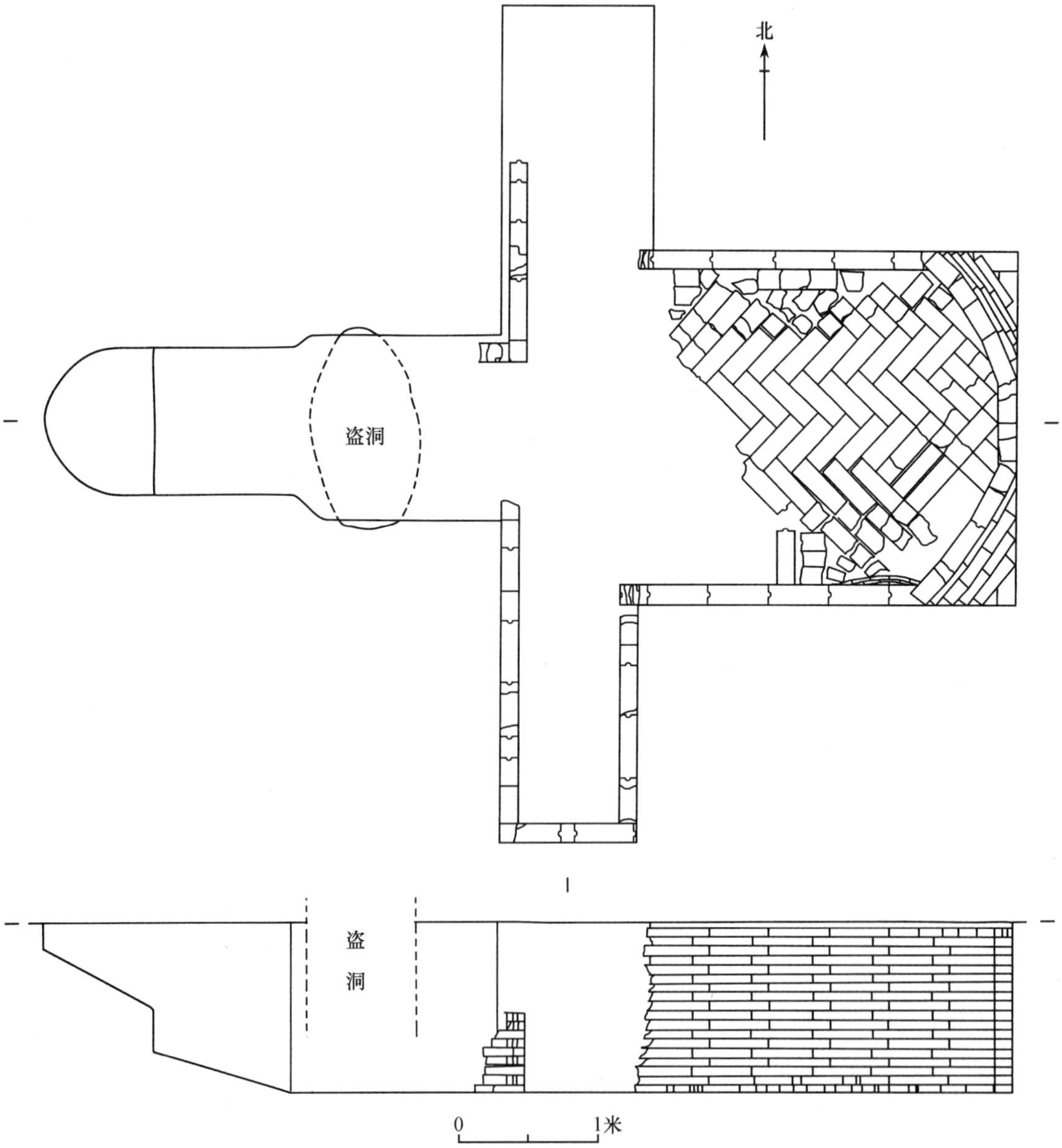

图3-64　M3平、剖面图

墓道　位于墓室西部。口部平面形状呈圆首长方形，南北两为直壁，西壁为弧壁。口部长1.8、宽1.04米，残深1.2米。底呈斜坡状，分为两部分，第一部分长1米，第二部分长0.94米。

甬道　位于墓道与墓室之间，底部平面形状近长方形，东北角残存少量壁砖。进深1.5、宽1.3米。

墓室　位于甬道东部，底部平面形状呈长方形，直壁，平底，砖券墓顶东南角和东北角残存5层，为纵向错缝平砌内收，壁砖残存最高19层，亦为纵向错缝平砌，残存铺地砖为“人”字席纹平铺。墓砖有两种规格，一侧为大“五”字纹，其他均为素面，子母口，长41.5、宽13.5、厚6厘米；一侧有小“五”字纹，其余均为素面，子母口，长39、宽13.5、厚5厘米。墓室底部长3.7、宽2.5米，残高1.2米。

耳室　位于墓室前端南北两侧，底部平面形状均为长方形。其中南耳室南北长1.66、宽1米，残存壁砖2～9层，纵向错缝平砌，铺地砖已完全破坏；北耳室南北长1.7、宽1.1米，壁砖及铺地砖均已不存。

填土　由于盗扰严重，填土较乱，土质较软，包含大量碎砖块。

葬具　墓底淤土中残存有铁质棺钉，推测葬具为木棺。

葬式、性别及年龄　未发现人骨。

2. 随葬品

铜钱　31枚。发现于墓室底部的淤土中。

有郭五铢　16枚。正、背面均有郭。标本M3：1-2，钱径2.5、穿宽0.9、厚0.1厘米，重1.25克（图3-65，2）。标本M3：1-3，钱径2.5、穿宽1、厚0.1厘米，重2.9克（图3-65，3）。标本M3：1-4，钱径2.5、穿宽0.9、厚0.12厘米，重2.6克（图3-65，4）。标本M3：1-7，钱径2.5、穿宽0.9、厚0.1厘米，重2.4克（图3-65，5）。标本M3：1-8，钱径2.4、穿宽0.9、厚0.1厘米，重2.5克（图3-65，6）。标本M3：1-9，钱径2.5、穿宽0.9、厚0.1厘米，重2.6克（图3-65，7）。

磨郭五铢　9枚。边郭打磨程度各不相同。标本M3：1-5，钱径2.4、穿宽0.9、厚0.1厘米，重2.2克（图3-65，8）；标本M3：1-6，钱径2.4、穿宽0.9、厚0.1厘米，重2.3克（图3-65，9）。

剪轮五铢　6枚。仅余方穿四周部分。标本M3：1-1，钱径1.9、穿宽0.9、厚0.1厘米，重0.9克（图3-65，1）。

M4

1. 墓葬形制

M4位于Ⅰ区北部，大部已遭破坏，开口层位不详，残存口部距地表1.6米，方向265°。该墓为竖穴墓道土洞墓，平面形状呈“刀”形，由墓道和墓室两部分构成（图3-66）。

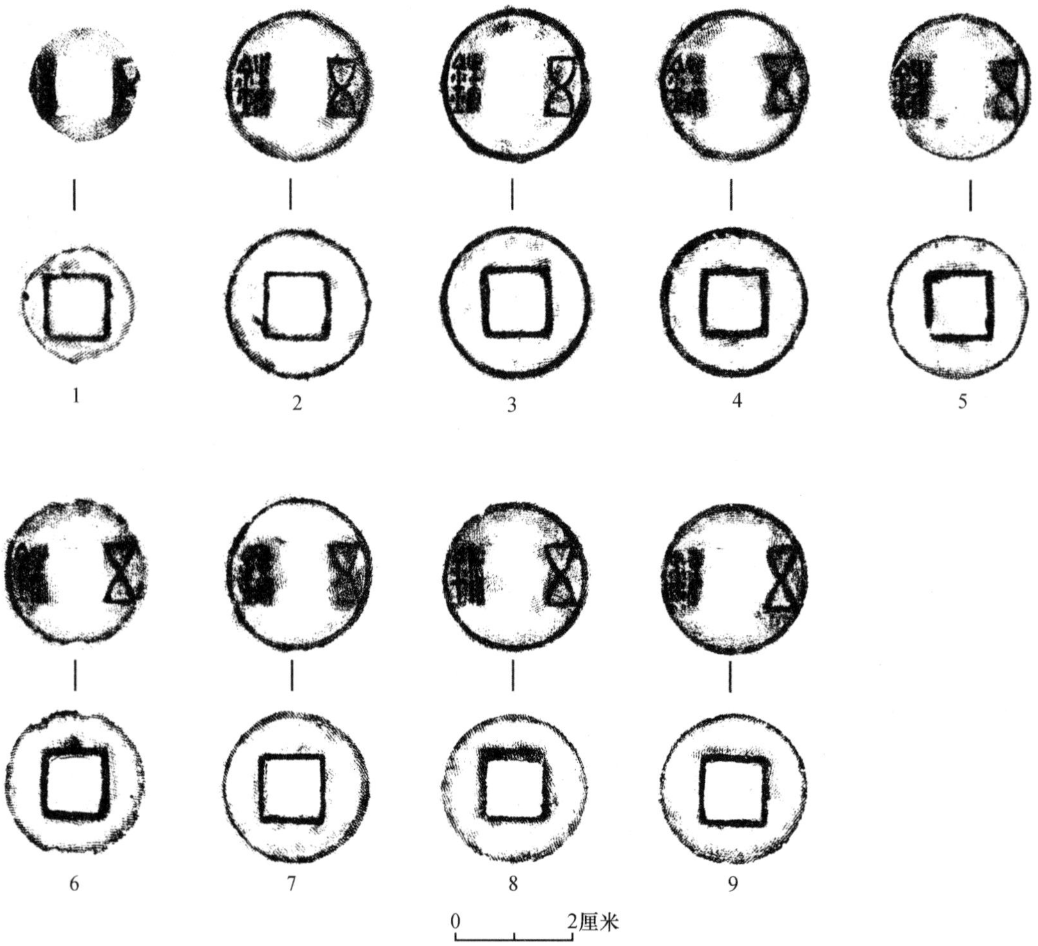

图3-65　M3出土铜钱拓本

1. 剪轮五铢（M3：1-1）　2～7. 有郭五铢（M3：1-2～M3：1-4、M3：1-7～M3：1-9）　8、9. 磨郭五铢（M3：1-5、M3：1-6）

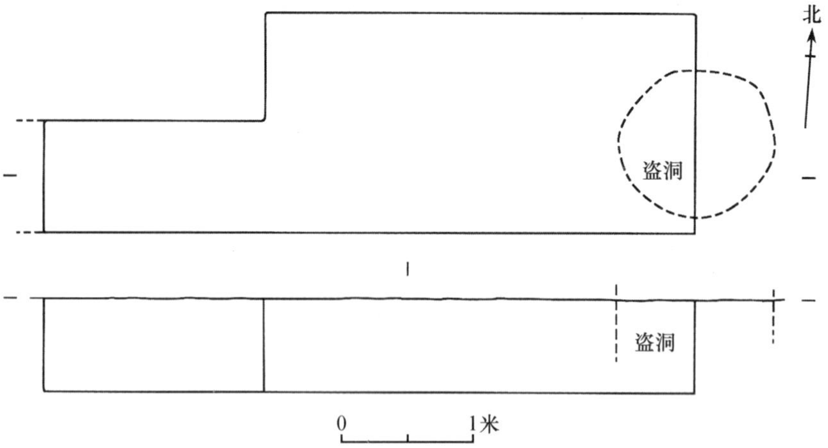

图3-66　M4平、剖面图

墓道　位于墓室西端，口部平面形状呈长方形，直壁，平底。残长1.7、宽0.84米，残深0.7米。

墓室　位于墓道东端，底部平面形状呈长方形，直壁，平底，土洞顶部不存。长3.3、宽1.64米，残高0.7米。

填土　由于盗扰严重，填土较乱，土质较硬，包含少量碎砖块及陶片。

葬具　不详。

葬式、性别及年龄　未发现人骨。

2. 随葬品

未发现随葬品。

M5

1. 墓葬形制

M5位于Ⅱ区西部，开口于第2层下，向下打破第3层，口部距地表0.5米，方向190°。该墓为长方形竖穴土坑墓（图3-67）。

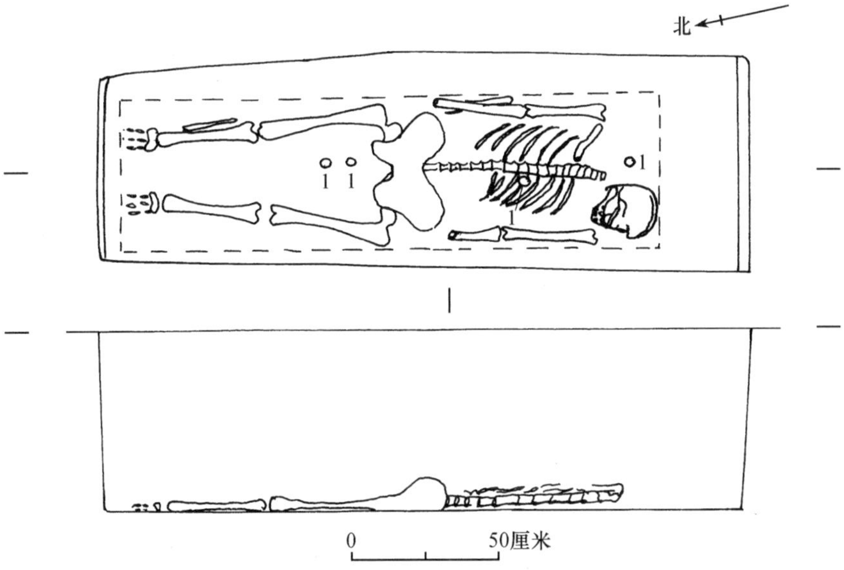

图3-67　M5平、剖面图

1. 铜钱（5枚）

墓室　口部平面形状呈长方形，南壁微斜，其余为直壁，平底。长2.2、宽0.62～0.74米，深0.6米。

填土　填土为褐色杂土，土质较软，包含少量料姜石。

葬具　葬具为木棺，棺底铺有草木灰。

葬式、性别及年龄　墓底发现人骨一具，葬式仰身直肢，头南足北，面向左，双手放于腹部。经鉴定为老年女性。

2. 随葬品

铜钱　5枚。发现于人骨周围。皆圆形方穿，沿及穿正、背面均有郭。其中钱文可辨者3枚，钱文楷书，直读，背面为满文记局。锈蚀严重者2枚（M5∶1-4、M5∶1-5）。

顺治通宝　1枚。M5∶1-1，钱径2.8、穿宽0.5、厚0.1厘米，重4.3克（图3-68，1）。

康熙通宝　2枚。M5∶1-2，钱径2.8、穿宽0.6、厚0.1厘米，重4.2克（图3-68，2）。M5∶1-3，钱径2.8、穿宽0.6、厚0.1厘米，重4克（图3-68，3）。

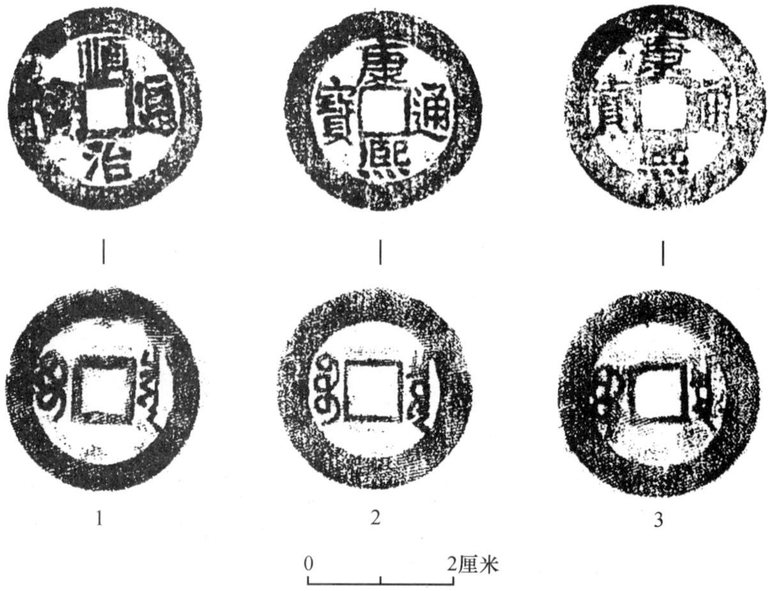

图3-68　M5出土铜钱拓本

1. 顺治通宝（M5∶1-1）　2、3. 康熙通宝（M5∶1-2、M5∶1-3）

M6

1. 墓葬形制

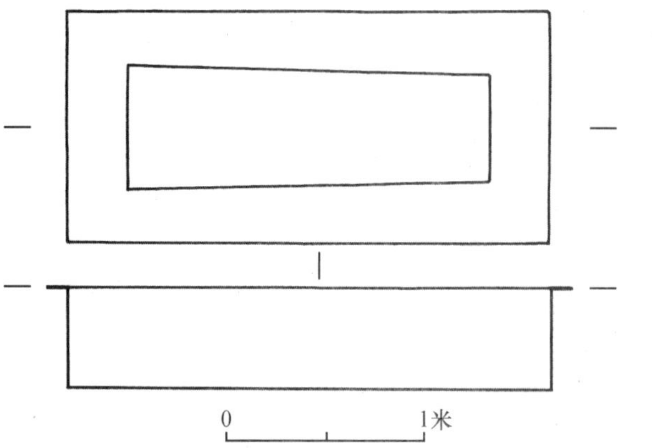

图3-69　M6平、剖面图

M6位于Ⅱ区西部，开口于第2层下，向下打破第3层，口部距地表0.5米，方向178°。该墓为长方形竖穴土坑墓（图3-69）。

墓室　口部平面形状呈长方形，直壁，平底。长2.4、宽1.12米，深0.5米。

填土　填土为褐色杂土，土质较软，包含少量料姜石。

葬具　葬具为木棺，仅存片状朽痕。

葬式、性别及年龄　未发现人骨，应为迁葬墓。

2. 随葬品

未发现随葬品。

（四）水　井

2眼。均位于Ⅰ区偏南，均为圆形。

1. 遗迹概况

J1位于Ⅰ区偏南，开口于第2层下，向下打破第3层，口部距地表1.5米，残深3.1米，平面形状为圆形（图3-70）。J1的建造方法是，首先挖好直径为0.9米的圆形竖穴土圹，然后在土圹中央将烧制好的陶井圈由底部向上逐渐累加至口部，四周填土夯实。J1残存陶井圈共七节，陶井圈为泥质灰陶，中间薄两端厚，外壁饰有粗绳纹，内壁为素面。内径80、厚2～3、高30厘米。井内填土未有明显分层，土色黑褐，土质较软，结构疏松，包含有板瓦、筒瓦等残片。

J2位于Ⅰ区偏南，开口于第2层下，向下打破第3层，口部距地表1米，残深2.7米，平面形状为圆形（图3-71；彩版一一，1）。J2的建造方法和J1相同，首先挖好一直径为1.4米的圆形竖穴土圹，然后在土圹底部用弧形子母砖沿土壁砌成外径0.78、内经0.66米的圆形井壁，直至

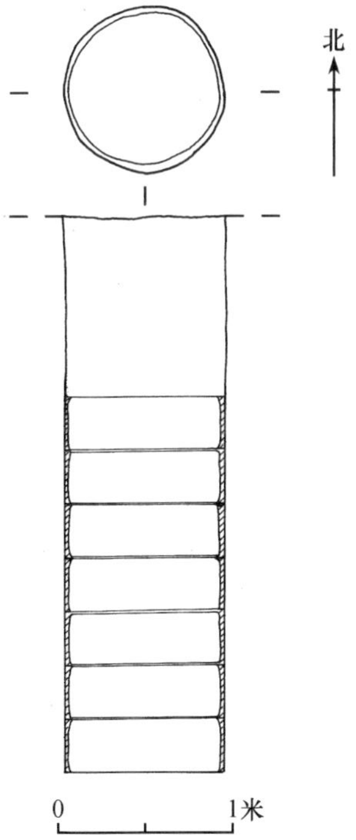

图3-70　J1平、剖面图

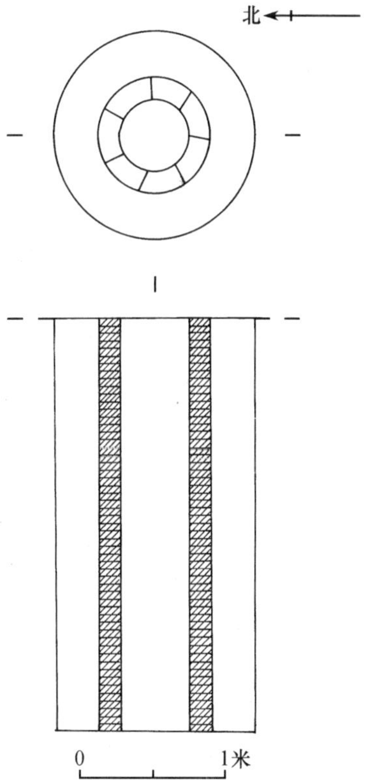

图3-71　J2平、剖面图

井口，每层均为七块青砖错缝平砌，四周填土，略加夯实。其中弧形子母砖长33、宽12、厚5厘米。井内填土未有明显分层，土色黑褐，土质较硬，结构较致密，包含炭屑及陶片等。可辨器形有盆、器底等。

2. 出土遗物

盆　泥质灰陶，侈口，折沿，圆唇，沿面有凹槽，弧腹。标本J2：1，口径46.2、残高8.8厘米（图3-72，2）。标本J2：2，口径48、残高12厘米（图3-72，3）。

盆底　标本J2：3，泥质灰陶。弧壁，平底。底径20、残高8厘米（图3-72，1）。

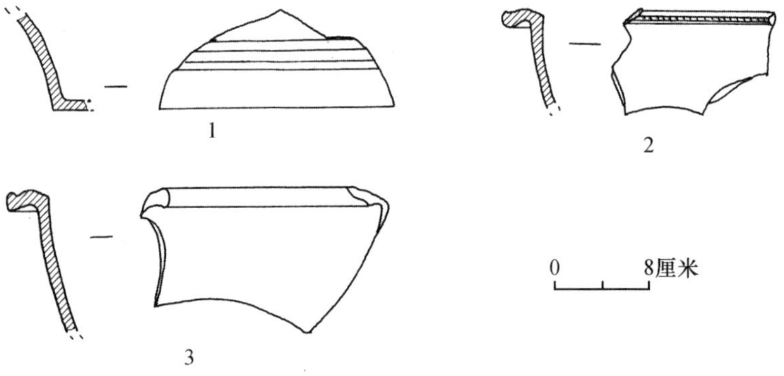

图3-72　J2出土遗物

1. 盆底（J2：3）　2、3. 盆（J2：1、J2：2）

（五）陶　窑

1. 遗迹概况

Y1位于Ⅰ区北部，开口于第2层下，向下打破第3层，口部距地表0.7米。窑室顶部已遭破坏，残存平面形状近椭圆形，最长7.2、最宽2.72米，方向172°。填土呈黄褐色，土质软较硬，结构较致密，包含有大量红烧土块、青灰色烧结块及泥质灰陶残片。由操作坑、火门、火膛、窑床、窑壁、烟道等六部分组成（图3-73）。

操作坑　平面形状呈长方形，长2.46、宽1.1米。设有二层台，第一台长1.22、高0.6米；第二台长1.24、深0.88米，工作面经长时间踩踏，底部较硬。

火门　位于操作面与火塘之间，残存高1.5、宽0.6米，底部略窄于上部。

火膛　位于窑床与火门之间，平面形状呈扇形，南窄北宽，最窄0.6、最宽1.66米，进深1.3米。底部为红黑色烧结面，质地较硬。

窑床　平面形状呈近椭圆形，近火膛一端呈弧形，由土坯砌成，也已烧成青灰色。长2.6、宽1.16～2.66米。窑床高出火塘0.44米，底部较为平整，质地较硬，烧结面呈青灰色。

窑壁　呈弧形环绕窑床一周，由土坯纵向错缝平铺而成，斜壁，残存9层，残高1米。土坯

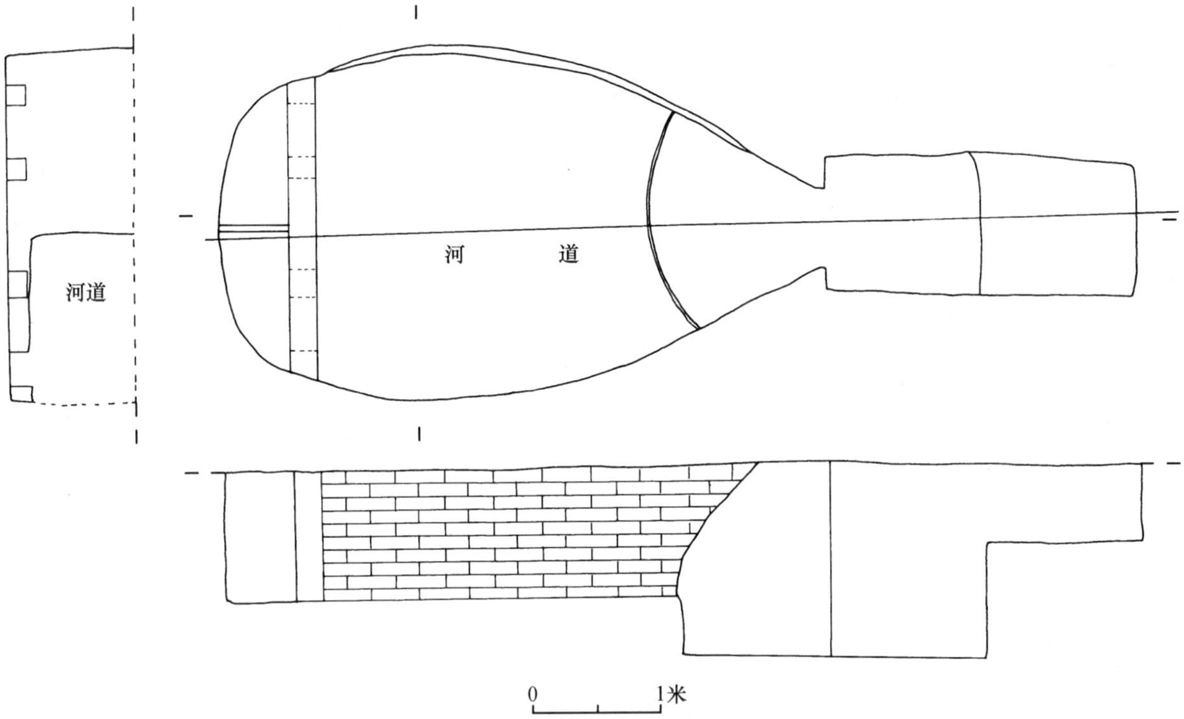

图3-73　Y1平、剖面图

长38、宽22、厚10厘米。窑壁内侧呈青灰色，外侧呈红色。

烟道　位于窑室最北部，整体平面形状呈半圆形。横阔2.2、进深0.54米。烟道是窑壁砌成之后，以窑壁相同规格的土坯纵向错缝平铺与窑室末端相隔而成，底部等距离留有边长0.16米的四个方形气孔，使烟道与窑室相连。然后在烟道内又用土坯侧立把烟道一分为二，即东西两烟道，其中西侧烟道基本完全被破坏，东侧烟道保存较完整，烟道内所砌土坯均已烧成红色。

2. 出土遗物

出土陶片均为泥质灰陶。可辨器形有盆、罐、瓮、钵等。纹饰以素面为大宗，另有少量绳纹、压印纹等。

钵　标本Y1：1，泥质灰陶。侈口，弧腹，圜底，素面，口径16、高7.6厘米（图3-74，1）。

盆　均泥质灰陶。标本Y1：2，敞口，卷沿，方唇，沿面有凹槽，唇中部内凹，弧腹，素面。口径50、残高12厘米（图3-74，2）。标本Y1：3，口微敛，折沿，圆唇，鼓腹，素面。口径42、残高12厘米（图3-74，3）。标本Y1：4，敞口，卷沿，方唇，沿面有凹槽，唇中部内凹，弧腹，素面。口径35、残高10厘米（图3-74，4）。标本Y1：5，侈口，卷沿，方唇，沿面有凹槽，弧腹，素面。口径42、残高10厘米（图3-74，5）。标本Y1：7，侈口，卷沿，圆唇，沿面有凹槽，弧腹，素面。口径60、残高20厘米（图3-74，7）。标本Y1：11，侈口，卷沿，尖唇，沿面有凹槽，弧腹，素面。口径48、残高10厘米（图3-75，1）。

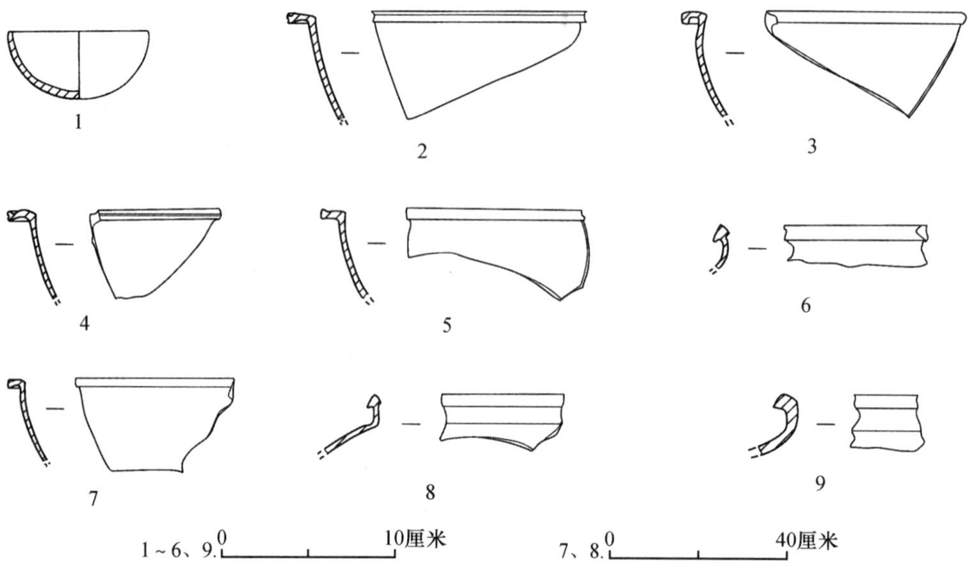

图3-74　Y1出土遗物（一）

1. 钵（Y1：1）　2～5、7. 盆（Y1：2～Y1：5、Y1：7）　6. 罐（Y1：6）　8、9. 瓮（Y1：8、Y1：9）

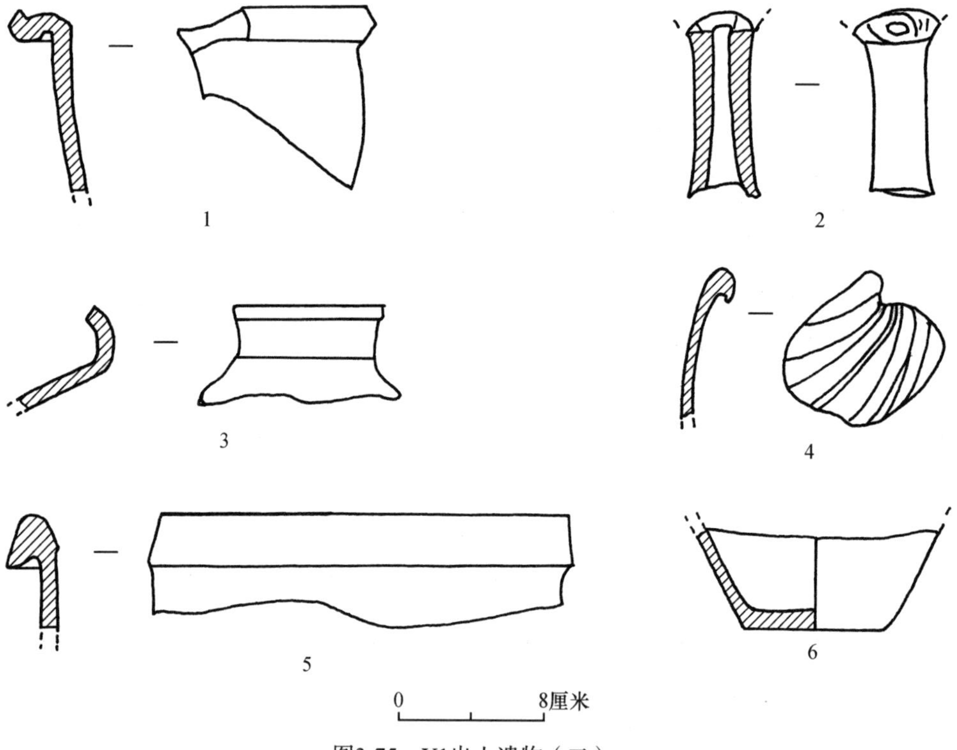

图3-75　Y1出土遗物（二）

1. 盆（Y1：11）　2. 豆柄（Y1：14）　3. 罐（Y1：12）　4. 蚌器（Y1：15）　5. 瓮（Y1：10）　6. 罐（Y1：13）

罐　均泥质灰陶。标本Y1：6，侈口，卷沿，尖唇，矮颈。口径38、残高4.6厘米（图3-74，6）。标本Y1：12，敞口，卷沿，方唇，溜肩。口径12、残高5.7厘米（图3-75，3）。标本Y1：13，斜壁，平底。底径8、残高5.4厘米（图3-75，6）。

瓮　均泥质灰陶，侈口，卷沿，尖唇，溜肩。标本Y1：8，口径48、残高12厘米（图

3-74，8）。标本Y1：9，口径50、残高6厘米（图3-74，9）。标本Y1：10，口径48、残高6厘米（图3-75，5）。

豆柄　标本Y1：14，泥质灰陶。柱状，中空，素面。残高10厘米（图3-75，2）。

蚌器　标本Y1：15，长9、宽8.8厘米（图3-75，4）。

（六）建筑基址

1处，位于Ⅱ区，编号F1。

1. 遗迹概况

F1呈东西向分布，大部分开口于第2层下，局部开口于第3a层下，其中最西端口部距地表0.24米，最东端口部距地表4.2米，整体呈西高东低，方向92°。征地范围内长280余米，具体长度不详。F1填土较乱，地基内残存大量碎砖块、板瓦以及少量铁钉、陶片、瓷片等，乱土中还夹杂有石灰颗粒和石灰块。残存砖块均为长方形青砖，有两种规格，一种长31、宽14、厚4厘米；一种长32、宽16、厚5厘米。板瓦呈弧形，长31、宽17、厚1.7厘米。在T1202内F1基础内发现有石磨盘，直径1.36、厚0.14 米，磨盘中部有两个对称穿孔，边缘对称有四个方槽，磨盘正反两面均有磨齿，摆放比较随意。

经过清理，从西至东均破坏严重，只残存建筑基础，其筑法一致。首先在地面向下挖深约0.9～1.1米的地基，南北两壁呈斜坡状，不甚规整，口部宽4.76～5.52、底部宽3.6～3.8米。地基内南北两壁砌有砖基，大部分已遭破坏。从残存情况看，南墙为长方形青砖横向平砌，北墙有横向平砌，有横向侧砌，仅残存一层。砖基下均平铺一层白灰，厚约0.5厘米，两墙内侧宽3～3.4米。墙外地基填土略加夯实，从清理情况看，整个房基除南北墙基外，中间没有发现隔墙之类基础，从西向东整个房基内地面均有南北向沟槽，不甚规整，但分布比较规律，南北两端基本至砖墙，底部略呈圜底。沟槽宽0.22～0.36、深约0.13米，间距0.4～0.64米（图3-76；彩版九，2）。

2. 出土遗物

F1残存大量碎砖块和板瓦，另有石磨盘、铜环、瓷片及铜钱等。可辨器形有缸、罐、盆、碗、瓦当等。

缸　泥质灰陶。器形较大，胎质较厚，敛口，厚沿，圆唇，鼓腹，素面。标本F1：1，口径52、残高7厘米（图3-77，2）。标本F1：2，口径50、残高11.2厘米（图3-77，1）。

瓮　标本F1：3，泥质灰陶。卷沿，圆唇。口径40、残高5.5厘米（图3-77，5）。

盆　标本F1：4，泥质灰陶。斜腹，平底。底径48、残高7.8厘米（图3-77，3）。

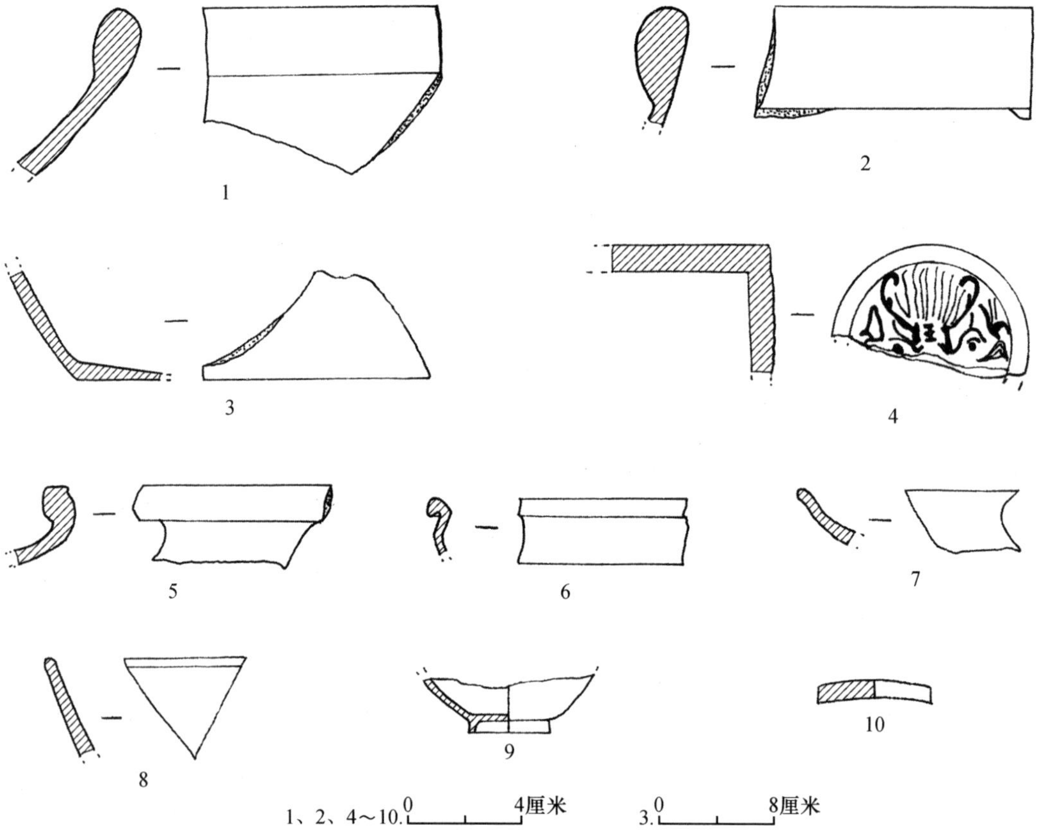

图3-77　F1出土遗物

1、2. 缸（F1：2、F1：1）　3. 盆（F1：4）　4. 瓦当（F1：6）　5. 瓮（F1：3）　6. 罐（F1：10）　7～9. 瓷碗（F1：9、F1：8、F1：7）　10. 圆陶片（F1：5）

罐　标本F1：10，泥质灰陶。敞口微敛，卷沿，束颈，弧腹斜收，素面。口径26、残高11厘米（图3-77，6）。

圆陶片　标本F1：5，圆形，泥质红陶。边沿打磨粗糙，一面微鼓，一面微凹。直径8、厚1.2厘米（图3-77，10）。

瓦当　标本F1：6，呈半圆形，泥质灰陶。当面模印兽面纹，内壁饰布纹。当体直径11、厚1.8厘米（图3-77，4）。

瓷碗　标本F1：7，残存底部，香灰胎，小圈足较深。内外壁均施黑釉不及底，内壁底部有圆壁形涩圈，外壁近底处和圈足素胎无釉。底径5.5、残高3.6厘米（图3-77，9）。标本F1：8，残存口沿，灰白胎。敞口，圆唇，弧腹内收，内外壁施灰白釉。口径20、残高7.0厘米（图3-77，8）。标本F1：9，残存口沿，香灰胎。敞口，圆唇，弧腹内收，内外壁施灰白釉。口径14、残高4厘米（图3-77，7）。

铜钱　5枚。均圆形方穿，沿及穿正、背面均有郭。其中1枚钱文清晰可辨，其余4枚锈蚀严重，钱文不详。

元丰通宝　1枚。F1：2，直读，行书，光背。钱径2.4、穿宽0.7厘米，重3.3克（图3-78）。

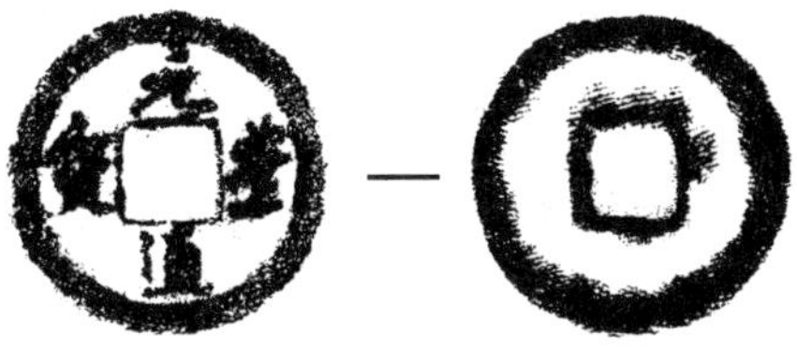

0　2厘米

图3-78　F1出土铜钱拓本（F1：2）

三、结　语

曹庄遗址发掘遗址面积不大，但文化内涵丰富，同时发现了一批重要遗迹、遗物，虽然遗迹现象均遭到不同程度的破坏，但基本保持了其原有的形制及特征。

（一）关于墓葬的年代

曹庄遗址共发现6座墓葬，根据墓葬形制和出土遗物将其分为三个时期。

M1由于施工破坏及盗扰，墓葬仅残深0.3米，但该墓一次性发现85枚平首布铜币，在许昌地区尚属首次。其中“釿布”为战国早、中期魏国铸造，“锐角布”和“方足布”均为战国中、后期铸造。连布属于楚国晚期所铸，该币布面铭“四布”，背文“当忻”。其意指此布四枚当一忻。一正一倒，两枚之双足相连，构成形制奇特的布币。此布未及錾开便流入市场，发行量少，沿用时间短。因此，该墓的时代属于战国晚期。

M2、M3、M4均位于遗址区北部，相距较近，方向较为一致，墓道均位于墓室西部，所用青砖均为子母口，这种墓葬流行于东汉时期。M2、M3发现有“五铢”钱，“有郭五铢”的文字特征与洛阳烧沟汉墓的三型、四型相同[①]，M3中还清理出“磨郭五铢”和“剪轮五铢”钱。“磨郭五铢”流行于宣、元及西汉晚期和东汉时期，“剪轮五铢”主要流行于东汉晚期。因此，M2、M3、M4的年代大体为东汉晚期。

M5、M6均为长方形竖穴土坑墓，方向一致，出土遗物不甚丰富，从出土铜钱的钱文判定，这两座墓地年代应该为清代，且不早于康熙年间。

（二）关于灰坑、窑址及水井的特征及年代

此次所发现的灰坑、窑址、水井除了已遭破坏，个别开口层位不详之外，其余均开口于第2层下，没有打破和叠压关系。灰坑主要有椭圆形和长方形，不规则形和圆形较少，大部分为直壁，少部分为斜壁，口小底大的和不规则形壁较少。灰坑底以平底者居多，圜底和其他形

① 中国科学院考古研究所：《洛阳烧沟汉墓》，科学出版社，1959年。

状底较少，灰坑内填土一般土质都较疏松，土色黑灰色，包含物主要有炭屑和红烧土颗粒，遗物主要是泥质灰陶残片，均为日常生活器皿，器形较大。其中H20出土有“永安五铢”，此钱系北魏孝庄帝永安二年（公元529年）铸造。钱文“永安五铢”直读，“永安”二字接郭，“永”字下笔、“安”字宝盖与穿郭合成一线。至孝武帝永熙年间（公元532～534年）更铸背“土”之“永安五铢”。北魏分东、西魏后，两魏亦均铸“永安五铢”。根据地层堆积及遗物特征等综合推断，曹庄遗址所发现的灰坑时代大体为东汉晚期至北魏时期。

两眼水井的井壁都比较规整，特别J2井壁所用弧形子母口青砖，应为当时专为砌井特制。窑址位于发掘区北部，其建造方法较为特殊，窑壁、烟道及窑床一端均用土坯砌就，这在以往发现的同类遗迹当中较为罕见。陶窑的整体形制和河南地区以往发掘的汉代陶窑较为相似，与洛阳轴承厂①、宜阳县甘棠寨村②、洛阳东周王城③以及荥阳后真村④的同类遗存结构和形状基本相同，表明他们的烧制年代应当接近。此外，水井和陶窑出土的陶器残片与灰坑出土的同类器特征较为一致，表明其时代应大体相当，时代为汉代。

（三）关于建筑基址的特征及年代

受发掘面积所限，无法将F1全部清理，从而影响了对其性质的判定，从清理出大量碎砖块、铁钉、板瓦可以看出，F1的墙体为砖砌，顶部应该为木架结构，并覆以瓦顶。总体来看，F1基础基本呈西高东低，北部紧邻金鱼河，是否为当时金鱼河的水利配套设施，尚不得而知。不过，从F1发现有石磨盘，加之面积较大，且临近河道，基本呈缓坡状，并且地面似乎装有防滑设施，其性质或许是带有加工、储存、运输等兼备的磨坊之属。

关于F1的年代，我们根据出土遗物将其时代大体判定，如F1出土带有圆璧形涩圈的瓷碗是河南地区宋金时期常见的器形，此类器形在鹤壁窑中就有发现⑤，表明其时代大体一致；此外，F1发现的兽面纹瓦当和五代北宋西京城址发现的同类遗存较为近似⑥。综上，F1的年代大体为宋金时期。

执　笔：王培娟、段志强

2014年5月

① 洛阳市第二文物工作队：《洛阳轴承厂汉代砖瓦窑场遗址》，《中原文物》1996年增刊。

② 郑州大学历史学院考古系等：《河南宜阳县甘棠寨村汉代窑址清理简报》，《华夏考古》2006年第1期。

③ 洛阳市文物工作队：《东周王城战国至汉代陶窑遗址发掘简报》，《文物》2004年第7期。

④ 郑州大学历史学院考古系等：《河南荥阳后真村汉代遗存发掘简报》，《华夏考古》2013年第2期。

⑤ 鹤壁市文物工作队：《鹤壁窑》，中州古籍出版社，2009年，第223页。

⑥ 陈良伟：《洛阳出土隋唐至北宋瓦当的类型学研究》，《考古学报》2003年第3期。

附表3-1　曹庄遗址灰坑登记表

编号	层位关系	形状与结构	尺寸（米）	出土遗物（陶器）	时代
H1	不详→H1→③	不规则形，直壁，底部不平	口部长3.9，宽2.3；底部长3.9，宽2.3；残深0.3	盆、罐	东汉至北魏
H2	不详→H2→③	椭圆形，口大底小，斜壁，底近平	口径1.68～2.1；底径1.3～1.7；残深0.34	盆、罐、器盖、板瓦	东汉至北魏
H3	②→H3→③	椭圆形，口大底小，斜壁，平底	口径1.72～1.8；底径1.56～1.78；深2.7	罐、筒瓦	东汉至北魏
H4	②→H4→③	近长方形，直壁，平底	口部长3，宽1.6；底部长3，宽1.6；深0.8	盆、罐、板瓦	东汉至北魏
H5	②→H5→③	近圆形，直壁，平底	口径1.58；底径1.58；深2.2	盆	东汉至北魏
H6	②→H6→③	近长方形，斜壁，底不平	口部长4.06，宽0.8～1；残深0.2～1	盆、壶、甑、纺轮、建筑构件	东汉至北魏
H7	②→H7→③	椭圆形，口大底小，斜壁，底近平	口径1.2～2；底径0.76～1.5；深2.1	盆	东汉至北魏
H8	不详→H8→③	不规则形，直壁，平底	口部长4.3，宽1.16；底部长4.3，宽1.16；残深0.1	陶片	东汉至北魏
H9	②→H3→③	近椭圆形，直壁，近圜底	口径2.4～2.9；底径2.4～2.9；深0.64	板瓦、筒瓦、甑、器盖	东汉至北魏
H10	②→H10→③	椭圆形，斜壁，平底	口径0.92～1.84；底径0.78～1.7；深0.4	陶片	东汉至北魏
H11	②→H11→③	近椭圆形，直壁，圜底	口径1.16～2.4；底径1.16～2.4；深0.35	盆、瓮、罐、甑、器盖	东汉至北魏
H12	②→H12→③	近长方形，直壁，平底	口部长3.6，宽1.2；底部长3.6，宽1.2；深0.7	瓮、罐、器盖	东汉至北魏
H13	②→H13→③	近长方形，直壁，平底	口部长1.64，宽1.36；底部长1.64，宽1.36；残深1.4	盆、板瓦	东汉至北魏
H14	②→H14→③	长方形，口小底大，平底	口部长1.8，宽1.2；底部长2，宽1.38～1.4；深1.56	罐、盆	东汉至北魏
H15	②→H15→③	不规则形，壁底均不规整	口部长1.9，宽0.66；深0.9	盆、罐、甑、器盖、板瓦、筒瓦	东汉至北魏
H16	②→H16→③	近长方形，坑壁不规整，平底	口部长1.2，宽0.26～0.46；底部长1.2，宽0.16～0.4；深1.2	盆、罐	东汉至北魏
H17	②→H17→③	近椭圆形，直壁，底不规整	口径0.94～3.94；底径0.94～3.94；深0.6	钵、盆、豆、筒瓦	东汉至北魏
H18	②→H18→③	近长方形，直壁，底近平	口部长1.4，宽1.2；底部长1.4，宽1.2；深0.4	盆、罐	东汉至北魏
H19	②→H19→③	近椭圆形，直壁，平底	口径1.2～1.6；底径1.2～1.6；深1.6	盆、筒瓦	东汉至北魏

续表

编号	层位关系	形状与结构	尺寸（米）	出土遗物（陶器）	时代
H20	②→H20→③	不规则形，口小底大，底部不平	口部长2.6，宽1.64；底部长2.7，宽1.68；深0.3～0.7	盆、板瓦、筒瓦	东汉至北魏
H21	②→H21→③	近椭圆形，直壁，平底	口径1.1～4.7；底径1.1～4.7；深0.36	罐、瓮、壶	东汉至北魏
H22	②→H22→③	不规则形，壁底均不规整	口部长4.6，宽1；底部长3.2，宽0.6；深0.8	盆、板瓦	东汉至北魏
H23	不详	近长方形，直壁，底部不平	口部长1.9，宽1.06；底部长1.9，宽1.06；残深0.54	盆、罐、筒瓦	东汉至北魏
H24	②→H24→③	椭圆形，直壁，平底	口径0.84～1.7；底径0.84～1.7；深0.55	盆、罐、碗、筒瓦	东汉至北魏
H25	②→H25→③	近椭圆形，直壁，平底	口径1.44～1.6；底径1.44～1.6；深0.56	盆、瓮、罐	东汉至北魏
H26	②→H26→③	不规则形，斜壁，圜底	口部长6.6，宽2.7；深0.9	盆、罐、瓮、豆	东汉至北魏

附表3-2　曹庄遗址墓葬登记表

编号	层位	方向	形状结构	墓道（单位：米）			墓室（单位：米）			葬式	随葬品	时代
				长	宽	深	长	宽	深			
M1	不详	110°	近长方形竖穴土坑墓				3.5	2.94	残0.3	不详	平首布85枚、石饰件1件	战国
M2	第2层下	270°	“凸”字形竖穴墓道砖室墓	残1	1.2	残0.86	5.7	2.36	残0.86	不详	铜钱15枚	东汉
M3	第2层下	270°	“凸”字形斜坡墓道砖室墓	1.8	1.04	残1.2	3.7	2.5	残1.2	不详	铜钱31枚	东汉
M4	不详	265°	“刀”形竖穴墓道土坑墓	1.7	0.84	残0.7	3.3	1.64	残0.7	不详	无	东汉
M5	第2层下	190°	长方形竖穴土坑墓				2.2	0.62～0.74	0.6	仰身直肢	铜钱5枚	清代
M6	第2层下	178°	长方形竖穴土坑墓				2.4	1.12	0.5	不详	无	清代

附表3-3　曹庄遗址水井登记表

编号	层位关系	形状与结构	尺寸（米）			出土遗物	时代
			井圹	井圈	深		
J1	②→J1→③	圆形，直壁，平底，内壁有陶质井圈	直径0.9	直径0.8	残3.1	筒瓦、板瓦	汉代
J2	②→J2→③	圆形，直壁，平底，内壁有砖砌井圈	直径1.4	外径0.78；内径0.66	残2.7	盆、器底	汉代

附表3-4　曹庄遗址陶窑登记表

编号	方向	层位关系	形状、结构（米）						出土遗物	时代
			操作坑	火门	火膛	窑床	窑壁	烟道		
Y1	172°	②→Y1→③	长方形，长2.46，宽1.1，设有二层台	残宽1.5、高0.6	扇形，宽0.6～1.66，进深1.3	椭圆形，长2.6、宽1.16～2.66、高0.44	斜壁，残存9层土坯	半圆形，四个，整体横阔2.2，进深0.54	钵、盆、罐、瓮、豆、蚌器	汉

附表3-5　曹庄遗址建筑基址登记表

编号	方向	层位关系	形状	建筑方法	尺寸（米）	出土遗物	时代
F1	92°	大部分开口于第2层下，局部开口于第3a层下	长方形	先挖基槽，然后砌砖墙，最后填土夯实	征地范围内长280米，具体长度不详，基槽口部宽4.76～5.52米，底部宽3.6～3.8米	缸、瓮、盆、罐、圆陶片、瓦当、碗、铜钱	宋金

第四章　长葛山头高墓地

山头高墓地位于长葛市后河镇山头高村南，东南距长葛市区约10千米，西侧紧邻莱姚公路和南水北调中线工程主干渠，西约3.5千米即为山孔遗址。地理坐标为东经113°40′，北纬34°15′，海拔103～107米。该地处于陉山山脉向东部平原过渡地带，地势西北高东南低，呈缓坡状，地表大部分为基本农田，常年植被有小麦、玉米等基本农作物（图4-1、图4-2）。

为配合南水北调中线工程受水区供水配套项目长葛段施工建设，许昌市文物工作队与长葛市文管所于2011年8月23日～9月22日对工程涉及沿线地段进行文物调查与勘探。在长葛市后河镇山头高村南部发现6座古墓葬，并及时上报河南省文物局。随后受河南省文物考古研究所（现河南省文物考古研究院）委托，许昌市文物工作队于2011年9月23日～26日对该墓地实施

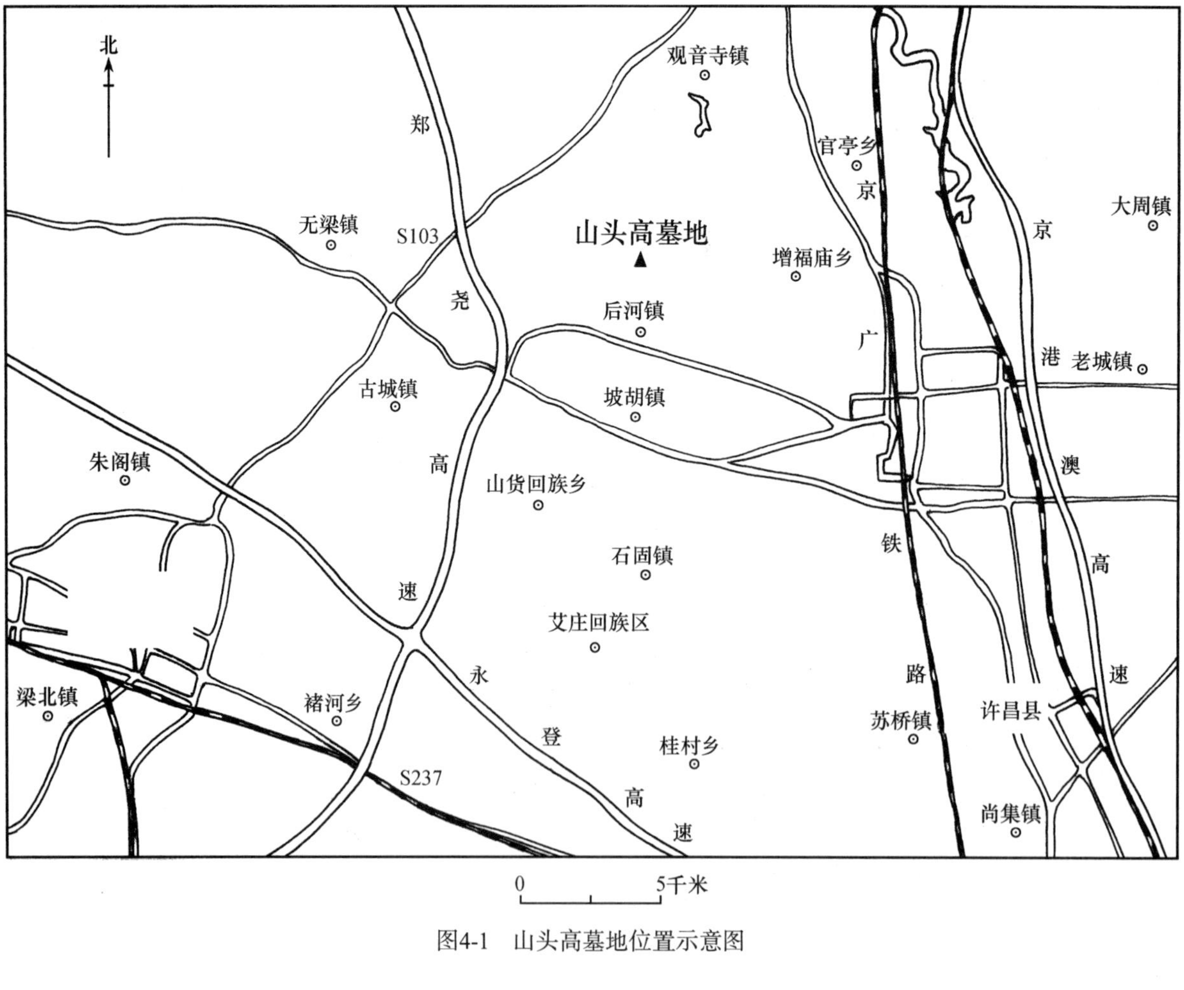

图4-1　山头高墓地位置示意图

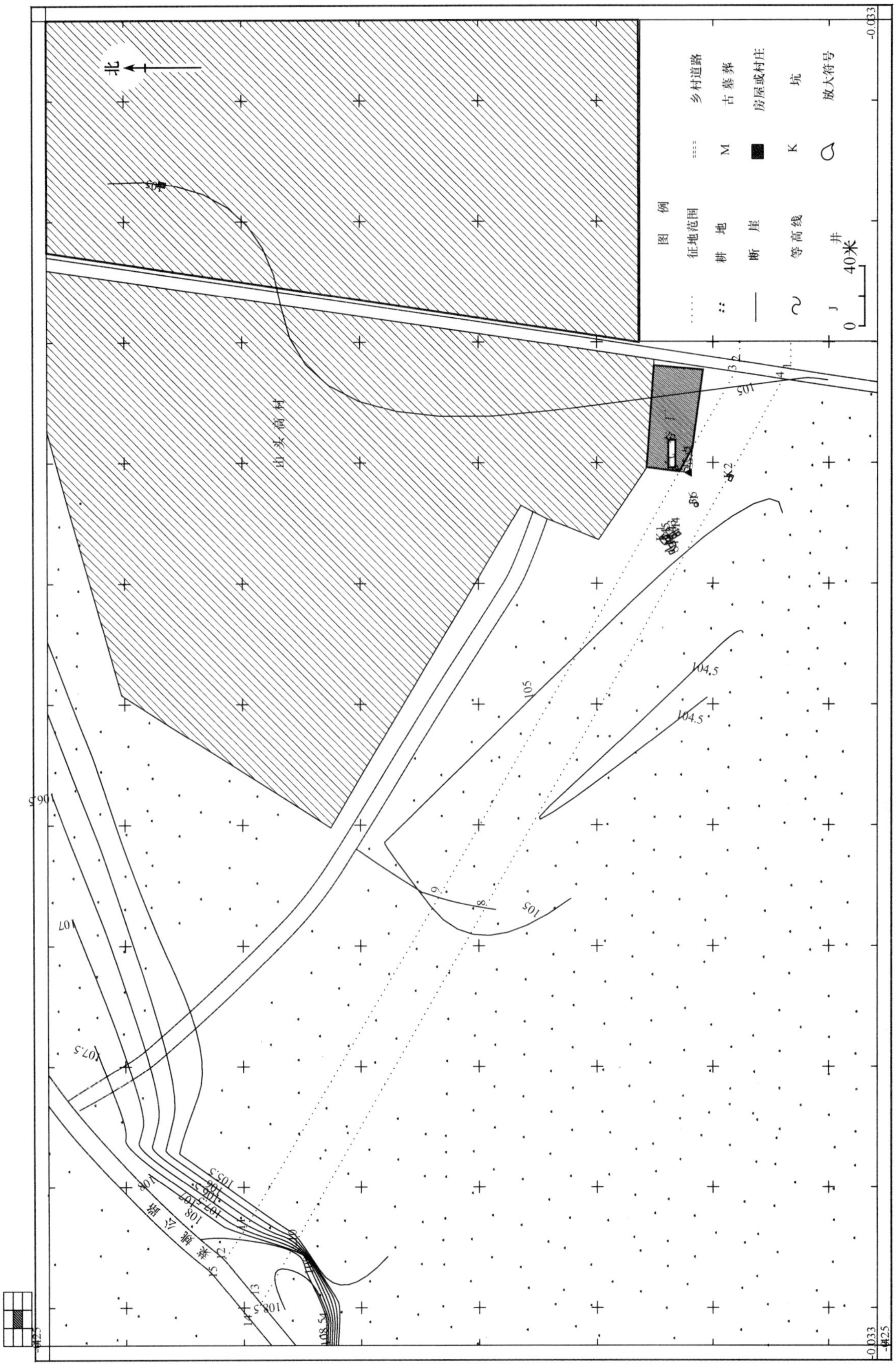

图4-2　山头高墓地地理环境图

了抢救性考古发掘。

根据钻探情况，确定本次发掘总基点设在山头高村南的电气夯厂房西南角。虚拟坐标点设在总基点北偏西98°，位于M1西南角，两者之间直线距离55米。遗迹号前冠以“2011CHS”，其中“2011”代表发掘年份，“C”代表长葛市，“H”代表后河镇，“S”代表山头高村。山头高墓地田野考古发掘面积51.48平方米，共清理墓葬6座（图4-3；图版一一，1）。

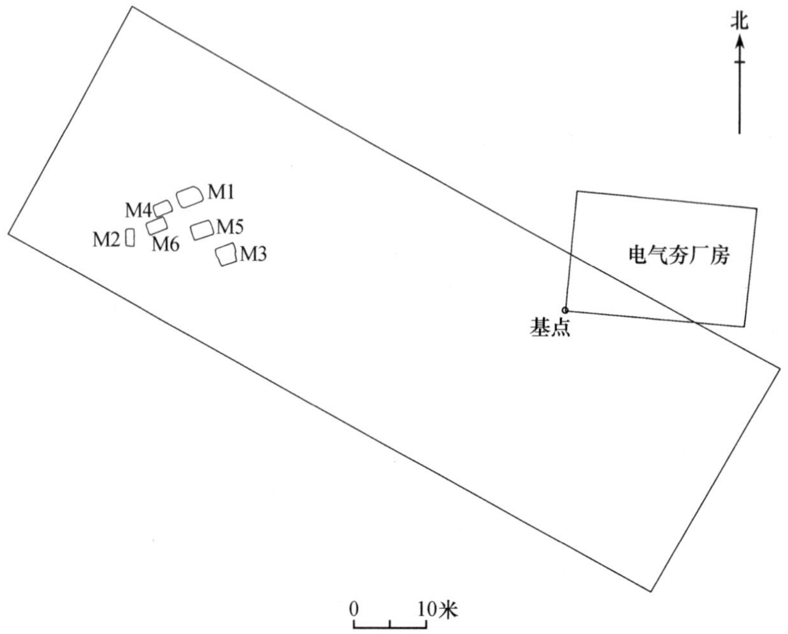

图4-3　山头高墓地遗迹分布图

一、地层堆积

墓地现存地层堆积较简单，地层堆积大体情况如下：

第1层：耕土层，厚0.25～0.3米，土色深灰，土质软，结构疏松，包含大量植物根系，当代生活垃圾等。

第2层：扰土层，深0.25～0.3、厚0.3～0.4米，土色黄，带有灰斑，土质较软，结构较疏松。包含少量碎砖块和近代杂物等。所有墓葬均开口于第2层下。

第2层以下为黄色黏土层，土质较较硬，结构致密，纯净。该层为自然生土层（图4-4）。

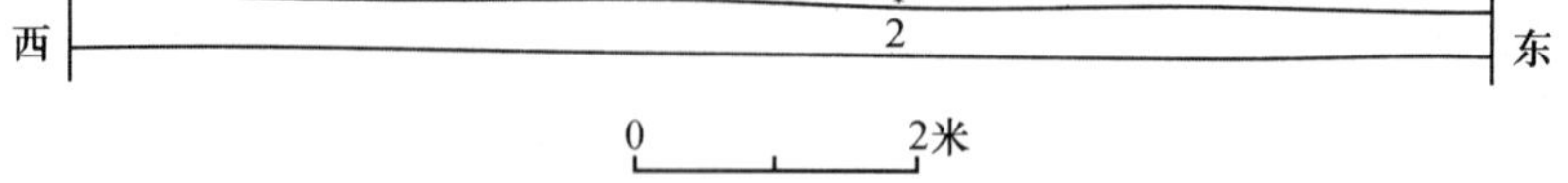

图4-4　山头高墓地地层剖面示意图

二、遗迹及出土遗物

（一）M1

1. 墓葬形制

M1位于发掘区最北部。开口于第2层下，向下打破生土层，口部距地表0.7米，方向250°。该墓为长方形竖穴土坑墓（图4-5；图版一一，2）。

墓室　口部平面形状呈长方形，直壁，底部分为两部分，北侧较南侧高0.4米。长3.3、宽2.1～2.7米，深0.8～1.2米。

填土　填土为黄褐色杂土，土质较软，结构较疏松，包含有少量碎砖块。

葬具　葬具为木棺，仅残存棺痕，东棺残长2.1、宽0.4～0.6米；西棺残长1.8、宽0.5米；残高均为0.5米。

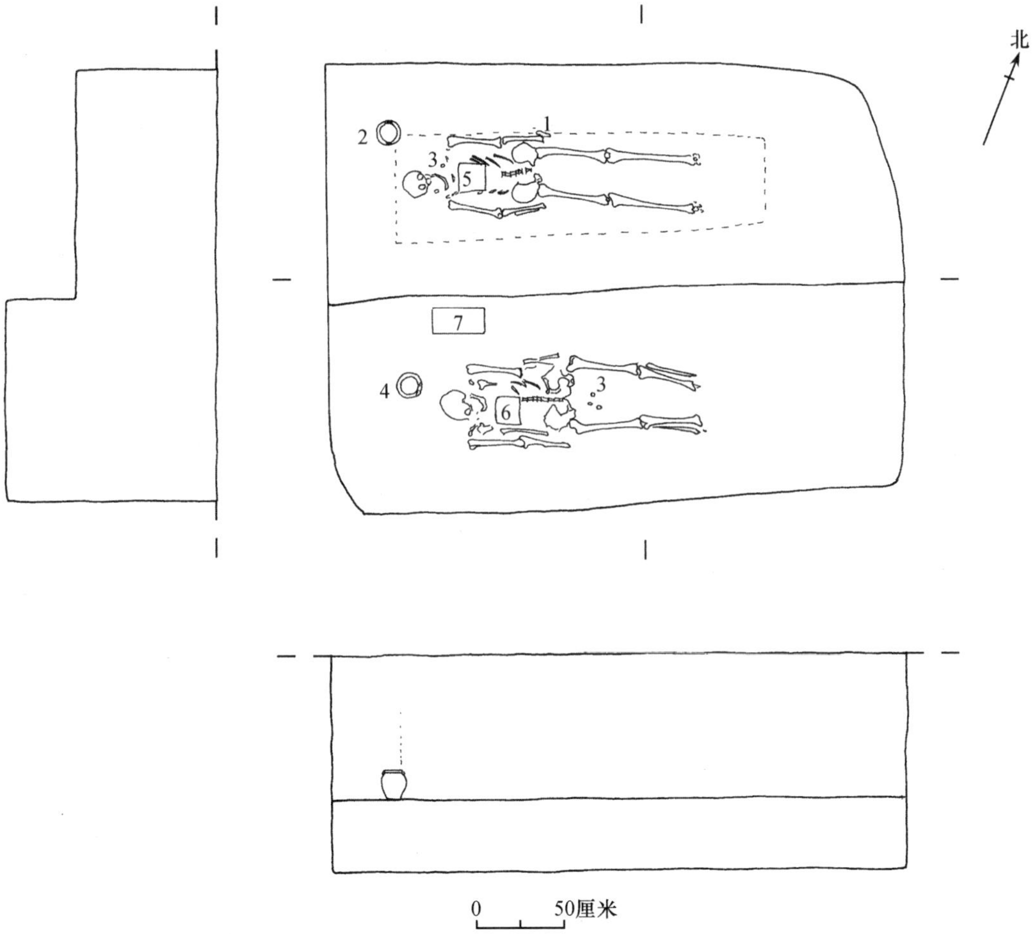

图4-5　M1平、剖面图

1. 烟具　2. 瓷罐　3. 铜钱（7枚）　4. 陶罐　5、6. 镇墓瓦　7. 押圹砖

葬式、性别及年龄　木棺内发现人骨两具，保存较为完整，葬式均为仰身直肢，头向西南，足向东北，面上。经鉴定，东棺为老年男性，西棺为老年女性。

2. 随葬品

烟具　1套。位于男墓主左手处。M1：1，质地青铜，分为烟嘴和烟斗两部分。烟嘴中空，长6.7、直径1.2厘米；烟斗中空，长8、直径1.2厘米（图4-6，1；图版一三，1）。

瓷罐　1件。位于男墓主头端左前方棺外。M1：2，质地为粗瓷，敛口，平沿，溜肩，鼓腹，下腹微收，底微凹。口部两侧饰对称双耳，腹部有六道瓦楞纹，口部施褐釉，中下腹素胎无釉。口径9.7、腹径11.8、底径9.2、高16.4厘米（图4-6，2；图版一三，2）。

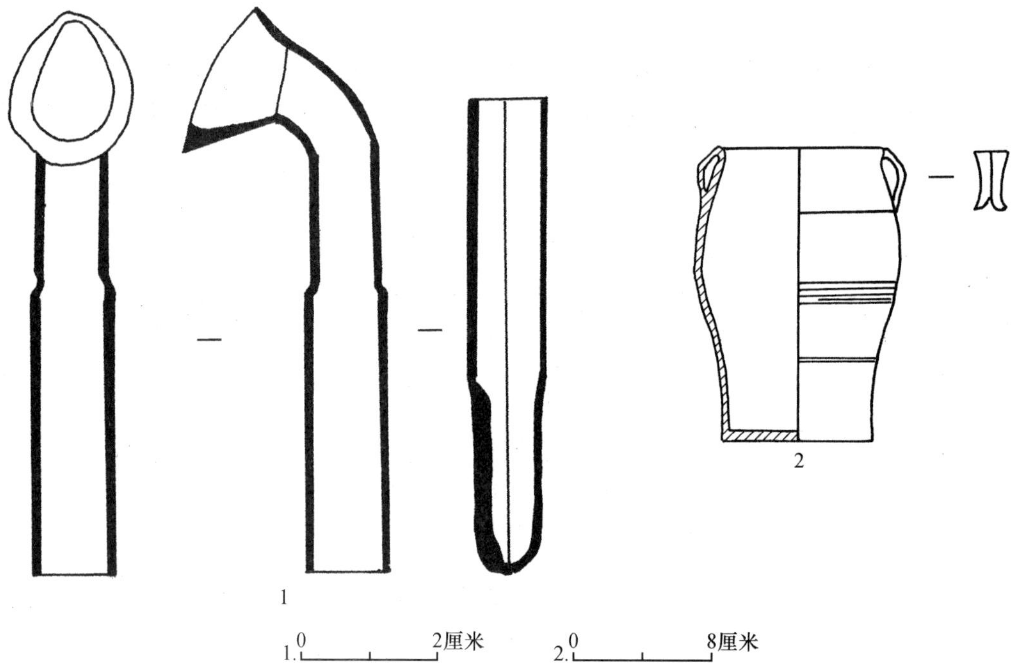

图4-6　M1出土遗物
1. 烟具（M1：1）　2. 瓷罐（M1：2）

陶罐　1件。位于女墓主头端棺外。M1：4，泥质灰陶。侈口，卷沿，鼓腹，平底，残碎较甚，烧制火候极低，未曾提取。

铜钱　7枚。标本M1：3-1～M1：3-7（图版一三，3），其中乾隆通宝3枚（M1：3-1～M1：3-3），圆形方穿，直读，钱背满文记局。钱径约2.3、厚0.1厘米，重约3克。另外4枚锈蚀严重（M1：3-4～M1：3-7），钱文不清。

镇墓瓦　2件。泥质灰陶。均位于墓主胸部。M1：5（男棺），长17、宽16、厚1.5厘米。M1：6（女棺），长16、宽14、厚1.4厘米；拱面可见朱砂痕迹及墨书文字，由于土沁较重，均不能辨识。

押圹砖　1件。泥质灰陶。位于女墓主上肢左侧棺外，平置。M1∶7，长30、宽14、厚7厘米。砖面可见朱砂痕迹及墨书文字，由于土沁较重，均不能辨识。

（二）M2

1. 墓葬形制

M2位于发掘区西南部。开口于第2层下，向下打破生土层，口部距地表0.7米，方向180°。该墓为长方形竖穴土坑墓（图4-7；图版一二，1）。

墓室　平面形状呈长方形，直壁，平底。长2.4、宽1.2米，深1.3米。

填土　填土为黄褐色杂土，土质较软，结构疏松，包含有少量的碎砖块。

葬具　葬具为木棺，仅残存棺痕，长1.7、宽0.38～0.4、残高0.5米。

葬式、性别及年龄　墓底残存人骨一具，墓主葬式为仰身直肢，头南脚北，面左，经鉴定为老年女性。

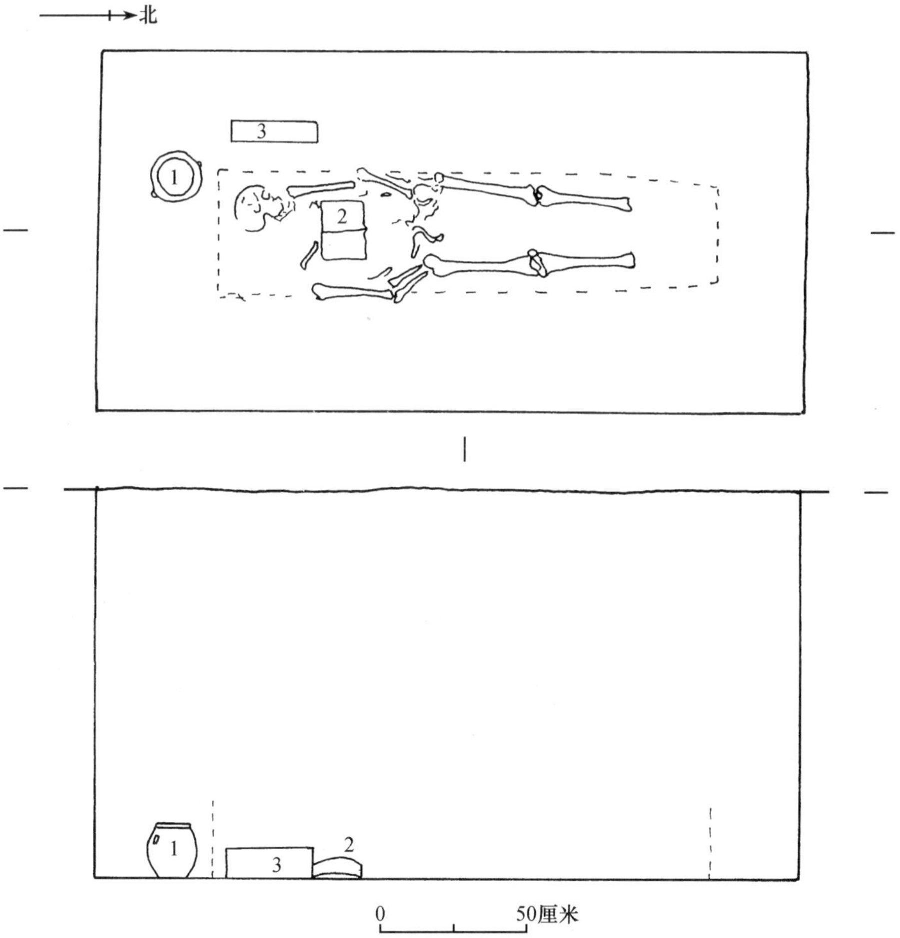

图4-7　M2平、剖面图

1. 陶罐　2. 镇墓瓦　3. 押圹砖

2. 随葬品

陶罐　1件。位于女墓主头端棺外。M2：1，泥质灰陶。侈口，卷沿，鼓腹，平底，残碎较甚，烧制火候极低，未曾提取。

镇墓瓦　1件。泥质灰陶。位于墓主胸部。M2：2，拱面可见朱砂痕迹及墨书文字，由于土沁较重，均不能辨识。长15、宽16、厚1.6厘米。

押圹砖　1件。泥质灰陶。位于墓主上肢左侧棺外，侧置。M2：3，砖面可见朱砂痕迹及墨书文字，由于土沁较重，均不能辨识。长30、宽10、厚8厘米。

（三）M3

1. 墓葬形制

M3位于发掘区最东部。开口于第2层下，向下打破生土层，口部距地表0.7米，方向250°。该墓为近方形竖穴土坑墓（图4-8；图版一二，2）。

墓室　平面形状近方形，直壁，平底。长2.5～2.7、宽2.5米，深1米。

填土　填土为褐色杂土，土质较软，结构较疏松，包含有少量碎砖块。

葬具　葬具为木棺，仅存棺痕，两棺均残长2、宽0.7米，残高均为0.5米。

葬式、性别及年龄　棺内发现人骨两具，保存状况良好，葬式均为仰身直肢，头向西南，足向东北，面上。经鉴定北棺墓主为老年男性，南棺墓主为老年女性。

2. 随葬品

瓷罐　2件。均位于墓主头端棺外。直口，平沿、圆唇，束颈，鼓腹，下腹斜收至底，底部附矮圈足，颈部饰有对称双耳。M3：1（女棺），红胎，口及颈部施酱褐色化妆土，器身施红色化妆土。口径9.8、腹径11.5、底径9.5、高17厘米（图4-9，1；图版一三，4）。M3：2（男棺），白胎，口及颈部饰褐灰色釉。口径10、腹径11.5、底径8.5、高16厘米（图4-9，2；图版一三，5）。

耳环　1副。位于女墓主头骨右侧。银质，环状，素面无纹。M3：3，直径2.5～2.8厘米，重3.7克（图4-9，3；图版一三，6）。

铜钱　8枚。位于男女墓主股骨处。圆形方穿，直读，钱背满文记局。“乾隆通宝”1枚，标本M3：4-1，钱径约2.3、厚0.1厘米，重约3克。“嘉庆通宝”1枚，标本M3：4-1，钱径2.4、厚0.1厘米，重3克。另外6枚锈蚀严重（M3：4-3～M3：4-8），钱文不详。

押圹砖　1件。泥质灰陶。位于男墓主上肢右侧棺外，侧置。M3：5，长34、宽15、厚10厘米。砖面可见朱砂痕迹及墨书文字，由于土沁较重，均不能辨识。

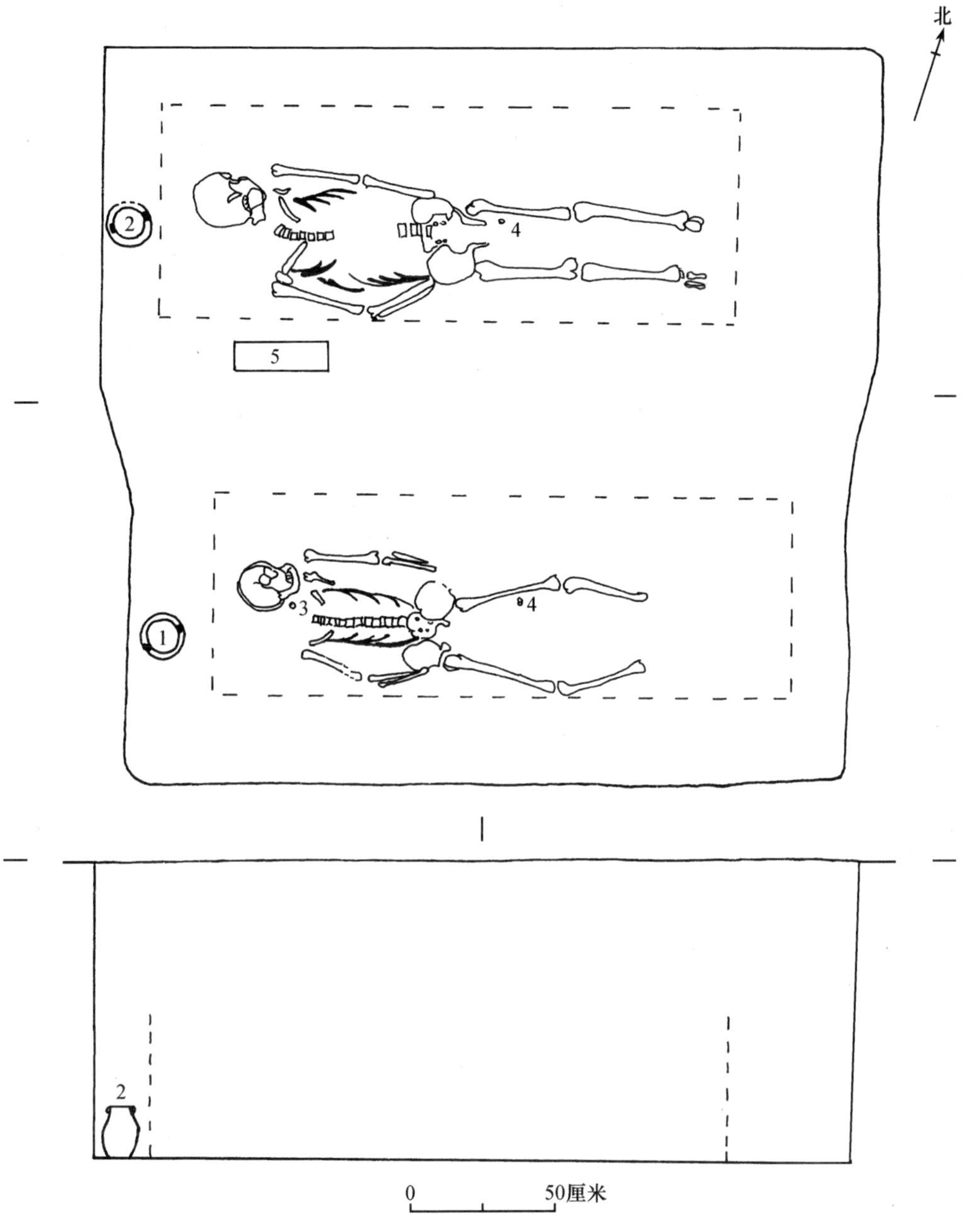

图4-8　M3平、剖面图

1、2. 瓷罐　3. 耳环　4. 铜钱（8枚）　5. 押圹砖

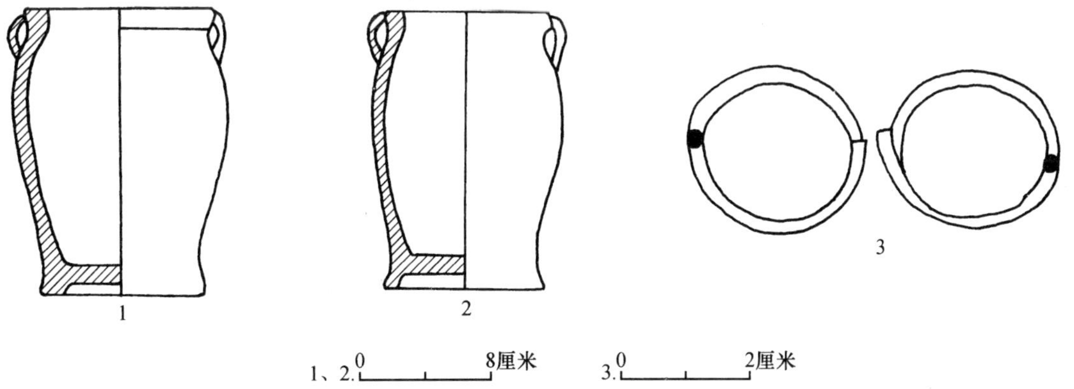

图4-9　M3出土遗物

1、2. 瓷罐（M3：1、M3：2）　3. 耳环（M3：3）

（四）M4

1. 墓葬形制

M4位于发掘区中部偏西北位置。开口于第2层下，向下打破生土层，口部距地表0.7米，方向250°。该墓为长方形竖穴土坑墓（图4-10；图版一二，3）。

墓室　平面形状呈长方形，直壁，平底。长2.5、宽1.5米，深1.1米。

填土　填土为褐色杂土，土质较软，结构疏松，包含有少量碎砖块。

葬具　葬具为木棺，仅余朽痕。长1.7、宽0.4～0.5、残高 0.5米。

葬式、性别及年龄　棺内发现人骨一具，保存状况较差，墓主葬式为仰身直肢，头向西南，足向西北，经鉴定为壮年男性。

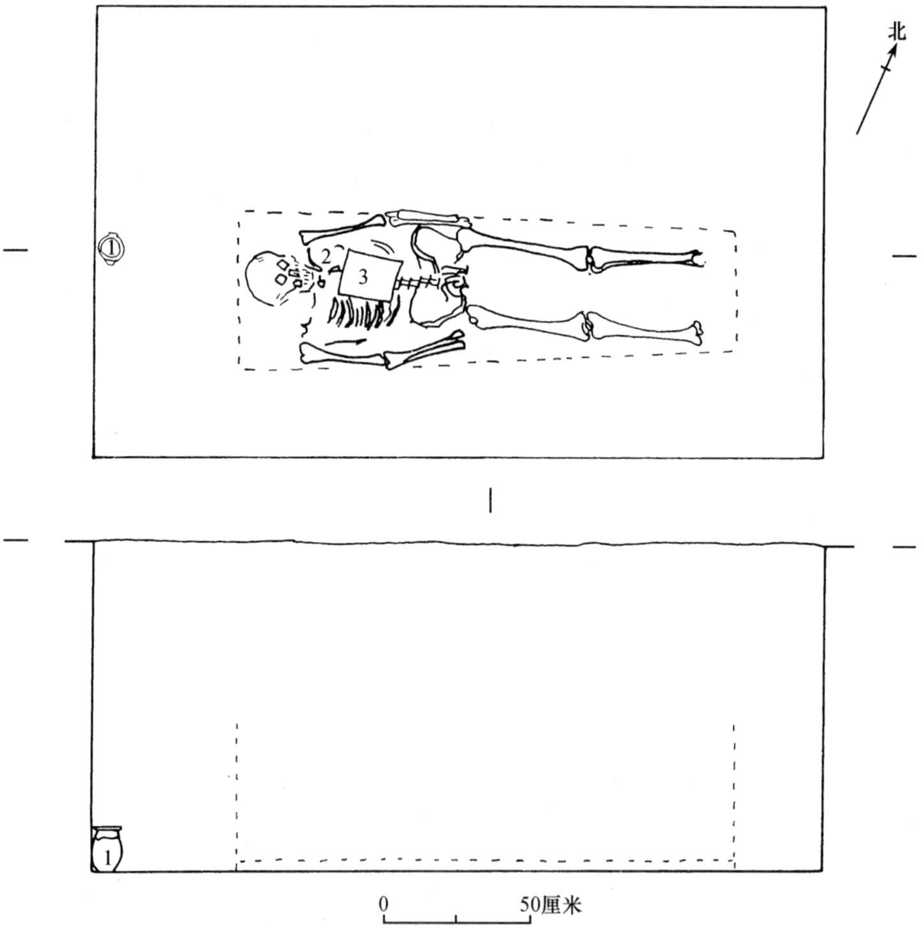

图4-10　M4平、剖面图

1. 瓷罐　2. 铜钱（2枚）　3. 镇墓瓦

2. 随葬品

头骨前方靠墓壁清理出双系粗瓷小罐1件，人骨胸部扣泥质板瓦一块，墓底清理出铜钱2枚。该墓共出土随葬品1件，另有铜钱2枚。

瓷罐　1件。位于墓主头端棺外墓壁处。M4：1，红胎。直口，平沿，圆唇，束颈，鼓腹，下腹斜收至底，底部附矮圈足，颈部饰有对称双耳，中腹饰数周瓦楞纹，口部及内壁施褐色釉，其余素面无釉。口径11.6、腹径12.8、底径10.2、高17.6厘米（图4-11；图版一四，1）。

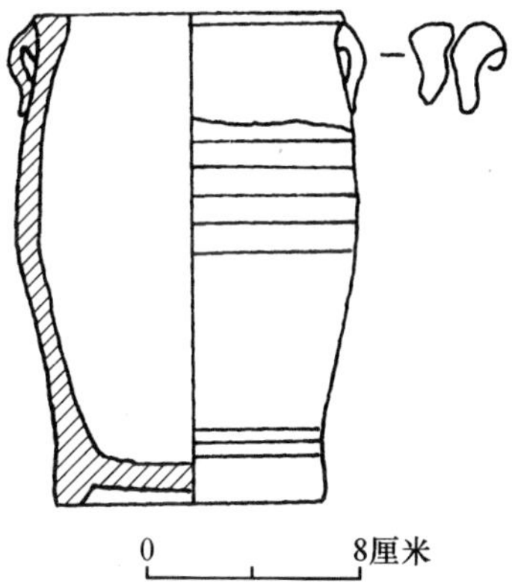

图4-11　M4出土瓷罐（M4：1）

铜钱　2枚。圆形方穿，直读，钱背满文记局，钱文均为“道光通宝”。标本M4：2-1、M4：2-2，钱径2.3、厚0.1厘米，重2.9克。

镇墓瓦　1件。泥质灰陶，位于墓主胸部。M4：3，拱面可见朱砂痕迹及墨书文字，由于土沁较重，均不能辨识。长16、宽15、厚1.7厘米。

（五）M5

1. 墓葬形制

M5位于发掘区中部偏东位置。开口于第2层下，向下打破生土层，口距地表0.7米，方向250°。该墓为长方形竖穴土坑墓（图4-12；图版一二，4）。

墓室　平面形状呈长方形，直壁，平底。长2.8、宽2米，深1.2米。

填土　填土为褐色杂土，土质较软，结构疏松，包含有少量的碎砖块。

葬具　葬具为木棺，仅存朽痕。北棺长1.9、宽0.55米；南棺长1.8、宽0.5米；残高均为0.5米。

葬式、性别及年龄　棺内发现人骨两具，保存状况较好，均为仰身直肢葬，头向西南，足向东北，面上。经鉴定，北侧墓主为老年男性，南侧墓主为老年女性。

2. 随葬品

瓷罐　2件。均位于墓主头端棺外。直口，平沿、圆唇，束颈，鼓腹，下腹斜收至底，底部附矮圈足，颈部饰有对称双耳。M5：1（女棺），红胎，口及颈部施酱褐色化妆土，内壁施全釉。口径10、腹径11、底径9厘米，高17厘米（图4-13，2；图版一四，2）。M5：2（男

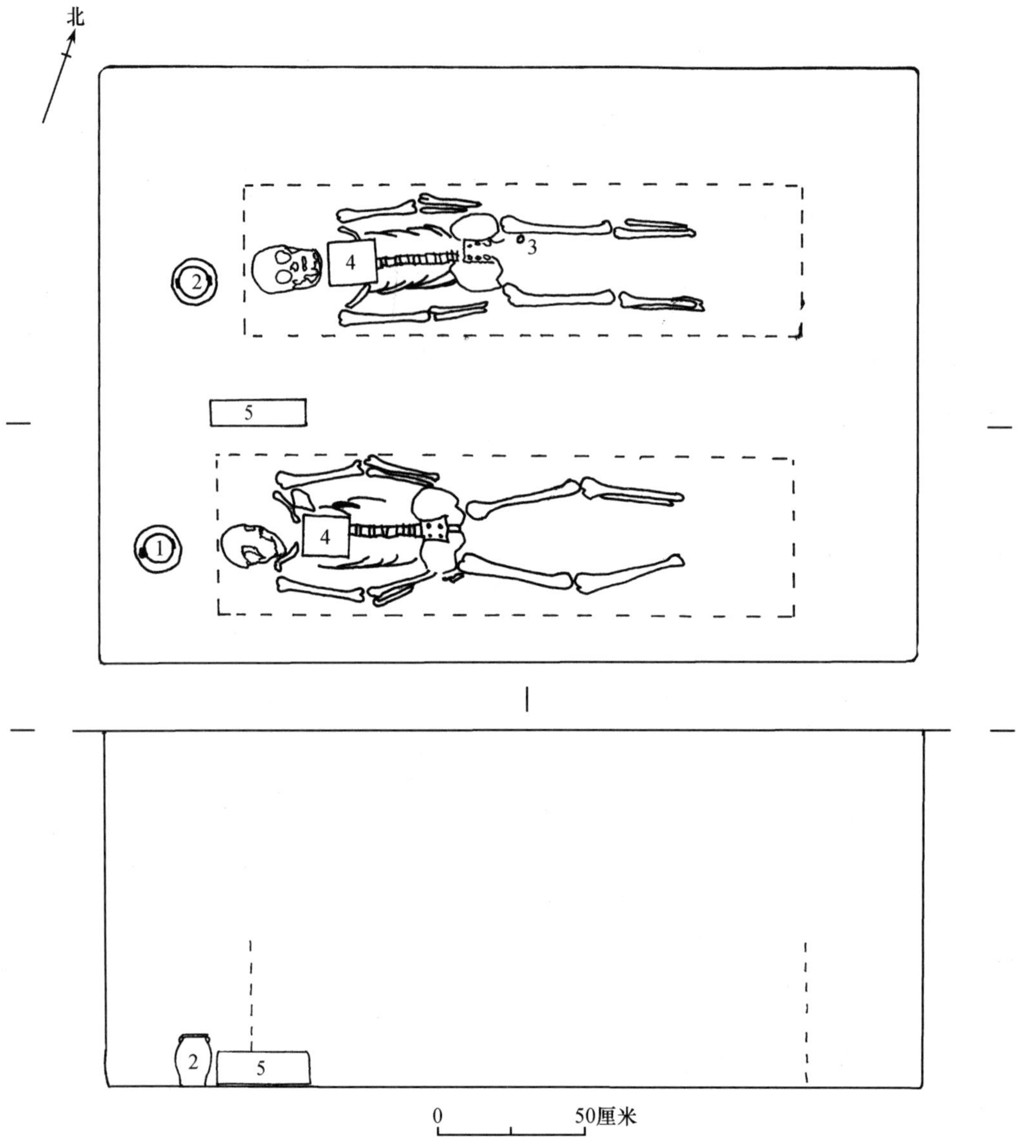

图4-12　M5平、剖面图
1、2. 瓷罐　3. 铜钱（3枚）　4. 镇墓瓦（2件）　5. 押圹砖

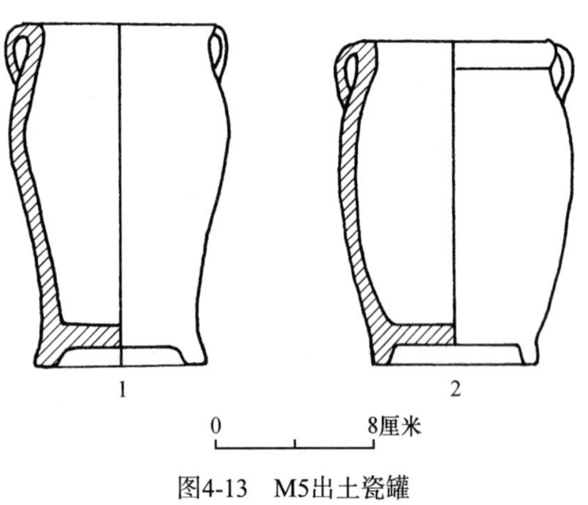

图4-13　M5出土瓷罐
1、2. 瓷罐（M5：2、M5：1）

棺），白胎，口及颈部施褐色釉，内壁施全釉。口径11、腹径12.5、底径10厘米，高17.2厘米（图4-13，1；图版一四，3）。

铜钱　3枚。位于男墓主股骨下部。M5：3-1～M5：3-3，圆形方穿，均锈蚀严重，（图版一四，4）可辨“乾隆通宝”1枚，余者不详。

镇墓瓦　2件。泥质灰陶，均位于墓主胸部。M5：4-1（男棺），长16、宽15、厚1.6厘米。M5：4-2（女棺），长16、宽14、厚1.4厘米。拱面可见朱砂痕迹及墨书文字，由于土沁较重，均不能辨识。

押圹砖　1件。泥质灰陶，位于女墓主上肢左侧棺外，平置。M1∶5，长34、宽15、厚8厘米。砖面可见朱砂痕迹及墨书文字，由于土沁较重，均不能辨识。

（六）M6

1. 墓葬形制

M6位于发掘区中部。开口于第2层下，向下打破生土层，口部距地表0.7米，方向250°。该墓为长方形竖穴土坑墓（图4-14）。

墓室　平面形状呈长方形，直壁，平底。长2.8、宽1.8米，深1.1米。

填土　填土为褐色杂土，土质较软，结构疏松，包含有少量的碎砖块。

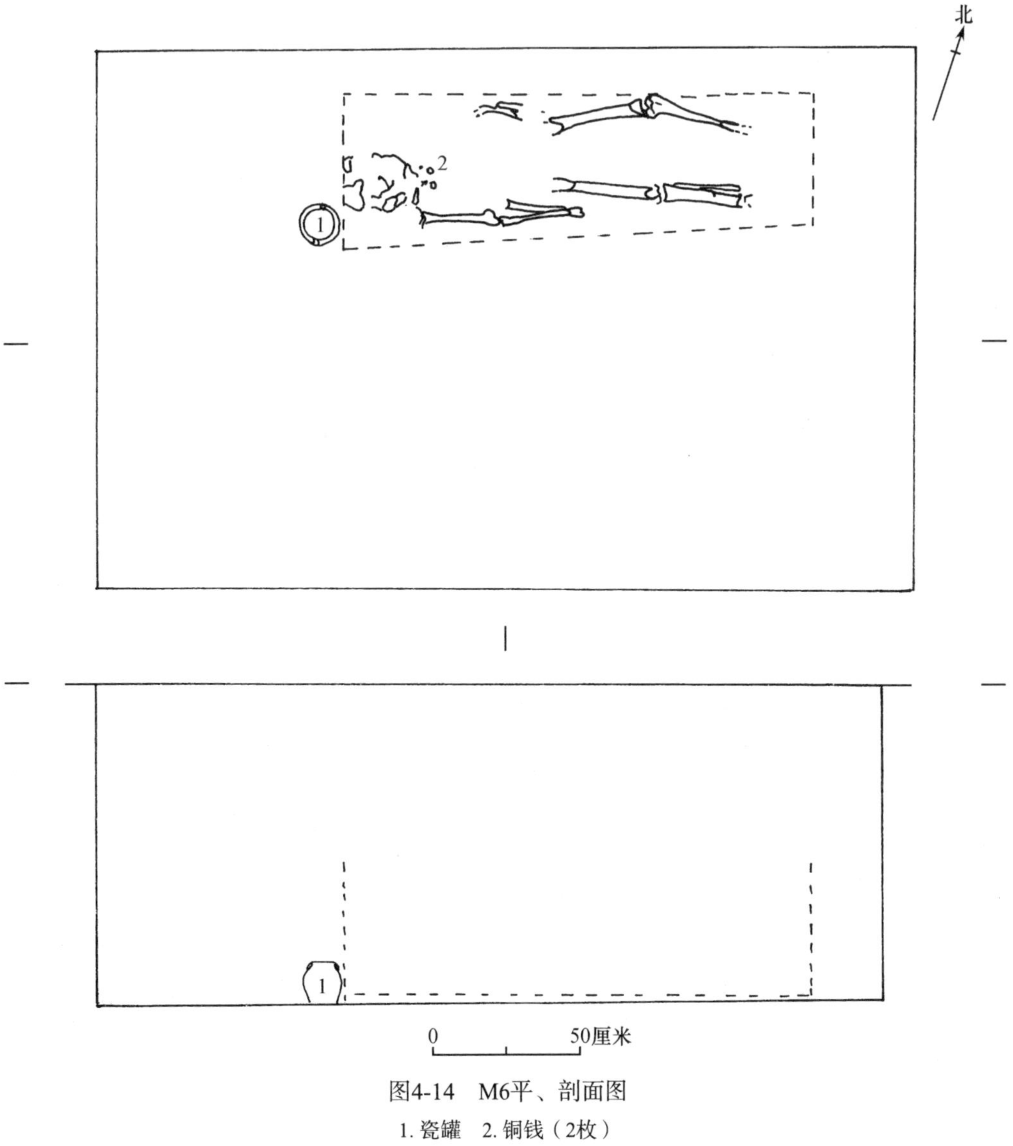

图4-14　M6平、剖面图

1. 瓷罐　2. 铜钱（2枚）

葬具　葬具为木棺，仅存朽痕，长1.6、宽0.45～0.5米，高0.5米。

葬式、性别及年龄　棺内发现人骨一具，保存状况较差，仅残存四肢骨和部分头骨，葬式为仰身直肢，头向西南，足向东北，面上。年龄性别不详。

2.随葬品

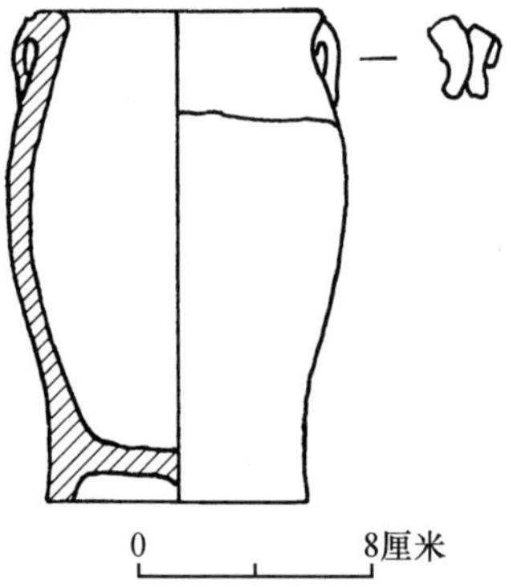

图4-15　M6出土瓷罐（M6∶1）

瓷罐　1件。位于墓主头端棺外。M6∶1，红胎，直口，平沿，尖圆唇，束颈，鼓腹，下腹斜收至底，底部附矮圈足，颈部饰有对称双耳。腹部饰有浅显瓦楞纹，口部及内壁施褐色釉，余素面无釉。口径10.2、腹径11.8、底径9厘米，高16.4厘米（图4-15；图版一四，5）。

铜钱　2枚。位于墓主颈部。圆形方穿，直读，钱背满文记局，钱文均为“道光通宝”。M6∶2-1、M6∶2-2，钱径2.3、厚0.1厘米，重2.9克（图版一四，6）。

三、结　　语

山头高墓地发掘的6座墓葬均为竖穴土坑墓，除M2方向为180°之外，其余均为250°。其中M2、M4、M6为单人墓，M1、M3、M5为合葬墓。葬具均为木棺，葬式均为仰身直肢。墓葬相对比较集中，排列有序，应该是一处家族墓地。墓葬内出土随葬品不多，有瓷罐、陶罐、铜钱、烟具、镇墓瓦、押圹砖等物。其中每个墓主头端棺外均放置有瓷罐或陶罐，并且形制基本相同。出土铜钱共19枚，除锈蚀严重，钱文不详者之外，其余多为“乾隆通宝”“嘉庆通宝”“道光通宝”表明该墓地的使用年代大体在清代中后期。

这些墓葬的排列方法按照当地的丧葬习俗谓之“扯子抱孙”“父蹬子肩”葬法，即“昭穆葬”。其中第一排M1、M5、M3为第一世，第二排M4、M6为子辈，第三排即M2可能为孙辈，形成所谓的“父蹬子肩”葬式。同辈人员按照长幼齿序依次埋葬，从齿序来看，第一排的长幼顺序应该依次为M3夫妇、M5夫妇、M1夫妇。通常情况下，一般按照“男左女右”的排列方法埋葬，倘若同辈子侄较多，位居昭位（左侧墓位）的夫妇应该变为“男右女左”，而其他则依然为“男左女右”，该墓地第二排M4墓主为男性、虽然M6难以确定性别，但似乎与此俗相合。至于M2方向与其他五座墓葬有异，是因年久日深，不知祖茔方向不得已而为之，还是别族墓地尚不得而知。

另外，该墓地还发现有成书于明代的《三元总录》中记载的“押圹砖”。《三元总录》载“凡人家单葬妻丧，单葬夫丧，古有阳待阴阴待阳之说，若不押镇，必生重丧，宜用新砖一个，磨青做平，上书神符，左边写身披北斗头带三台，右边写寿山永远石朽人来，背书长命富贵，葬后十年大吉”[①]。押圹砖仅在夫妇二人最早亡故者使用，以象征其夫或其夫人。若男丧，需用“阴圹”砖配之，置于男棺右侧；若女丧则用“阳圹”砖配之，置于女棺左侧。根据记载，对M1、M5和M3出土的押圹砖进行考察并结合当地葬俗可知M1、M5应是女墓主先葬，男墓主后葬；而M3则是男墓主先葬，女墓主后葬。至于M2墓主为女性，其左侧的青砖应该是“阳圹”砖。

该墓地多数墓葬还发现有镇墓瓦，但因年久，土沁严重，瓦面隐约可见的朱砂和墨迹均不可辨识。但根据当地葬俗，这些墓葬出土的镇墓瓦和当地农村丧葬使用的镇墓瓦应该大体相同。一般瓦体拱面中间上部以朱砂点出三点，寓意“三台”，其下墨书“敕令”二字，然后以朱砂绘符箓，两侧墨书“镇墓灵符，用之大吉”“生安亡稳，用之大吉”等吉祥语。

执 笔：姚军英、崔彦春

2014年7月

附表4-1 长葛山头高墓地墓葬登记表

编号	开口层位	方向	形状结构	墓室（单位：米）			葬式	随葬品	时代
				长	宽	深			
M1	第2层下	250°	长方形竖穴土坑墓	3.3	2.1～2.7	0.8～1.2	仰身直肢	烟具1、瓷罐1、陶罐1、铜钱7、镇墓瓦2、押圹砖1	清
M2	第2层下	180°	长方形竖穴土坑墓	2.4	1.2	1.3	仰身直肢	陶罐1、镇墓瓦1、押圹砖1	清
M3	第2层下	250°	长方形竖穴土坑墓	2.5～2.7	2.5	1	仰身直肢	瓷罐2、耳环2、铜钱8、押圹砖1	清
M4	第2层下	250°	长方形竖穴土坑墓	2.5	1.5	1.1	仰身直肢	瓷罐1、铜钱2、镇墓瓦1	清
M5	第2层下	250°	长方形竖穴土坑墓	2.8	2	1.2	仰身直肢	瓷罐2、铜钱3、镇墓瓦2、押圹砖1	清
M6	第2层下	250°	长方形竖穴土坑墓	2.8	1.8	1.1	仰身直肢	铜钱2、瓷罐1	清

① 《三元总录》系明代万历年间柳洪泉所著，主要内容包括宅元、婚元和茔元三大部分。其中宅元主要讲阳宅格局的吉凶宜忌，婚元主要讲男女婚配格局的吉凶宜忌，茔元主要讲阴宅格局的吉凶宜忌。

第五章　长葛张史马墓地

张史马墓地位于河南省长葛市后河镇张史马村西北，东距长葛市区约10千米（图5-1），地理坐标为东经113°37′23″，北纬34°15′33″，高程124～128米。

张史马墓地坐落于紫金山东南麓的梯级台地上，地势西北高、东南低，呈缓坡倾斜状，是豫西山区向豫东平原的过渡地带，为浅山地貌。由于历代农耕，自紫金山而下形成多级台地，而该墓地又被断崖分割为多块平坦的农田。紫金山为伏牛山系嵩山余脉，其东为陉山。墓地北临莱姚公路，东南为张史马村，南临长姚公路，西距郑尧高速0.96千米，小洪河自西北向东南从墓地南部流过。墓地南北长约460米，东西宽约200米，面积约92000平方米，其中南水北调

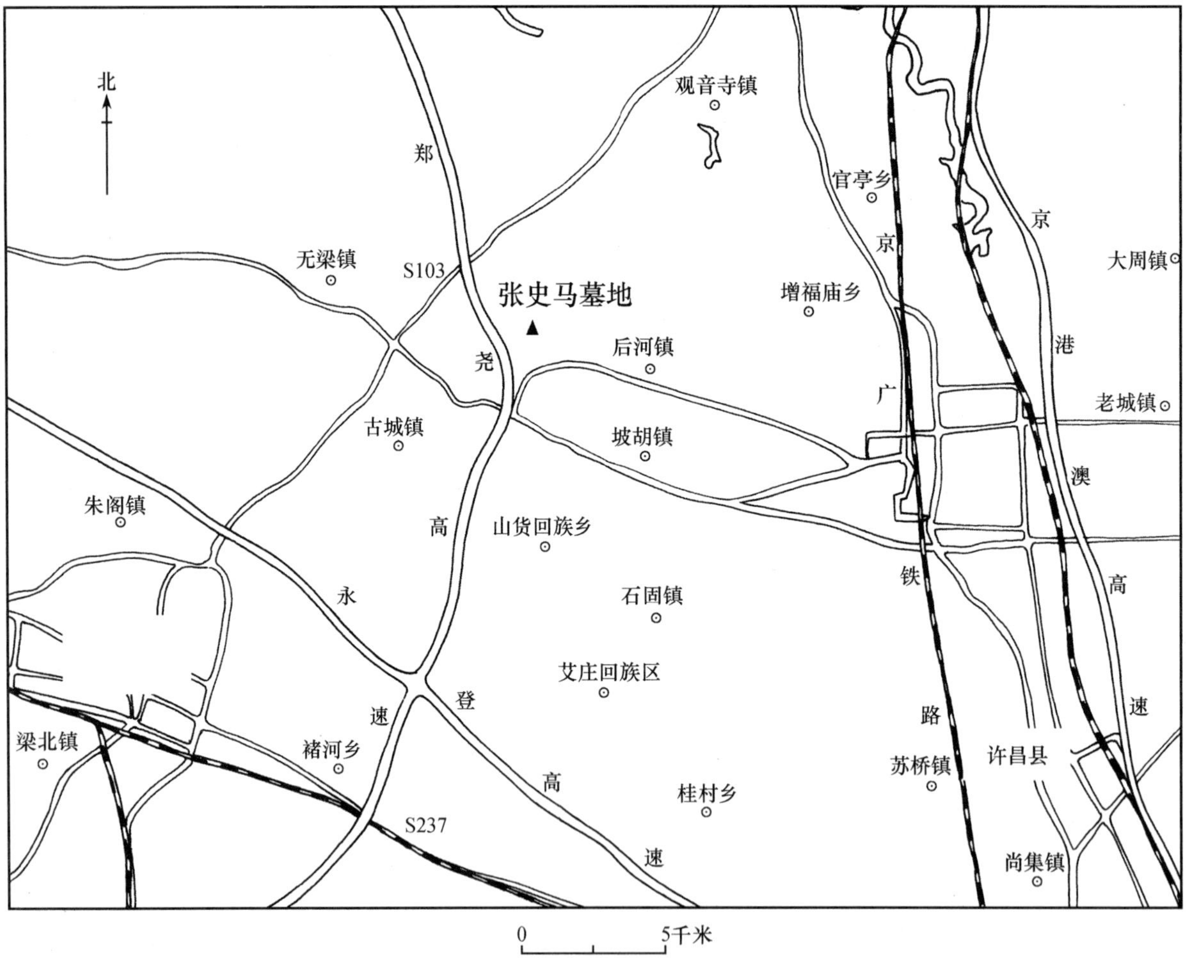

图5-1　张史马墓地地理位置示意图

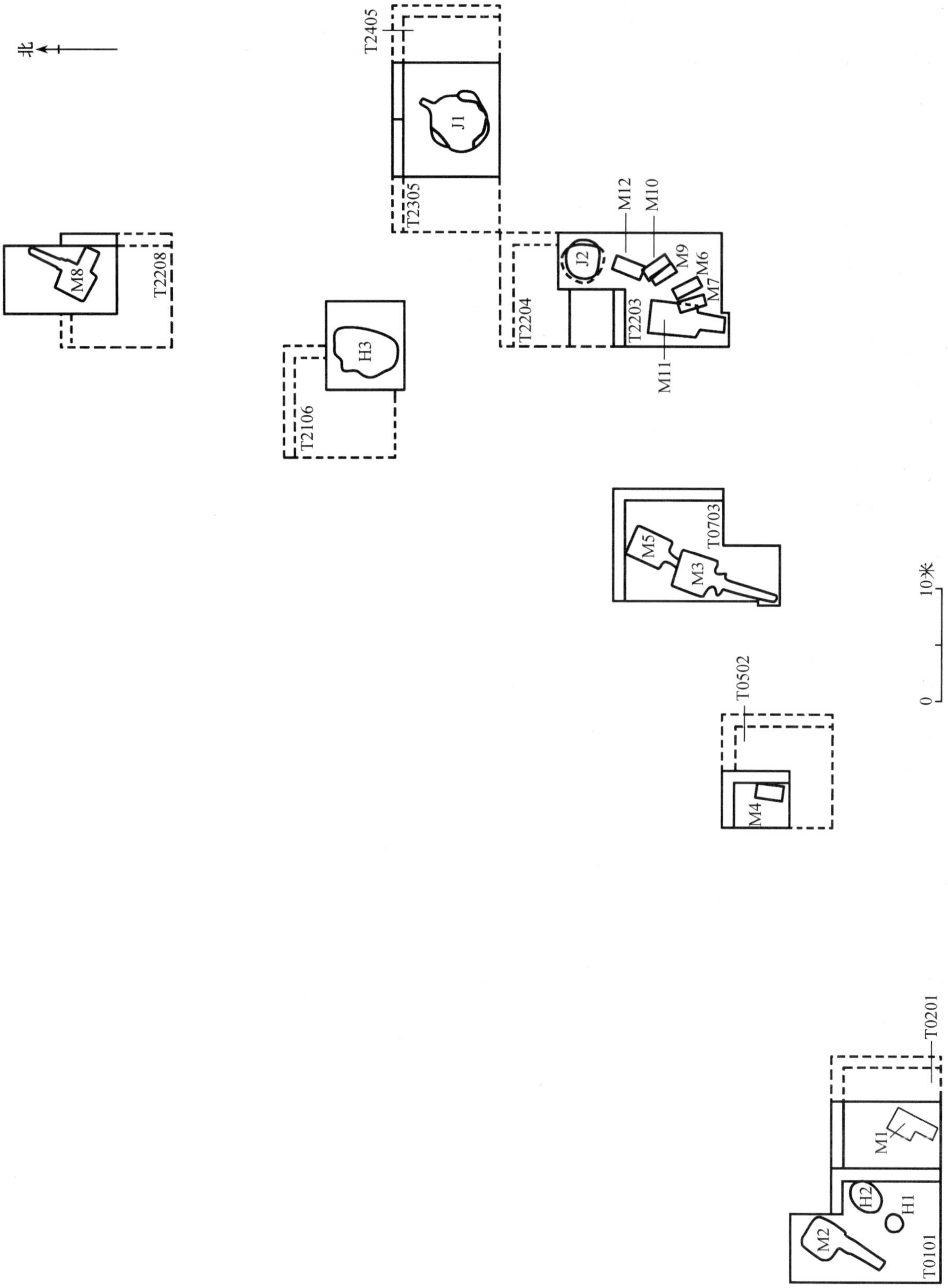

图5-2　张史马墓地遗迹分布图

中线干渠占压面积约60500平方米。

为配合南水北调中线工程建设，许昌市文物工作队于2004年在进行沿线文物调查时，发现张史马村西北有汉墓存在。2010年10月12～20日，许昌市文物工作队对此地进行了文物勘探，发现古墓葬9座。报经河南省文物管理局批准，受河南省文物考古研究所（现河南省文物考古研究院）委托，许昌市文物工作队于2010年10月25日至11月17日对张史马墓地进行抢救性考古发掘，历时24天（彩版一二，2）。

在南水北调中线干渠占压范围内共布方10个，发掘面积687平方米。总基点位于张史马村原小学院墙的西南角，虚拟坐标位于总基点的南偏西19°，两者直线距离268米。探方号前冠以“2010CHZ”，“2010”代表发掘年份，“C”代表长葛市，“H”代表后河镇，“Z”代表张史马村。

发掘所见古代文化遗存主要为新石器时代、汉代、宋代以及清代四个时期，遗迹有墓葬12座，水井2眼，灰坑3座（图5-2；彩版一二，1），出土遗物按质地可分为陶、瓷、铜、银、玉、石等多种。

一、地层堆积

张史马墓地的地势西北高，东南低，其地层堆积亦是自西北向东南倾斜，堆积最厚达1.4米，最薄为0.5米。地层堆积可分为三层：第1层为耕土层，第2层为扰土层，第3层为扰土层，该层仅见于发掘区域的东部。墓葬、灰坑均开口于第2层下。现以T0101北壁剖面为例介绍如下（图5-3）。

第1层：浅灰色土，厚0.15～0.25米，土质软，结构疏松，内含植物根系、塑料垃圾等，全方分布。

第2层：黄灰色土，深0.15～0.25米，厚0.23～0.35米，土质松软，结构疏松，内含砖渣、碎陶片等，全方分布。M2开口于该层下。

第2层以下为生土，土质较纯净，结构致密。

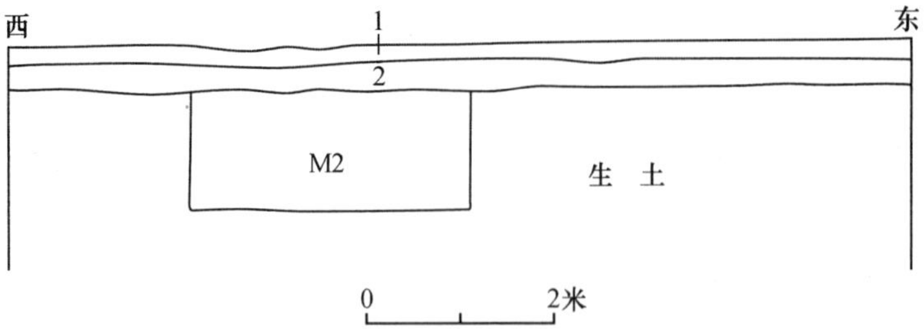

图5-3　张史马墓地地层剖面图

二、新石器时代遗存

新石器时代文化遗存仅发现灰坑2座，即H1、H2。

1. 灰坑概况

H1位于T0101中部。开口于第2层下，向下打破生土，口部距地表0.5米。平面呈圆形，直壁，平底。直径1.52、深0.5米（图5-4；图版一五，1）。填土可分为两层：第1层，填土呈黄褐色。厚0.25～0.62米，土质软，结构疏松，在该层内出土人骨架1具，保存状况较差，头东足西，为仰身直肢葬，其下肢棚架于灰坑西边缘，从埋葬方式推测系非正常死亡。出土陶器主要

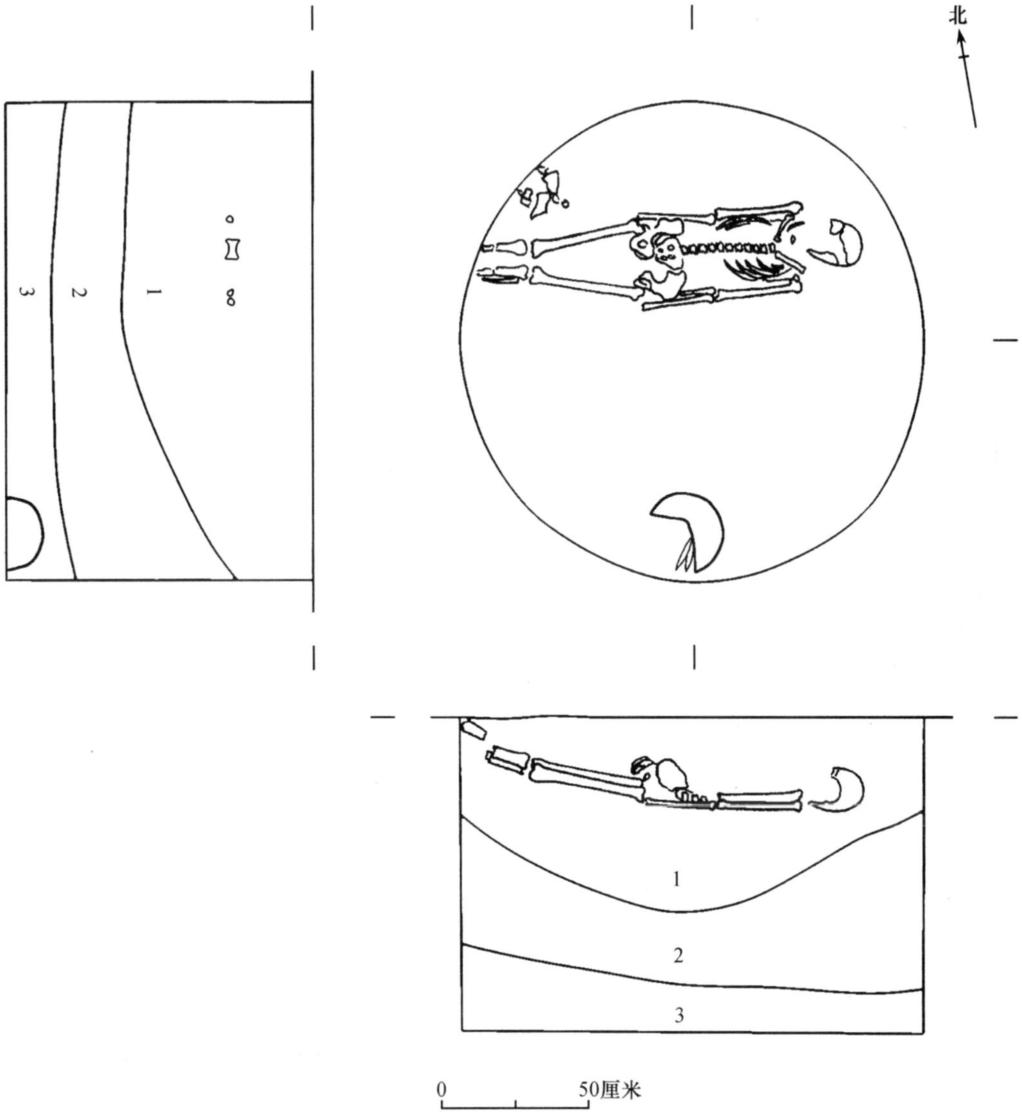

图5-4　H1平、剖面图

为泥质红陶和泥质灰陶，可辨器形有钵、罐、盆等。第2层，填土呈灰褐色。厚0.38～0.7米，土质软，结构疏松，出土陶器有泥质红陶和夹砂褐陶，以素面为主，少量弦纹，可辨器形有钵、罐、盆等。

H2位于T0101东北部。开口于第2层下，向下打破生土，口部距地表0.5米。平面呈椭圆形，直壁，圜底。长径3.16、短径2.67、深0.76米（图5-5；图版一五，2）。填土可分为三层：第1层，填土呈黑灰色。厚0～0.2米，土质软，结构疏松。包含有大量草木灰及红烧土颗粒等。第2层，填土呈灰褐色。厚1～1.12米，土质软，结构疏松。包含有红烧土颗粒、石块等，出土遗物有陶片、石器和兽骨等。陶片以夹砂褐陶为主，泥质红陶次之，纹饰有附加堆纹、指甲纹和弦纹，可辨器形有鼎、罐、钵、盆、碗、瓮、缸、豆、尖底瓶、釜、器盖等；石器主要是石斧。第3层，填土呈黑灰色。厚0.02～0.15米，土质较软，结构疏松，包含有大量草木灰及红烧土颗粒等。

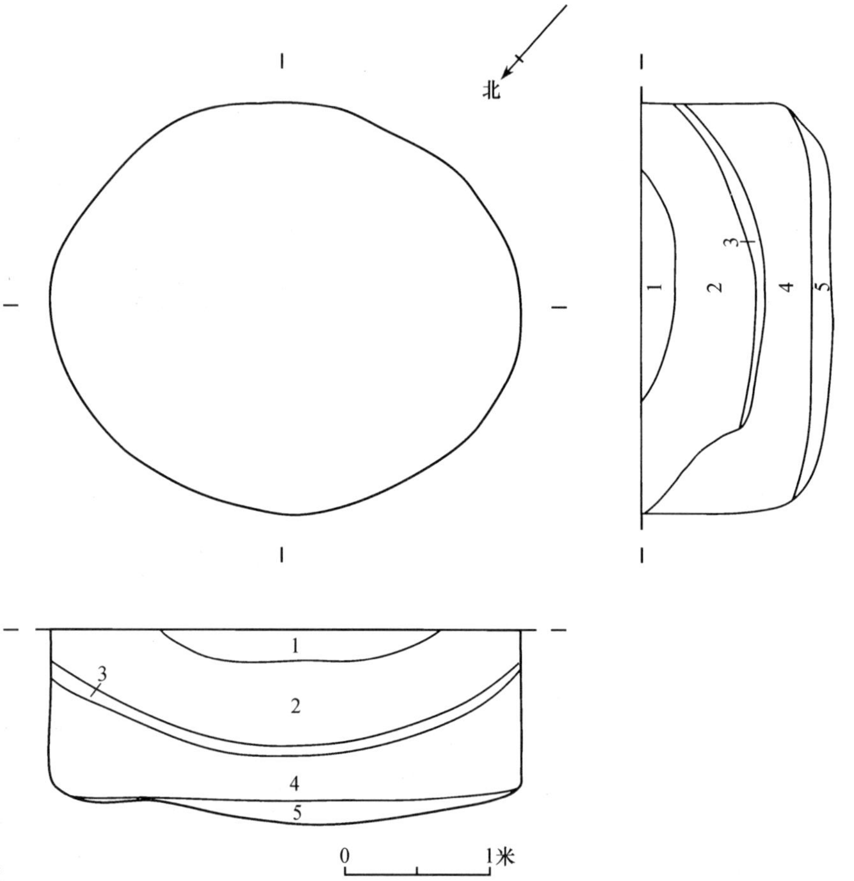

图5-5　H2平、剖面图

2. 出土遗物

H1出土遗物

鼓腹钵　泥质红陶。敛口，尖圆唇，上腹较鼓，下腹斜收，平底，素面。标本H1：1，口径39、残高7.2厘米（图5-6，3）。标本H1：7，口径26、残高4.2厘米（图5-6，9）。标本H1：8，口径26、残高3.4厘米（图5-6，2）。

弧腹钵　泥质红陶。圆唇，弧腹斜收，平底，素面。标本H1：6，口径22、残高6.6厘米（图5-6，6）。标本H1：9，口径27、残高4.4厘米（图5-6，10）。标本H1：10，口径26、残高6.8厘米（图5-6，11）。

盆　标本H1：2，泥质红陶。敛口，折沿，圆唇，弧腹，圜底，素面。口径22.4、高11.4厘米（图5-6，12）。标本H1：5，泥质红陶。口微敞，卷沿，圆唇，深弧腹，素面。口径25、残高4.8厘米（图5-6，7）。标本H1：4，夹砂褐陶。盆底，弧腹斜直，平底，素面。底径10、残高3.4厘米（图5-6，13）。

罐　标本H1：12，泥质红陶。敛口，束颈，矮直领，广肩，素面。口径6、残高1.5厘米（图5-6，1）。标本H1：13，夹砂褐陶。敛口，卷沿，圆唇，溜肩，器表饰凹弦纹。口径22、残高4.5厘米（图5-6，4）。标本H1：3，夹砂褐陶。敛口，折沿，圆唇，溜肩，鼓腹，器表饰凹弦纹。口径24、残高7.6厘米（图5-6，5）。标本H1：11，夹砂红陶。肩部残片，溜肩，器表饰凹弦纹。残高5.6厘米（图5-6，8）。

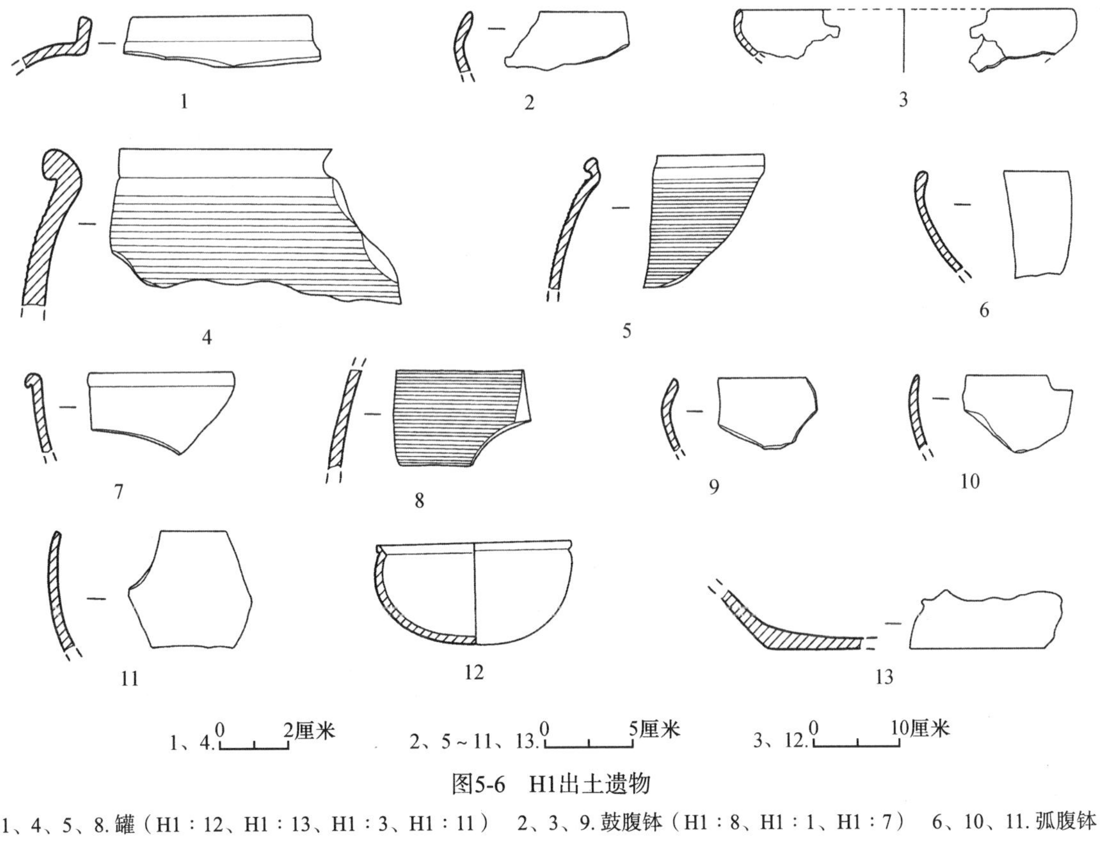

图5-6　H1出土遗物

1、4、5、8. 罐（H1：12、H1：13、H1：3、H1：11）　2、3、9. 鼓腹钵（H1：8、H1：1、H1：7）　6、10、11. 弧腹钵（H1：6、H11：9、H1：10）　7、12、13. 盆（H1：5、H1：2、H1：4）

H2出土遗物

鼎足　可分为扁圆足、宽扁足和鸭嘴形足等三种。

扁圆足　足跟饰指甲按窝纹。标本H2：45，残高5.6厘米（图5-7，5）。标本H2：32，足外侧有条形沟槽，残高18厘米（图5-7，2）。标本H2：44，足外侧有条形沟槽，残高6厘米（图5-7，4）。

宽扁足　标本H2：33，素面。残高12.4厘米（图5-7，3）。

鸭嘴形足　标本H2：34，足外侧有条形沟槽。残高7.6厘米（图5-7，1）。

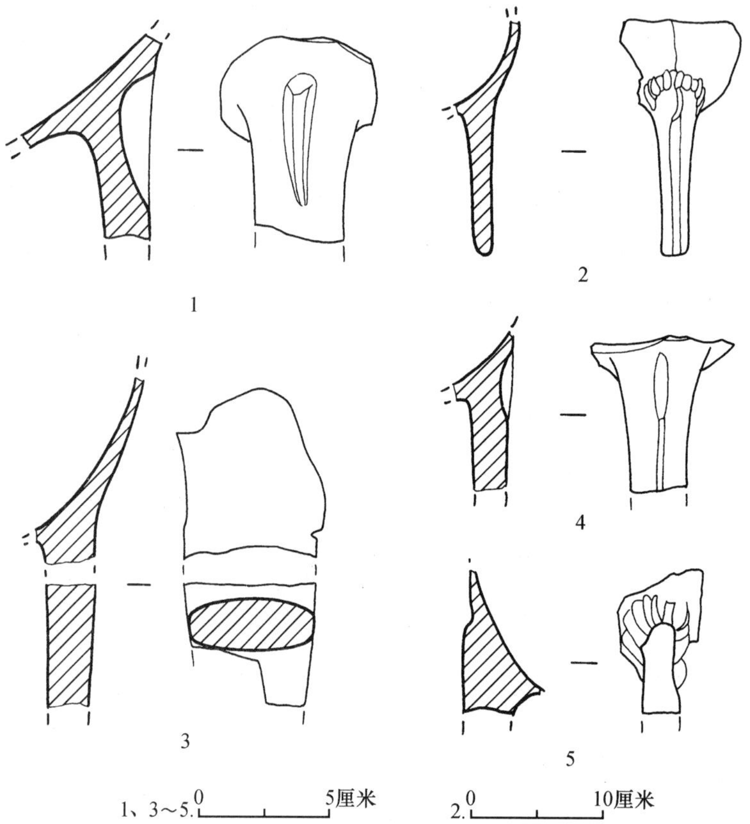

图5-7　H2出土遗物（一）

1～5. 鼎足（H2：34、H2：32、H2：33、H2：44、H2：45）

鼎腹部　标本H2：29，夹砂褐陶。折腹，上腹部饰数道凸弦纹。腹径30、残高4.7厘米（图5-8，12）。

罐腹部　夹砂褐陶。折腹，腹部饰一周附加堆纹。标本H2：30，残高5.4厘米（图5-8，14）。标本H2：31，残高3.4厘米（图5-8，7）。

罐耳　标本H2：37，夹砂褐陶。覆舟形耳，中部有一圆孔，素面。长4.1厘米（图5-8，17）。

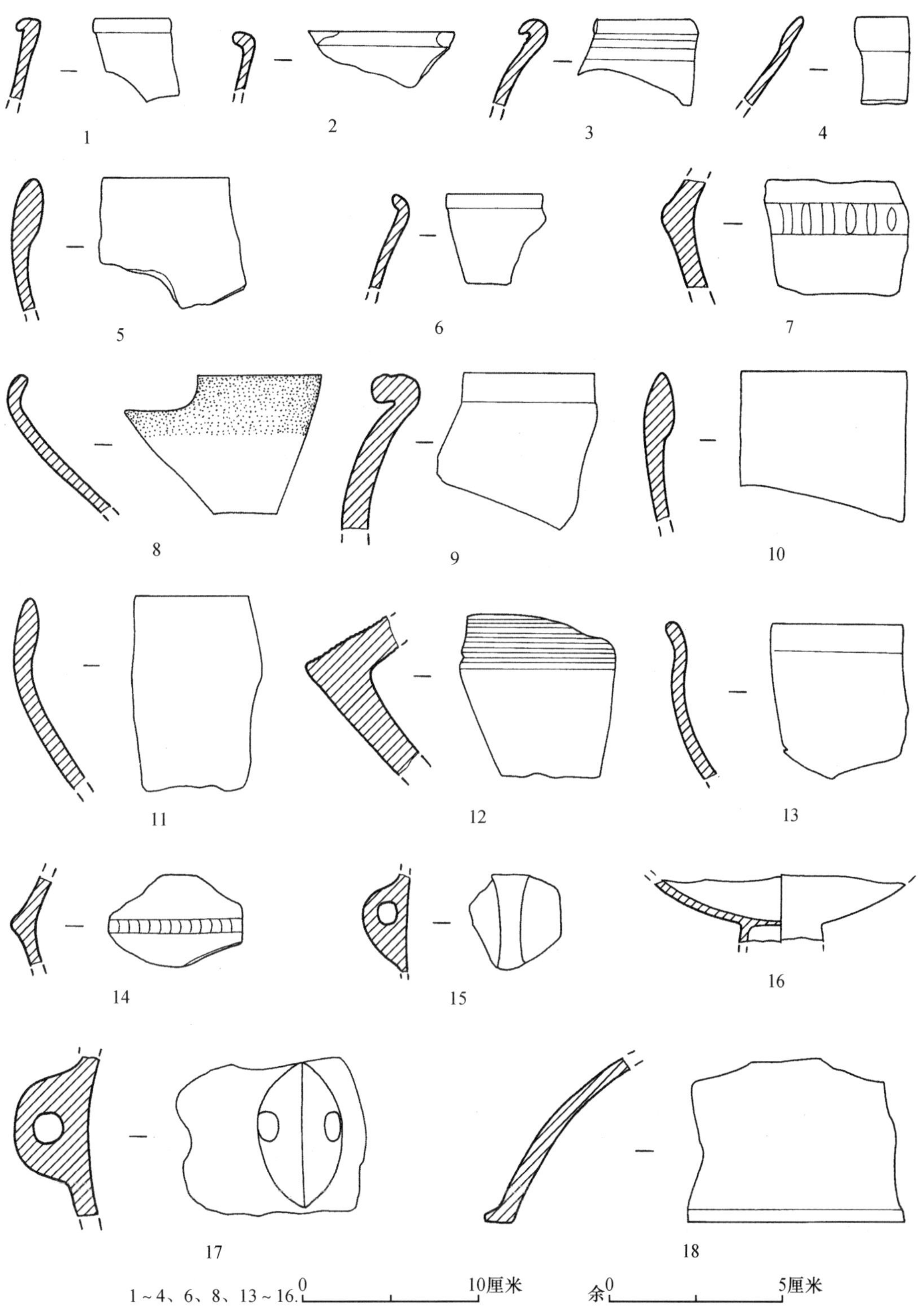

图5-8　H2出土遗物（二）

1～3、6、9. 卷沿罐（H2：17、H2：11、H2：20、H2：12、H2：14）　4. 瓮（H2：23）　5、10、11. 钵（H2：7、H2：8、H2：9）　7、14. 罐腹部（H2：31、H2：30）　8. 彩陶钵（H2：20）　12. 鼎腹部（H2：29）　13. 敛口盆（H2：15）　15. 瓶耳（H2：35）　16. 豆（H2：43）　17. 罐耳（H2：37）　18. 器盖（H2：41）

卷沿罐　夹砂褐陶。敛口，圆唇，束颈，溜肩，素面。标本H2：11，口径16、残高3.2厘米（图5-8，2）。标本H2：12，口径12、残高5.2厘米（图5-8，6）。标本H2：17，口径20、残高4.8厘米（图5-8，1）。标本H2：19，口径16、残高6.6厘米（图5-9，10）。标本H2：27，溜肩。口径16、残高2.9厘米（图5-9，12）。标本H2：21，溜肩。口径14、残高8厘米（图5-9，16）。标本H2：14，夹砂红陶。溜肩。口径20、残高4.5厘米（图5-8，9）。标本H2：20，溜肩，颈肩交接处饰两周凹弦纹。口径14、残高5厘米（图5-8，3）。

折沿罐　夹砂褐陶。直口，折沿，厚圆唇，素面。标本H2：39，口径12、残高3.2厘米（图5-9，9）。

矮领罐　夹砂褐陶。敛口，方唇，束颈，斜肩或溜肩，素面。标本H2：22，斜肩。口径11、残高4.4厘米（图5-9，13）。标本H2：26，溜肩。口径26、残高6厘米（图5-9，4）。标本H2：28，溜肩。口径20、残高3.4厘米（图5-9，6）。

高领罐　夹砂褐陶。直口，尖唇，溜肩，素面。标本H2：16，口径20、残高4厘米（图5-9，19）。标本H2：25，口径24、残高7.4厘米（图5-9，7）。

敛口盆　敛口，圆唇，弧腹，素面。标本H2：13，泥质灰陶。口径20.6、残高2.5厘米（图5-9，15）。标本H2：15，夹砂红陶。口径20、残高9厘米（图5-8，13）。标本H2：40，夹砂褐陶。口径26、残高5.4厘米（图5-9，5）。标本H2：42，夹砂褐陶。口径36、残高7.4厘米（图5-9，8）。标本H2：46，夹砂红陶。口径32.8、残高5.3厘米（图5-9，20）。

敞口盆　标本H2：18，夹砂褐陶。敞口，圆唇，宽平沿，浅弧腹，素面。口径27、残高4厘米（图5-9，18）。

鼓腹钵　标本H2：6，泥质红陶。敛口，圆唇，上腹较鼓，素面。口径26、残高3厘米（图5-9，14）。

弧腹钵　泥质红陶。敛口，圆唇内鼓，弧腹，素面。标本H2：7，口径20、残高3.8厘米（图5-8，5）。标本H2：8，口径26、残高4.4厘米（图5-8，10）。标本H2：9，口径26、残高5.7厘米（图5-8，11）。标本H2：48，口径22.8、残高2.55厘米（图5-9，1）。标本H2：49，口径31.2、残高7.6厘米（图5-9，17）。

彩陶钵　口沿残片，多为泥质灰陶或红陶。敛口，圆唇，鼓腹或弧腹，口沿下饰一周红色彩带。标本H2：10，泥质灰陶。上腹较鼓，下腹斜收。口径26、残高8厘米（图5-8，8）。标本H2：47，泥质红陶。弧腹。口径26.8、残高2.45厘米（图5-9，2）。

碗　标本H2：24，夹砂红陶。直口，圆唇，弧腹，腹壁中部略微内折，下腹部饰篮纹。口径24、残高4.4厘米（图5-9，21）。

瓮　标本H2：23，泥质红陶。敛口，圆唇，素面。口径12.4、残高5厘米（图5-8，4）。

缸　标本H2：38，夹砂褐陶。敛口，沿面内凹，圆唇，直腹，素面。口径34、残高3.6厘米（图5-9，3）。

豆　标本H2：43，泥质红陶。盘及柄均残，素面。残高3.7厘米（图5-8，16）。

尖底瓶　标本H2：36，残存口沿，泥质红陶夹细砂。杯口，圆唇，素面。口径6、残高5厘

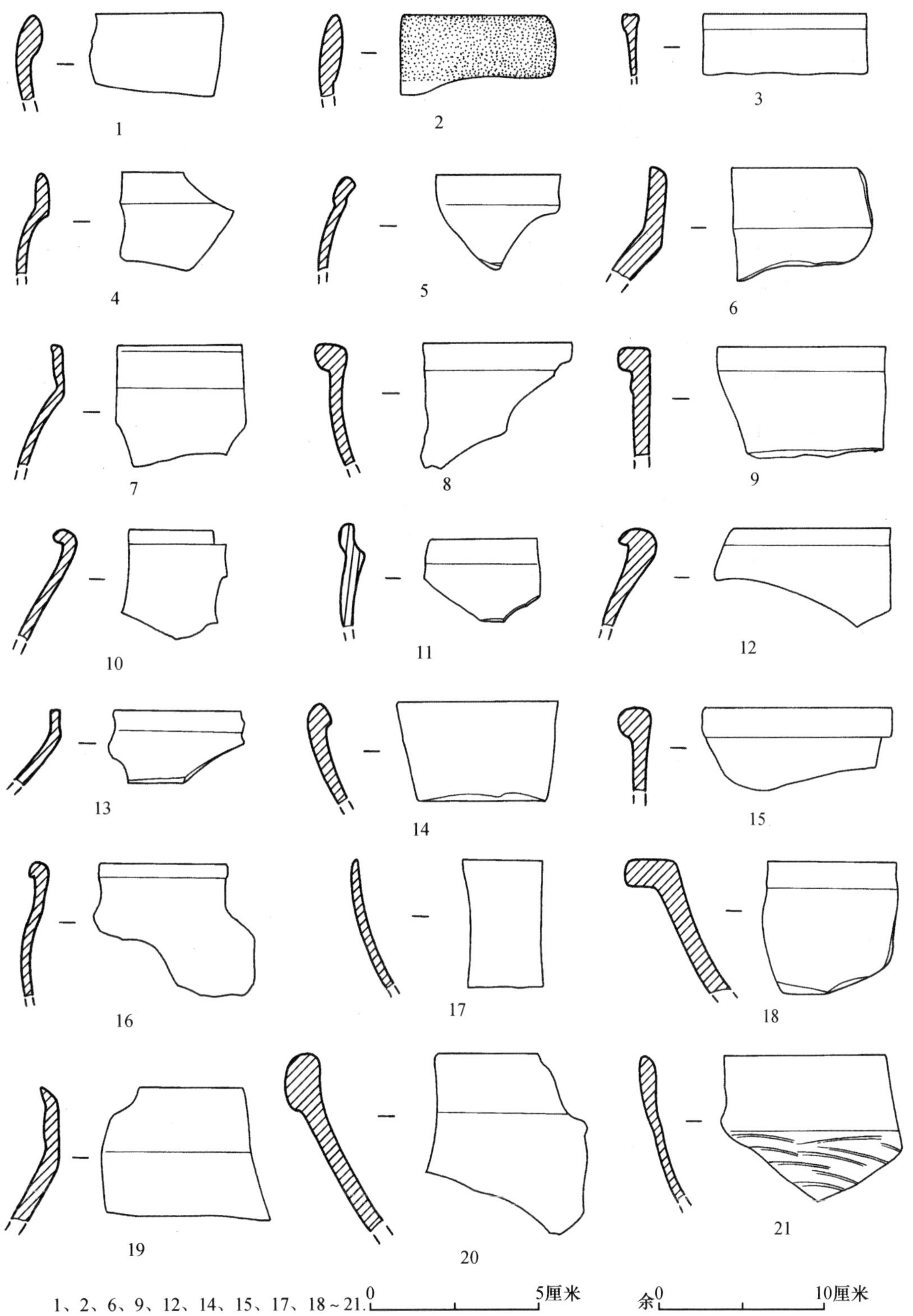

图5-9　H2出土遗物（三）

1、14、17. 钵（H2：48、H2：6、H2：49）　2. 彩陶钵（H2：47）　3. 缸（H2：38）　4、6、13. 矮领罐（H2：26、H2：28、H2：22）　5、8、15、20. 敛口盆（H2：40、H2：42、H2：13、H2：46）　7、19. 高领罐（H2：25、H2：16）　9. 折沿罐（H2：39）　10、12、16. 卷沿罐（H2：19、H2：27、H2：21）　11. 尖底瓶（H2：36）　18. 敞口盆（H2：18）　21. 碗（H2：24）

米（图5-9，11）。标本H2：35，夹砂褐陶。耳部残片，桥形耳，中部有一圆孔，素面。长5.5厘米（图5-8，15）。

器盖　标本H2：41，夹砂褐陶。圆唇，素面。口径16、残高4.6厘米（图5-8，18）。

陶斧　标本H2：5，夹砂灰陶。梯形，双面刃。刃宽4.4、长6.6、厚2.1厘米（图5-10，5）。

石斧　磨制而成，双面弧刃，上部及刃部残。标本H2：1，青黑色，磨制精细。刃残宽5.6厘米，残长7.3、厚3.4厘米（图5-10，4）。标本H2：2，青白色，磨制粗糙。刃残宽5.4、长9.7、厚4.2厘米（图5-10，2）。标本H2：3，青灰色，磨制精细。刃残宽5、长10.8、厚1.6厘米（图5-10，1）。标本H2：4，红色，磨制精细。刃残宽4、长9.6、厚2.2厘米（图5-10，3）。

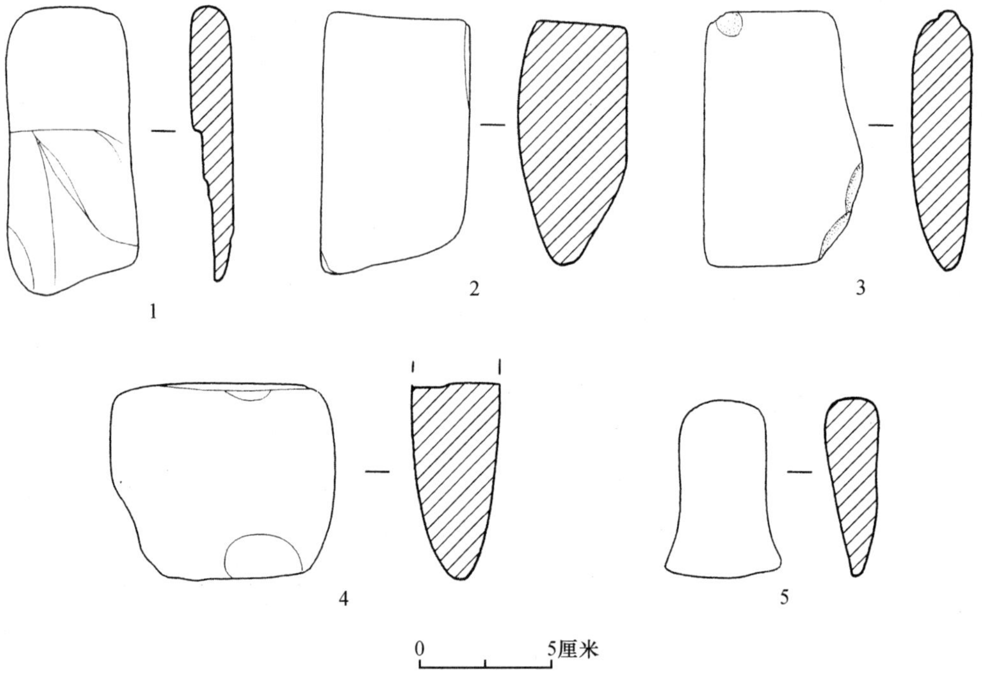

图5-10　H2出土遗物（四）

1～4. 石斧（H2：3、H2：2、H2：4、H2：1）　5. 陶斧（H2：5）

三、汉代文化遗存

汉代文化遗存主要为灰坑、水井和墓葬三类，其中灰坑1座，即H3；水井2眼，即J1、J2。

（一）灰　坑

H3位于T2106东南部及扩方区内。开口于第2层下，向下打破生土，口部距地表0.75米。口部平面近椭圆形，长径6、短径4.6米。距口部0.15～0.2米处，壁上有二层台，平底。底部长径5.45、短径4.05、深0.55米（图5-11）。填土呈灰褐色，土质较软。出土陶器有泥质红陶和灰陶，可辨器形有罐、瓮、盆、筒瓦、板瓦等，均残碎较甚。

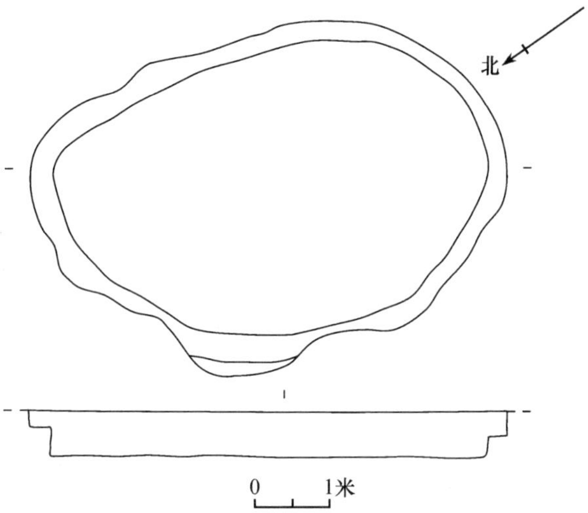

图5-11　H3平、剖面图

（二）水　　井

1. 水井概况

J1　位于T2305东部及T2405西部。开口于第3层下，向下打破生土，口部距地表1.3米。平面呈圆形，直壁，圜底，口径5.5、底径4.06、深1.7米（图5-12；图版一六，1）。井口分别被三个近代扰坑所打破，其东北部有一长方形竖穴土坑与之相连，推测该坑应为其取水通道。井壁壁面上有两层台阶，第一层宽0.26～0.66、高0.38米，下层台阶宽0.12～0.14、高0.51米，东南部残存有两层壁砖，为长方形子母砖上下侧立错缝叠砌而成。壁砖长42～46、宽14、厚6.5～7厘米，侧面模印有多重半圆纹、波折纹、斜十字交叉纹、钱币纹及文字纹等纹饰。填土呈黄灰色，土质较硬。出土陶片有泥质灰陶和红陶，可辨器形有罐、盆、甑、瓮、筒瓦等。

J2　位于T2204的东南部。开口于第2层下，向下打破生土，口部距地表0.9米。该井位于一个近椭圆形袋状土坑的中部偏东处，由长方形子母砖垒砌封堵。土圹呈袋状，口小底大，斜壁，平底。口部长径3.2、短径2.92米，底部长径3.72、短径3.26米，深1.3米。砖砌井口平面呈圆形，直壁，平底。直径0.94米，清理深度2.4米。井壁由长方形子母砖侧立错缝叠砌而成，由于安全原因，该井未清理至底部，已清理部分壁砖共20层，每层系由6块子母砖首尾相连组成六边形。壁砖规格为长45、宽12、厚6厘米，侧面模印有波折纹。填土呈浅黄色，土质较硬，无出土遗物（图5-13）。

2. 出土遗物

盘口罐　泥质灰陶。盘口，沿面微内凹，束颈，弧腹，平底，素面。标本J1：1，口径14.2、残高4.6厘米（图5-14，1）。标本J1：2，口径13.6、残高6.2厘米（图5-14，2）。标本

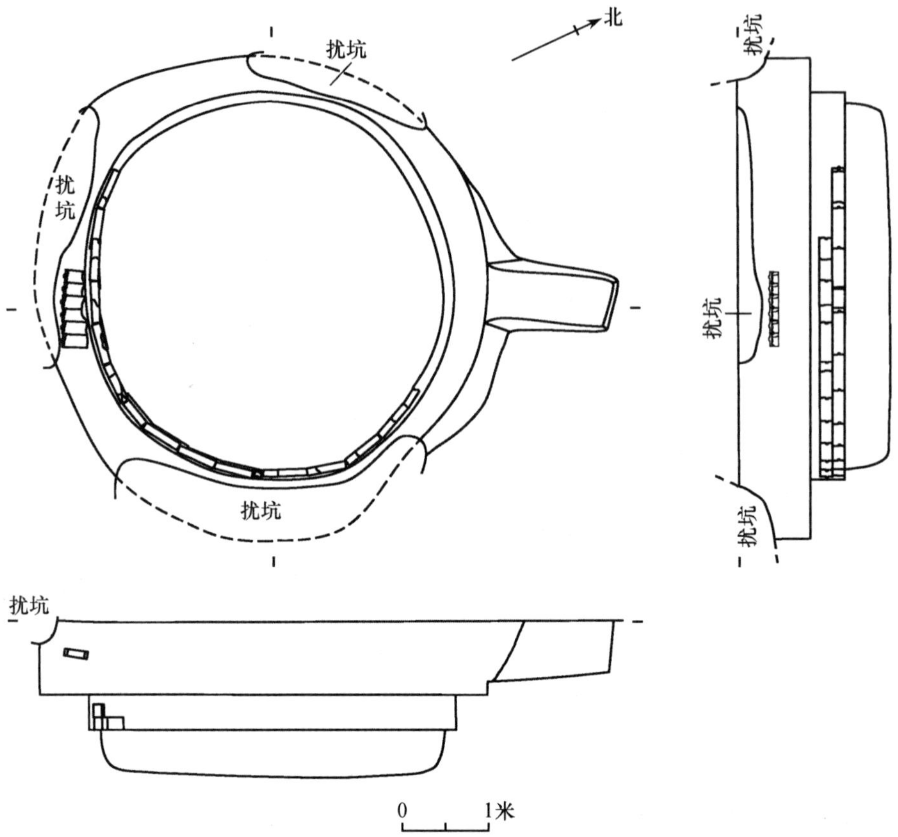

图5-12　J1平、剖面图

J1：3，口径14.6、残高5厘米（图5-14，3）。

宽沿盆　泥质灰陶。口微敛，方唇，宽沿近平，沿下有凹槽，弧腹斜收。标本J1：7，腹部饰凹弦纹及压印竖线纹。口径81.2、残高16.8厘米（图5-14，17）。标本J1：8，素面，沿下有圆形穿孔。口径50.4、残高5.5厘米（图5-14，8）。标本J1：9，素面。口径49.2、残高5.8厘米（图5-14，4）。标本J1：10，素面。口径62.6、残高9.6厘米（图5-14，10）。标本J1：11，素面。口径54.6、残高4.4厘米（图5-14，12）。标本J1：12，腹部饰弦纹。口径111.6、残高6.5厘米（图5-14，11）。标本J1：13，腹部饰弦纹。口径40.2、残高4.3厘米（图5-14，14）。标本J1：14，素面。口径70.4、残高6.6厘米（图5-14，13）。标本J1：15，腹部饰弦纹。口径78.2、残高8厘米（图5-14，9）。

窄沿盆　泥质灰陶，窄沿，弧腹，素面。标本J1：16，口微敞，卷沿，方唇。口径34.4、残高5.3厘米（图5-14，15）。标本J1：17，口微敛，折沿，圆唇，唇下有一周凸起的台棱，腹壁斜直，台棱下有一圆形穿孔。口径64、残高16厘米（图5-14，16）。

直口瓮　泥质灰陶，直口，圆唇，束颈，圆肩。标本J1：19，肩部饰“〉”形纹、重圈半圆纹及菱形纹，口径33.2、残高9.6厘米（图5-14，24）。标本J1：20，肩部饰重圈半圆纹及“V”形纹。口径36.4、残高9.8厘米（图5-14，23）。

敛口瓮　泥质灰陶，敛口，平沿，矮颈，圆肩。标本J1：4，口径13.6、残高7.8厘米（图

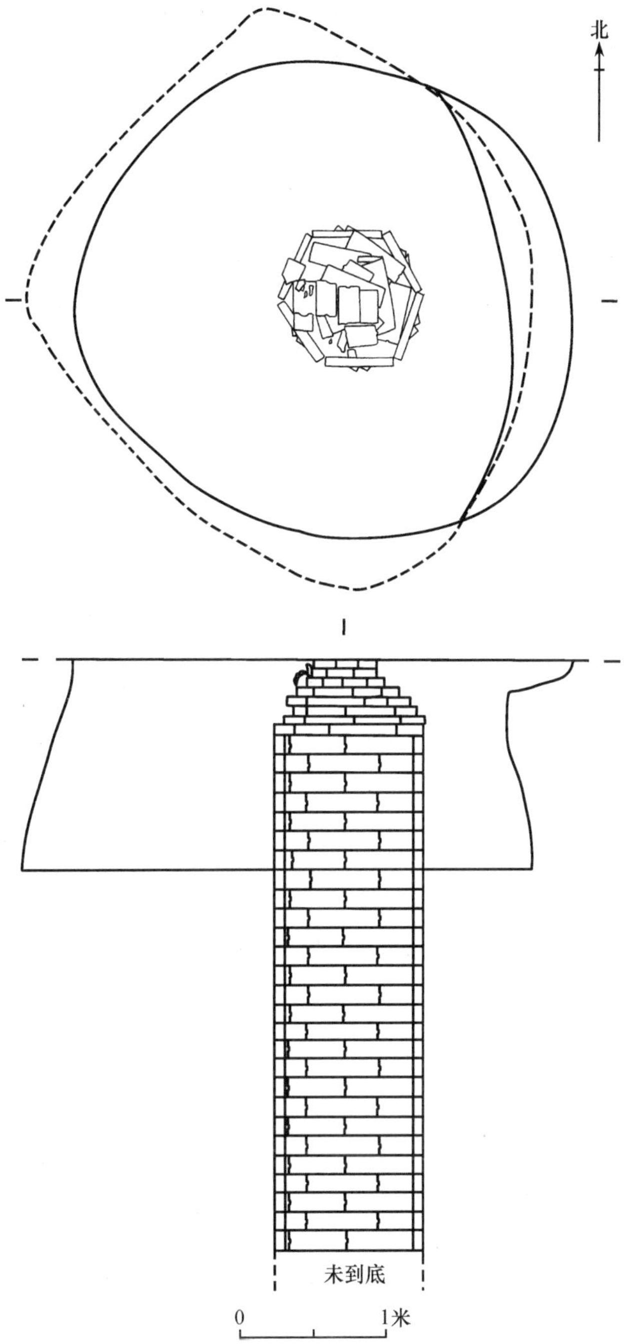

图5-13　J2平、剖面图

5-14，7）。标本J1：5，肩部饰“〉”形纹、重圈半圆纹及“V”形纹。口径25.2、残高6.2厘米（图5-14，5）。标本J1：6，泥质灰陶。矮领，圆肩，肩部饰“〈”形纹。口径15.2、残高5.6厘米（图5-14，6）。

筒瓦　泥质灰陶。瓦舌外卷或近直，器表饰细绳纹。标本J1：21，残，瓦舌外卷且较长，内侧饰布纹。残长19.5、宽14厘米（图5-14，21）。标本J1：22，残，瓦舌外卷且较长，内侧素面。残长7.4、宽14厘米（图5-14，18）。标本J1：23，残，瓦舌外卷且较长，内侧素面。残

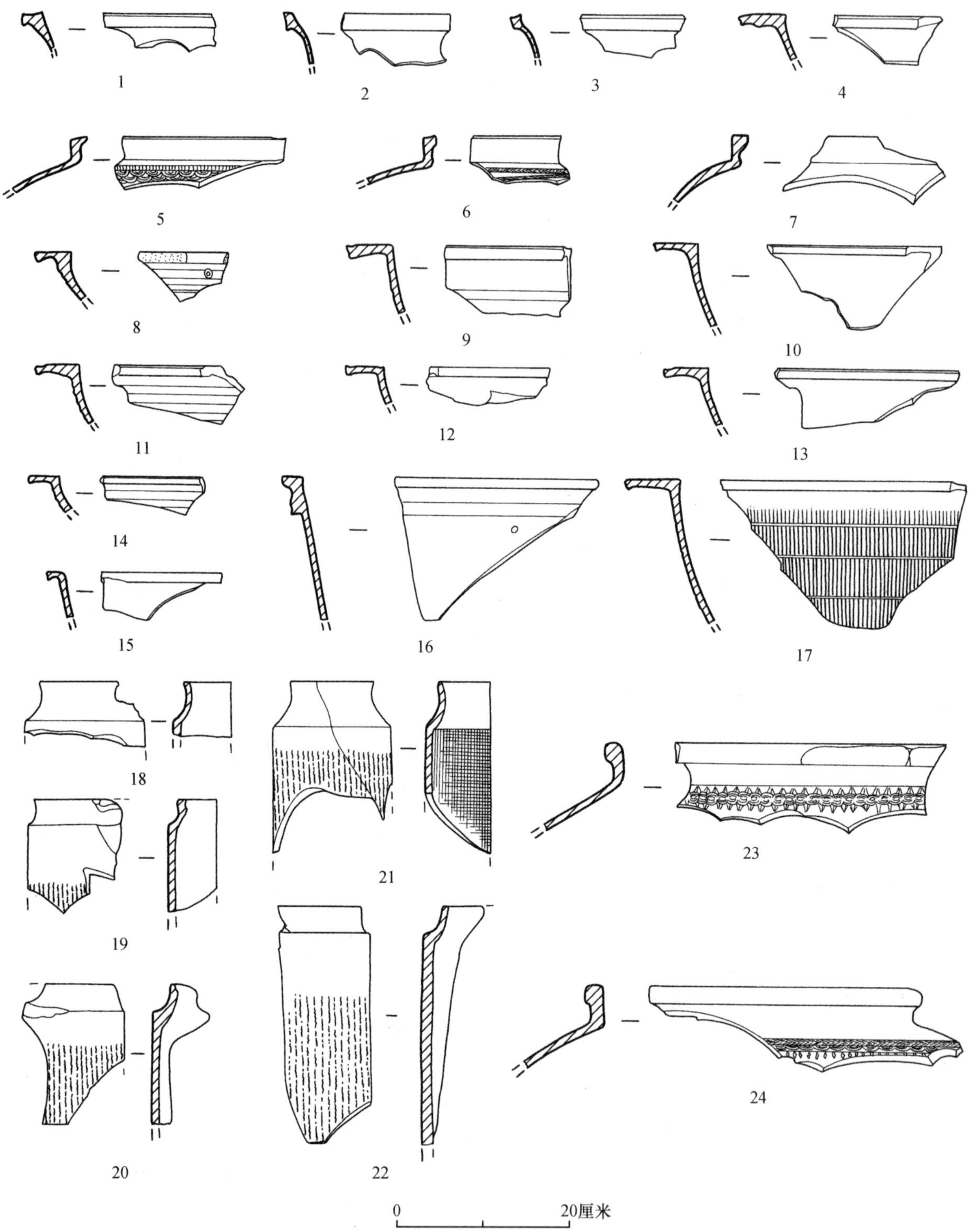

图5-14　J1出土遗物

1～3. 罐（J1：1、J1：2、J1：3）　4、8～14、17. 宽沿盆（J1：9、J1：8、J1：15、J1：10、J1：12、J1：11、J1：14、J1：13、J1：7）　5～7. 敛口瓮（J1：5、J1：6、J1：4）　15、16. 窄沿盆（J1：16、J1：17）　18～22. 筒瓦（J1：22、J1：23、J1：24、J1：21、J1：25）　23、24. 直口瓮（J1：20、J1：19）

长12.6、残宽10.8厘米（图5-14，19）。标本J1：24，残。瓦舌近直且较短，内侧素面。残长16、残宽12厘米（图5-14，20）。标本J1：25，残，瓦舌外卷且较长，内侧饰布纹。残长27、宽11.2厘米（图5-14，22）。

（三）墓　葬

M1

1. 墓葬形制

M1位于T0201中南部偏西，开口于第2层下，向下打破生土，口部距地表0.55米，方向206°。该墓为斜坡墓道砖室墓，平面形状近刀形，墓室宽于墓道。由墓道、墓门、甬道和墓室四部分组成（图5-15）。

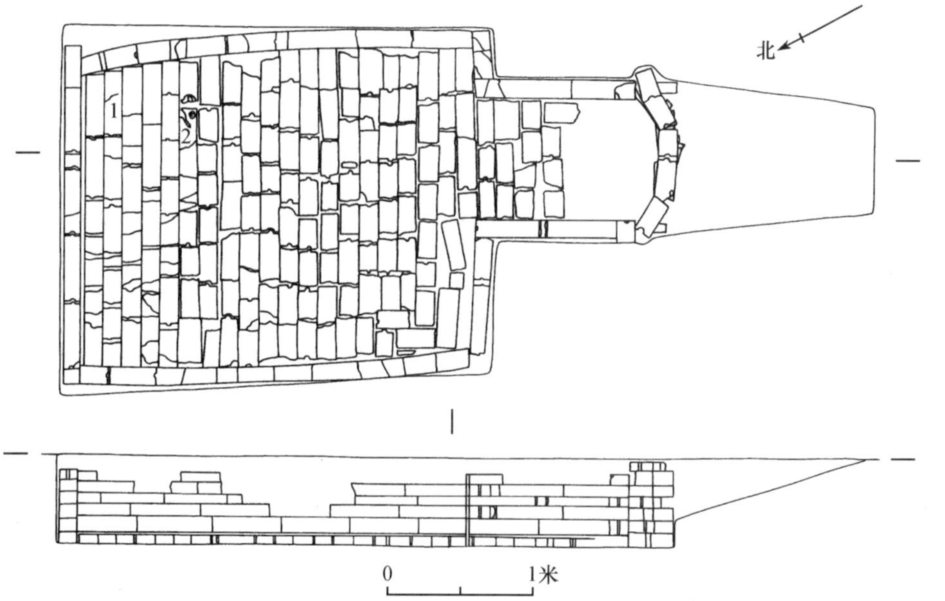

图5-15　M1平、剖面图

1. 铜饰件　2. 铜钱

墓道　位于墓室南端偏东处，平面呈梯形，东西两壁为直壁，斜坡底。口长1.35、宽0.7～1、坡长1.4米，深0～0.4米，坡度16°。

墓门　位于甬道南端，已遭破坏，宽1、残高0.48米。由长方形子母砖横平砖错缝叠砌而成，残存6层。砖残长18～20、宽13、厚5.5～7厘米，侧面模印有多重菱形与竹节复合纹、菱形钱币复合纹、网格纹、斜十字交叉纹及波折纹等纹饰。

甬道　位于墓室南端偏东处，顶部已遭破坏，平面呈长方形，宽0.8、进深1.06、残高0.52米。东西两壁均残留有5层壁砖，均为长方形子母砖顺平砖错缝叠砌而成。砖长44～45、宽

12、厚7～9厘米，侧面模印有青龙朱雀纹、多重菱形纹、斜十字交叉纹、波折纹以及多重菱形与斜十字交叉复合纹、波折与同心圆复合纹等纹饰。底部北端残留有铺地砖，由大小不一的残子母砖横向错缝平铺而成。

墓室　位于用到北端，顶部已遭破坏，平面呈长方形，长2.62、宽1.9～2.05、残高0.52米。周围四壁均残留有层数不等的壁砖，由长方形子母砖顺平砖错缝叠砌而成。底部由大小不一的残子母砖横向错缝平铺而成。砖残长11～40、宽12～13、厚5.5～6厘米，侧面模印有多重菱形纹及波折纹等纹饰。

填土　填土为黄褐色，土质较硬，结构致密。

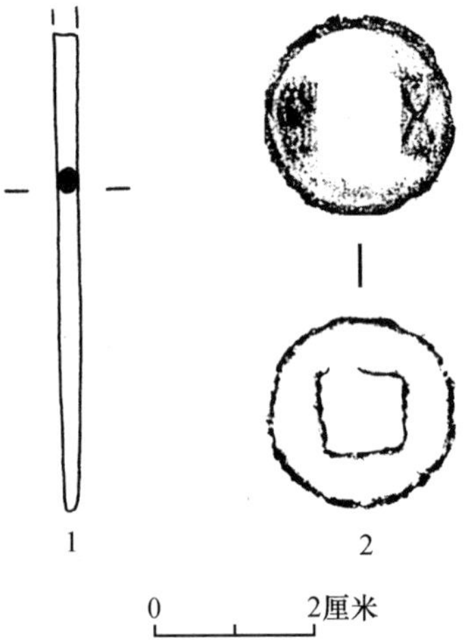

图5-16　M1出土遗物
1. 铜饰件（M1：1）　2. 铜钱（M1：2）

葬具　不详。

葬式、性别及年龄　墓地为发现人骨，葬式、性别及年龄均不详。

2. 随葬品

铜饰件　1件。M1：1，位于墓室东北角残，呈棒状，横断面为圆形。残长5.8厘米（图5-16，1）。

铜钱　1枚。M1：2，位于墓室东北角。五铢钱，圆形，方穿，边缘有郭。篆文“五铢”，“五”字交笔弯曲。“铢”字的“金”字头呈三角形，“朱”首方折。钱径2.5、穿宽1厘米，重1.9克（图5-16，2）。

M2

1. 墓葬形制

M2位于T0101西北部及扩方区，开口于第2层下，向下打破生土，口部距地表0.5米，方向205°。该墓为斜坡墓道砖室墓，平面形状近刀形，墓室宽于墓道。由墓道、墓门、甬道和墓室四部分组成（图5-17；图版一六，2）。

墓道　位于墓室南端偏东处，平面近长方形，东西两壁为直壁，斜坡底。底部南端有一级台阶，宽0.88米。开口长3.3、宽1～1.06、坡长3.58米，深0～1.2米，坡度37°。

墓门　位于甬道南端，已遭破坏，宽1.44、残高1.2米。由长方形子母砖横平砖错缝叠砌而成，残存4层。砖残长33～45、宽13、厚9～10厘米，侧面模印有多重菱形纹、菱形卷云复合纹等纹饰。

甬道　位于墓室南端偏东处，顶部已遭破坏。平面呈长方形，宽0.94、进深0.96、残高1.32米。东西两壁均残留有4层壁砖，均为长方形子母砖顺平砖错缝叠砌而成。砖长47～48、宽

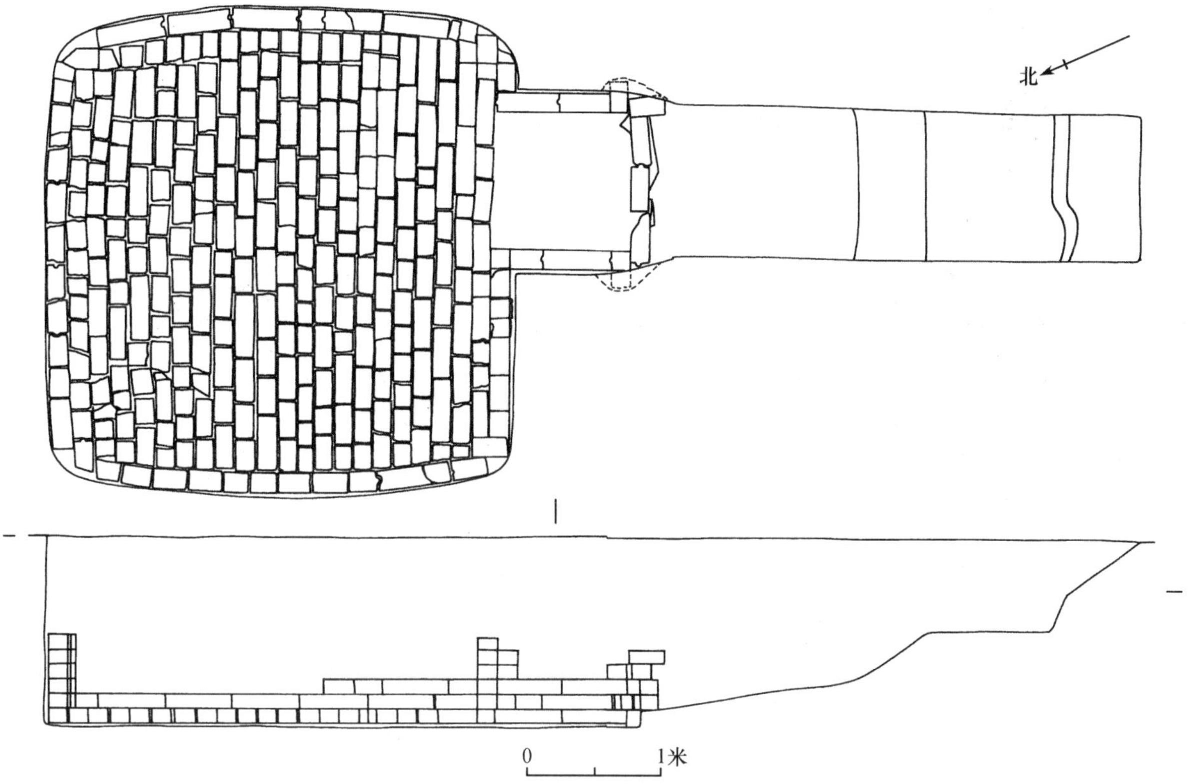

图5-17　M2平、剖面图

14、厚10厘米，侧面模印有多重菱形与竹节复合纹、菱形卷云复合纹等纹饰。底部无铺地砖。

墓室　位于用到北端，顶部已遭破坏，平面呈弧边长方形，长3.12、宽3.04、残高1.19米。周围四壁均残留有层数不等的壁砖，均由长方形子母砖顺平砖错缝叠砌而成。底部由大小不一的残子母砖横向错缝平铺而成。砖残长10～45、宽12～13、厚10厘米，侧面模印有斜十字交叉纹等纹饰。墓室底部长3.12、宽3.04、深1.2米。

填土　填土为黄褐色，土质较硬，结构较致密。

葬具　不详。

葬式、性别及年龄　墓地为发现人骨，葬式、性别及年龄均不详。

2. 随葬品

铜钱　6枚。位于墓室东南部，钱外郭磨损严重，较轻薄。圆形，方穿，边缘有郭。篆文“五铢”，“五”字交叉两笔弯曲。“铢”字的“金”字头呈三角形，“朱”首圆折，字迹模糊。其中4枚保存较好，2枚残损严重。标本M2：1-1，钱径2.55、穿宽0.9厘米，重2克（图5-18，1）。标本M2：1-3，钱径2.5、穿宽1厘米，重2.05克（图5-18，2）。标本M2：1-5，钱径2.3、穿宽1厘米，重1.6克（图5-18，3）。标本M2：1-6，钱径2.3、穿宽1厘米，重2.4克（图5-18，4）。

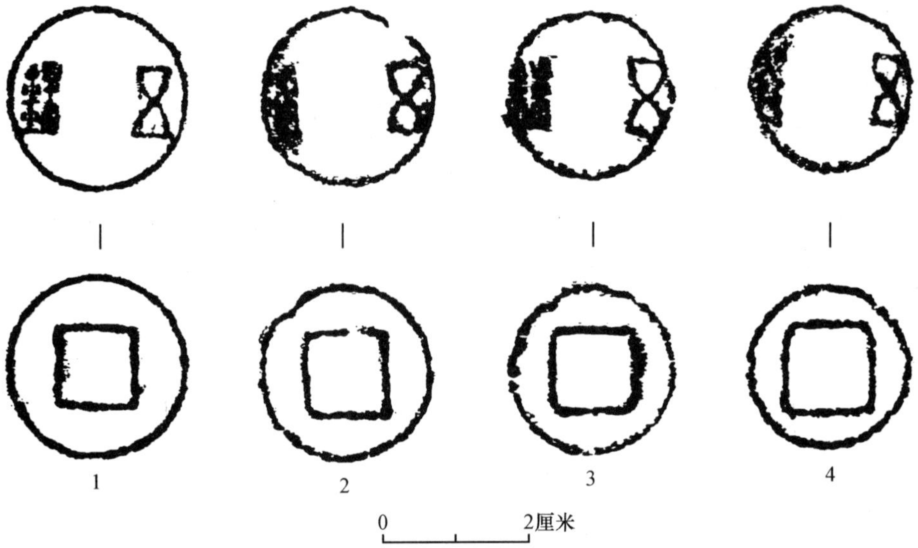

图5-18　M2出土铜钱拓本

1～4. 五铢（M2：1-1、M2：1-3、M2：1-5、M2：1-6）

M3

1. 墓葬形制

M3位于T0703西南部及扩方区，开口于第2层下，打破M5，口部距地表0.4米。该墓为斜坡墓道砖室墓，平面形状呈“甲”字形，墓室宽于墓道，方向205°。由墓道、墓门、甬道和墓室四部分组成（图5-19；图版一六，3）。

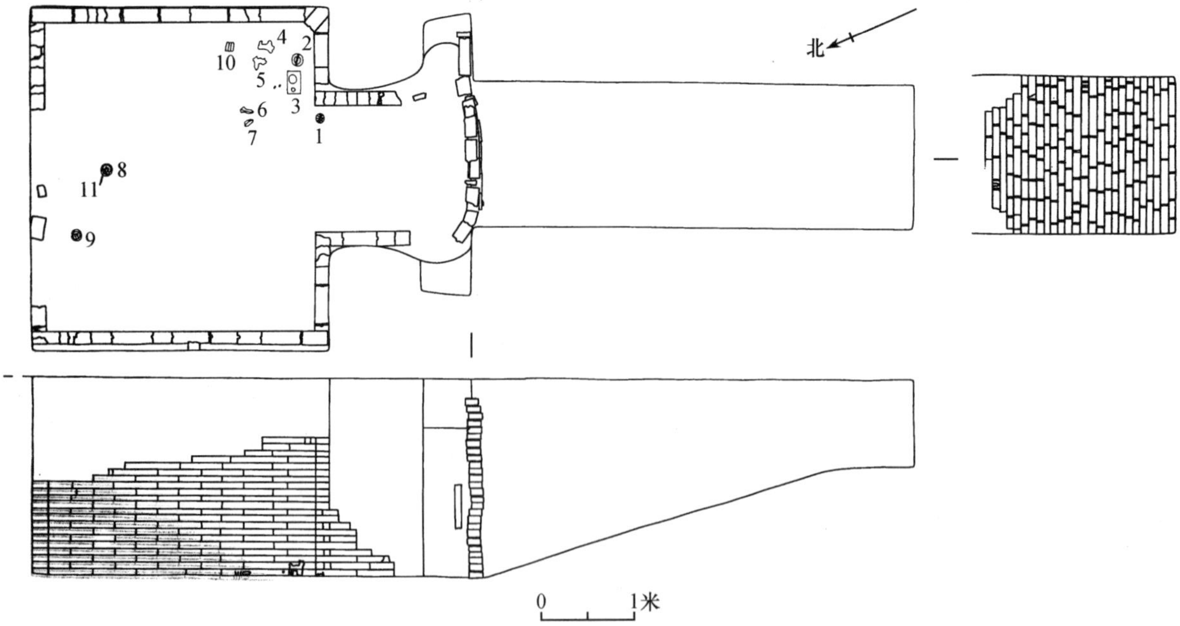

图5-19　M3平、剖面图

1. 磨　2. 井　3. 灶　4. 狗　5. 鸡　6、7. 猪　8、9. 器盖　10. 碓　11. 铜钱（64枚）

墓道　位于墓室及甬道南端，平面呈长方形，东西两壁为直壁，斜坡底。底部南端为平底，长0.78米。墓道口长4.58、宽1.47米，坡长3.86米，深0.88～2米，坡度16°。

墓门　位于甬道南端，已遭破坏，宽2.22、残高2米。其东西两侧在距墓底1.5米处均向外扩一"U"形平台。据此结构推测，"U"形平台上当时很可能放置有石质门楣，其下为门柱和门扉，但均已被破坏。墓门外残存一道封门墙，由长方形残子母砖横平砖错缝叠砌而成，残存26层，残高1.8米。封门砖残长12～43、宽13、厚6～7厘米，其单长侧面模印纹饰同壁砖。

甬道　位于墓室南端，顶部已遭破坏，平面呈长方形，宽1.28、进深1.12米，高度不详。东西两壁均残留有壁砖，均为长方形子母砖顺平砖错缝叠砌而成。砖长46、宽14、厚6厘米，侧面模印有斜十字交叉纹、波折与菱形复合纹等纹饰。底部无铺地砖。

墓室　位于甬道北端，顶部已遭破坏，平面呈长方形，长3.15、宽2.82、残高1.5米。周围四壁残留有层数不等的壁砖，均由长方形子母砖顺平砖错缝叠砌而成。底部无铺地砖。

填土　填土为黄褐色，土质较软，结构较疏松。

葬具　不详。

葬式、性别及年龄　墓地为发现人骨，葬式、性别及年龄均不详。

2. 随葬品

磨　1件。M3：1，位于墓室东南部。泥质灰陶，模制。平面呈圆形，分上下两扇，上扇正中凸起一周圆棱，中间有一隔梁，隔梁两侧的沟槽正中各有一圆孔，一侧有磨柄。下扇中部隆起有一圆形磨脐，底部内凹。上下扇表面模印有辐射状线纹。直径10、通高4.4厘米（图5-20，5；图版一七，1）。

井　1件。M3：2，位于墓室东南部。泥质灰陶。由井筒、井架和井亭三部分组成。井筒呈亚腰状，平底，井架斜立井筒之上，井架之上有井亭，为两面坡顶。井筒口径10、底径9、高8.4厘米，井架高7、井亭高4.2、通高19.6厘米（图5-20，6；图版一七，2）。

灶　1件。M3：3，位于墓室东南部。泥质灰陶。平面呈长方形，灶面上有一大一小两个连体釜，釜周围饰有钩、盘等图案。灶体一端有挡火墙，另一端有低矮烟囱，灶门位于挡火墙下，呈长方形。灶体长21、宽13、高9.2厘米（图5-20，4；图版一七，3）。

狗　1件。M3：4，位于墓室东南部。泥质灰陶，空心，合模制成。呈站立状，四腿直立，昂首，正视前方，双耳直立，颈部及腹部带有项圈等狗具，尾残。长18、高15.6厘米（图5-20，10；图版一七，4）。

鸡　1件。M3：5，位于墓室东南部。泥质灰陶，空心，合模制成。昂首，高冠，尖嘴，尾巴上翘，呈站立状。长12.8、高15.2厘米（图5-20，9；图版一七，5）。

猪　2件。位于墓室东南部。泥质灰陶，空心，合模制成。M3：6，呈站立状，昂首，短嘴，双目圆睁，两耳较小，鬃毛长而竖起。长11.9、高6.6厘米（图5-20，8；图版一七，6）。M3：7，呈站立状，俯首，短嘴。长11.2、高6.4厘米（图5-20，7）。

图5-20　M3出土遗物

1、2. 器盖（M3：9、M3：8）　3. 碓（M3：10）　4. 灶（M3：3）　5. 磨（M3：1）　6. 井（M3：2）　7、8. 猪（M3：7、M3：6）　9. 鸡（M3：5）　10. 狗（M3：4）

器盖　2件。位于墓室北部。泥质灰陶，形制相同。博山形，盖顶俯卧一狗，首尾相连，呈蜷曲状。M3：8，直径13、高3.8厘米（图5-20，2）。M3：9，直径12.8、高3.8厘米（图5-20，1）。

碓　1件。M3：10，位于墓室东南部。泥质灰陶，由扶架及杵组成，杵置于扶架正中。扶架残长8.4、宽6、高4.2、杵长16.8厘米（图5-20，3）。

铜钱　64枚。分散于墓底淤土中。保存较差，大多残损严重。

五铢钱　圆形，方穿，边缘有郭。篆文“五铢”，“五”字交叉两笔弯曲。“铢”字的“金”字头呈三角形，四竖点较长，“朱”首圆折或方折。铸造质量较好，字文清晰。标本M3：11-1，钱径2.55、穿宽0.9厘米，重2.8克（图5-21，1）。标本M3：11-2，钱径2.55、穿宽

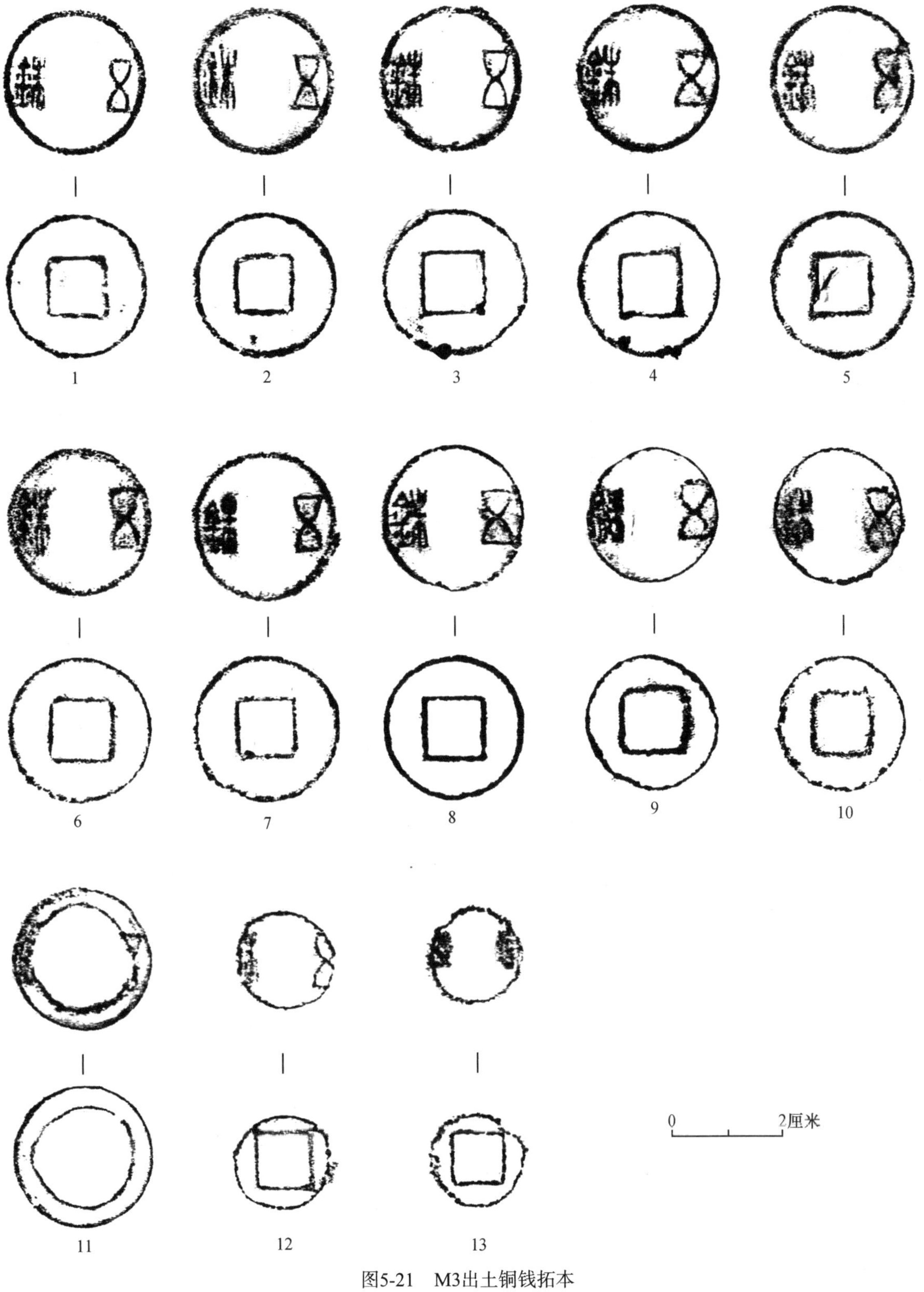

图5-21　M3出土铜钱拓本

1～10. 五铢（M3：11-1、M3：11-2、M3：11-6、M3：11-9、M3：11-13、M3：11-27、M3：11-28、M3：11-33、M3：11-35、M3：11-46）　11. 綖环五铢（M3：11-48）　12、13. 剪轮五铢（M3：11-54、M3：11-58）

0.9厘米，重2.2克（图5-21，2）。标本M3：11-6，钱径2.6、穿宽0.9厘米，重2.9克（图5-21，3）。标本M3：11-9，钱径2.55、穿宽0.9厘米，重3克（图5-21，4）。标本M3：11-13，钱径2.6、穿宽0.9厘米，重3.1克（图5-21，5）。标本M3：11-25，钱径2.55、穿宽1厘米，重2.3克。标本M3：11-27，钱径2.6、穿宽0.9厘米，重2.8克（图5-21，6）。标本M3：11-28，钱径2.5、穿宽0.9厘米，重3克（图5-21，7）。标本M3：11-33，磨郭11-穿背面有郭，钱径2.45、穿宽0.9厘米，重1.8克（图5-21，8）。标本M3：11-35，磨郭，穿背面有郭。钱径2.4、穿宽0.9厘米，重2.2克（图5-21，9）。标本M3：11-46，磨郭，穿背面有郭。钱径2.3、穿宽0.9厘米，重2克（图5-21，10）。

剪轮五铢　钱径较小，边缘无郭，穿背面有郭，“五铢”二字大多较模糊。标本M3：11-54，钱径1.75、穿宽0.9厘米，重0.8克（图5-21，12）。标本M3：11-58，钱径1.7、穿宽0.8厘米，重0.7克（图5-21，13）。

綖环五铢　标本M3：11-48，边缘有郭，穿及部分肉被凿去，“五铢”二字仅剩部分。钱径2.5厘米，重1.4克（图5-21，11）。

M5

1. 墓葬形制

M5位于T0703中北部，开口于第2层下，被M3打破，口部距地表0.4米，方向210°。该墓为斜坡墓道砖室墓，平面形状呈“甲”字形，墓室宽于墓道。墓道和墓门已被M3破坏，现存甬道和墓室两部分（图5-22）。

甬道　位于墓室南端，拱顶，已遭破坏，平面呈长方形，宽1.28、残长1.56、残高1.86米。东西两壁残留有壁砖，均为长方形子母砖顺平砖错缝叠砌而成。底部无铺地砖。

墓室　位于甬道北端，顶部已遭破坏，平面呈长方形，长2.91、宽2.82、残高0.6米。墓室西北部发现盗洞一处，平面呈圆形，直径0.7米。墓室四壁残留有层数不等的壁砖，均由长方形子母砖顺平砖错缝叠砌而成。砖为长44～45、宽13、厚6～8厘米，侧面模印有斜十字交叉纹。底部无铺地砖。

填土　填土为黄褐色，土质较软，结构较疏松。

葬具　不详。

葬式、性别及年龄　墓地为发现人骨，葬式、性别及年龄均不详。

2. 随葬品

玉剑首　1件。M5：1，位于墓底东壁一侧偏南处。青玉，沁色，平面呈圆形，前部隆起，中间残留有铁质剑柄。直径4.2、厚1.1厘米（图5-23）。

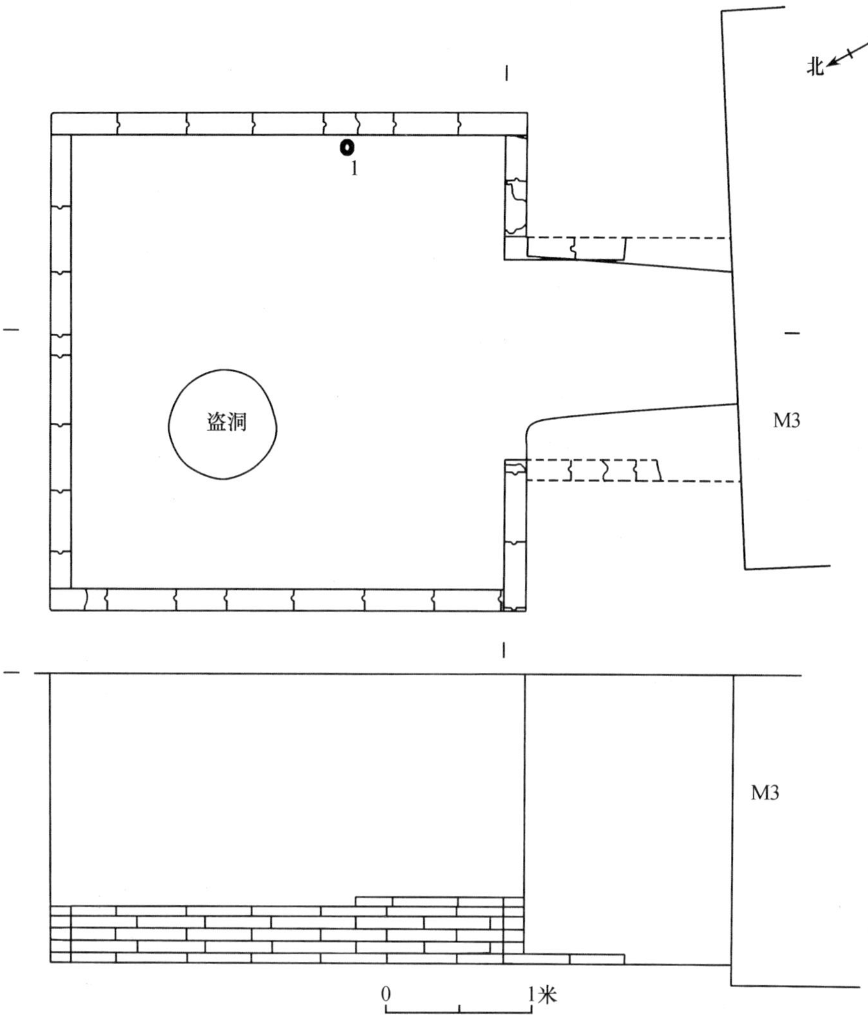

图5-22　M5平、剖面图

1. 玉剑首

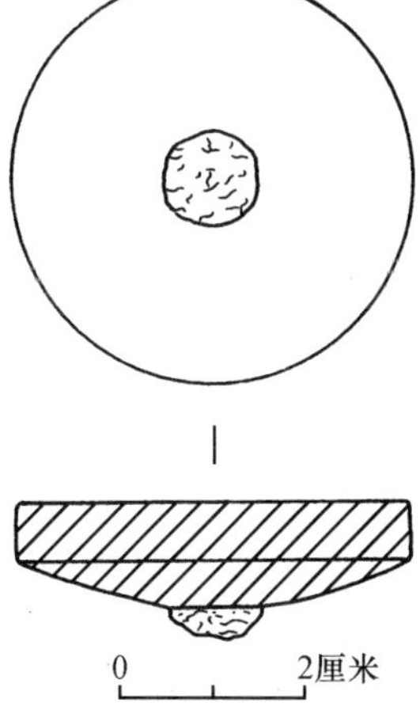

图5-23　M5出土遗物

玉剑首（M5：1）

M8

1. 墓葬形制

M8位于T2208东北部及扩方区，开口于第2层下，向下打破生土，口部距地表0.35米，方向25°。该墓为斜坡墓道砖室墓，平面形状呈近刀形，墓室宽于墓道。由墓道、墓门、甬道、墓室和耳室五部分组成（图5-24）。

墓道　位于墓室北端偏东处。平面近长方形，直壁，斜坡底。底部北端有一台阶，宽0.8、高0.86米。口部长3、宽0.72～0.84米，坡长2.46米，深2.5米，坡度31°。

墓门　位于甬道北端，已遭破坏，宽0.84米，高度不详。

甬道　位于墓室北端偏东处，顶部已遭破坏。平面呈长方形，宽1.02、进深0.68米，高度不详。

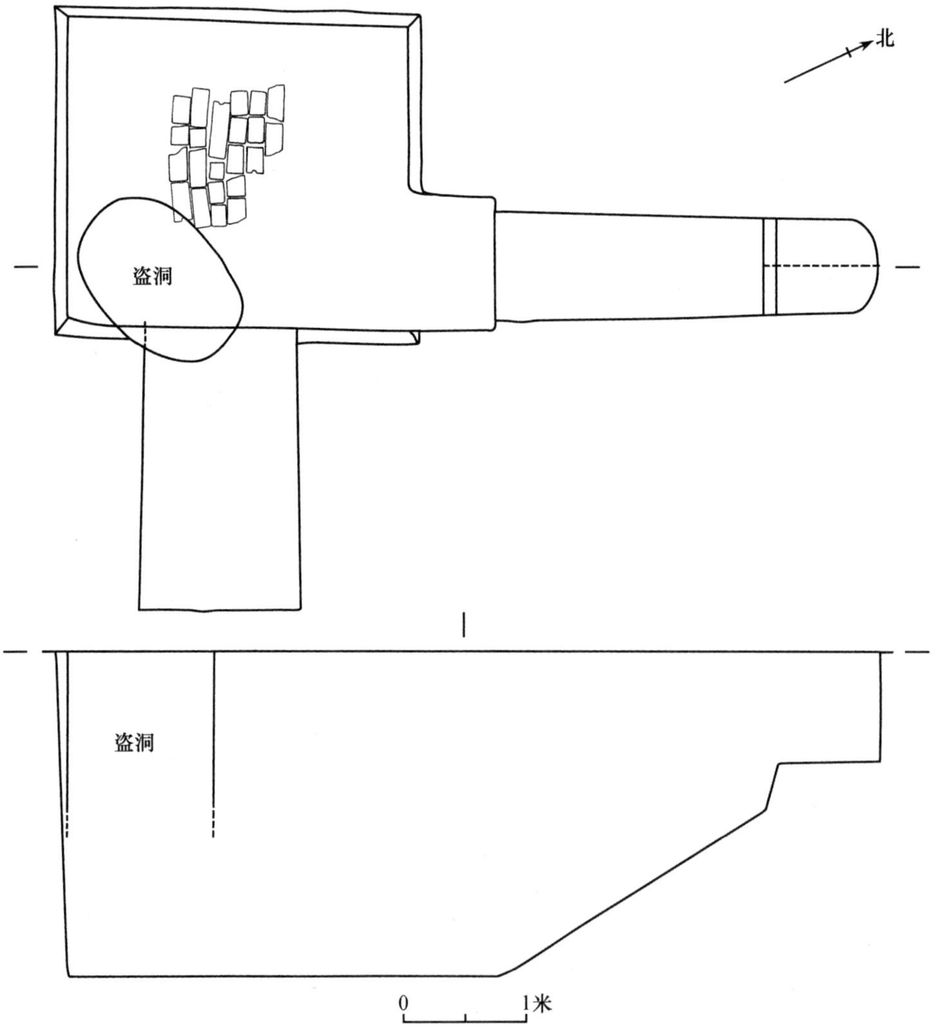

图5-24　M8平、剖面图

墓室　位于甬道南端，顶部已遭破坏。平面呈长方形，长2.72、宽2.37米，高度不详。周围四壁均无壁砖，底部中部偏南残存有铺地砖，为残子母砖横向错缝平铺。砖残长16～31、宽14、厚7厘米，侧面模印有斜十字交叉纹。在墓室东南角及耳室西南角发现盗洞一处，平面呈椭圆形，长径1.42、短径0.98米。

耳室　位于墓室东壁偏南，平面呈长方形，宽0.88～0.92、进深2米，高度不详。底部较墓底高出0.08米。其中东部残存有壁砖，长44、宽13、厚6～7厘米，侧面模印有斜十字交叉与同心圆复合纹。底部无铺地砖。

填土　填土呈灰褐色，土质较软，结构较疏松，包含有碎砖渣等。

葬具　不详。

葬式、性别及年龄　墓地为发现人骨，葬式、性别及年龄均不详。

2. 随葬品

盗扰严重，未见随葬品。

四、宋金时期文化遗存

宋金时期文化遗存均为墓葬，共发现2座，即M11、M12。

（一）M11

1. 墓葬形制

M11位于T2203西南部及扩方区。开口于第2层下，被M7打破，距地表深0.56米，方向183°。该墓为斜坡墓道砖室墓，平面形状呈“凸”字形，墓室宽于墓道。由墓道、墓门和墓室三部分组成（图5-25；图版一八，3、4）。

墓道　位于墓室南端。平面呈梯形，直壁，斜坡。口部长2.6、宽1.3～1.6、坡长1.85、深1.3～2.38米，坡度36°。墓道北端距口部2.53米处有一台阶，南北长0.25、高0.55米；南端距口部1.3米处为平底，南北长0.86米。

墓门　位于墓室南端。砖券门楼结构，由门框、门颊、门楣、门额及门脊等五部分组成。其中，门框、门楣及门额部分涂抹有白灰泥面，其上似有彩绘图案，但脱落严重已无法辨识。门框由平砖砌成，门框之外由8层立砖构成门颊。门洞上部由立砖起券一道与两层平砖共同构成门楣，门楣之上由5层平砖错缝砌出门额，门额上部由12层平砖错缝砌出门脊。门楼残高3.07、颊宽0.19米，门道高1.82、宽1.25、进深0.48米。门道内残存有封门墙一堵，由长方形砖及子母砖混合搭配，上下错缝平砌而成，残存17层，残高1.02米。

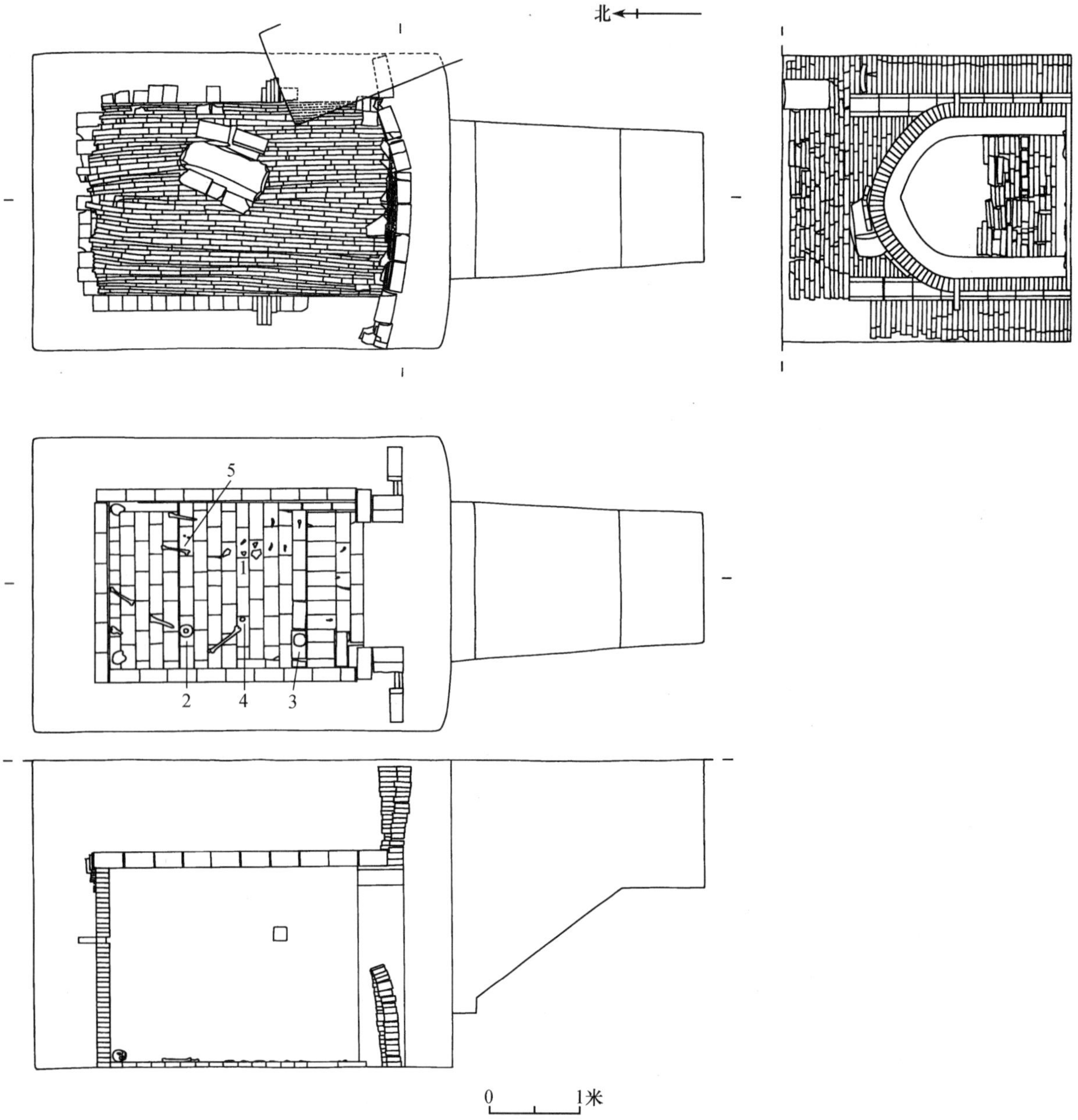

图5-25　M11平、剖面图

1. 瓷碗　2. 瓷碟　3. 瓷盏托　4. 瓷盅　5. 铜钱（2枚）

墓室　位于墓道北端。砖券结构，拱顶。口部平面呈长方形，长2.8、宽1.94米。顶部由长方形砖纵向错缝起券而成，东、西、北三壁均为直壁，东西两壁由长方形砖错缝平砌至1.21米处开始起券，底部由长方形砖横向错缝平铺而成。砖长30、宽14、厚4.5厘米。墓室底部较墓道底部深0.5米。墓室底长2.78、宽1.64、高1.94米。墓室内壁均涂抹有白灰泥面，厚约1厘米，其上图案脱落严重无法辨识。墓室顶部中东部有一长方形石板，石板所压之处顶砖无存，据此推测，该墓墓主人下葬后不久，该墓即已被盗，其亲属发现后用石板将盗洞封住，形成现状。盗洞平面呈长方形，长0.8、宽0.4米，石板长92、宽40、厚26厘米。

填土　填土呈灰褐色，土质较软，结构较疏松，包含有碎砖渣等。

葬具　据出土的铁质棺钉推测，葬具为木棺。

葬式、性别及年龄　墓内发现两个头骨，推测为夫妻合葬墓。由于人骨凌乱，保存较差，葬式与年龄不详。

2. 随葬品

瓷碗　1件。M11：1，位于墓室底部东侧。敞口，圆唇，弧腹，圈足。下腹部饰两周凹弦纹。红胎，器表釉不及底，内壁全釉，器表上腹部施白釉，下腹部施酱褐色釉，内壁施白釉，器表口部及内壁底部各有两周酱褐色釉圈带。口径17.6、底径6.8、高6厘米（图5-26，4；图版一九，1）。

瓷碟　1件。M11：2，位于墓室底部西侧。口微敞，圆唇，弧腹，圈足。红胎，白釉，器表及内壁皆施全釉。口径11.9、底径5.2、高2.9厘米（图5-26，3；图版一九，2）。

瓷盏托　1件。M11：3，位于墓室底部西侧。敞口，圆唇，折腹，圈足。红胎，黄褐色釉，器表及内壁皆施半釉。口径13、底径5.2、高2.6厘米（图5-26，1；图版一九，3）。

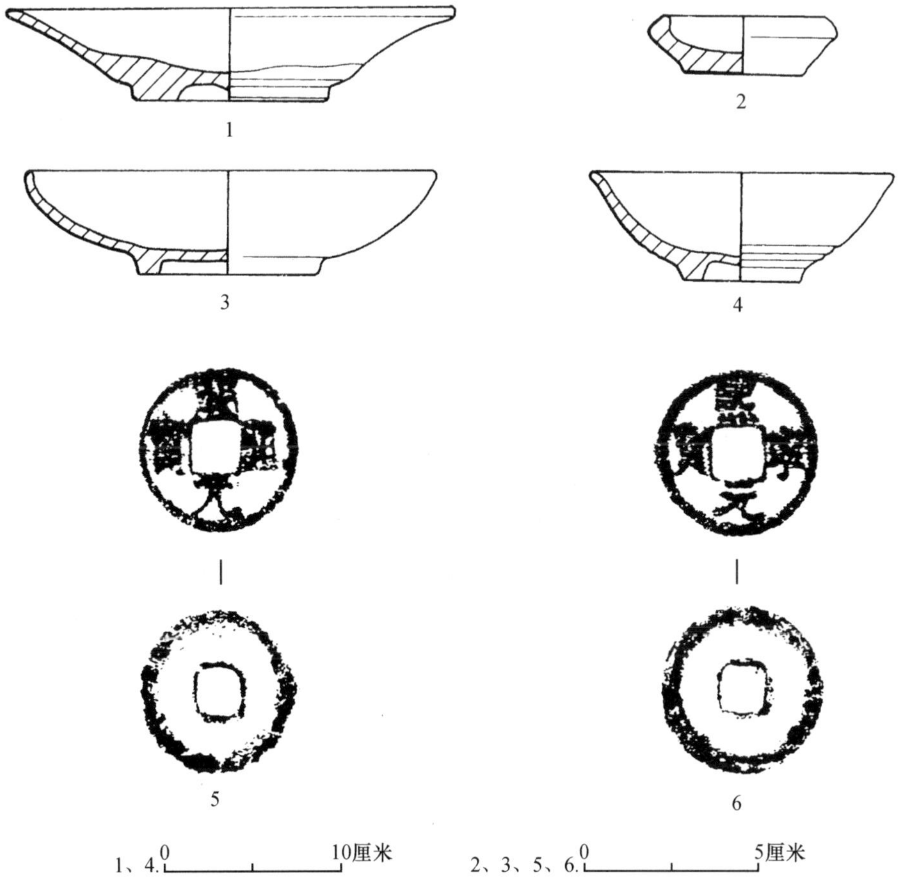

图5-26　M11出土遗物及铜钱拓本

1. 瓷盏托（M11：3）　2. 瓷盅（M11：4）　3. 瓷碟（M11：2）　4. 瓷碗（M11：1）　5. 开元通宝（M11：5-1）　6. 熙宁元宝（M11：5-2）

瓷盅　1件。M11：4，位于墓室底部西侧。直口，圆唇，浅腹，平底。夹砂红胎，青灰色釉，内壁施半釉，器表及口部露胎。口径4.8、底径3.6、高1.6厘米（图5-26，2；图版一九，4）。

铜钱　2枚。位于墓室底部东侧。圆形，方穿，钱边缘有外郭，穿正反面皆有郭。M11：5-1，开元通宝，钱文隶书，直读。钱径2.3、穿宽0.65厘米，重3克（图5-26，5）。M11：5-2，熙宁元宝，钱文楷书，旋读。钱径2.4、穿宽0.6厘米，重3.5克（图5-26，6）。

（二）M12

1. 墓葬形制

M12位于T2203东北部。开口于第二层下，被M10打破，口部距地表0.56米，方向200°。该墓为竖穴土坑砖室墓（图5-27）。

墓室　平面呈长方形，砖砌墓室建于土圹之中。口部长2.74、宽1.2～1.32米。砖室顶部已遭破坏，从南端残存情况看，先由4层青砖逐层内收，平铺垒砌，之上又叠压一层侧立青砖。墓壁和墓底皆用残青砖砌成。墓底长2.14、宽0.63～0.91、深1.32米。南壁中部距墓口0.26米处

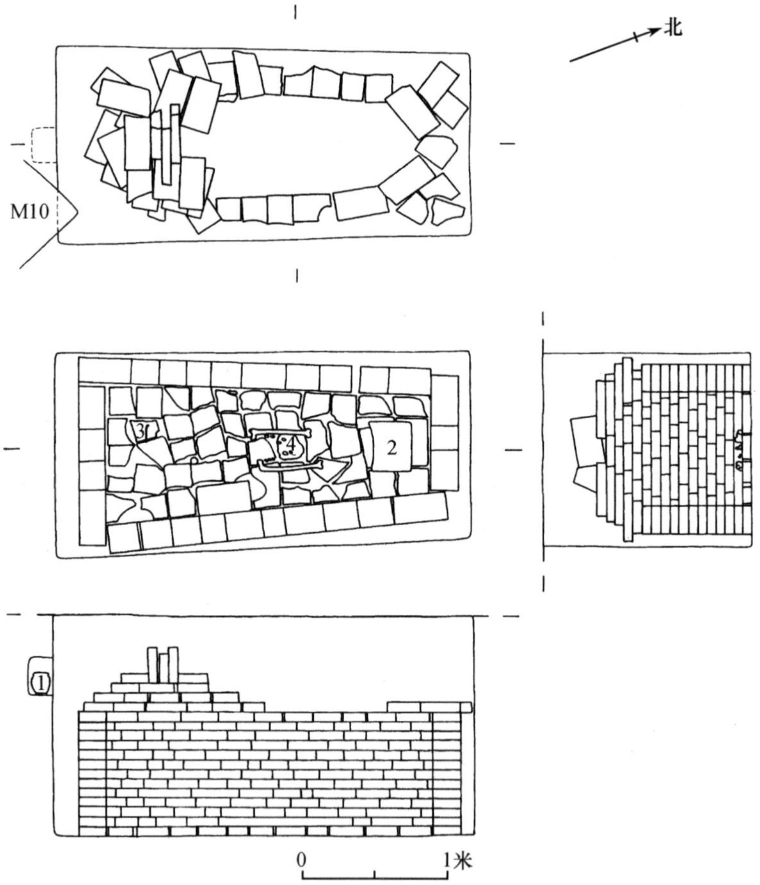

图5-27　M12平、剖面图

1. 瓷罐　2. 买地券　3. 铜发箍　4. 铜钱（9枚）

设有壁龛，平面呈长方形，宽0.22、进深0.16、高0.24米。

填土　填土为黄褐色杂土，土质松软，结构疏松，包含有料姜石等。

葬具　不详。

葬式、性别及年龄　人骨扰乱严重，保存较差。根据骨骼判断，墓主应头南足北，为仰身直肢葬。性别与年龄不详。

2. 随葬品

瓷罐　1件。M12：1，位于壁龛内。敛口，圆唇，弧腹，假圈足，足底被刮削呈五瓣状。腹部饰数周凹弦纹。灰胎，酱褐色釉，器表施半釉，内壁仅口部施釉。口径12.6、腹径14、底径7、高13.6厘米（图5-28，2；图版一九，5）。

买地券　1件。M12：2，位于墓底中北部。泥质灰陶。平面呈长方形，正面有均等的竖向阴刻线界格，界格内的朱砂字迹已脱落，无法辨识。长32.4、宽27.4、厚5.6厘米（图5-28，1）。

铜发箍　1件。M12：3，位于墓底中北部。整体呈薄片长条状，弯曲。长9.7、厚0.06厘米（图5-28，3；图版一九，6）。

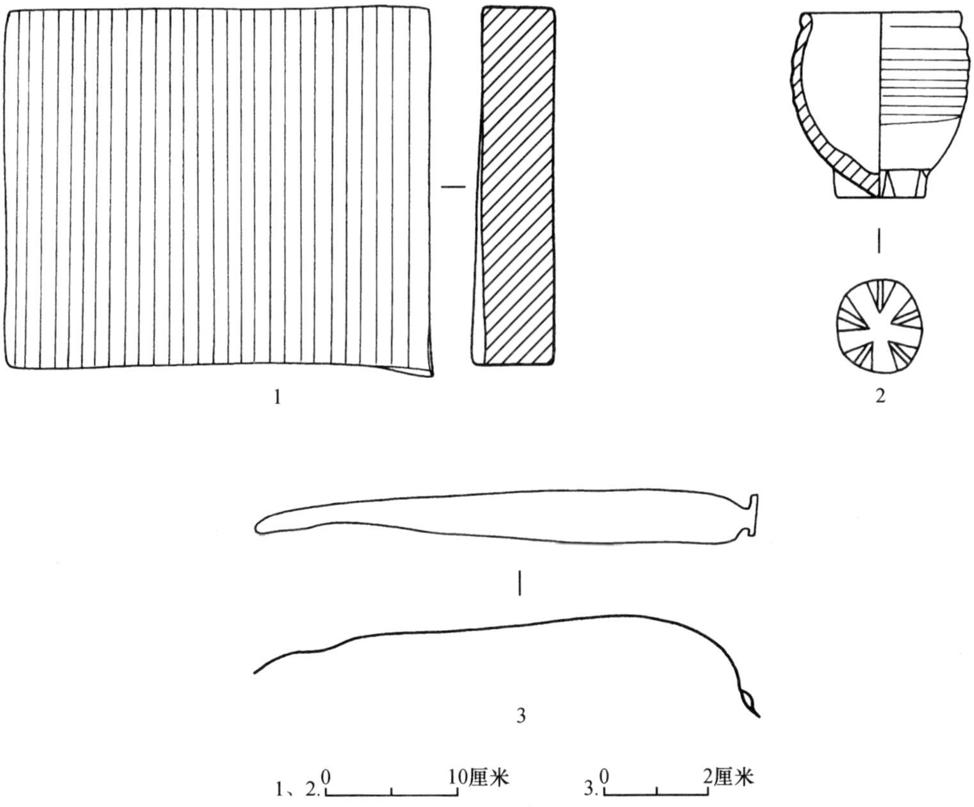

图5-28　M12出土遗物

1. 买地券（M12：2）　2. 瓷罐（M12：1）　3. 铜发箍（M12：3）

铜钱　9枚。位于墓底中北部，皆圆形方穿，外缘有外郭，穿正反面皆有郭。

至道元宝　1枚。M12：4-1，钱文草书，旋读。钱径2.45、穿径宽0.6厘米，重2.9克（图5-29，1）。

祥符通宝　1枚。M12：4-2，钱文楷书，旋读。钱径2.55、穿宽0.6厘米，重4.05克（图5-29，2）。

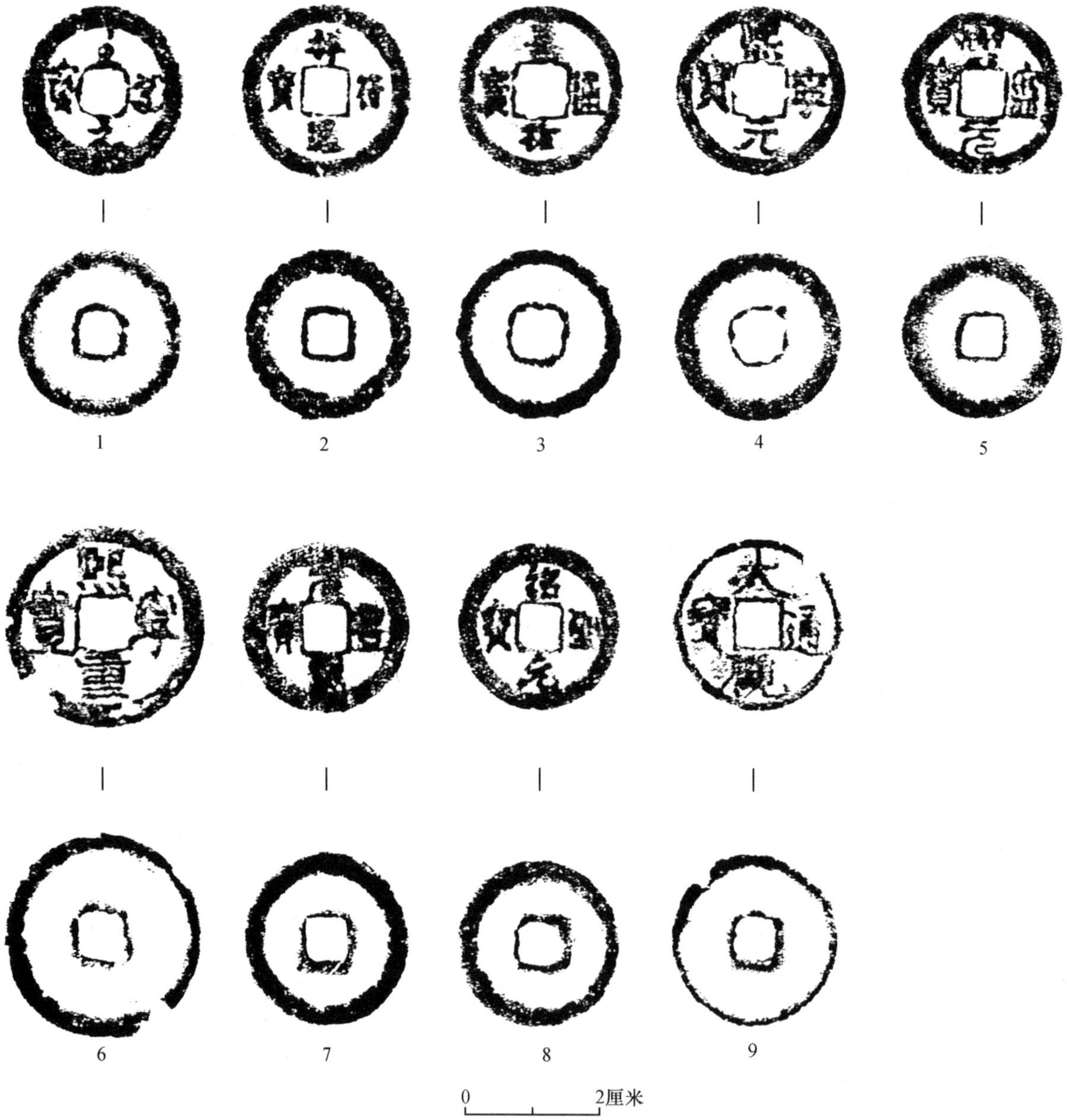

图5-29　M12出土铜钱拓本

1. 至道元宝（M12：4-1）　2. 祥符通宝（M12：4-2）　3. 嘉祐通宝（M12：4-3）　4、5. 熙宁元宝（M12：4-4、M12：4-5）　6. 熙宁重宝（M12：4-6）　7. 元丰通宝（M12：4-7）　8. 绍圣元宝（M12：4-8）　9. 大观通宝（M12：4-9）

嘉祐通宝　1枚。M12：4-3，钱文楷书，直读。钱径2.45、穿宽0.7厘米，重3.2克（图5-29，3）。

熙宁元宝　2枚。M12：4-4，钱文楷书，旋读。钱径2.45、穿宽0.7厘米，重3.5克（图5-29，4）。M12：4-5，钱文篆书，旋读。钱径2.4、穿宽0.6厘米，重4.7克（图5-29，5）。

熙宁重宝　1枚。M12：4-6，钱文隶书，旋读。钱径3、穿宽0.7厘米，重9克（图5-29，6）。

元丰通宝　1枚。M12：4-7，钱文篆书，旋读。钱径2.5、穿宽0.6厘米，重3.2克（图5-29，7）。

绍圣元宝　1枚。M12：4-8，钱文行书，旋读。钱径2.45、穿宽0.6厘米，重3.7克（图5-29，8）。

大观通宝　1枚。M12：4-9，钱文瘦金书，直读。钱径2.5、穿宽0.6厘米，重3克（图5-29，9）。

五、清代文化遗存

清代文化遗存均为墓葬，共发现5座，即M4、M6、M7、M9、M10。

（一）M4

1. 墓葬形制

M4位于T0502西北部。开口于第2层下，向下打破生土，口部距地表0.7米，方向5°。该墓为竖穴土坑墓（图5-30）。

墓室　平面呈长方形，南、北为直壁，东、西略呈斜壁微敛，平底。口长2.54、宽1.1～1.22、底长2.54、宽1.3米，深1.6米。

填土　填土为含黏土颗粒的杂色土，土质较软，结构较疏松，包含有少量料姜石等。

葬具　不详。

葬式、性别及年龄　墓内未发现人骨，葬式、性别及年龄均不详。

2. 随葬品

镇墓瓦　1件。M4：1，位于人骨胸部。泥质灰陶。平面近方形，断面呈弧形，长20.2、宽16、厚1.2厘米。拱面可见朱砂痕迹及墨书文字，由于土沁较重，不能辨识（图5-31）。

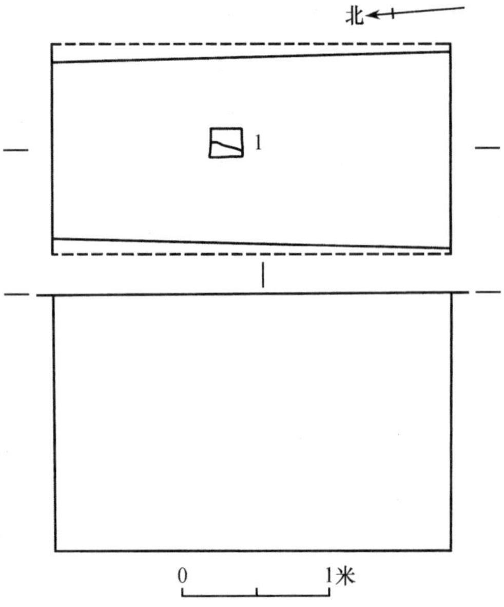

图5-30　M4平、剖面图

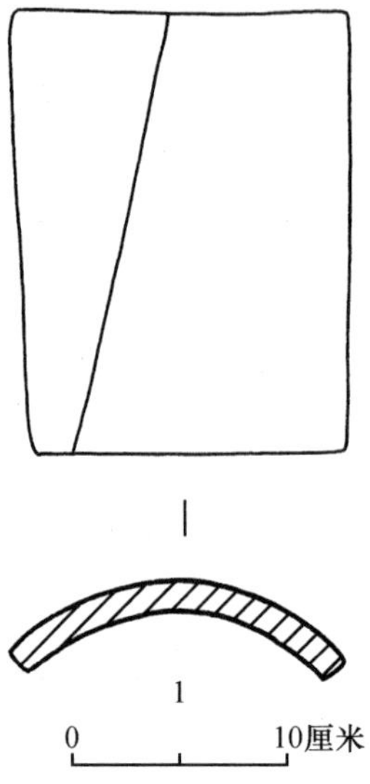

图5-31　M4出土遗物
镇墓瓦（M4：1）

（二）M6

1. 墓葬形制

M6位于T2203中南部。开口于第2层下，向下打破生土，口部距地表0.56米，方向334°。该墓为竖穴土坑墓（图5-32）。

墓室　平面呈长方形，口大底小，斜壁平底。口长2.6、宽0.9～1、底长2.48、宽0.8～0.9米、深0.9米。

填土　填土为黄褐色杂土，土质较硬，结构较致密，含有料姜石。

葬具　墓底发现棺痕，平面近长方形。长1.9、宽0.38～0.52米。

葬式、性别及年龄　棺内出土人骨一具，头北足南，面向上，仰身直肢葬，墓主为男性中年。

2. 随葬品

陶罐　1件。M6：1，位于墓室东北部。泥质灰陶。敛口，圆唇，鼓腹，最大腹径位于中部，平底微内凹，肩部饰对称双耳。口径10.2、腹径13.2、底径9.2、高16.4厘米（图5-33，1；图版二〇，1）。

镇墓瓦　1件。M6：2，位于人骨胸部。泥质灰陶。平面为梯形，断面呈弧形。长14.2、宽16.8、厚1.2厘米。拱面可见朱砂痕迹及墨书文字，由于土沁较重，均不能辨识（图5-33，2）。

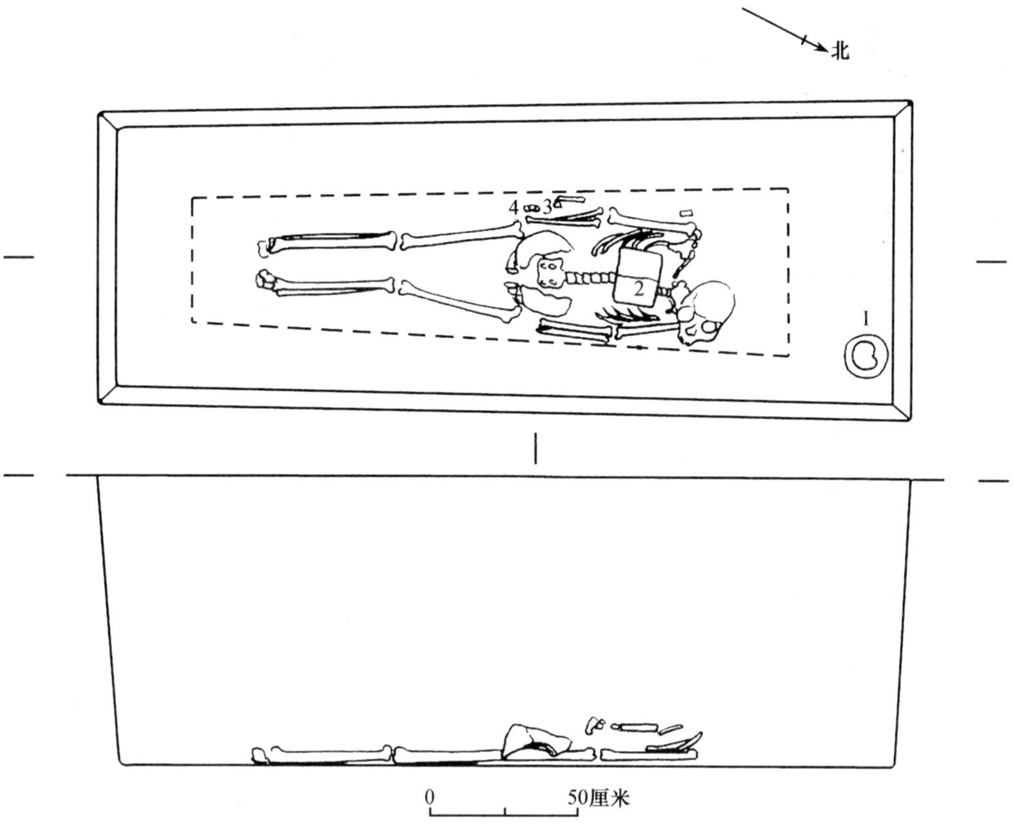

图5-32　M6平、剖面图
1. 陶罐　2. 镇墓瓦　3. 铜烟斗　4. 铜钱（8枚）

铜烟斗　1件。M6：3，位于人骨右臂旁边。由烟锅、烟杆及玉质烟嘴三部分组成。其中，烟嘴与烟杆间有木质相连，已朽。烟锅与烟杆通长8.2、烟嘴长2.2、直径1.8厘米（图5-33，3）。

铜钱　8枚。4枚位于人骨右手处，4枚位于人骨身下。圆形，方穿，钱边缘有外郭，穿正反面皆有郭，保存情况较差，其中3枚朽坏严重。

开元通宝　1枚。M6：4-1，钱文隶书，直读。钱径2.55、穿宽0.7厘米，重4.3克（图5-34，1）。

康熙通宝　1枚。M6：4-2，钱文楷书，直读，穿背书写满文。钱径2.6、穿宽0.6厘米，重2.5克（图5-34，2）。

乾隆通宝　1枚。M6：4-3，钱文楷书，直读，穿背书写满文。钱径2.2、穿宽0.6厘米，重2.9克（图5-34，3）。

道光通宝　1枚。M6：4-4，钱文楷书，直读，穿背书写满文。钱径2.25、穿宽0.6厘米，重3.5克（图5-34，4）。

咸丰通宝　1枚。M6：4-5，钱文楷书，直读，穿背书写满文。钱径2.2厘米，穿宽0.5厘米，重2克（图5-34，5）。

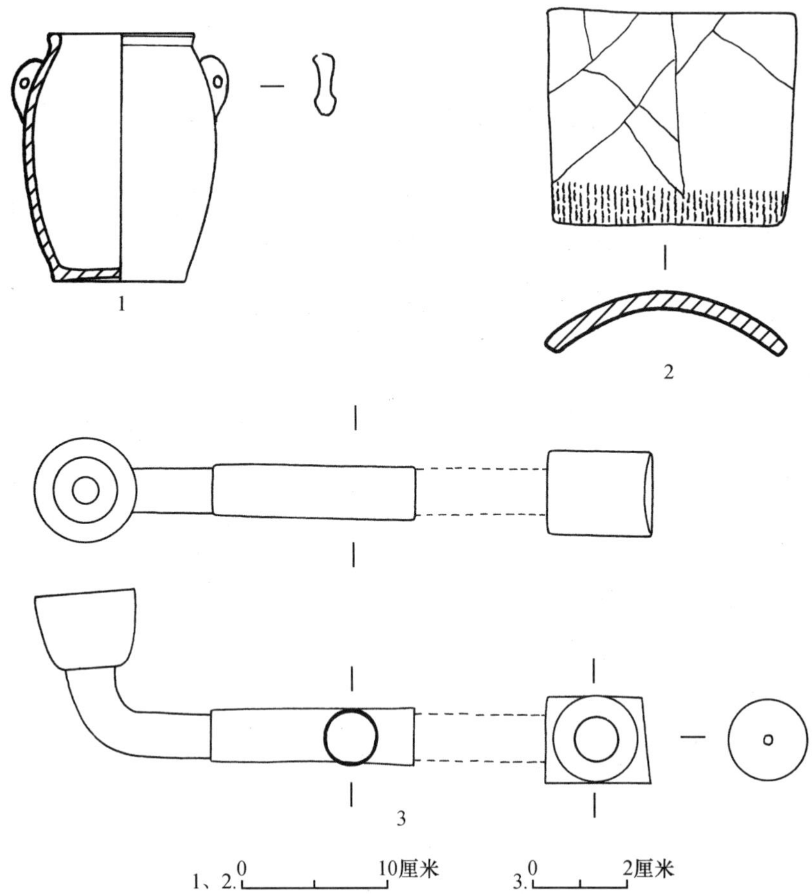

图5-33　M6出土遗物

1. 陶罐（M6：1）　2. 镇墓瓦（M6：2）　3. 铜烟斗（M6：3）

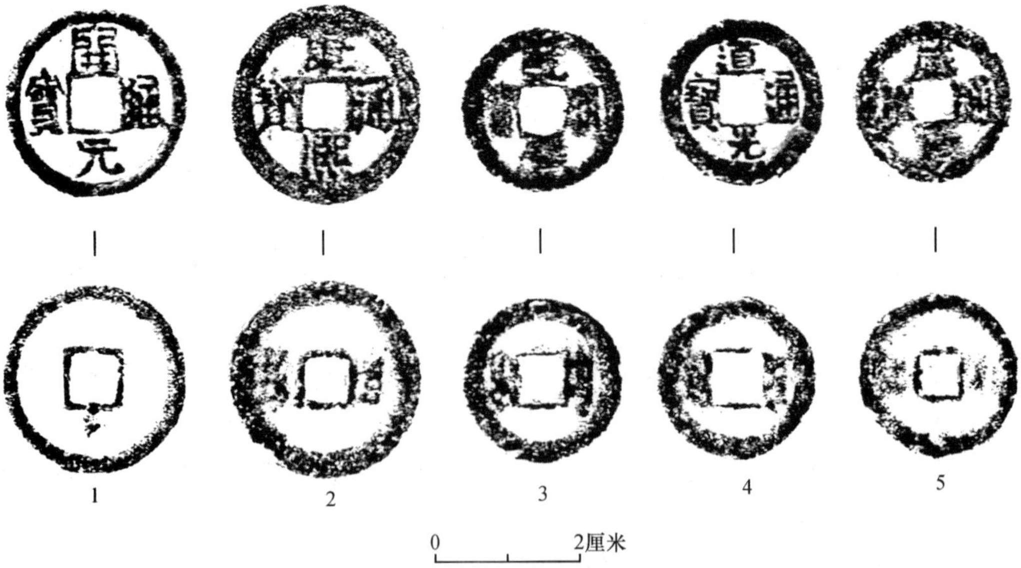

图5-34　M6出土铜钱拓本

1. 开元通宝（M6：4-1）　2. 康熙通宝（M6：4-2）　3. 乾隆通宝（M6：4-3）　4. 道光通宝（M6：4-4）
5. 咸丰通宝（M6：4-5）

（三）M7

1. 墓葬形制

M7位于T2203西南部。开口于第2层下，打破M11，口部距地表0.56米，方向343°。该墓为竖穴土坑墓（图5-35；图版一八，1）。

墓室　平面呈长方形，直壁，平底。长2.65、宽1、深0.94米。

填土　填土为黄褐色杂土，土质较硬，结构较致密，含有料姜石。

葬具　墓底发现棺痕，平面近长方形。长2.1、宽0.52～0.8米。

葬式、性别及年龄　棺内出土人骨一具，头北足南，面向上，仰身直肢葬，墓主为女性中年。

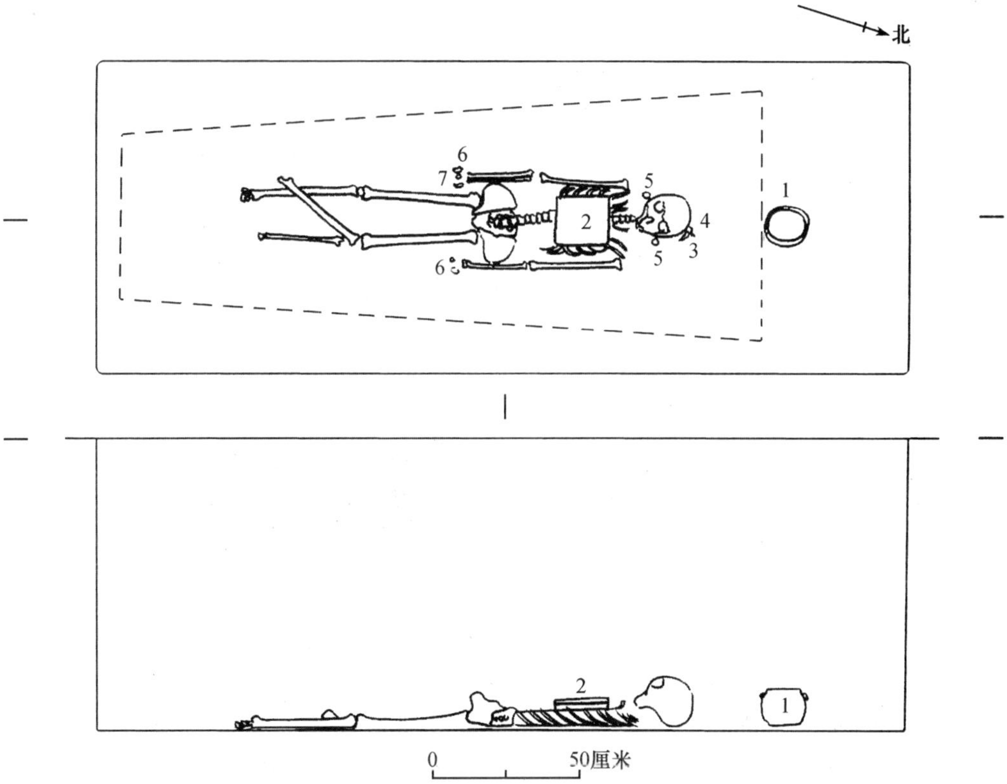

图5-35　M7平、剖面图

1. 陶罐　2. 镇墓瓦　3. 铜簪　4. 铜发箍　5. 银耳环（2枚）　6. 银戒指（4枚）　7. 铜钱

2. 随葬品

陶罐　1件。M7：1，位于棺外北部。泥质灰陶。敛口，圆唇，圆鼓腹，平底。肩部饰对称双耳。器表口部之下有两周轮旋痕迹。口径12.3、腹径15.3、底径9.4、高12.2厘米（图5-36，10；图版二〇，2）。

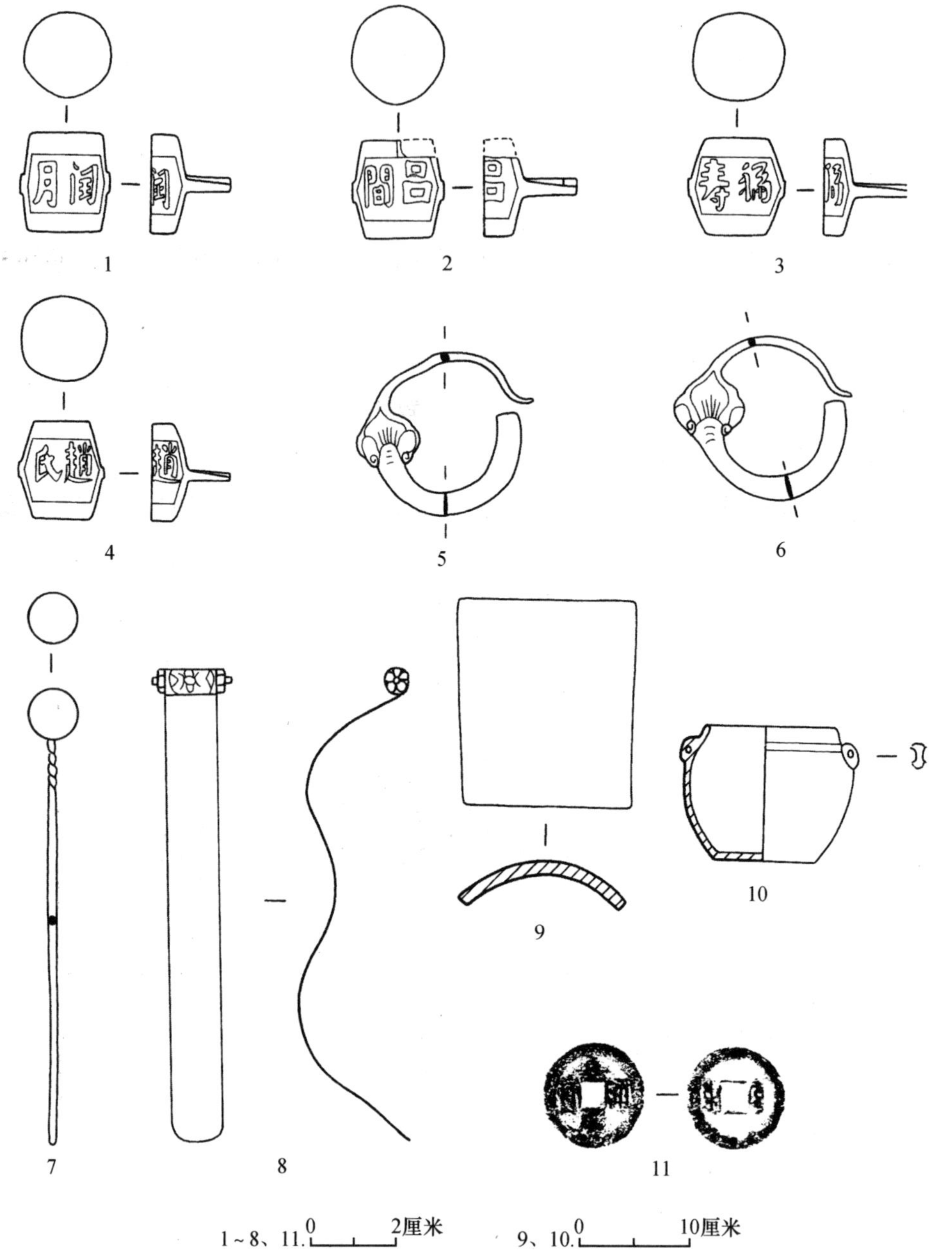

图5-36　M7出土遗物及铜钱拓本

1～4. 银戒指（M7：6-4、M7：6-3、M7：6-2、M7：6-1）　5、6. 银耳环（M7：5-1、M7：5-2）　7. 铜簪（M7：3）　8. 铜发箍（M7：4）　9. 镇墓瓦（M7：2）　10. 陶罐（M7：1）　11. 嘉庆通宝（M7：7）

镇墓瓦　1件。M7：2，位于人骨胸部。泥质灰陶。平面形状呈梯形，长18.4、宽15.6～16.6、厚1.2厘米。拱面可见朱砂痕迹及墨书文字，由于土沁较重，均不能辨识（图5-36，9）。

铜簪　1件。M7：3，位于头骨顶部偏东。呈棒状，顶端为球形。长10.2厘米（图5-36，7；图版二〇，3）。

铜发箍　1件。M7：4，位于头骨顶部偏东。平面呈长条形，顶部两端及表面饰有银质装饰物。长10.2、宽1.2厘米（图5-36，8）。

银耳环　1对。位于耳部两侧。平面近圆形，中部加宽，表面錾刻有类似昆虫的图案。M7：5-1，直径4厘米（图5-36，5）。标本M7：5-2，直径3.9厘米（图5-36，6）。

银戒指　4枚。位于左右手骨处。平面呈圆形，指面一侧呈盾形，其表面錾刻文字。M7：6-1，刻有“赵氏”二字。直径2、高2.2厘米（图5-36，4）。M7：6-2，刻有“福寿”二字。直径2、高2.2厘米（图5-36，3）。M7：6-3，刻有“吕间”二字。直径2.2、高2.2厘米（图5-36，2）。M7：6-4，刻有“闰月”二字。直径2、高2.2厘米（图5-36，1）。

铜钱　1枚。M7：7，位于右手两戒指之间。圆形，方穿，钱边缘有外郭，穿正反面皆有郭，钱文“嘉庆通宝”，楷书，直读，背面书写满文。钱径2.35、穿宽0.6厘米，重3.2克（图5-36，11）。

（四）M9

1. 墓葬形制

M9位于T2203东部。开口于第2层下，打破M10，墓口距地表0.56米，方向331°。该墓为竖穴土坑墓（图5-37）。

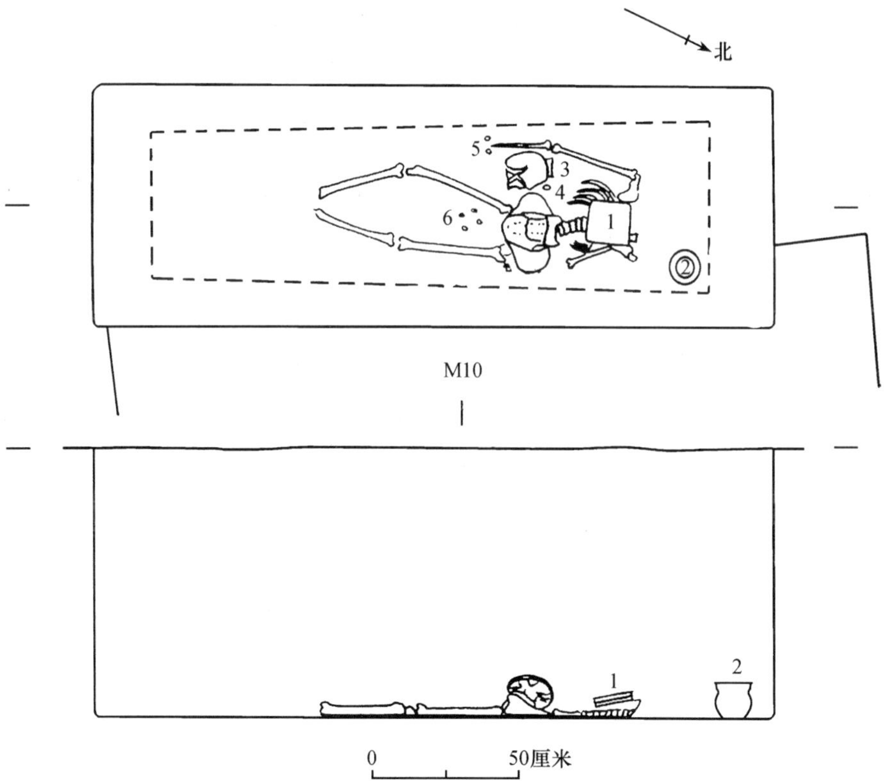

图5-37　M9平、剖面图

1. 镇墓瓦　2. 陶罐　3. 铜发箍　4. 银耳环　5. 银戒指（5枚）　6. 铜钱（3枚）

墓室　平面呈长方形，直壁，平底。长2.32、宽0.8、深0.9米。

填土　填土为黄褐色杂土，土质较硬，结构致密，含有料姜石。

葬具　墓底发现棺痕，平面近长方形。长1.9、宽0.48～0.56米。

葬式、性别及年龄　棺内出土人骨一具，头骨移位，足朝南，面向上，仰身直肢葬。墓主为中年女性。

2. 随葬品

镇墓瓦　1件。M9∶1，位于人骨胸部。泥质灰陶。平面为长方形，断面呈弧形，素面。长15、宽14.8、厚1厘米。拱面可见朱砂痕迹及墨书文字，由于土沁较重，均不能辨识（图5-38，10）。

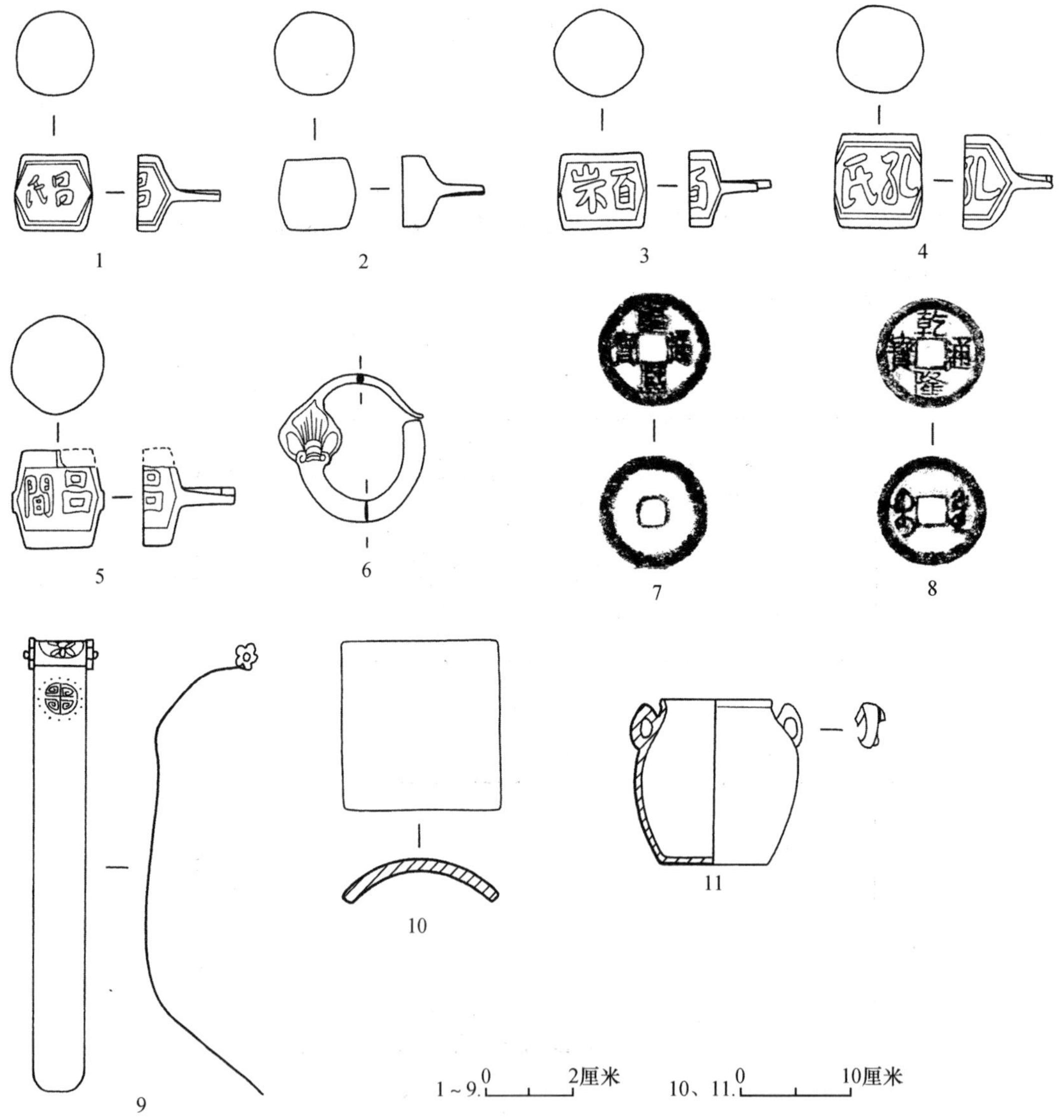

图5-38　M9出土遗物及铜钱拓本

1～5. 银戒指（M9∶5-5、M9∶5-4、M9∶5-3、M9∶5-2、M9∶5-1）　6. 银耳环（M9∶4）　7. 康熙通宝（M9∶6-1）　8. 乾隆通宝（M9∶6-2）　9. 铜发箍（M9∶3）　10. 镇墓瓦（M9∶1）　11. 陶罐（M9∶2）

陶罐　1件。M9：2，位于墓底东北角。泥质灰陶。敛口，卷沿，圆鼓腹，平底。肩部饰对称双耳。口径10、腹径15、底径10、高14.8厘米（图5-38，11；图版二〇，4）。

铜发箍　1件。M9：3，位于头骨顶部下方。平面呈长条形，顶部两端及表面饰有银质装饰物。长10.2、宽1.2厘米（图5-38，9；图版二〇，5）。

银耳环　1个。M9：4，位于头骨顶部下方。平面近圆形，中部加宽，表面錾刻有类似昆虫的图案。直径3.4厘米（图5-38，6）。

银戒指　5枚。位于左右手骨处，右手2枚，左手3枚。平面呈圆形，指面一侧呈盾形，其表面錾刻文字。M9：5-1，指面錾刻有“吕间”二字。直径2.1、高2.1厘米（图5-38，5）。M9：5-2，指面錾刻有“孔氏”二字。直径2、高2.1厘米（图5-38，4）。M9：5-3，指面錾刻有“百岁”二字。直径2、高1.7厘米（图5-38，3）。M9：5-4，表面无字。直径1.8、高1.6厘米（图5-38，2）。M9：5-5，指面錾刻有“吕氏”二字。直径1.9、高1.7厘米（图5-38，1）。

铜钱　3枚。位于上肢骨之间。圆形，方穿，钱边缘有外郭，穿正反面皆有郭，其中一枚朽坏严重。余者钱文楷书，直读，背面书写满文。标本M9：6-1，康熙通宝。钱径2.6、穿宽0.5厘米，重2.8克（图5-38，7）。标本M9：6-2，乾隆通宝。钱径2.5、穿宽0.5厘米，重3.5克（图5-38，8）。

（五）M10

1. 墓葬形制

M10位于T2203东北部。开口于第2层下，被M9打破，其又打破M12，口部距地表0.56米，方向328°。该墓为竖穴土坑墓（图5-39；图版一八，2）。

墓室　平面呈长方形，口大底小，斜壁，平底。口部长2.6、宽1～1.2、底长2.5、宽0.9～1.1、深1米。

填土　填土为黄褐色杂土，土质较硬，结构致密，含有料姜石。

葬具　墓底发现棺痕，平面近长方形。长2.1、宽0.48～0.56米。

葬式、性别及年龄　棺内出土人骨一具，头北足南，面向上，仰身直肢葬，墓主为男性中年。

2. 随葬品

瓷罐　1件。M10：1，位于棺外西北部。口微敛，溜肩，鼓腹，圈足。肩部饰对称双耳，腹部饰凹弦纹三周。红胎，红褐色釉，器表口下及肩部施釉，内壁施全釉。口径10.6、腹径12.4、底径10.4、高15.2厘米（图5-40，1；图版二〇，6）。

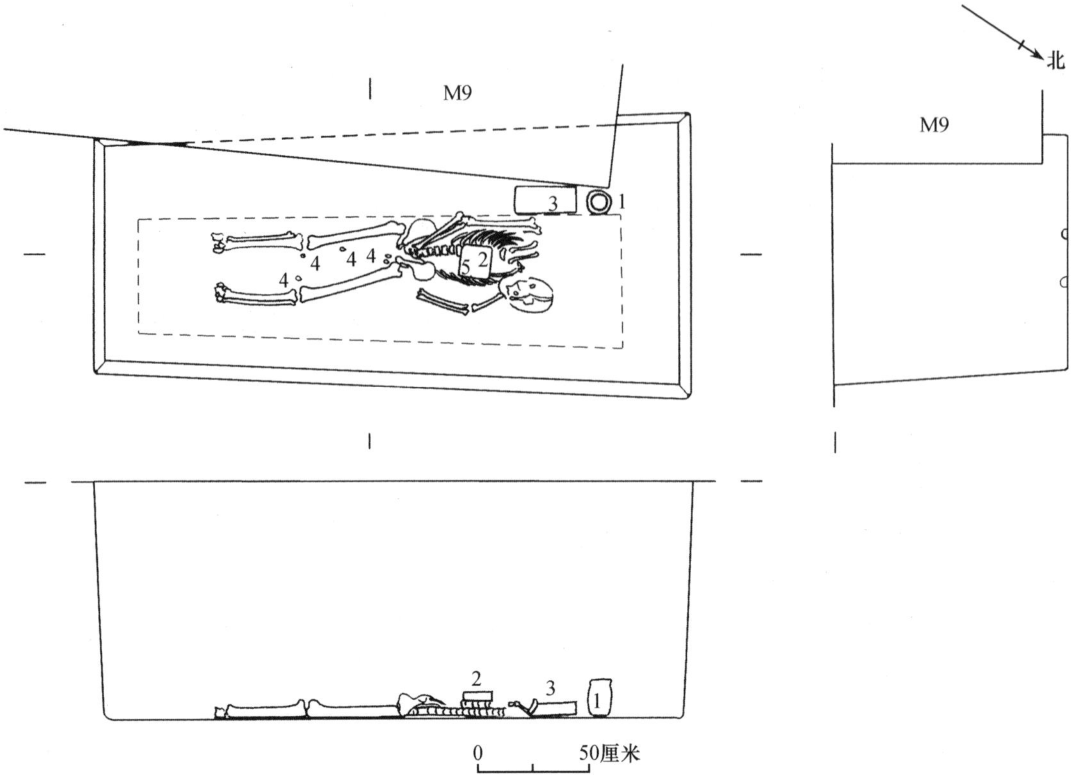

图5-39　M10平、剖面图

1. 瓷罐　2. 镇墓瓦　3. 押圹砖　4. 铜钱（5枚）　5. 铜扣（2枚）

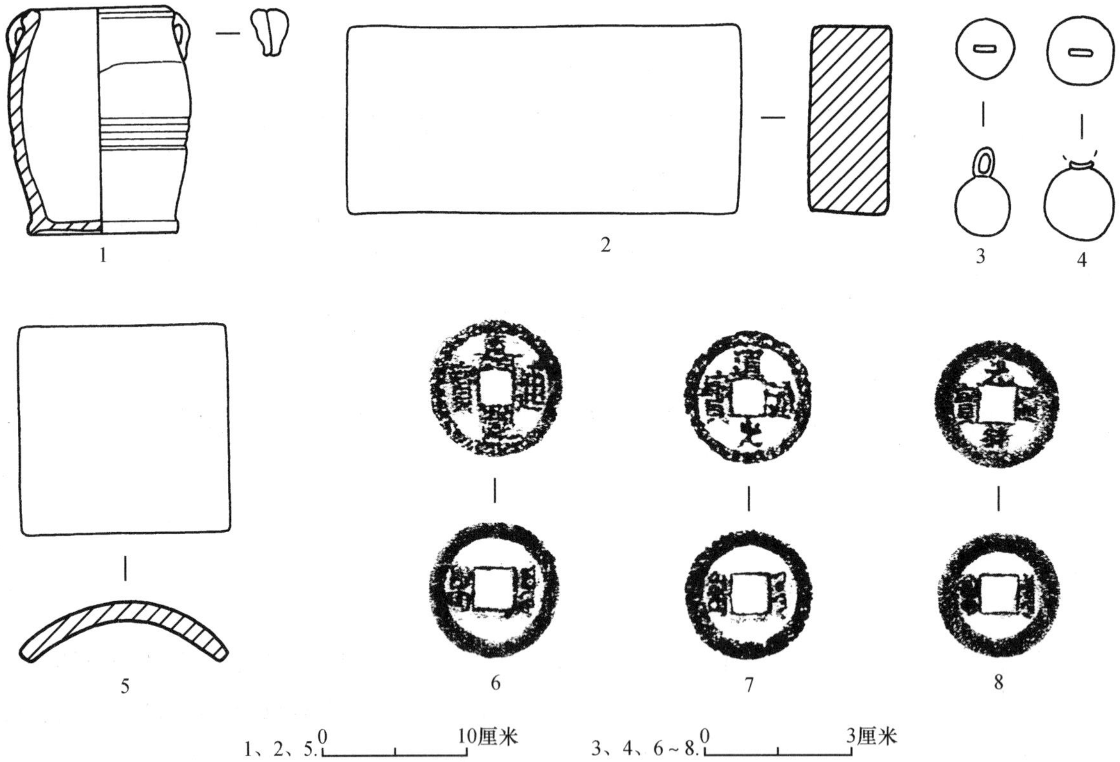

图5-40　M10出土遗物及铜钱拓本

1. 瓷罐（M10：1）　2. 押圹砖（M10：3）　3、4. 铜扣（M10：5-1、M10：5-2）　5. 镇墓瓦（M10：2）
6. 嘉庆通宝（M10：4-2）　7. 道光通宝（M10：4-3）　8. 光绪通宝（M10：4-5）

镇墓瓦　1件。M10：2，泥质灰陶，位于人骨胸部。长13.8、宽14.2、厚1.2厘米。拱面可见朱砂痕迹及墨书文字，由于土沁较重，不能辨识（图5-40，5）。

押圹砖　1件。M10：3，泥质灰陶。位于女墓主上肢左侧棺外，平置。长27、宽12.6、厚5.4厘米。砖面可见朱砂痕迹及墨书文字，由于土沁较重，不能辨识（图5-40，2）。

铜钱　5枚。位于上肢骨之间。圆形，方穿，钱边缘有外郭，穿正反面皆有郭，其中2枚钱文不详，余者钱文楷书，直读，背面书写满文。

嘉庆通宝　1枚。M10：4-2，钱径2.35、穿宽0.5厘米，重4.3克（图5-40，6）。

道光通宝　1枚。M10：4-3，钱径2.25、穿宽0.5厘米，重3克（图5-40，7）。

光绪通宝　1枚。M10：4-5，钱径2.2、穿宽0.5厘米，重3.6克（图5-40，8）。

铜扣　2件。位于镇墓瓦下部，形制大小相同。呈球状，顶部有一圆环相连。M10：5-1，直径1厘米（图5-40，3）。M10：5-2，直径1.2厘米（图5-40，4）。

六、结　　语

（一）关于新石器时代文化遗存的认识

此次发掘所涉及的新石器时代灰坑虽然仅有2座，出土遗物不是很丰富，但是其文化特征明显，陶器以泥质红陶和夹砂褐陶为主，泥质灰陶和夹砂红陶次之。素面陶片占总量的三分之二，彩陶片数量不多。陶器纹饰以弦纹为主，其次为附加堆纹、指甲纹，偶见篮纹，制作方法多为手、轮兼制。陶器普遍火候较低，陶质较差。主要器类为鼎、罐、盆、钵、碗、瓮、缸、豆、尖底瓶、器盖、釜等（附表5-1、附表5-2）。

其中H2出土陶鼎（H2：29）与洛阳孟津寨根[①]仰韶文化二期的釜（F1：1）相近，亦与郑州大河村[②]二期的釜形鼎相近。卷沿罐（H2：12）、卷沿盆（H1：2）和鼓腹钵（H1：9）分别与洛阳孟津寨根仰韶文化二期的Ⅰ式卷沿罐（T4④：4）、AbⅠ式盆（T7④：5）和C型钵（T18④：3）相近。瓮（H2：40）与巩义滩小关[③]一期的B型Ⅰ式瓮（H18：5）相近。巩义滩小关一期相当于郑州大河村二期之晚段，洛阳孟津寨根仰韶文化二期与郑州大河村二期亦有诸多的相近之处[④]，而此次的发掘地点长葛介于郑州、许昌之间，正处于大河村文化的中心分布范围。因此，通过以上文化特征的分析与对比，可以确定此次发掘灰坑的时代相当于郑州大河村二期，属仰韶文化中期。

---

① 河南省文物管理局：《黄河小浪底水库考古报告（二）》，中州古籍出版社，2006年。

② 郑州市博物馆：《郑州大河村遗址发掘报告》，《考古学报》1979年第3期。

③ 河南省文物考古研究所：《河南巩义市滩小关遗址发掘报告》，《华夏考古》2002年第4期。

④ 河南省文物管理局：《黄河小浪底水库考古报告（二）》，中州古籍出版社，2006年。

（二）关于汉代文化遗存的认识

此次发掘的汉代文化遗存有灰坑、井和墓葬。J1中出土有罐、盆、瓮等日用陶器残片。其中，瓮（J1：6）、盆（J1：15）分别与河南新乡百泉墓地[①]出土的大口罐（M7：9）、盆（M38：7）相似，另外，其出土的子母砖形制及纹饰风格均具有东汉中晚期的特点，故J1的使用时间大致为东汉中晚期，至东汉晚期废弃。

出于安全考虑，J2未发掘至底部，也未见出土遗物，但根据其子母砖的形制及纹饰风格与J1的类似，故其年代也应为东汉中晚期。另外，J2位于一袋状坑内，井口被封堵，我们认为该井位于当时的山岗坡地，丰水期时水位较浅，枯水期时水位较深，为了缓解枯水期时的用水问题，以此坑收集雨水补给井水。由于在山岗坡地建造一口井在当时也非易事，偶遇战乱或其他原因，将其封堵。

H3出土的瓮（H3：2）与河南新乡百泉墓地出土的大口罐（M7：9）相似，其他诸如盆、筒瓦等器形亦与J1的相近，故H3的年代也应为东汉中晚期。

汉代墓葬共5座，均为斜坡墓道砖室墓。由于盗扰破坏严重，除M3出土有陶器外，其余均未出土陶器，M8则未出土随葬品。

M3、M5平面形状呈“甲”字形。M3的墓葬形制基本与《洛阳烧沟汉墓》[②]第六期的M1027相似，其陶器组合为器盖、井、灶、磨、碓、鸡、狗、猪，另外还出土有磨郭五铢、剪轮五铢及綖环五铢，由《洛阳烧沟汉墓》分析可知，东汉末年经济崩溃，剪轮五铢及綖环五铢纷纷出现，而綖环五铢则出现在灵帝、献帝时期，因此，我们认为M3的年代应为东汉晚期。M5的年代亦同。

M1、M2和M8平面形状近刀形。M1、M2出土的A型Ⅱ式有郭五铢与《洛阳烧沟汉墓》出土的第Ⅳ型五铢一致，M2的墓葬形制与《洛阳烧沟汉墓》[③]第六期的M1039相似，唯M2墓室平面形状呈弧边正方形，其出土有B型磨郭五铢，由《洛阳烧沟汉墓》可知，磨郭五铢出现在灵帝建宁之前，建宁之后逐渐增多。故M2的年代应为东汉晚期。根据墓葬形制推测，M1和M8年代也应为东汉晚期。

（三）关于宋金时期文化遗存的认识

此次发掘的宋代文化遗存仅有墓葬2座。M11墓葬形制为斜坡墓道砖室墓，其出土的瓷碗（M11：1）、瓷碟（M11：2）分别与河南汝州东沟瓷窑址[④]出土的E型瓷碗（T5③：162）、

---

① 河南省文物管理局：《百泉、郭柳与山彪》，科学出版社，2011年。

② 中国科学院考古研究所：《洛阳烧沟汉墓》，科学出版社，1959年，第72页。

③ 中国科学院考古研究所：《洛阳烧沟汉墓》，科学出版社，1959年，第81页。

④ 河南省文物考古研究所：《河南汝州市东沟瓷窑址发掘简报》，《华夏考古》2009年第2期。

A型瓷盘（T5③：13）相近。碗、盏托等器物挖足过肩，这是宋代晚期以后瓷器的一个特点。M11还出土1枚北宋晚期神宗年间的“熙宁元宝”铜钱，由此推测，M11的年代上限不早于北宋晚期，下限不晚于金代早期。

M12墓葬形制为竖穴砖室墓，M12虽出土有纪年性质的陶买地券（或墓志），但可惜的是朱砂字迹已脱落，无法辨识。所出土铜钱中，年代最晚的为宋徽宗时期的“大观通宝”。M12虽与M11墓葬形制不同，但推测二者的年代相同，M12的年代为北宋晚期至金代早期。

（四）关于清代文化遗存的认识

此次发掘的5座清代墓葬，均为长方形竖穴土坑墓。其中，M6与M7，M9与M10（M9打破M10）两两平行排列，方向一致。这四座墓中共有的随葬品组合为陶罐（瓷罐）、镇墓瓦、铜钱等，而M7和M9则出土有铜发箍、银耳环及银戒指等反映女性装饰特点的随葬品，M6则出土有反映男性特点的随葬品铜烟斗。由此推测，应为两组夫妻异穴合葬墓。另外，这两组墓葬还有一个特点，即女性（M7、M9）均位于男性（M6、M10）的右侧，反映了当时社会“男左女右”的尊卑关系。此外，M7与M9出土的银戒指中多数刻有文字，其中“吕氏”“赵氏”“孔氏”有两种解释，或是银作坊商号之属，或是墓主本人以及亲族的姓氏。由于资料匮乏，其具体意义尚不得而知。

以上四座墓出土的随葬品差别不大，且铜钱年代最晚的均为“光绪通宝”，故其年代应为清代晚期。M4虽与以上四座墓距离较远，但从出土的陶板瓦形制推测，其年代也应为清代晚期。

执　笔：陈军锋、姚军英

2014年7月

附表5-1　长葛市张史马墓地H1陶片统计表

<table>
<tr><td rowspan="2">陶质
陶色
纹饰</td><td colspan="2">泥质</td><td colspan="2">夹砂</td><td rowspan="2">合计</td><td rowspan="2">百分比（%）</td></tr>
<tr><td>红陶</td><td>灰陶</td><td>红陶</td><td>褐陶</td></tr>
<tr><td>素面</td><td>21</td><td>8</td><td>2</td><td>6</td><td>37</td><td>82</td></tr>
<tr><td>弦纹</td><td></td><td></td><td>1</td><td>7</td><td>8</td><td>18</td></tr>
<tr><td>合计</td><td>21</td><td>8</td><td>3</td><td>13</td><td>45</td><td>100</td></tr>
<tr><td rowspan="2">百分比（%）</td><td>46.7</td><td>17.8</td><td>6.7</td><td>28.8</td><td rowspan="2">100</td><td rowspan="2"></td></tr>
<tr><td colspan="2">64.5</td><td colspan="2">35.5</td></tr>
</table>

续表

纹饰＼陶色＼陶质		泥质		夹砂		合计	百分比（%）
		红陶	灰陶	红陶	褐陶		
器形	钵	5				5	38.5
	罐	2		2	2	6	46.1
	盆	1		1		2	15.4
合计		8		3	2	13	100
百分比（%）		61.5		23.1	15.4	100	
		61.5		38.5			

附表5-2　长葛市张史马墓地H2陶片统计表

纹饰＼陶色＼陶质		泥质		夹砂		合计	百分比（%）
		红陶	灰陶	红陶	褐陶		
弦纹				2	8	10	6.3
篮纹				1		1	0.6
附加堆纹					4	4	2.5
指甲纹					3	3	1.9
素面		49	12	7	71	139	87.4
彩绘		1	1			2	1.3
合计		50	13	10	86	159	100
百分比（%）		31.4	8.2	6.3	54.1	100	
		39.6		60.4			
器形	鼎				10	10	16.9
	罐			1	18	19	32.2
	盆		1	1	4	6	10.2
	钵	12	5			17	28.8
	碗			1		1	1.7
	瓮	1				1	1.7
	缸				1	1	1.7
	豆	1				1	1.7
	尖底瓶	1			1	2	3.4
	器盖				1	1	1.7
合计		15	6	3	35	59	100
百分比（%）		25.4	10.2	5.1	59.3	100	
		35.6		64.4			

附表5-3　张史马墓地灰坑统计表

编号	位置	层位关系	形状与结构	填土	尺寸（单位：米）	出土遗物	时代
H1	T0101	②→H1→生土	圆形，直壁，平底	第1层：黄褐色 第2层：灰褐色	直径1.52、深0.5米	钵、罐、盆	新石器时代
H2	T0101	②→H2→生土	椭圆形，直壁，圜底	第1层：黑灰色 第2层：灰褐色 第3层：黑灰色	长径3.16、短径2.67、深0.76米	鼎、罐、钵、盆、碗、瓮、缸、豆、尖底瓶、釜、器盖，石斧	新石器时代
H3	T2106	②→H3→生土	椭圆形，平底	灰褐色	口部长径6、短径4.6米；底部长径5.45、短径4.05、深0.55米	罐、瓮、盆、筒瓦、板瓦	汉代

附表5-4　张史马墓地水井统计表

编号	位置	层位关系	形状与结构	填土	尺寸（单位：米）	出土遗物	时代
J1	T2305、T2405	③→H1→生土	圆形，直壁，圜底	黄灰色	口径5.5、底径4.06、深1.7米	罐、盆、甑、瓮、筒瓦	汉代
J2	T2204	②→H2→生土	土圹呈袋状，口小底大，斜壁，平底	浅黄色	土圹口部长径3.2、短径2.92米，底部长径3.72、短径3.26米，深1.3米；水井直径0.94米，清理深度2.4米	无	汉代

附表5-5　张史马墓地墓葬统计表

墓号	墓葬形制	方向	墓道	甬道	墓室	葬式	随葬品	年代
			长×宽×深（单位：米）	长×宽×高（单位：米）	长×宽×高（单位：米）			
M1	刀形斜坡墓道砖室墓	206°	1.35×（0.7～1）×（0～0.4）	1.06×0.8×0.52（残高）	2.62×（1.9～2.05）×0.52（残高）	不详	铜饰件1、铜钱1	东汉晚期
M2	刀形斜坡墓道砖室墓	205°	3.3×（1～1.06）×（0～1.2）	0.96×0.94×1.32（残高）	3.12×3.04×1.19（残高）	不详	铜钱6	东汉晚期

续表

墓号	墓葬形制	方向	墓道	甬道	墓室	葬式	随葬品	年代
			长×宽×深（单位：米）	长×宽×高（单位：米）	长×宽×高（单位：米）			
M3	“甲”字形斜坡墓道砖室墓	205°	4.58×1.47×（0.88～2）	1.12×1.28×?	3.15×2.82×1.5	不详	陶磨1、陶井1、陶灶1、陶狗1、陶鸡1、陶猪1、陶器盖1、陶碓1、铜钱64	东汉晚期
M4	长方形竖穴土坑墓	5°			2.54×（1.1～1.22）×1.6	不详	镇墓瓦1	清代
M5	“甲”字形斜坡墓道砖室墓	210°	被破坏	1.56×1.28×1.86（残高）	2.91×2.82×0.6（残高）	不详	玉剑首1	东汉晚期
M6	长方形竖穴土坑墓	334°			2.6×（0.9～1）×0.9	仰身直肢	陶罐1、镇墓瓦1、铜烟斗1、铜钱8	清代
M7	长方形竖穴土坑墓	343°			2.65×1×0.94	仰身直肢	陶罐1、镇墓瓦1、铜簪1、铜发箍1、银耳环1、银戒指4、铜钱1	清代
M8	刀形斜坡墓道砖室墓	25°	3×（0.72～0.84）×（0.86～2.5）	0.68×1.02×?	2.72×2.37×?	不详	未发现	东汉晚期
M9	长方形竖穴土坑墓	331°			2.32×0.8×0.9	仰身直肢	镇墓瓦1、陶罐1、铜发箍1、银耳环1、银戒指5、铜钱3	清代
M10	长方形竖穴土坑墓	328°			2.6×（1～1.2）×1	仰身直肢	瓷罐1、镇墓瓦1、押圹砖1、铜钱5、铜扣2	清代
M11	“凸”字形斜坡墓道砖室墓	183°	2.6×（1.3～1.6）×（1.3～2.38）		2.78×1.64×1.94	不详	瓷碗1、瓷碟1、瓷盏托1、瓷盅1、铜钱2	宋末金初
M12	长方形竖穴砖室墓	200°			2.74×（1.2～1.32）×1.32	仰身直肢	瓷罐1、买地券1、铜发箍1、铜钱9	宋末金初

第六章　禹州观耜园墓地

观耜园墓地位于禹州市梁北镇三峰山北部约2千米的台地上，地理坐标为北纬34°08′、东经113°24′，海拔123～127米。东北距禹州市区约4千米，东南距梁北镇约3千米，东部距观耜园村约300米。墓地范围北到白沙水库南干渠，南到南水北调干渠弯道处，东至观耜园村至苏王口村的乡间小道处。观耜园墓地南北长330米，东西宽约108米（图6-1）。地势南高北低，呈阶梯状（图6-2）。征地前大多为基本农田，小麦、玉米等为基本农作物。该墓地被盗扰严重，地表随处可见有散落的子母口砖，墓地东部大坑的断崖处，可见多处被盗墓葬。

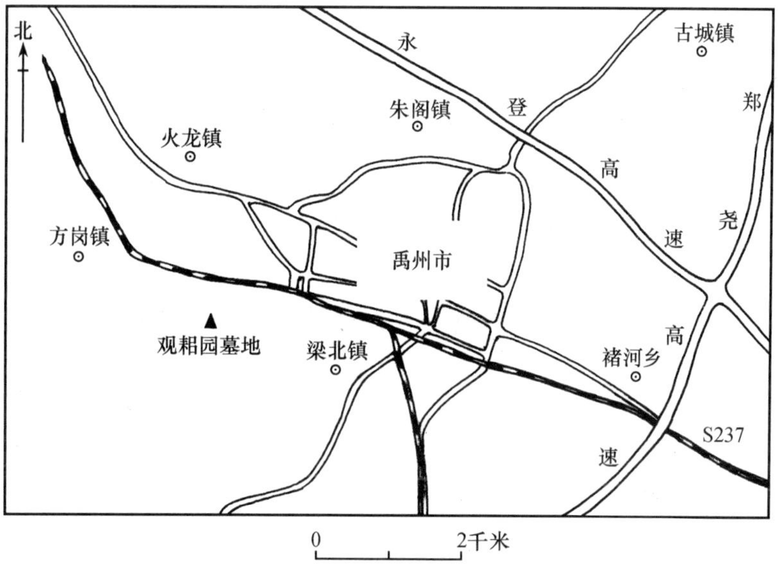

图6-1　观耜园墓地位置示意图

为配合南水北调中线工程的建设，许昌市文物工作队与禹州市文物工作分队于2004年6～9月，对禹州境内沿线进行文物调查时，在观耜园西部干渠范围发现有古墓葬，并上报河南省文物局。2010年12月初，许昌市文物工作队组织人员对观耜园墓地进行勘探，发现古墓葬20座。受河南省文物考古研究所委托，许昌市文物工作队于2010年12月17日至2011年1月6日对其进行考古发掘，历时21天（彩版一三）。

根据勘探结果，观耜园墓地发掘总基点设于南水北调中线工程设置的测绘点“DWG3”桩基处，基点设在总基点东偏南42°，两者直线距离82.2米，位于布方区西南角，从基点依次向东、向北统一布方、统一编号。探方号前冠以“2010YLG”，“2010”代表发掘年份，“Y”

代表禹州市，“L”代表梁北镇，“G”代表观耜园村。观耜园墓地共布10米×10米探方9个，发掘面积900平方米，共清理古墓葬20座（图6-3）。

一、地层堆积

该墓地地势南高北低，地层堆积较为简单，最多有三层堆积，除T0107、T0108两个探方之外，其余大部分只有两层堆积。现以T0107北壁为例进行介绍（图6-4）。

第1层：耕土层，厚0.25～0.3米，浅灰色土，土质较软，结构疏松，包含有大量植物根系以及少许碎砖块、陶片及现代垃圾等。

第2层：扰土层，深0.25～0.3米，厚0.5～0.75米，土色黄灰，土质较软，结构较疏松，包含有大量碎砖块、陶片等。

第3层：扰土层，深0.6～0.7米，厚0.45～0.8米。土色浅黄，土质较软，结构较疏松，包含有少量碎陶片。所有遗迹均开口于本层下。

第3层以下为生土，土色黄，土质较硬，结构致密。

二、遗迹及遗物

（一）M1

1. 墓葬形制

M1位于T0108西南部，开口于第3层下，向下打破生土层，口部距地表1.4米，方向190°。该墓为竖穴墓道土洞墓，平面形状呈“凸”字形，由墓道和墓室两部分组成（图6-5；彩版一四，1）。

墓道　位于墓室南端，口部平面形状呈长方形，直壁，底部南高北低，呈斜坡状。长2、宽0.8米，坡长2.2、深2～2.1米。

墓室　位于墓道北端，底部平面形状呈不规则椭圆形，直壁，平底，土洞顶部坍塌不存。底部长径2、短径1.65米，洞室残高1.1米。

填土　墓道和墓室填土为褐色杂土，土质较硬，结构较致密，包含有料姜石颗粒。

葬具　不详。

葬式、性别及年龄　墓室底部发现人骨一具，葬式为仰身直肢。头北足南，面向上，经鉴定为中年女性。

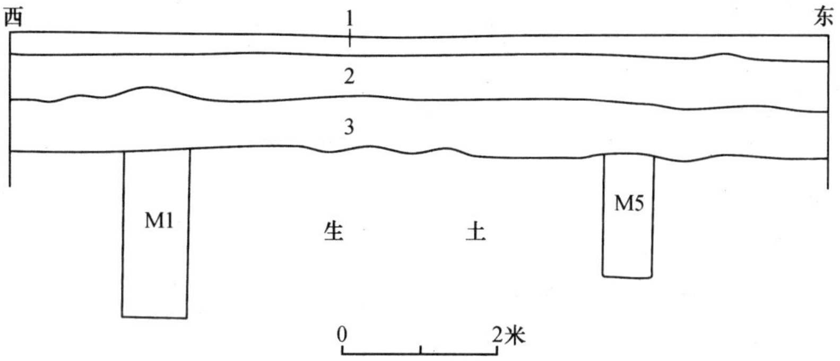

图6-4　观耜园墓地地层剖面图

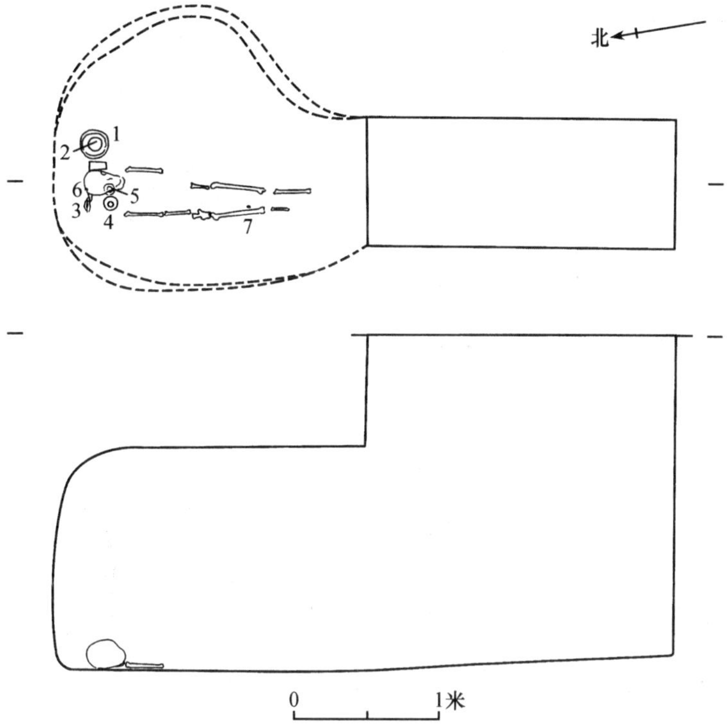

图6-5　M1平、剖面图

1. 瓷碗　2. 陶罐　3. 铜冠饰　4、5. 瓷盂　6. 琉璃饰件　7. 铜钱

2. 随葬品

陶罐　1件。位于墓主头骨东部，出土时口部覆以瓷碗。标本M1：2，泥质灰陶。敛口，圆唇，矮领下一周弧状凹槽，圆鼓腹下收，有较矮饼状足。口径11.6、底径10.6、高13厘米（图6-6，6；图版二二，2）。

瓷碗　1件。出土时覆在陶罐口部。标本M1：1，灰白胎。敞口，圆唇，浅弧腹，腹部有两周凹弦纹，璧形底，底部有一周不规则凹弦纹，有刀刮痕迹，内外壁皆施白釉，外不及底。口径14、底径0.8、高0.44厘米（图6-6，3；图版二二，1）。

瓷盂　2件。位于墓主头骨西侧。形制相同。敛口，扁鼓腹下收，饼状足，器身内外施白

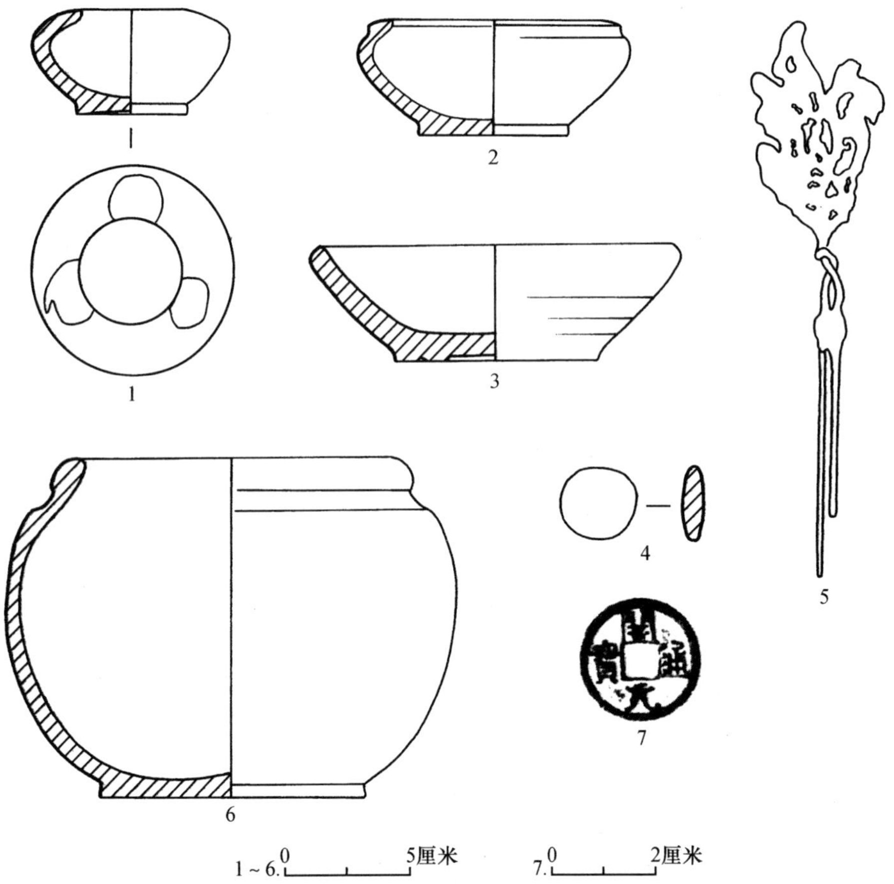

图6-6　M1出土遗物及铜钱拓本

1、2. 瓷盂（M1：4、M1：5）　3. 瓷碗（M1：1）　4. 琉璃饰件（M1：6）　5. 铜冠饰（M1：3）　6. 陶罐（M1：2）　7. 铜钱（M1：7-1）

色化妆土，外不及底，口部均施有黄褐色斑点釉。标本M1：4，口及肩部施三处斑点釉。口径4、底径4.4、高4厘米（图6-6，1；图版二二，4）；标本M1：5，口及肩部施五处斑点釉。口径8、底径6、高4.4厘米（图6-6，2；图版二二，5）。

铜冠饰　1件。位于墓主头端，一件较完整，其余较碎，无法复原。标本M1：3，尾部带花冠，状似铜钗。残长21.4、厚0.01厘米（图6-6，5；图版二二，3）。

琉璃饰件　1件。标本M1：6，整体呈圆饼状，中间厚，边缘薄。直径1.5、最厚0.4厘米（图6-6，4）。

铜钱　2枚。位于人骨下方。其中一枚钱文为“开元通宝”，M1：7-1，圆形方孔，直读，光背。钱径2.4、穿径0.6厘米，重3克（图6-6，7）。另一枚锈蚀严重，钱文不详。

（二）M2

1.墓葬形制

M2位于T0107东南部，开口于第3层下，向下打破生土层，口部距地表1.4米，方向190°。该墓为竖穴墓道土洞墓，平面形状呈条状，由墓道和墓室两部分组成（图6-7；彩版一四，2）。

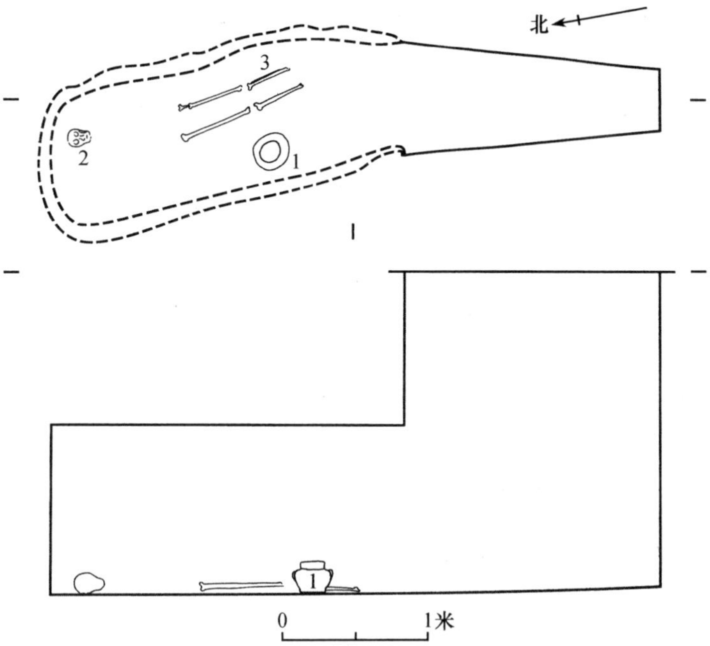

图6-7　M2平、剖面图
1. 瓷罐　2. 铜钱　3. 铁刀

墓道　位于墓室南端，口部平面形状呈略梯形，直壁，底部南高北低，稍呈斜坡状。长1.7、宽0.4～0.76米，坡长1.8、深2.08～2.1米。

墓室　底部平面形状略呈长方形，弧形壁，平底，土洞顶部坍塌不存。底部长2.24、宽0.9米，洞室残高1.4米。

填土　填土为褐色杂土，土质较软，结构疏松。

葬具　不详。

葬式、性别及年龄　底部发现人骨一具，葬式为仰身直肢，头北足南，面向上。经鉴定为中年男性。

2. 随葬品

瓷罐　1件。位于墓主下肢骨右侧，紧邻西壁。标本M2∶1，灰白胎，直口微侈，圆唇外折，矮领，鼓肩，弧腹，底有圈足。肩部附有立耳，上部已残，肩与腹部有四周较宽凹弦

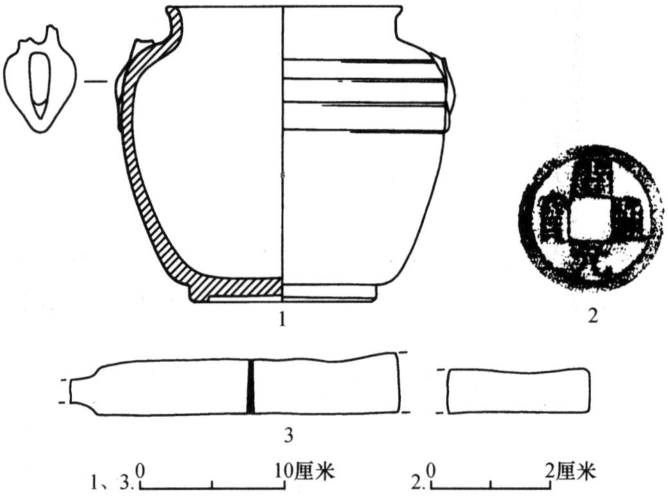

图6-8　M2出土遗物及铜钱拓本

1. 瓷罐（M2：1）　2. 开元通宝（M2：2）　3. 铁刀（M2：3）

纹，内外施酱黄釉，外不及底。口径16、腹径22、底径12.6、高19.5厘米（图6-8，1；图版二二，6）。

铜钱　1枚。位于墓主头骨下方。标本M2：2，圆形方孔，直读，光背，钱文为“开元通宝”。钱径2.4、穿径0.6厘米，重3.1克（图6-8，2）。

铁刀　1件。位于墓主左侧下肢骨下方。标本M2：3，直背平顶，双面刃，锈蚀严重。残长38、宽2.8～4.2厘米（图6-8，3；图版二三，1）。

（三）M3

1. 墓葬形制

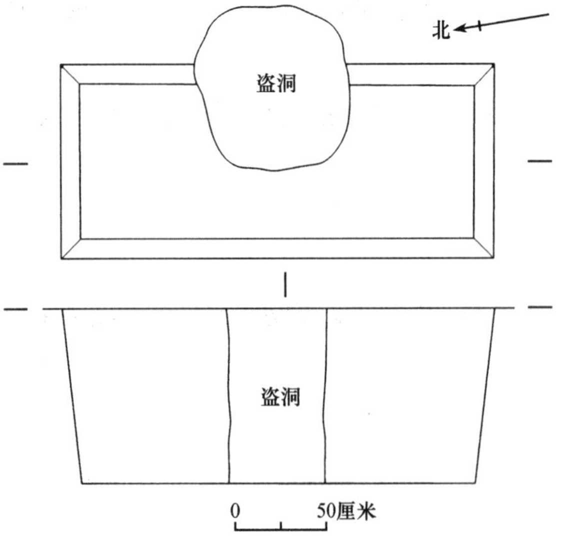

图6-9　M3平、剖面图

M3位于T0107中部偏南，开口于第3层下，向下打破生土层，口部距地表1.4米，方向188°。该墓为竖穴土坑墓（图6-9）。

墓室　平面形状呈长方形，口大底小，斜壁，平底。口部长2.3、宽1米，底部长2.1、宽0.8、深0.9米。

填土　由于盗扰严重，墓内填土较乱，土质较软，结构疏松。

葬具　不详。

葬式、性别及年龄　由于盗扰严重，未发现人骨。

2. 随葬品

由于盗扰严重，未发现随葬品。

（四）M4

1. 墓葬形制

M4位于T0108中北部，开口于第3层下，向下打破生土层，口部距地表1.4米，方向205°。该墓为竖穴墓道土洞墓，平面形状呈“凸”字形，该墓由墓道和墓室两部分组成（图6-10）。

墓道　位于墓室南端，口部平面形状呈长方形，直壁，底部南高北低，略呈斜坡状。长1.8、宽0.6米，坡长1.82、深1.6～1.7米。

墓室　位于墓道北端，底部平面形状略呈长方形，直壁，平底，土洞顶部坍塌不存。底部长1.4、宽0.8米，高度不详。

填土　填土为褐色杂土，土质较软，结构疏松。

葬具　不详。

葬式、性别及年龄　由于盗扰严重，未发现人骨。

2. 随葬品

由于盗扰严重，未发现随葬品。

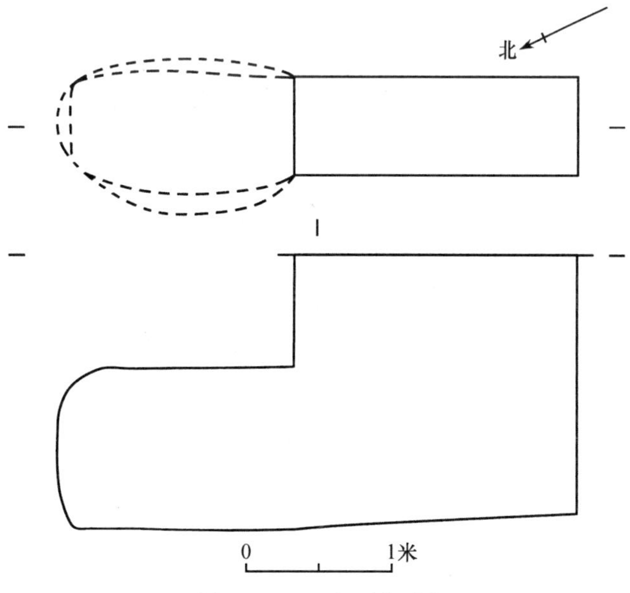

图6-10　M4平、剖面图

（五）M5

1. 墓葬形制

M5该墓位于T0108东南部，开口于第3层下，向下打破生土层，口部距地表1.4米，方向190°。该墓为竖穴墓道土洞墓，平面形状略呈“凸”字形，该墓由墓道和墓室两部分组成（图6-11）。

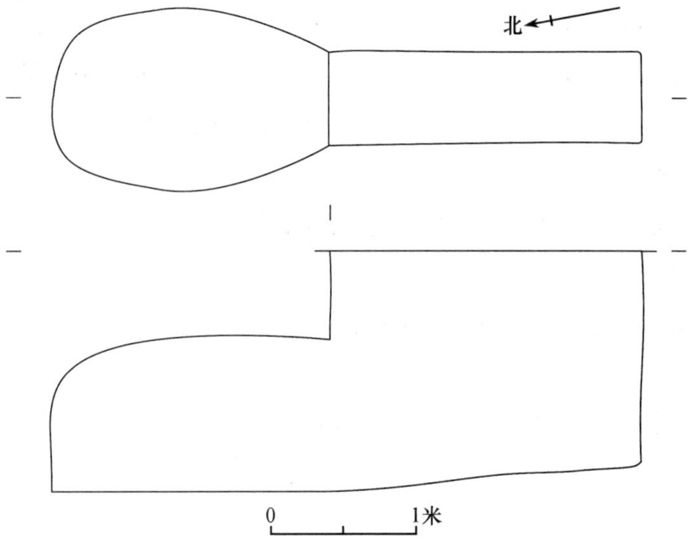

图6-11　M5平、剖面图

墓道　位于墓室南端，口部平面形状呈长方形，直壁，底部南高北低，略呈斜坡状。长2.1、宽0.6米，坡长2.25、深1.4～1.6米。

墓室　位于墓道北端，底部平面形状略呈椭圆形，弧壁，平底，土洞顶部坍塌不存。长径1.9、短径1.2米。

填土　填土为褐色杂土，土质较软，结构疏松。

葬具　不详。

葬式、性别及年龄　由于盗扰严重，未发现人骨。

2. 随葬品

由于盗扰严重，未发现随葬品。

（六）M6

1. 墓葬形制

M6位于T0902南部，开口于第2层下，向下打破生土层，口部距地表0.8米，方向200°。该墓为竖穴墓道土洞墓，平面形状呈长方形，由墓道和墓室两部分组成（图6-12；彩版一四，3）。

墓道　位于墓室南端，口部平面形状呈长方形，直壁，平底。长1.8、宽1、深2米。

墓室　位于墓道北端，底部平面形状略呈长方形，土洞结构，弧壁，平底，拱形顶。长1.6、宽1、高0.9米。

填土　填土为褐色杂土，土质较软，结构疏松。

葬具　不详。

葬式、性别及年龄　墓室底部正中清理出人骨两具，葬式均为仰身屈肢，头南足北，西侧人骨面向西，东侧人骨面向东。经鉴定为西侧人骨为老年男性，东侧人骨为老年女性。

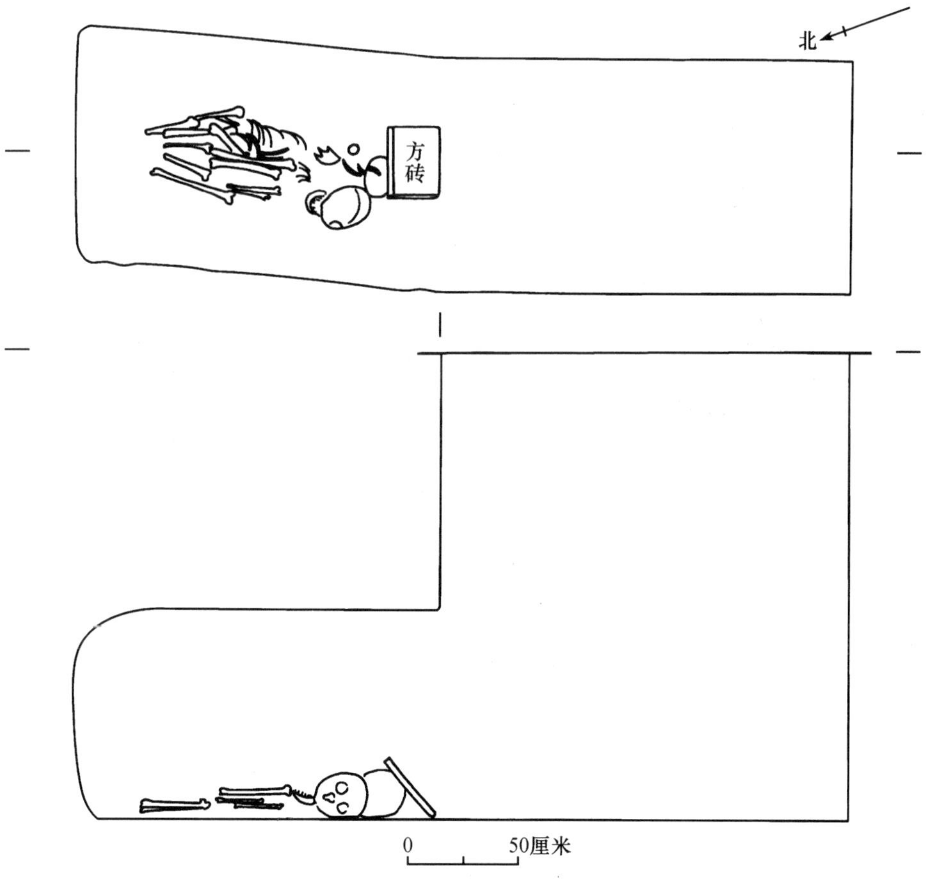

图6-12　M6平、剖面图

2. 随葬品

铜钱　9枚。位于人骨下方。均为圆形方孔，光背。其中6枚钱文清晰，3枚锈蚀严重，钱文不详（图版二三，3）。

大元通宝　1枚。M6∶1，八思巴文，直读，折十。钱径4.2、穿径1厘米，重21.8克（图6-13，1；图版二三，2）。

政和通宝　1枚。M6∶2-2，楷书，直读，折二。光背。钱径2.8、穿径0.5厘米，重7.5克（图6-13，3）。

元丰通宝　2枚。篆书，旋读，折二。M6∶2-1，钱径2.8、穿径0.5厘米，重7.4克。M6∶2-5，钱径2.7、穿径0.5厘米，重7.5克（图6-13，2）。

熙宁元宝　1枚。M6∶2-4，篆书，旋读，折一。钱径2.3、穿径0.6厘米，重2.4克（图6-13，5）。

皇宋通宝　1枚。M6∶2-3，楷书，直读，折一。钱径2.4、穿径0.7厘米，重3克（图6-13，4）。

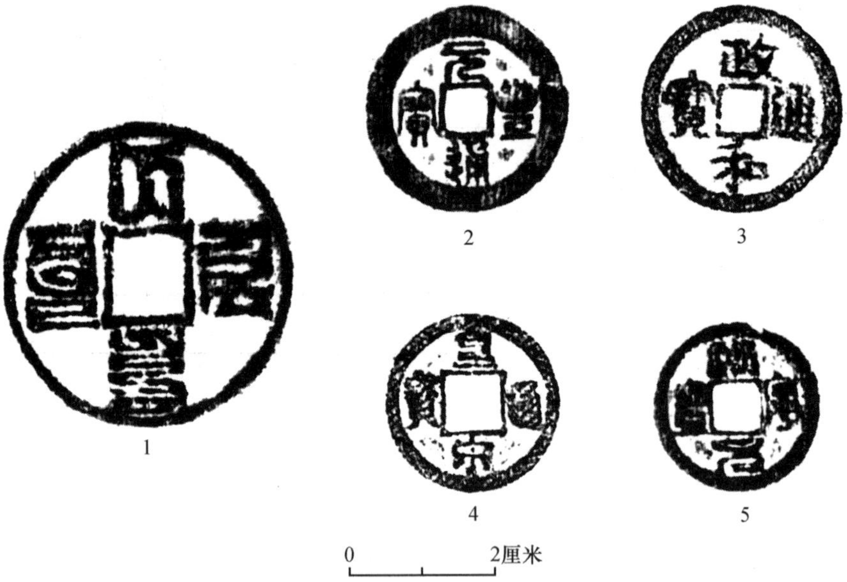

图6-13　M6出土铜钱拓本

1. 大元通宝（M6∶1）　2. 元丰通宝（M6∶2-1）　3. 政和通宝（M6∶2-2）　4. 皇宋通宝（M6∶2-3）　5. 熙宁元宝（M6∶2-4）

（七）M7

1. 墓葬形制

M7位于T0801南部，开口于第2层下，向下打破生土层，口部距地表0.6米，方向188°。该墓为竖穴墓道土洞墓，平面形状呈长条状，由墓道和墓室两部分组成（图6-14）。

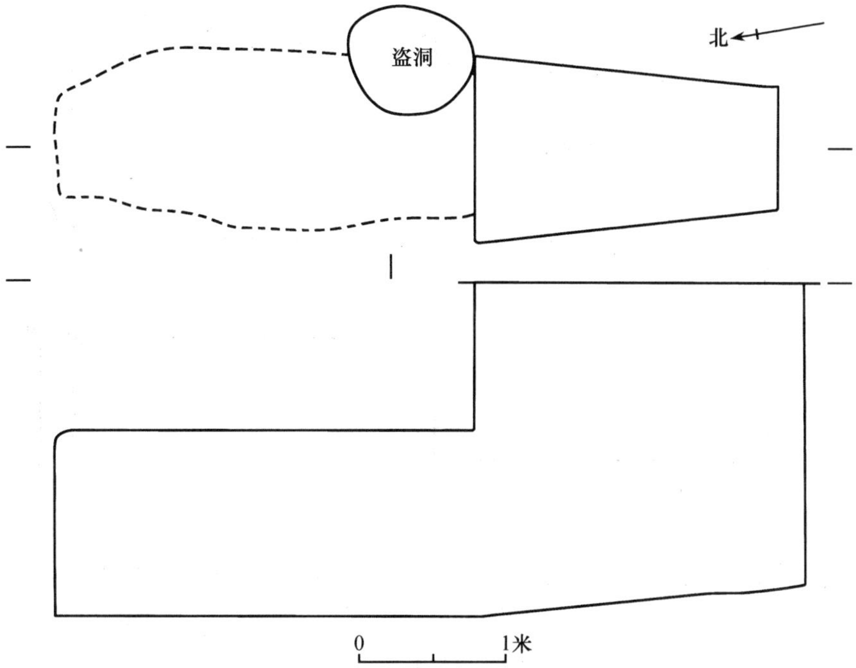

图6-14　M7平、剖面图

墓道　位于墓室南端，口部平面形状略呈梯形，直壁，墓底南高北低，略呈斜坡状。口部长2、宽0.8～1.2米，坡长2.04、深2.06～2.24米。

墓室　位于墓道北端，底部平面形状略呈长方形，壁较直，平底，土洞顶部坍塌不存。底部长2.74、宽0.84米，高度不详。

填土　填土为褐色杂土，土质较软，结构疏松。

葬具　不详。

葬式、性别及年龄　由于盗扰严重，未发现人骨。

2. 随葬品

铜钱　1枚。发现于墓室底部淤土中，锈蚀严重，钱文不详。

（八）M8

1. 墓葬形制

M8位于T0901西南部，开口于第2层下，向下打破生土层，口部距地表0.8米，方向190°。该墓为竖穴墓道土洞墓，平面形状呈条状，由墓道和墓室两部分组成（图6-15；彩版一四，4）。

墓道　位于墓室南端，口部平面形状呈长方形，直壁，底部南高北低，略呈斜坡状。长2.4、宽1.1～1.4米，坡长2.44、深1.5～1.6米。

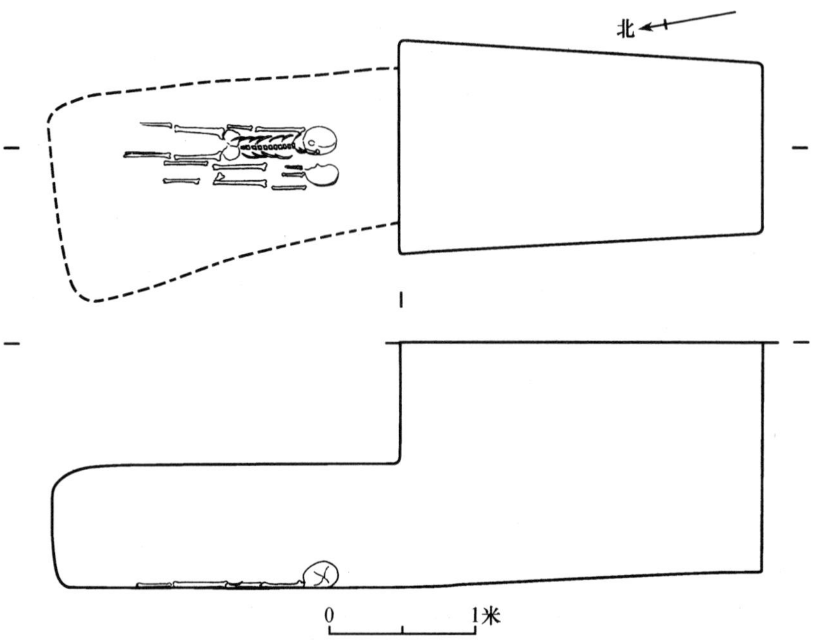

图6-15　M8平、剖面图

墓室　位于墓道北端，底部平面形状略呈长方形，土洞顶部多已坍塌，弧壁，平底，残存部分呈拱形。底部长2.3、宽1.2、高0.8米。

填土　填土为褐色杂土，土质较软，结构疏松。

葬具　不详。

葬式、性别及年龄　墓底发现人骨两具，葬式均为仰身直肢，头向南，面向外。经鉴定为西侧人骨为老年男性，东侧人骨为中年女性。

2. 随葬品

未发现随葬品。

（九）M9

1. 墓葬形制

M9位于T0901东北部，开口于第2层下，向下打破生土层，口部距地表0.8米，方向195°。该墓为竖穴斜坡墓道土洞墓，平面形状略呈长方形，由墓道和墓室两部分组成（图6-16；图版二一，1）。

墓道　位于墓室南端，口部平面形状近长方形，直壁，底部南高北低，略呈斜坡状。长2.5、宽1.4～1.6米，坡长2.58、深1.6～2米。

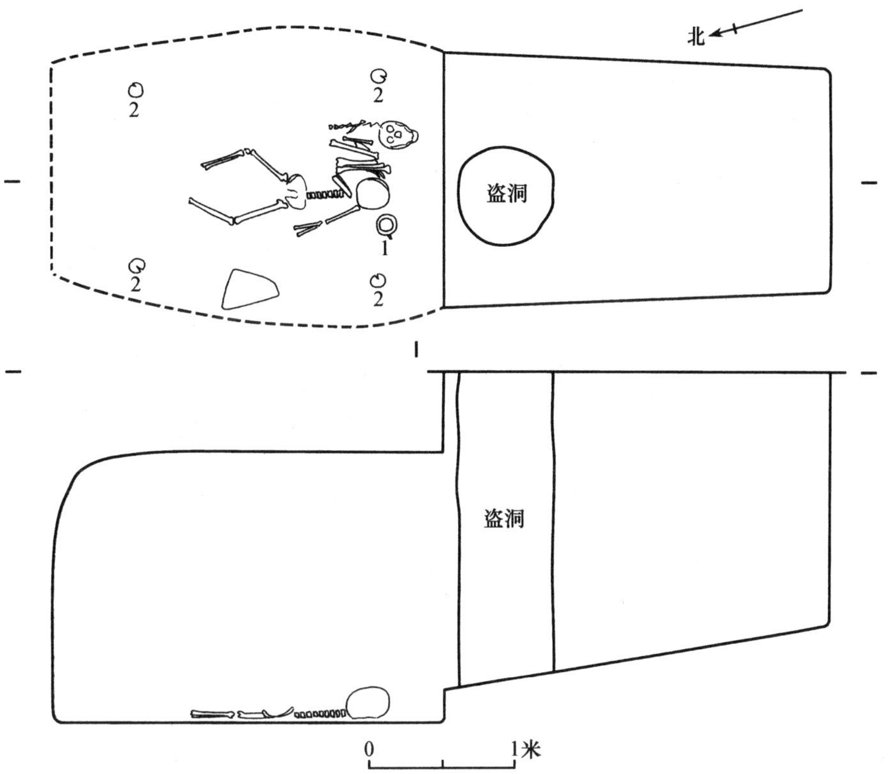

图6-16　M9平、剖面图
1. 陶水注　2. 棺环

墓室　位于墓道北端，底部平面形状呈近长方形，东、西两壁略弧、北壁稍直，平底，土洞顶部多已坍塌，残存部分呈拱形。底部低于墓道底部0.2米。底部长2.5、宽1.9米，残高1.7米。

填土　填土为褐色杂土，土质较软，结构疏松。

葬具　从残存棺钉及棺环看，葬具应为木棺。

葬式、性别及年龄　墓底发现人骨两具，东侧人骨摆放较乱，系二次葬；西侧人骨葬式为仰身直肢，头南足北，面向上。经鉴定为东侧人骨为老年女性，西侧人骨为中年男性。

2. 随葬品

陶水注　1件。位于西侧墓主头端左侧。标本M9：1，夹砂灰陶。直口，方圆唇，矮领，弧腹下收为平底，圆柱状短流，相对一侧有柄，已残，器身通体有烟炙痕。口径10、腹径12.8、底径8.4、高14.6厘米（图6-17，1；图版二三，4）。

棺环　4件（图版二三，5）。位于西侧墓主尸骨两侧，左右各二，器形大小完全一致。标本M9：2-1～M9：2-4，圆环状，一侧有锥状钉。直径10、钉长12.4厘米（图6-17，2）。

铜钱　1枚。位于西侧墓主尸骨下方。M9：3，圆形方孔，楷书，直读，钱文为“洪武通宝”，背穿右有“一钱”文字。钱径2.2、穿径0.5厘米，重3.2克（图6-17，3）。

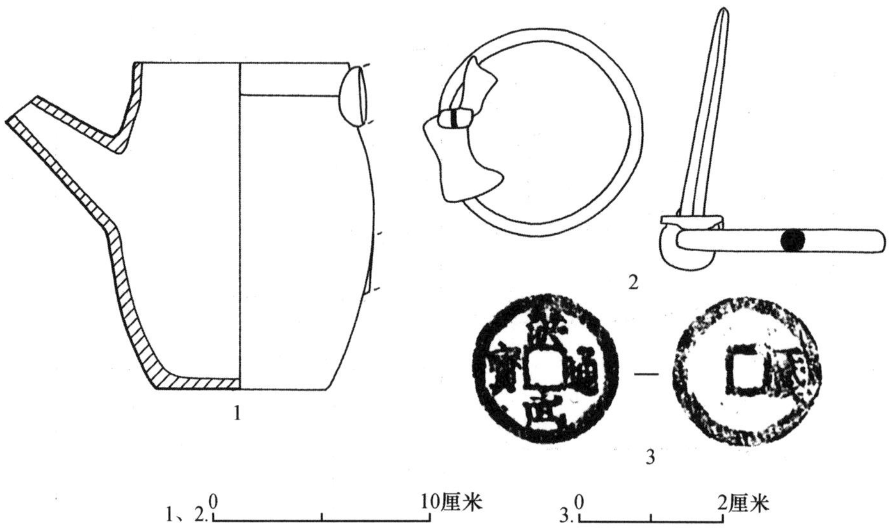

图6-17　M9出土遗物

1. 陶水注（M9：1）　2. 棺环（M9：2-1）　3. 洪武通宝（M9：3）

（十）M10

1. 墓葬形制

M10位于T0801西北部，开口于第2层下，向下打破生土层，口部距地表0.85米，方向183°。该墓为竖穴墓道土洞墓，平面形状呈条状，由墓道和墓室两部分组成（图6-18）。

墓道　位于墓室南端，口部平面形状呈长方形，直壁，底部南高北低，略呈斜坡状。长2、宽1米，坡长2.05、深1.3～1.4米。

墓室　位于墓道北端，底部平面形状呈长方形，直壁，平底，土洞顶部坍塌不存。长1.7、宽1.02米，高度不详。

填土　填土为褐色杂土，土质较软，结构疏松。

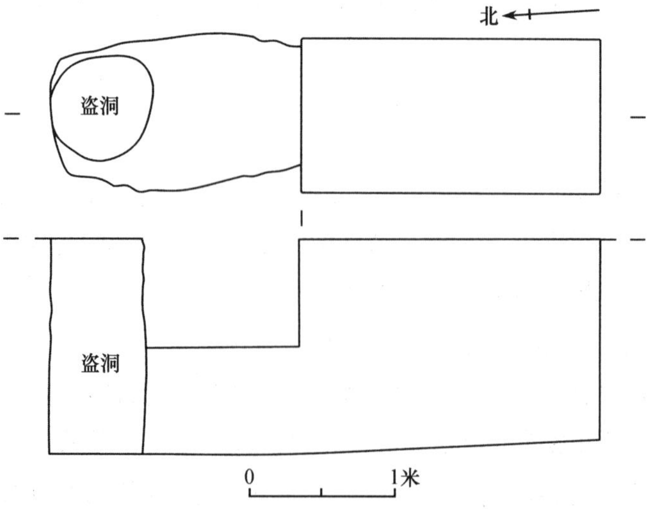

图6-18　M10平、剖面图

葬具　不详。

葬式、性别及年龄　由于盗扰严重，未发现人骨。

2. 随葬品

未发现随葬品。

（十一）M11

1. 墓葬形制

该墓位于T0801东南部，开口于第2层下，向下打破生土层，口部距地表0.8米，方向195°。该墓为竖穴墓道土洞墓，平面形状呈条状，该墓由墓道和墓室两部分组成（图6-19；图版二一，2）。

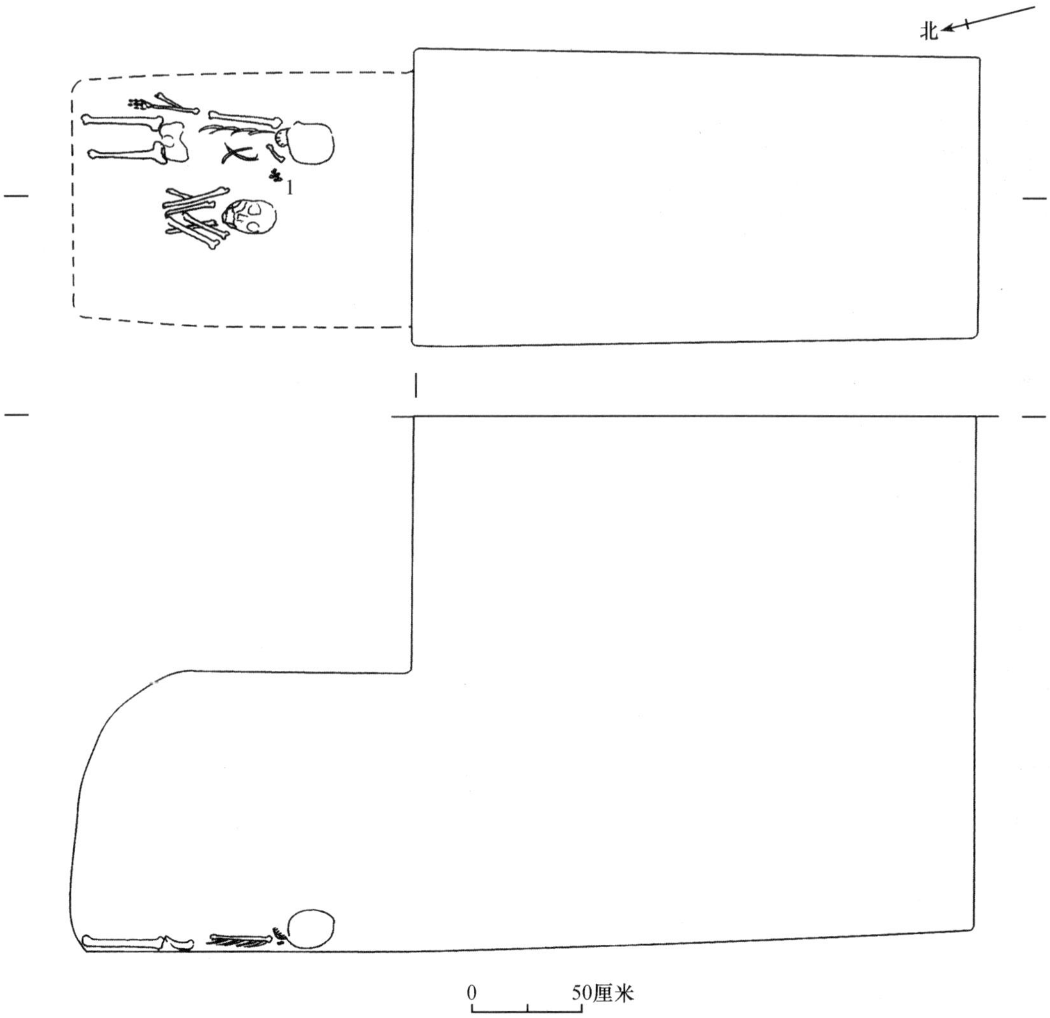

图6-19　M11平、剖面图

1. 铜钱（7枚）

墓道　位于墓室南端，口部平面形状呈长方形，直壁，底部南高北低，稍呈斜坡状。长2.5、宽1.2～1.3米，坡长2.52、深2.2～2.3米。

墓室　位于墓道北端，土洞顶部呈拱形，壁稍直，平底。长1.5、宽1.1米，高1.2米。

填土　填土为褐色杂土，土质较软，结构疏松。

葬具　不详。

葬式、性别及年龄　墓底发现人骨两具，东侧人骨葬式仰身直肢，头南足北，面向上；西侧人骨放置散乱，系二次葬，头向南，面向上。经鉴定东侧墓主为老年女性；西侧墓主为中年男性。

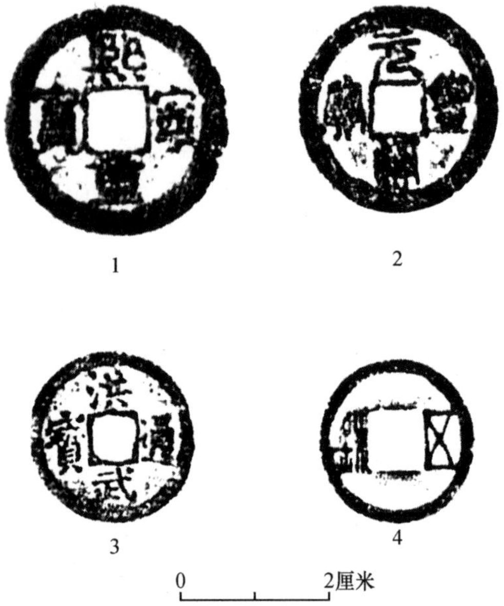

图6-20　M11出土铜钱拓本

1. 熙宁重宝（M11：1-1）　2. 元丰通宝（M11：1-4）　3. 洪武通宝（M11：1-2）　4. 五铢（M11：1-3）

2. 随葬品

铜钱　7枚。圆形方孔，光背。位于东侧墓主尸骨下。其中4枚钱文清晰，其余3枚锈蚀严重，钱文不详（图版二三，6）。

熙宁重宝　1枚。M11：1-1，楷书，旋读，折二。钱径3.2、穿径0.8厘米，重7.7克（图6-20，1）。

洪武通宝　1枚。M11：1-2，楷书，直读，折一。钱径2.3、穿径0.6厘米，重3克（图6-20，3）。

五铢　1枚。M11：1-3，篆书，横读。钱径2.2、穿径0.8厘米，重2.6克（图6-20，4）。

元丰通宝　1枚。M11：1-4，篆书，旋读，折二。钱径2.8、穿径0.6厘米，重6.3克（图6-20，2）。

（十二）M12

1. 墓葬形制

M12位于T0902西部，开口于第2层下，向下打破生土层，口部距地表0.8米，方向200°。该墓为竖穴斜坡墓道土洞墓，平面形状呈近长方形，由墓道和墓室两部分组成（图6-21；图版二一，3）。

墓道　位于墓室南部，口部平面形状呈长方形，直壁，底近平，南部略高于北部。长2、宽0.8、深1.4～1.7米。

墓室　位于墓道北端，底部平面形状呈近长方形，直壁，平底，土洞顶部已坍塌不存。底

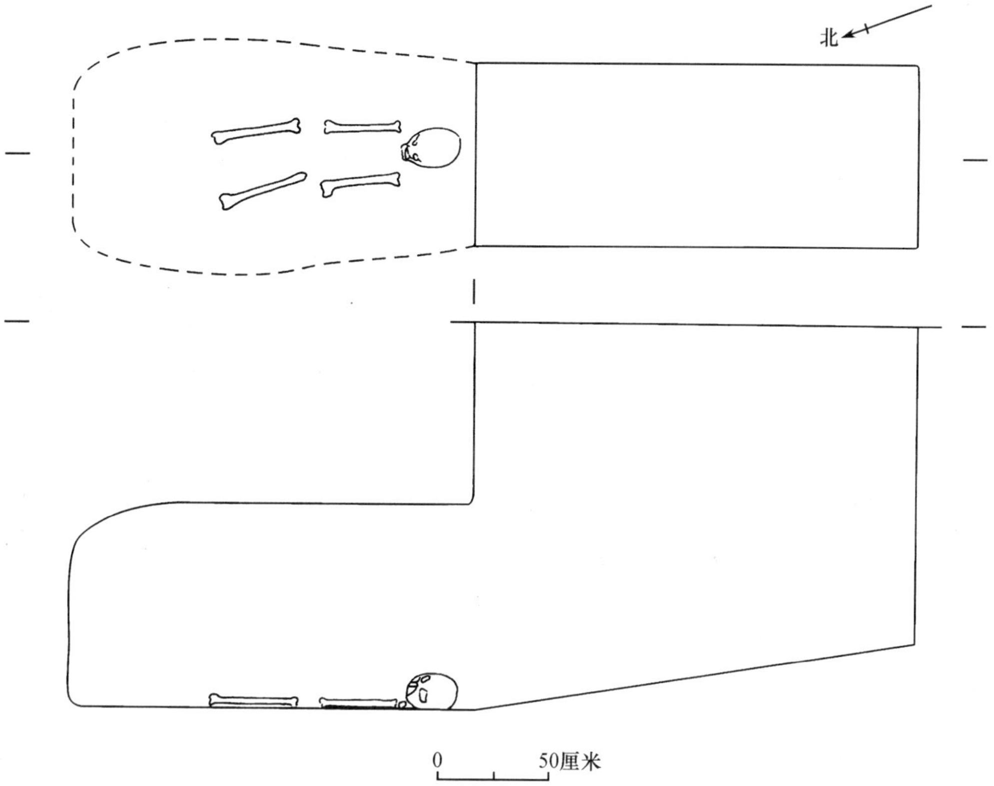

图6-21　M12平、剖面图

部长1.8、宽1.02米，高度不详。

填土　填土为褐色杂土，土质较软，结构疏松。

葬具　不详。

葬式、性别及年龄　墓底发现人骨一具，保存较差，只残存头骨、上肢及下肢骨，葬式仰身直肢，头北足南，面向上。经鉴定为中年男性。

2. 随葬品

未发现随葬品。

（十三）M13

1. 墓葬形制

M13位于T0403北部，开口于第2层下，向下打破生土层，口部距地表1.27米，方向280°。该墓为阶梯墓道土洞墓，平面形状呈“凸”字形，由墓道和墓室两部分组成（图6-22）。

墓道　位于墓室西部，口部平面形状为长方形，直壁，距墓道口部1.24米有五个台阶延伸

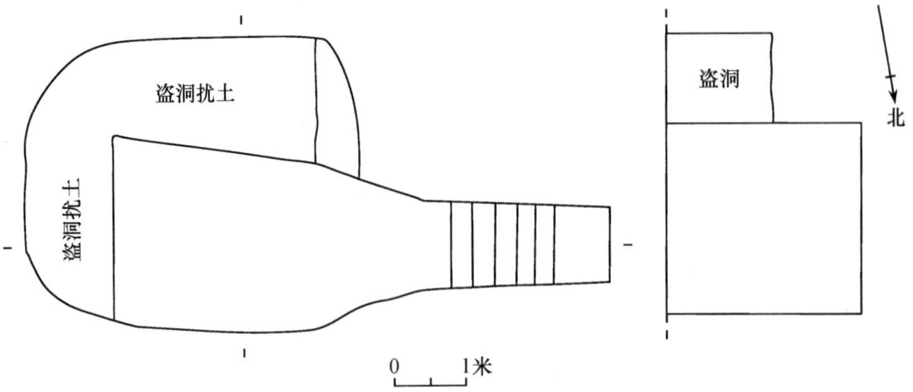

图6-22　M13平、剖面图

至墓室，高度均不相同。口部长2.5、宽1、深2.5米。

墓室　位于墓道东部，底部平面形状呈近长方形，直壁，平底，土洞顶部多已坍塌。长3.9、宽2.4米，东、南两壁残高0.7米。

填土　填土为褐色杂土，土质较软，结构疏松。

葬具　不详。

葬式、性别及年龄　未发现人骨。

2. 随葬品

未发现随葬品。

（十四）M14

1. 墓葬形制

M14位于T0403西南部，开口于第2层下，向下打破生土层，口部距地表1.28米，方向270°。该墓为竖穴墓道土洞墓，平面形状呈“凸”字形，由墓道和墓室两部分组成（图6-23）。

墓道　位于墓室西部，口部平面形状呈长方形，直壁，平底。长1.98、宽1.54～1.66、深1.54米。

墓室　位于墓道东部，底部平面形状呈近长方形，直壁，平底，土洞顶部已坍塌不存。长1.98、宽1.54～1.66米，高度不详。

填土　填土为褐色杂土，土质较软，结构疏松。

葬具　不详。

葬式、性别及年龄　未发现人骨。

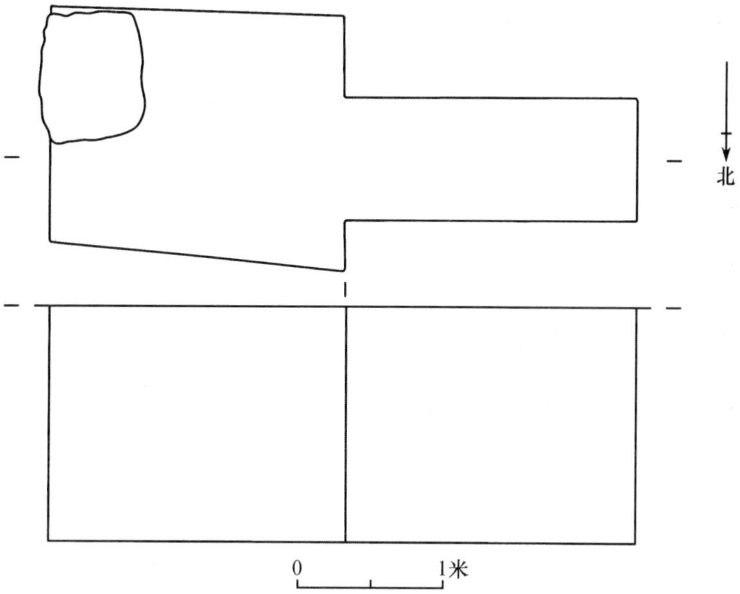

图6-23 M14平、剖面图

2. 随葬品

未发现随葬品。

（十五）M15

1. 墓葬形制

M15位于T0504西北部，开口于第2层下，向下打破生土层，口部距地表0.8米，方向290°。该墓为斜坡墓道土洞墓，平面形状呈“凸”字形，由墓道和墓室两部分组成（图6-24）。

墓道 位于墓室西部，口部平面形状呈长方形，直壁，底部西高东低，略呈斜坡状。长2.5、宽0.8米，坡长2.54、深2.4～2.5米。

墓室 位于墓道东部，底部平面形状呈近长方形，直壁，平底，土洞顶部已坍塌不存。长2.5、宽2.1米，高度不详。

填土 填土为褐色杂土，土质较软，结构疏松。

葬具 不详。

葬式、性别及年龄 未发现人骨。

2. 随葬品

未发现随葬品。

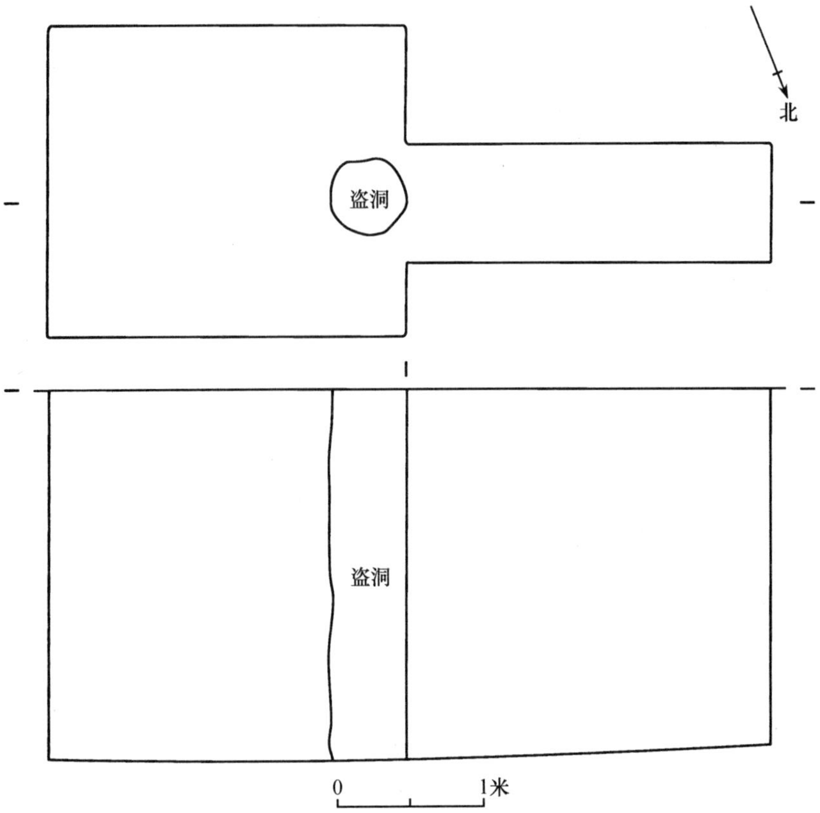

图6-24　M15平、剖面图

（十六）M16

1. 墓葬形制

M16位于T0504东南部，开口于第2层下，向下打破生土层，口部距地表0.8米，方向275°。该墓为斜坡墓道土洞墓，平面形状呈“凸”字形，由墓道和墓室两部分组成（图6-25）。

墓道　位于墓室西部，口部平面形状为长方形，直壁，底部西高东低，略呈斜坡状。长2.5、宽0.8～0.9米，坡长2.54、深2.2～2.4米。

墓室　位于墓道东部，底部平面形状呈长方形，直壁，平底，土洞顶部已坍塌不存。长2.9、宽1.98米，高度不详。

填土　填土为褐色杂土，土质较软，结构疏松。

葬具　不详。

葬式、性别及年龄　未发现人骨。

2. 随葬品

未发现随葬品。

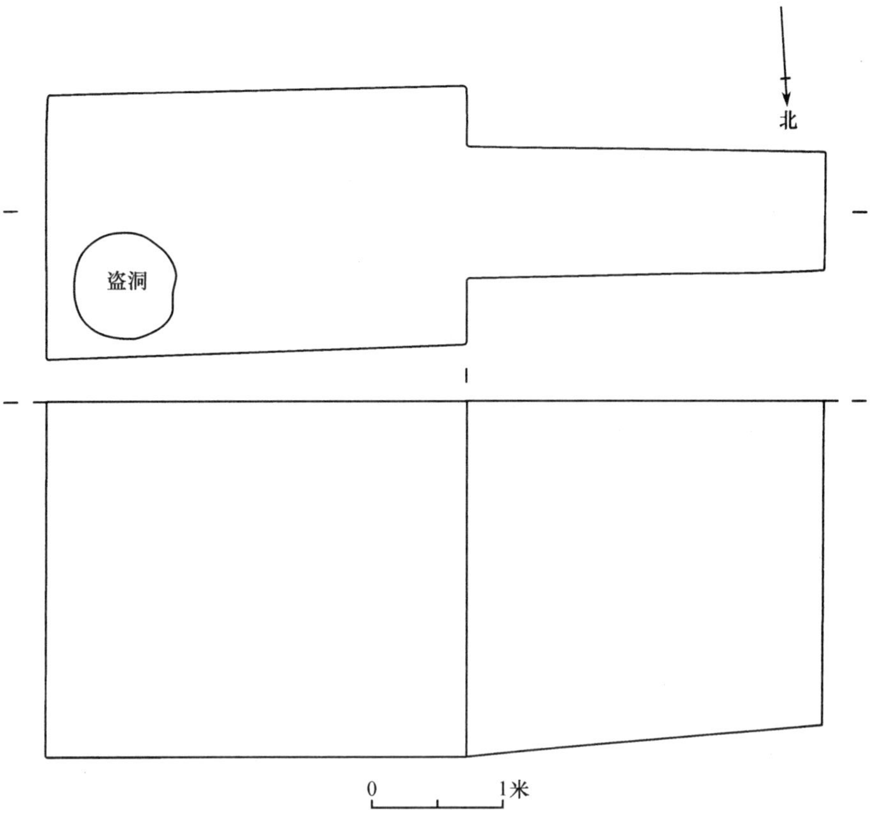

图6-25　M16平、剖面图

（十七）M17

1. 墓葬形制

M17位于T0412西南部，开口于第2层下，向下打破生土层，口部距地表0.8米，方向180°。该墓为墓道砖室墓，平面形状呈“刀”字形，由墓道和墓室两部分组成（图6-26）。

墓道　位于墓室西部，由于盗扰扰严重，口部被破坏，残存口部平面形状呈近长方形，直壁，平底。长1.3、宽0.8、深2.1米。

墓室　位于墓道东部，平面形状呈长方形，土圹为直壁，平底，子母口砖砌墓室建于土圹之中，由于盗扰严重，砖室已不存。土圹长2.5、宽1.6米。

填土　填土为褐色杂土，土质较软，结构疏松，包含有大量子母砖碎块，另外还夹杂有乱骨。

葬具　不详。

葬式、性别及年龄　未发现人骨。

2. 随葬品

未发现随葬品。

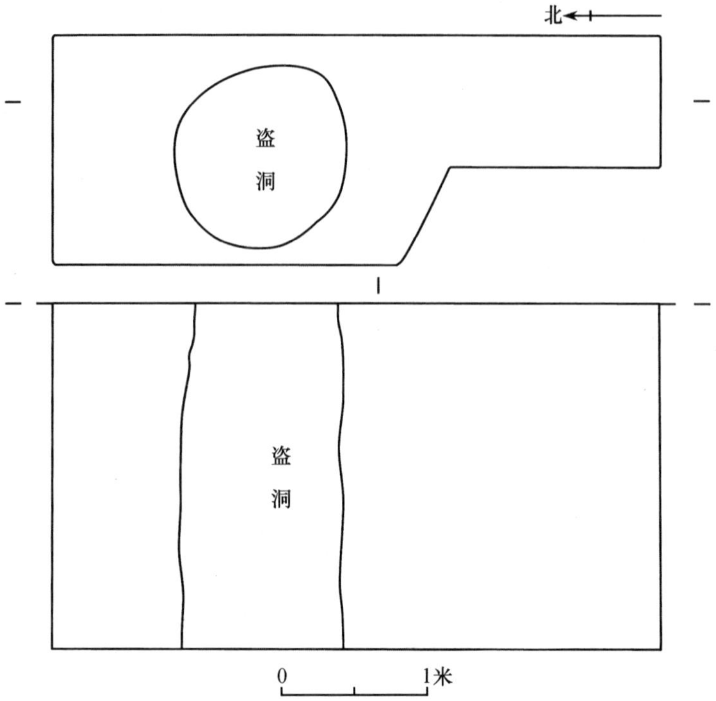

图6-26　M17平、剖面图

（十八）M18

1. 墓葬形制

M18位于T0412东部偏北，开口于第2层下，向下打破生土层，口部距地表0.8米，方向183°。该墓为竖穴墓道砖室墓，平面形状呈“凸”字形，由墓道和墓室两部分组成（图6-27）。

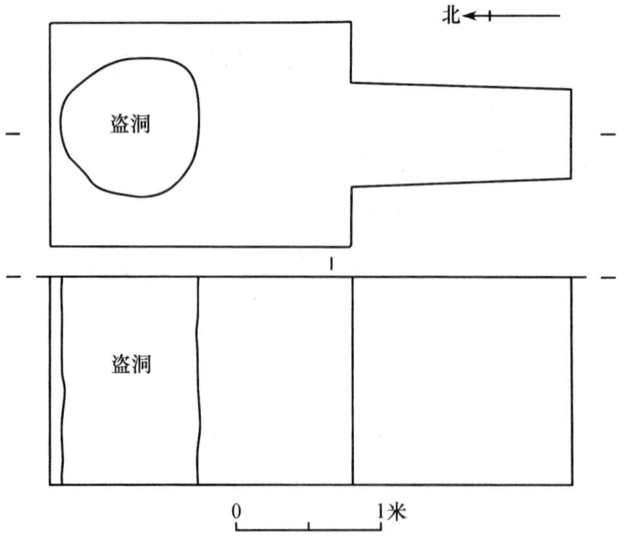

图6-27　M18平、剖面图

墓道　位于墓室南部，口部平面形状近长方形，直壁，平底。长1.5、宽0.5～0.6、深1.4米。

墓室　位于墓道北部，底部平面形状呈长方形。土圹为直壁，平底，子母口砖砌墓室建于土圹之中，由于盗扰严重，砖室已不存。长2.1、宽1.5米。

填土　填土为褐色杂土，土质较软，结构疏松，包含有大量子母砖碎块，另外还夹杂有乱骨。

葬具　不详。

葬式、性别及年龄　未发现人骨。

2. 随葬品

未发现随葬品。

（十九）M19

1. 墓葬形制

M19位于T0312东部偏北，开口于第2层下，向下打破生土层，口部距地表0.8米，方向205°。该墓为竖穴墓道砖室墓，平面形状呈“凸”字形，由墓道和墓室两部分组成（图6-28）。

墓道　位于墓室南部，口部平面形状呈长方形，直壁，平底。长2、宽0.8、深2.2米。

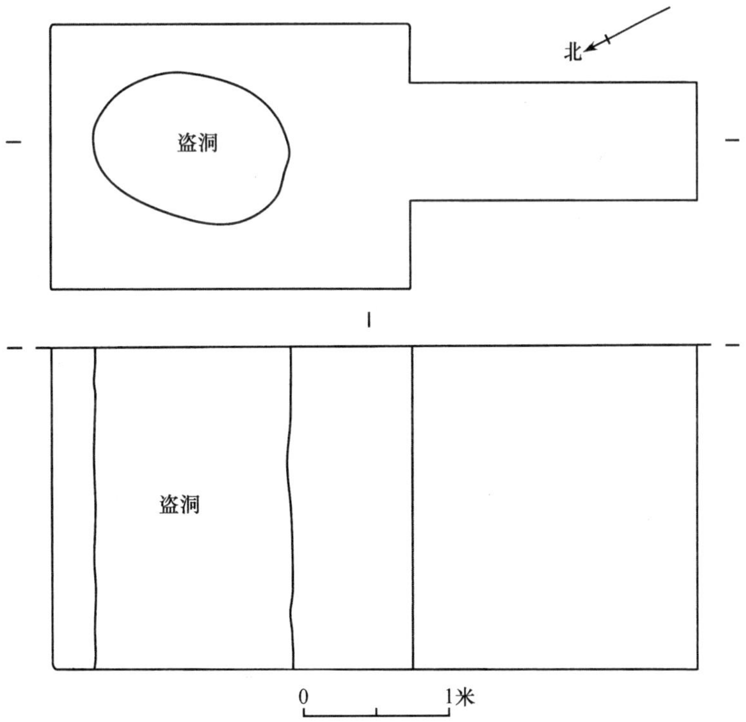

图6-28　M19平、剖面图

墓室　位于墓道北部，底部平面形状呈长方形，土圹为直壁，平底，子母口砖砌墓室建于土圹之中，由于盗扰严重，砖室已不存。其中土圹长2.5、宽1.8米。

填土　填土为褐色杂土，土质较软，结构疏松，包含有大量子母砖碎块，另外还夹杂有乱骨。

葬具　不详。

葬式、性别及年龄　未发现人骨。

2. 随葬品

未发现随葬品。

（二十）M20

1. 墓葬形制

M20该墓位于T0312西南部，开口于第2层下，向下打破生土层，口部距地表0.8米，方向183°。该墓为竖穴墓道砖室墓，平面形状呈“凸”字形，由墓道与墓室两部分组成（图6-29）。

墓道　位于墓室南部，口部平面形状近长方形，直壁，平底。长1.8、宽0.7、深2.2米。

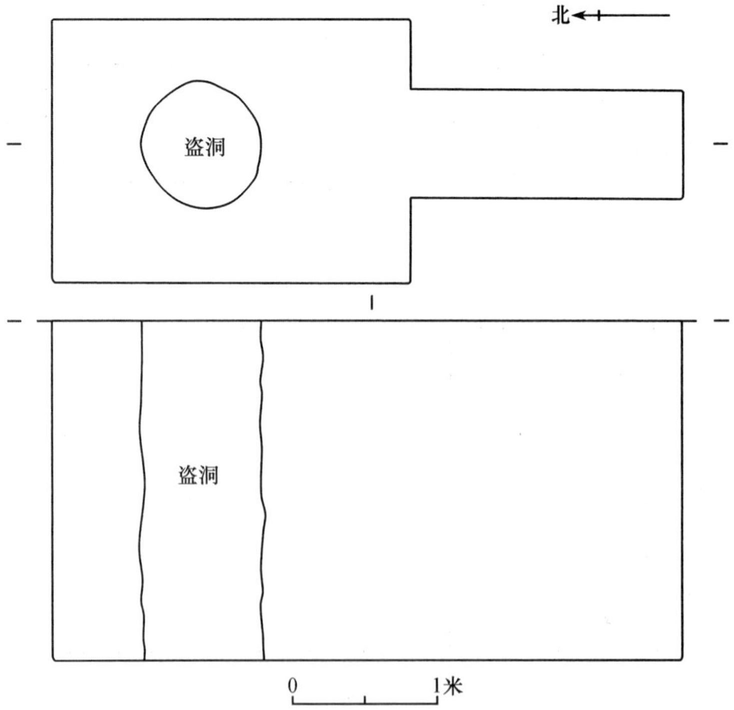

图6-29　M20平、剖面图

墓室　位于墓道北部，底部平面形状呈长方形。底部平面形状呈长方形，土圹为直壁，平底，子母口砖砌墓室建于土圹之中，由于盗扰严重，砖室已不存。土圹长2.4、宽1.7米。

填土　填土为褐色杂土，土质较软，结构疏松，包含有大量子母砖碎块，另外还夹杂有乱骨。

葬具　不详。

葬式、性别及年龄　未发现人骨。

2. 随葬品

未发现随葬品。

三、结　　语

（一）墓葬特征

观耜园墓地共清理各时期墓葬20座，主要为竖穴墓道土洞墓和竖穴土坑砖砌墓，仅有M3为竖穴土坑墓，南北向居多，墓道多位于墓室南部，另有4座东西向墓葬，墓道则位于墓室西部。竖穴墓道土洞墓整体形状有“凸”字形、长方形，竖井墓道位于墓室南部，底呈斜坡状，墓室为土洞结构，底部平面呈长方形和椭圆形。竖穴墓道砖室墓整体形状除M17为“刀”字形外，其余均呈“凸”字形，竖井墓道均窄于墓室，位于墓室南部或西部，其中M13为阶梯墓道；M14、M15、M16为竖穴土坑墓；M17、M18、M19、M20为竖穴土圹砖砌墓。

观耜园墓地大部分墓葬经过数次盗扰，有几座砖室墓仅残留有少量碎砖，虽然扰乱严重，但墓葬形制保存基本完整。由于扰乱较甚，墓主的葬式葬具多不详，少部分墓葬残存有棺钉，可知葬具应为木棺；残存有人骨的葬式大多为仰身直肢，随葬品也不甚丰富。另外，该墓地延续时间较长，特别是同时期墓葬，排列有序、无打破和叠压现象，因此大多数墓葬当时均应有明显标记或封土。

（二）随葬品特征

由于大多数墓葬盗扰严重，残存遗物不甚丰富，该墓地出土随葬品完整及可复原器物不多，包括陶器、瓷器、铜器、铁器、琉璃器等，另有铜钱多枚。零星发现的随葬品，为墓葬的年代分析提供了一定得依据。特别是M6出土的一枚八思巴文“大元通宝”折十铜钱，圆钱方孔，轮廓规整，钱文清晰，这在本地区历年考古发掘中尚属首次发现。

（三）墓葬年代

观耜园墓地大部分墓葬被盗扰，随葬器物基本没有完整组合，更无确切纪年之遗物，仅据墓葬形制、分布及出土器物、铜钱等加以推断。

20座墓葬比较集中的分布在三个区域。第一区位于发掘区中部，其中偏南的有 M13、M14、M15、M16，均为“凸”字形竖穴墓道土洞墓，方向270°～290°，墓道位于墓室西部；偏北的有M17、M18、M19、M20，其中一座为“刀”字形、三座为“凸”字形，均为竖穴墓道砖室墓，方向180°～205°，墓道位于墓室南部。从这次发掘情况看，M13～M20均盗扰严重，不见随葬品，其中 M17、M18、M19、M20基本墓室内都见碎砖，子母口，侧面有的见“五”字纹。结合禹州地区以往发掘的东汉墓葬材料，发现其形制特征基本一致，因此观耜园墓地M13～M20的时代应为东汉时期。

第二区域位于发掘区西部，有5座墓葬，其中M3为长方形竖穴土坑墓，盗扰严重，时代不详。M1、M2、M4、M5为“凸”字形竖穴斜坡墓道土洞墓，方向190°～205°。从墓葬形制特征分析，这四座墓葬完全相同，应属同一时期。M4、M5由于盗扰严重，不见随葬器物。M1和M2均发现有“开元通宝”铜钱和部分陶、瓷器。这些陶瓷器均胎体厚重，器形稳重，唇口、玉璧底或假圈足，以及施半釉的特征均属唐代晚期。出土的古代钱币均为开元通宝，未见唐代以后货币。因此将 M1、M2、M4、M5的时代大体推定在晚唐时期。

第三区域位于发掘区东部，共7座墓葬。M6～M12皆为竖穴斜坡墓道土洞墓，但整体形状与一区有所区别。这7座墓的整体形状呈条状或近长方形，墓道较宽，有的墓道宽度甚至大于墓室宽度，其中大部分均为双人同穴合葬墓，方向183°～200°。墓道均位于墓室南部，人骨头向均向南。从发掘情况看，这7座墓葬形制特征几乎完全一样，应属同一时期古墓葬，且墓葬排列有序，无叠压和打破关系现象，这7座墓葬出土随葬器物较少，大部分为铜钱，最早的有“五铢”，最晚的有一枚“洪武通宝”，另外还发现较多的北宋钱币以及一枚八思巴文的“大定通宝”，从出土铜钱年代分析，这7座墓葬应为元末至明初。

观耜园墓地本次发掘的墓葬虽然不多，但它涵盖时代段较长，各时期墓葬多集中一起，应为这不同时代的家族墓地。

执　笔：姚军英、王书安

2014年6月

附表6-1　禹州观耜园墓地墓葬登记表

编号	所在探方	层位	方向	形状结构	保存状况	墓道（单位：米）			墓室（单位：米）			葬式	随葬品	时代
						长	宽	深	长	宽	高			
M1	T0108	第3层下	190°	“凸”字形竖穴斜坡墓道土洞墓	扰乱	2	0.8	2 ~ 2.1	2	1.65	1.1	仰身直肢	陶罐1、瓷盂2、瓷碗1、琉璃饰件1、铜冠饰1、铜钱2	唐代
M2	T0107	第3层下	190°	“凸”字形竖穴斜坡墓道土洞墓	扰乱	1.7	0.4 ~ 0.76	2.08 ~ 2.1	2.24	0.9	1.4	仰身直肢	瓷罐1、铁刀1、铜钱1	唐代
M3	T0107	第3层下	188°	长方形竖穴土坑墓	盗扰				口：2.3 底：2.1	口：1 底：0.8	0.9	不详	未发现	不详
M4	T0108	第3层下	205°	“凸”字形竖穴斜坡墓道土洞墓	盗扰	1.8	0.6	1.6 ~ 1.7	1.4	0.8		不详	未发现	唐代
M5	T0108	第3层下	190°	“凸”字形竖穴斜坡墓道土洞墓	盗扰	2.1	0.6	1.4 ~ 1.6	1.9	1.2		不详	未发现	唐代
M6	T0902	第2层下	200°	长方形竖穴墓道土洞墓	盗扰	1.8	1	2	1.6	1	0.9	仰身屈肢	铜钱9	元末明初
M7	T0901	第2层下	188°	长条状竖穴斜坡墓道土洞墓	盗扰	2	0.8 ~ 1.2	2.06 ~ 2.24	2.74	0.84		不详	铜钱1枚	元末明初
M8	T0901	第2层下	190°	条状竖穴斜坡墓道土洞墓	盗扰	2.4	1.1 ~ 1.4	1.5 ~ 1.6	2.3	1.2	0.8	仰身直肢	未发现	元末明初
M9	T0901	第2层下	195°	长方形竖穴斜坡墓道土洞墓	盗扰	2.5	1.4 ~ 1.6	1.6 ~ 2	2.5	1.9	1.7	仰身直肢	陶水注1、棺环4、铜钱1	元末明初
M10	T0801	第2层下	183°	条状竖穴斜坡墓道土洞墓	盗扰	2	1	1.3 ~ 1.4	1.7	1.02		不详	未发现	元末明初
M11	T0901	第2层下	195°	条状竖穴斜坡墓道土洞墓	盗扰	2.5	1.2 ~ 1.3	2.2 ~ 2.3	1.5	1.1	1.2	仰身直肢	铜钱7枚	元末明初
M12	T0902	第2层下	200°	长方形竖穴斜坡墓道土洞墓	盗扰	2	0.8	1.4 ~ 1.7	1.8	1.02		仰身直肢	未发现	元末明初

续表

编号	所在探方	层位	方向	形状结构	保存状况	墓道（单位：米）			墓室（单位：米）			葬式	随葬品	时代
						长	宽	深	长	宽	高			
M13	T0403	第2层下	280°	“凸”字形阶梯墓道土洞墓	盗扰	2.5	1	2.5	3.9	2.4	0.7	不详	未发现	东汉
M14	T0403	第2层下	270°	“凸”字形竖穴墓道土洞墓	盗扰	1.98	1.54 ~ 1.66	1.54	1.98	1.54 ~ 1.66		不详	未发现	东汉
M15	T0504	第2层下	290°	“凸”字形竖穴斜坡墓道土洞墓	盗扰	2.5	0.8	2.4 ~ 2.5	2.5	2.1		不详	未发现	东汉
M16	T0504	第2层下	275°	“凸”字形竖穴斜坡墓道土洞墓	盗扰	2.5	0.8 ~ 0.9	2.2 ~ 2.4	2.9	1.98		不详	未发现	东汉
M17	T0412	第2层下	180°	“刀”字形竖穴墓道砖室墓	盗扰	1.3	0.8	2.1	2.5	1.6		不详	未发现	东汉
M18	T0412	第2层下	183°	“凸”字形竖穴墓道砖室墓	盗扰	1.5	0.5 ~ 0.6	1.4	2.1	1.5		不详	未发现	东汉
M19	T0312	第2层下	205°	“凸”字形竖穴墓道砖室墓	盗扰	2	0.8	2.2	2.5	1.8		不详	未发现	东汉
M20	T0312	第2层下	180°	“凸”字形竖穴墓道砖室墓	盗扰	1.8	0.7	2.2	2.4	1.7		不详	未发现	东汉

第七章　禹州席庄墓地

席庄墓地位于禹州市朱阁乡席庄村，南距禹州市区约5千米，北距朱阁乡约4千米，墓地南距禹州市新外环路约500米（图7-1）。地理坐标为东经113°27′44.7″，北纬34°11′23″，海拔125米。墓地东西约长203米，南北宽约77米，面积15700平方米。南临席庄，西北为孙席庄，北部为基本农田。该处属平原地区，地域广阔，地势平坦，征地前大多为基本农田，小麦、玉米等为基本农作物。

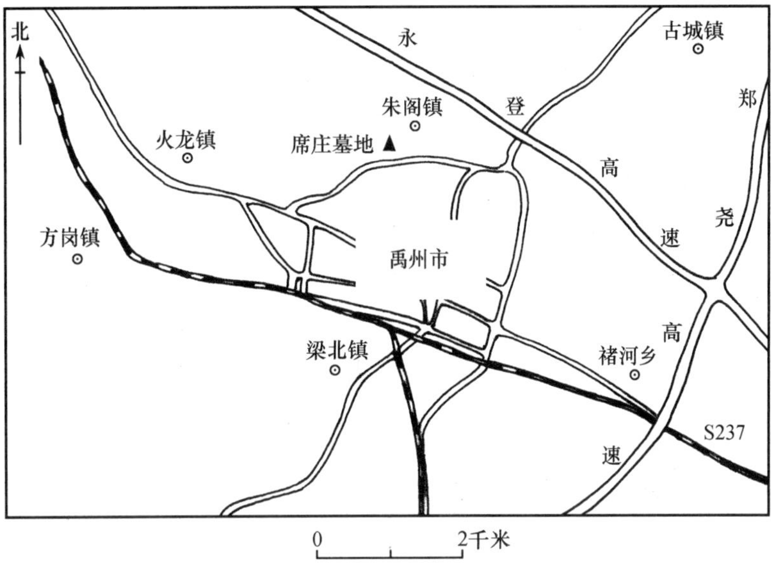

图7-1　席庄墓地位置示意图

为配合南水北调中线工程建设，2004年6～9月，许昌市文物工作和禹州市文物工作分队，对南水北调中线工程征地范围内的地下文物进行实地踏查，发现席庄北部有古墓葬，并上报河南省文物局。2010年11月初，许昌市文物工作队在此勘探发现古墓葬30余座。受河南省文物考古研究所（现河南省文物考古研究院）委托，许昌市文物工作队对席庄墓地于2010年11月11日至12月6日对其进行考古发掘，历时26天（彩版一五，1；彩版一六，1）。

根据勘探结果，墓地发掘总基点设在席庄村委会大院（原席庄小学）院墙东北角。基点设在总基点北偏东58°，两者直线距离165.41米，位于布方区西南角，从基点依次向东、向北统一布方、编号。探方号前冠以“2010YZX”，“2010”代表发掘年份，“Y”代表禹州市，“Z”代表朱阁乡，“X”代表席庄村。依据勘探情况，共布10×10米探方11个，实际发掘面积979平方米，清理古墓葬27座（图7-2；彩版一五，2）。

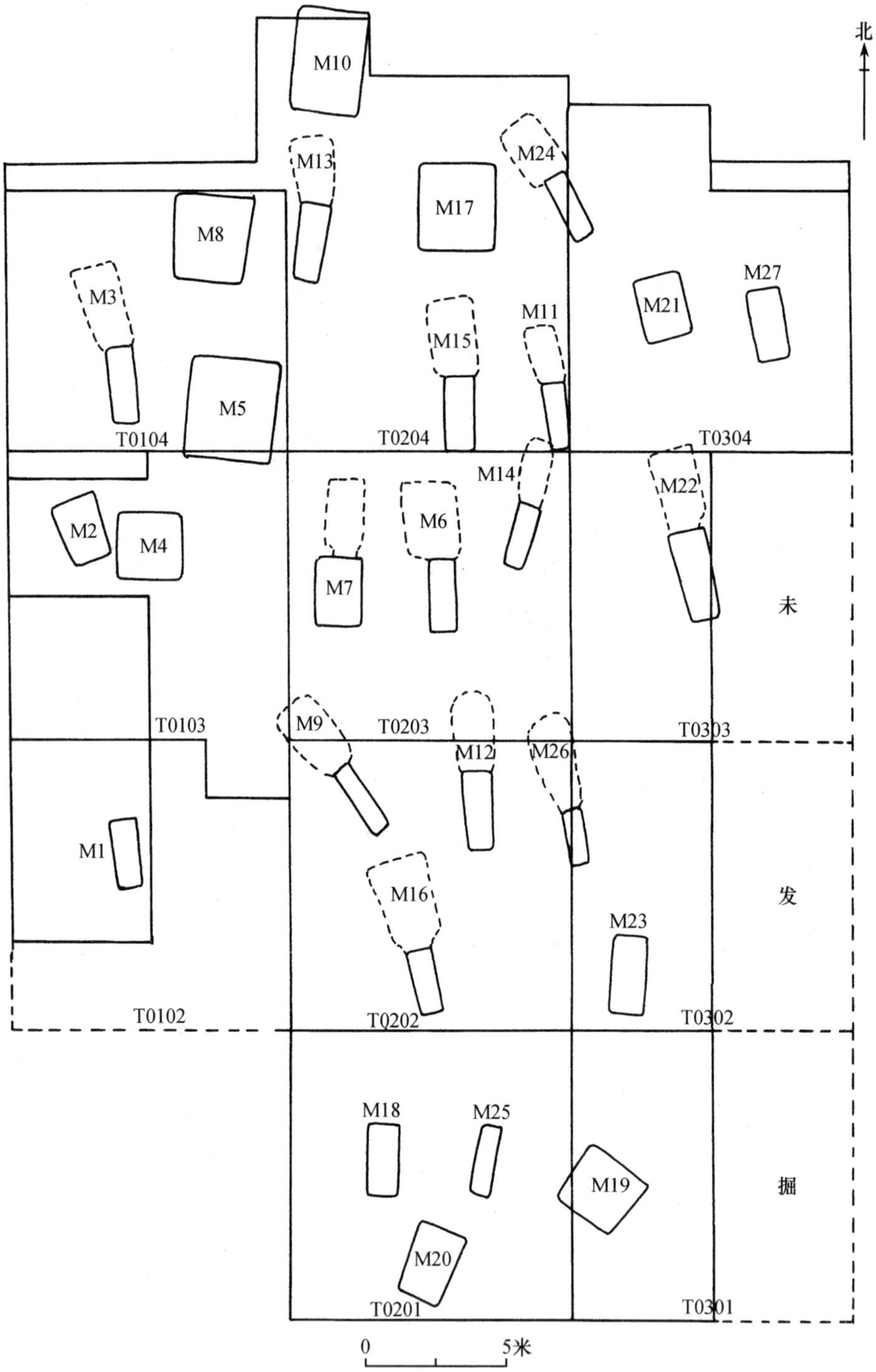

图7-2　席庄墓地遗迹分布图

一、地层堆积

席庄墓地地势比较平坦，地层堆积简单。现以2010YZXT0203东壁为例进行介绍（图7-3）。

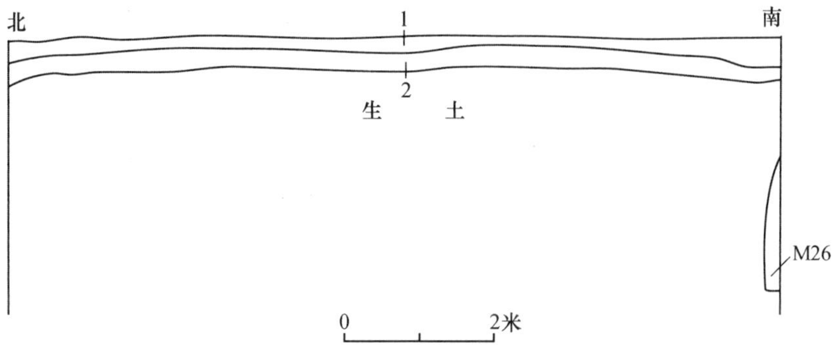

图7-3　席庄墓地地层剖面示意图

第1层：耕土层，厚0.15～0.3米，土色浅灰，土质较软，结构疏松。包含有大量植物根系及少许碎玻璃、炉渣等当代垃圾。

第2层：扰土层，深0.15～0.3米，厚0.1～0.3米，土色黄灰，土质较软，结构较疏松。包含有料姜石颗粒、碎砖块、陶瓷片等。所有遗迹均开口于本层下，向下打破生土。

第2层下即为生土。

二、遗迹及遗物

（一）M1

1. 墓葬形制

M1位于T0102中部，开口于第2层下，向下打破生土层，口部距地表0.6米，方向352°。该墓为竖穴土坑墓（图7-4；图版二四，1）。

墓室　口部平面形状呈长方形，直壁，平底。长2.4、宽0.9～0.94、深1.6米。

填土　填土为褐色杂土，土质较软，结构较疏松，包含有料姜石颗粒。

葬具　葬具为木棺，仅余片状朽痕，具体尺寸不详。

葬式、性别及年龄　墓底发现人骨一具，葬式为仰身直肢，头北足南，面向上偏左，将鉴定为老年男性。

2. 随葬品

板瓦　2件。位于棺内墓主头骨上端。标本M1：1，泥质灰陶。拱形，拱面素面无纹饰，内壁为布纹。长21.6、宽14.4～8、厚1厘米（图7-5，1）。

铁犁铧　1件。置于墓主腹部。M1：2，锈蚀严重，整体平面呈椭圆形，底部有一缺口，正面呈凹状，背面有五个凸起。其中四个凸起有穿，用于固定犁面。边长25.4～31.6、厚0.08

图7-4　M1平、剖面图

1. 板瓦　2. 铁犁铧

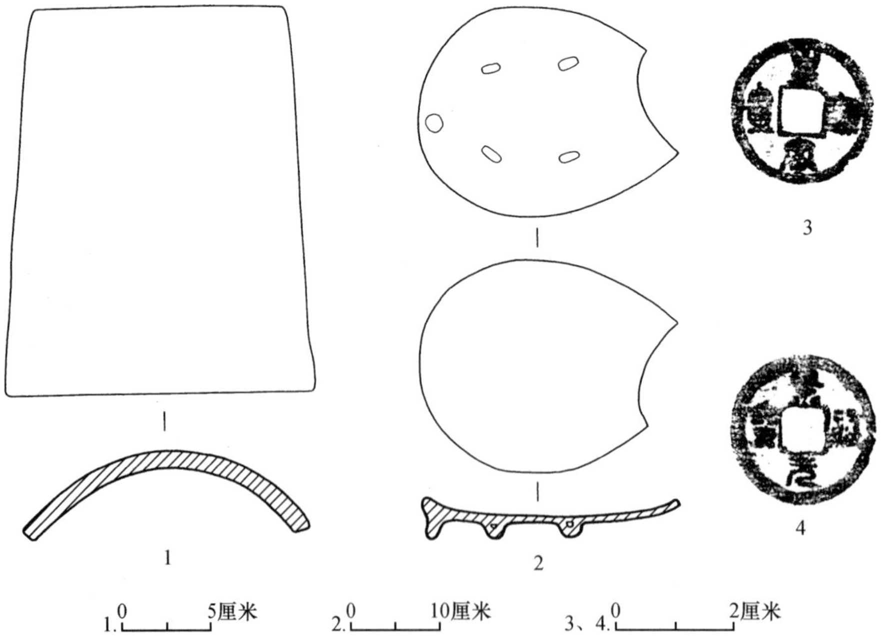

图7-5　M1出土遗物及铜钱拓本

1. 板瓦（M1∶1）　2. 铁犁铧（M1∶2）　3. 皇宋通宝（M1∶3-1）　4. 景祐元宝（M1∶3-2）

厘米（图7-5，2）。

铜钱　5枚。位于墓主尸骨下部。圆形方穿。其中2枚保存较好，另外3枚锈蚀严重，钱文不详（M1：3-3～M1：3-5）。

皇宋通宝　1枚。M1：3-1，篆书，直读，光背。钱径2.5、穿径0.7厘米，重2.5克（图7-5，3）。

景祐元宝　1枚。M1：3-2，篆书，旋读，光背。钱径2.5、穿径0.7厘米，重2.4克（图7-5，4）。

（二）M2

1. 墓葬形制

M2位于T0103西北部，开口于第2层下，向下打破生土层，口部距地表0.6米，方向340°。该墓为竖穴土坑砖室墓，平面形状呈长方形（图7-6；图版二四，2）。

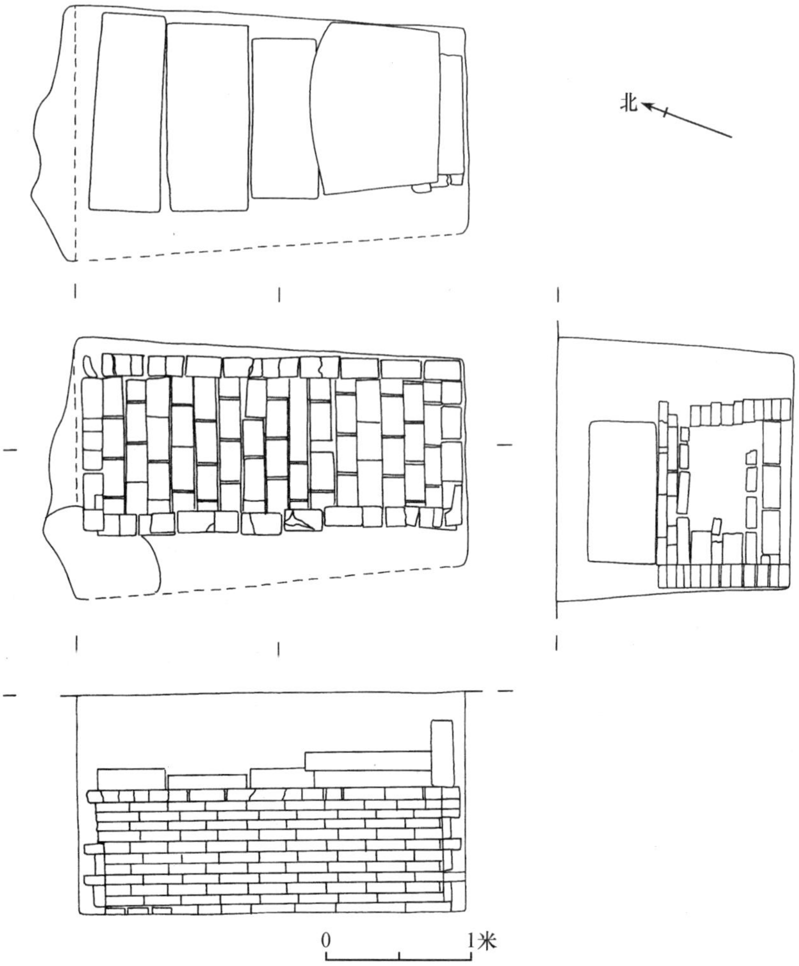

图7-6　M2平、剖面图

墓室　墓圹口大底小，呈仰斗，由于盗扰严重，墓圹北部、西部已遭破坏。砖砌墓室位于土圹之中，顶部由五块青石板盖顶。由南向北第一块侧立，其余四块横向平铺，每块石板规格不一，第二块呈拱形，经过打磨，其余四块较粗糙。砖室东西两壁为小青砖纵向错缝平砌，南、北两壁第一层为错缝纵向平铺，第2～4层为侧立纵向垒砌。铺地砖为横向错缝平铺一层，与四壁用砖相同。砖长0.26、宽0.14、厚0.06米。口部长2.86、宽1.4～1.74米；墓底长2.32、宽0.84～0.92、深1.48米。

填土　填土为褐色杂土，土质较软，结构较疏松，包含有料姜石颗粒。墓底有大量浅黄色淤土，土质软，包含有朽骨残块。

葬具　不详。

葬式、性别及年龄　墓底发现有人骨痕迹，腐朽严重，葬式不详。

2. 随葬品

未发现随葬品。

（三）M3

1. 墓葬形制

M3位于T0104中西部，开口于第2层下，向下打破生土层，口部距地表0.9米，方向175°。该墓为竖穴墓道土洞墓，平面形状呈“凸”字形，该墓由墓道、墓门和墓室三部分组成（图7-7）。

墓道　位于墓室南端，口部平面形状呈长方形，口小底大，斜壁，平底。墓道南端东西两壁距墓口部0.3、0.6米处各有2个椭圆形脚窝，最宽15、高10、进深8厘米。墓道口部长2.73、宽0.9～0.98米，底部长2.73、宽1.1～1.3、深2.1米。

墓门　位于墓道与墓室之间，由两块青石板及部分碎砖构成。两块青石板一大一小，直立于墓道与墓室之间，两边实以碎砖，其中东部封门石板较大，凝似汉代画像石墓门，素面无纹。高1.24、宽0.62、厚0.12米；西部封门石板较小，没有经过打打磨，高1.1、宽0.55米、厚0.14米，发现时内倾于墓室。

墓室　位于墓道北端，底部平面形状近椭圆形。土洞墓室顶部已塌陷，壁略直，底部铺小青砖，纵向错缝平铺。墓室底部长3.2、宽1.68米，残存高度1.7米；铺地砖长32、宽16、厚6厘米。

填土　填土为褐色杂土，土质较软，结构较疏松，包含有料姜石颗粒。

葬具　葬具为木棺，仅余朽痕。长2、宽0.95米。

葬式、性别及年龄　未发现人骨，葬式不详。

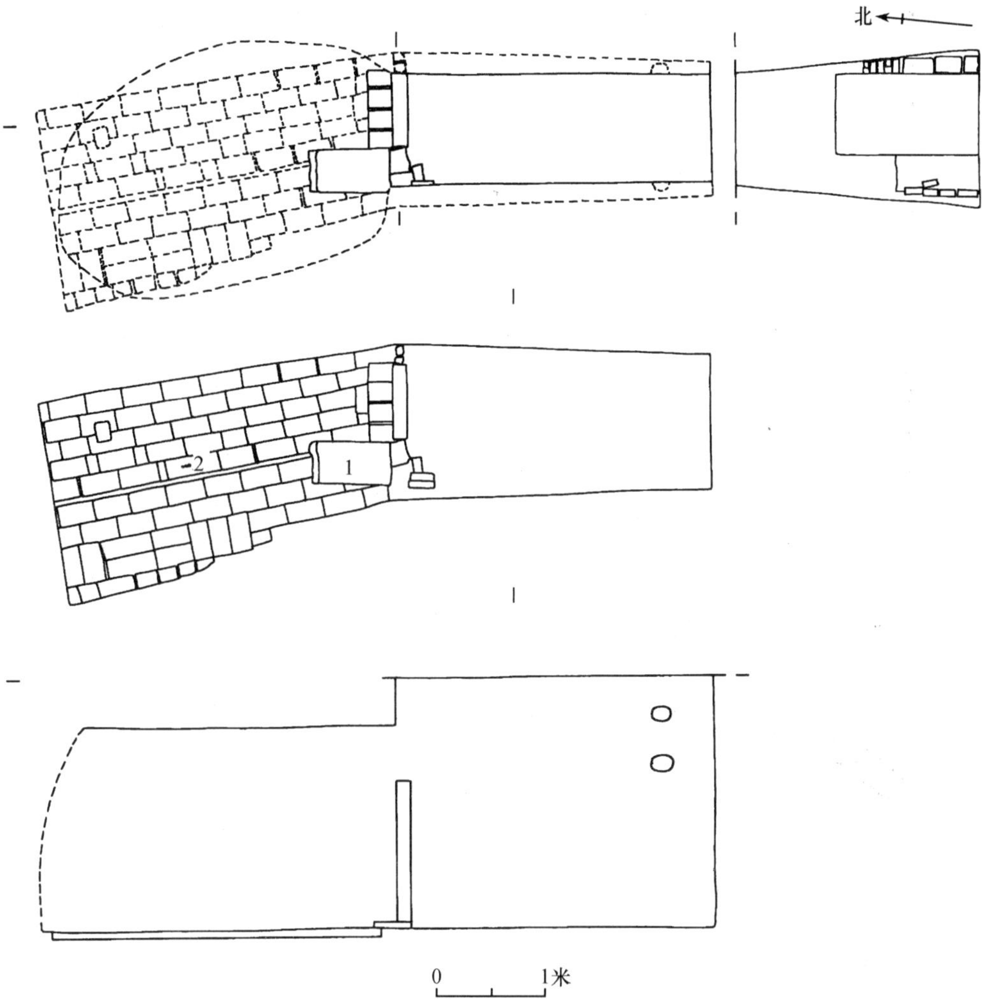

图7-7　M3平、剖面图

1. 板瓦　2. 铜钱（37枚）

2. 随葬品

板瓦　1件。位于墓室底部淤土中。M3：1，泥质灰陶，拱形，正、反均素面无纹。长20.8、宽16～16.5、厚1厘米（图7-8，1）。

铜钱　37枚。发现于墓室底部淤土中，皆圆形方孔。其中6枚钱文清晰可辨，其余31枚锈蚀严重，钱文不详（标本M3：2-5-1～M3：2-5-31）。

治平元宝　2枚。楷书，旋读，光背。标本M3：2-1-1。钱径2.4、穿径0.6厘米，重3.3克（图7-8，2）。

大观通宝　2枚。瘦金体，直读，光背。标本M3：2-2-1。钱径2.4、穿径0.6厘米，重3.4克（图7-8，3）。

天圣通宝　1枚。楷书，旋读，光背。M3：2-3-1。钱径2.4、穿径0.6厘米，重3克。

祥符元宝　1枚。楷书，旋读，光背。M3：2-4。钱径2.4、穿径0.6厘米，重3.6克（图7-8，4）。

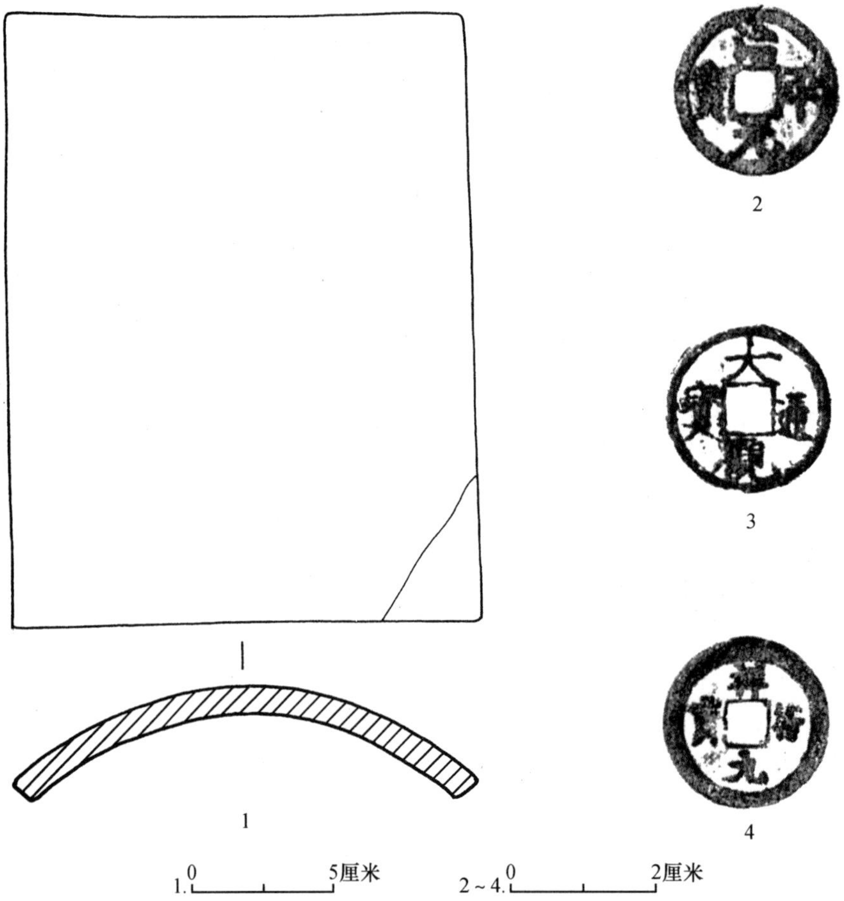

图7-8　M3出土遗物及铜钱拓本

1. 板瓦（M3：1）　2. 治平元宝（M3：2-1-1）　3. 大观通宝（M3：2-2-1）　4. 祥符元宝（M3：2-4）

（四）M4

1. 墓葬形制

M4位于T0103中北部，开口于第2层下，向下打破生土层，口部距地表0.6米，方向0°。该墓为竖穴土坑砖砌墓，平面形状呈长方形（图7-9；图版二四，3；彩版一六，2）。

墓室　墓圹为直壁，平底。砖砌墓室位于土圹之中，分东、西双砖室，同时建造，连为一体。其中四壁均为长方形小青砖纵向错缝平砌，上下共十层，白灰勾缝，紧贴土圹。中间有隔墙把墓室一分为二，隔墙北部较南部保存完整。隔墙底部三层及上部五层与壁砖砌法一致，中部有一层为纵向侧砌。自北向南0.87米处有一隔窗，由三块青砖直立侧置而成。墓底仅有东室南北两端有四块铺地砖，西室则无。东侧墓室由三块青石和三块红石板盖顶，规格大小不一，较粗糙，自北向南第一、三块石板中间空隙较大，纵向平铺七块青砖实缝；西侧墓室则无盖顶。青砖长24～33、宽15、厚7～9厘米；土圹长2.9、宽2.3、深1.84米；墓室内部长2.6、宽2.22米。

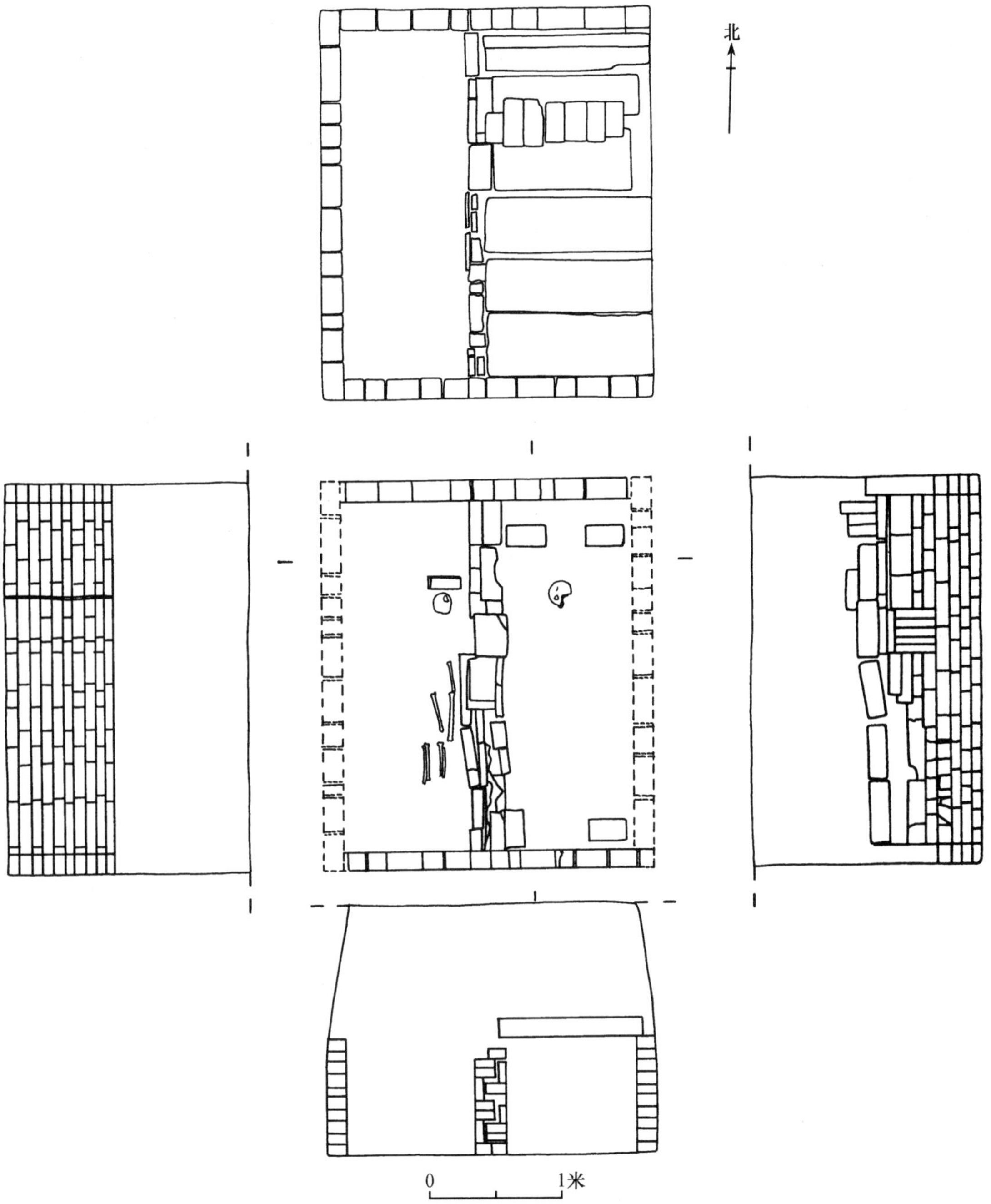

图7-9　M4平、剖面图

填土　填土为褐色杂土，土质较软，结构较疏松，包含有料姜石颗粒。

葬具　葬具为木棺，仅余片状朽痕，具体尺寸不详。

葬式、性别及年龄　西室墓底残存人骨一具，可辨葬式仰身直肢，头北足南，面向上，头枕板瓦三块；东室仅发现墓主头骨，头向北，面向右。经鉴定东侧墓主为老年男性；西侧墓主为老年女性。

2. 随葬品

板瓦　3件。位于西侧墓主头端。泥质灰陶。拱形，拱面素面无纹，内有布纹。标本M4：1，长22.4、宽14.4～16.2、厚1厘米（图7-10，1）。

铜钱　9枚。发现于西侧墓室底部，皆圆形方孔。其中4枚钱文清晰可辨，其余5枚锈蚀严重，钱文不详（标本M4：4-1～M4：4-5）。

天圣元宝　1枚。楷书，旋读，光背。M4：2-1，钱径2.4、穿径0.7厘米，重2.8克（图7-10，2）。

绍圣元宝　2枚。篆书，旋读，光背。标本M4：2-2-1，钱径2.3、穿径0.7厘米，重3.2克（图7-10，3）。

祥符元宝　1枚。楷书，旋读，光背。M4：2-3，钱径2.4、穿径0.6厘米，重3.8克（图7-10，4）。

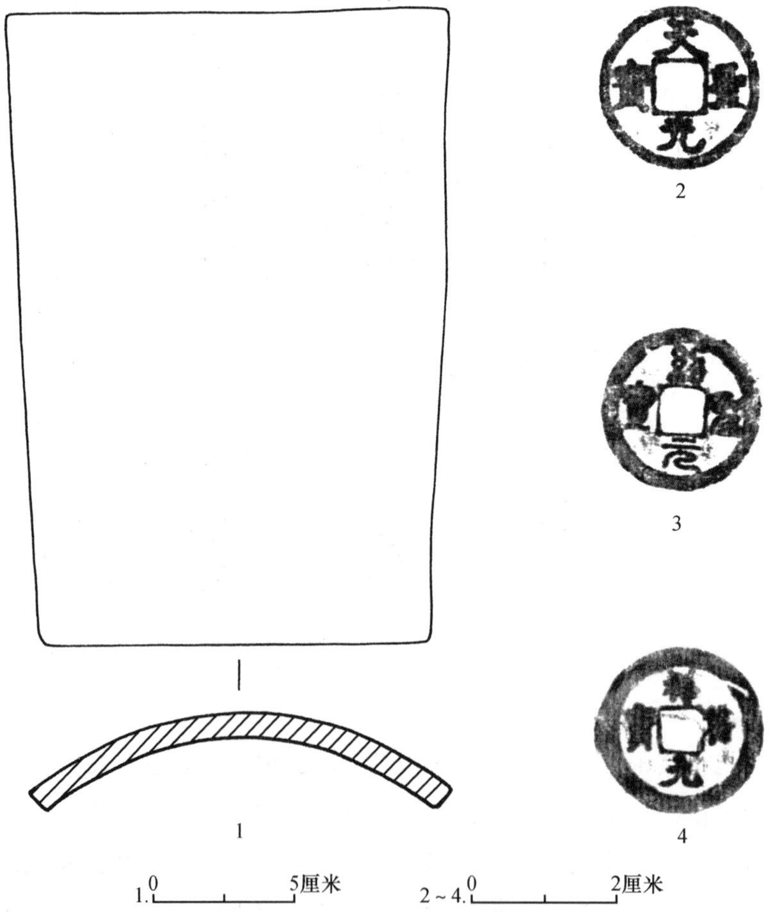

图7-10　M4出土遗物及铜钱拓本

1. 板瓦（M4：1）　2. 天圣元宝（M4：2-1）　3. 绍圣元宝（M4：2-2-1）　4. 祥符元宝（M4：2-3）

（五）M5

1. 墓葬形制

M5位于2010YZXT0104东南部，开口于第2层下，向下打破生土层，口部距地表0.5米，方向5°。该墓为竖穴土坑砖室墓，平面形状结构呈为长方形（图7-11）。

墓室　土圹口小底大，四壁不甚规整，南、北两壁留有生土台，东西两壁斜向外张，平底。墓底残存铺地砖，最北部一排为纵向平铺，其余为横向错缝平铺。口部长4、宽3.15米，底部长3.54、宽3.5米，深1.9米。铺地砖长35、宽15、厚5厘米。

填土　由于盗扰严重，墓内填土较乱，包含有大量碎砖块及料姜石颗粒。

葬具　不详。

葬式、性别及年龄　墓底未发现人骨，葬式不详。

图7-11　M5平、剖面图

2. 随葬品

未发现随葬品。

（六）M6

1. 墓葬形制

该墓位于T0203中北部，开口于第2层下，向下打破，口部距地表0.5米，方向177°。该墓为竖穴斜坡墓道土洞墓，平面形状近“凸”字形。由墓道、墓门、墓室三部分组成（图7-12）。

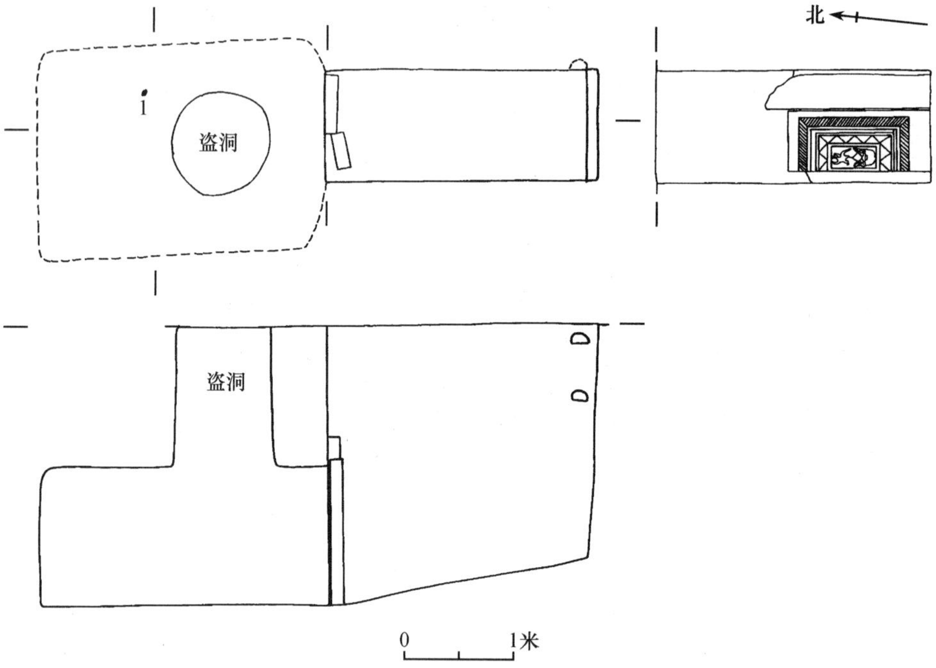

图7-12　M6平、剖面图
1. 铜钱

墓道　位于墓室南部，口部平面形状呈长方形，东、西壁为直壁，南壁斜壁稍收，底呈斜坡状，南高北低。墓道南东壁距口部0.08米和0.64米处有两个上下对应的椭圆形脚窝，宽18、高12、进深6厘米。墓道口部长2.5、宽1米，坡长2.36、深2.1～2.5米。

墓门　位于墓道与墓室之间，由两块青石板竖立封门，东侧做工较粗糙，高1.5、宽0.3、厚0.12米。西侧则比较规整，高1.3、宽0.54、厚0.13米，面向墓道一面有阴刻画像，雕有朱雀和辅首衔环，应该为汉代画像石墓门。

墓室　位于墓室北端，口部平面形状近椭圆形，底部近长方形，直壁，平底。正中位置见一直径约0.7米的盗洞，顶部多已塌陷，残存部分拱顶，底部长2.7、宽1.8米，残高1.24米。

填土 填土为褐色杂土，土质较软，结构较疏松，包含有料姜石颗粒。

葬具 不详。

葬式、性别及年龄 墓底未发现人骨，葬式不详。

2. 随葬品

铜钱 15枚。发现于墓底淤土中，皆圆形方孔。其中4枚钱文清晰可辨，其余11枚锈蚀严重，钱文不详（标本M6：4-1～M6：4-11）。

淳化元宝 1枚。行书，旋读，光背。M6：1-1，钱径2.4、穿径0.5厘米，重3克（图7-13，1）。

圣宋元宝 2枚。篆书，旋读，光背。标本M6：1-2-1，钱径2.4、穿径0.5厘米，重2.8克（图7-13，2）。

熙宁元宝 1枚。篆书，旋读，光背。M6：1-3，钱径2.3、穿径0.6厘米，重3.9克（图7-13，3）。

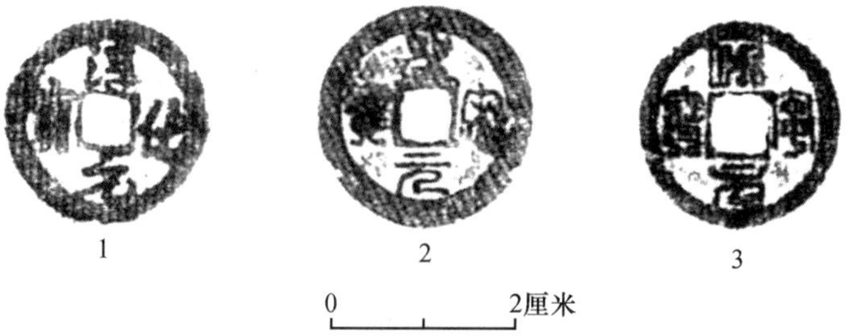

图7-13 M6出土铜钱拓本

1. 淳化元宝（M6：1-1） 2. 圣宋元宝（M6：1-2-1） 3. 熙宁元宝（M6：1-3）

（七）M7

1. 墓葬形制

M7位于T0203西北部，开口于第2层下，向下打破生土层，口部距地表0.5米，方向180°。该墓为竖穴墓道土洞墓，平面形状近“凸”字形，墓道、墓门、墓室三部分组成（图7-14）。

墓道 位于墓室南部，口部平面形状近长方形，口大底小，平底。西壁距口1.3米留有生土二层台，宽0.45～0.54米。口部长2.36、宽1.6米，底部长2.36、宽0.9～1.1米，深2.4米。

墓门 位于墓道与墓室之间，直壁，封门情况不详。宽0.8、残高1米。

墓室 位于墓道北端，墓室底部略低于墓道0.2米，底部平面形状近长方形，圆角拱形顶，直壁，平底。底部长2.3、宽1.2～1.34米，残高1.1米。

填土 填土为褐色杂土，土质较软，结构较疏松，包含有料姜石颗粒。

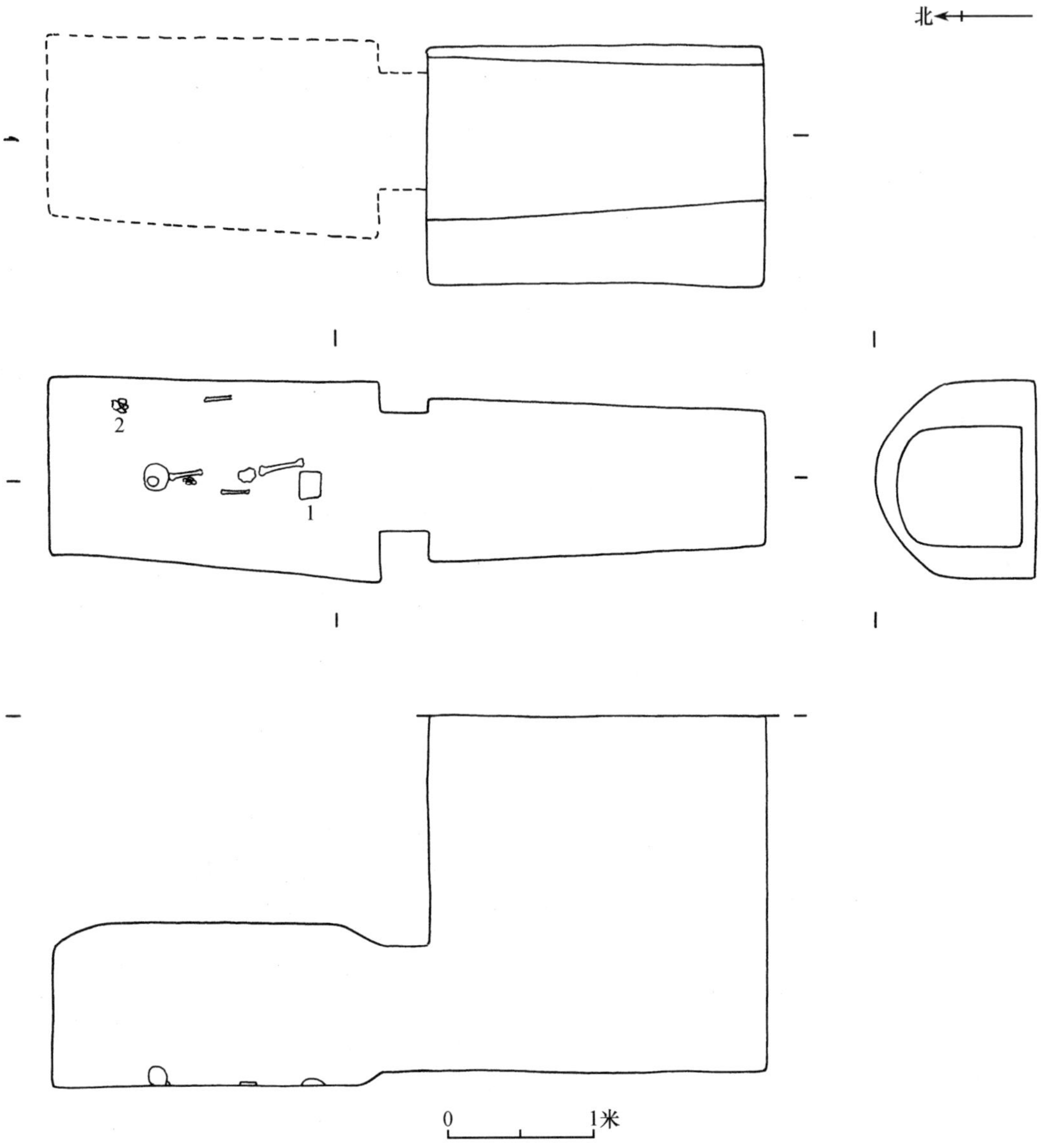

图7-14　M7平、剖面图
1. 板瓦　2. 铜钱（7枚）

葬具　墓室内淤土中见有棺钉，推测葬具应为木棺。

葬式、性别及年龄　墓底清理出人骨两具，均腐朽严重，可辨头向北，葬式不详。

2. 随葬品

板瓦　1件。发现于墓底淤土中。M7：1，泥质灰陶。拱形，拱面素面无纹，内壁饰布纹。长19.4、宽14.7～15、厚1.2厘米（图7-15，1）。

铜钱　7枚。发现于墓底淤土中，皆圆形方孔。其中6枚钱文清晰可辨，其余1枚锈蚀严重，钱文不详（标本M7：2-4）。

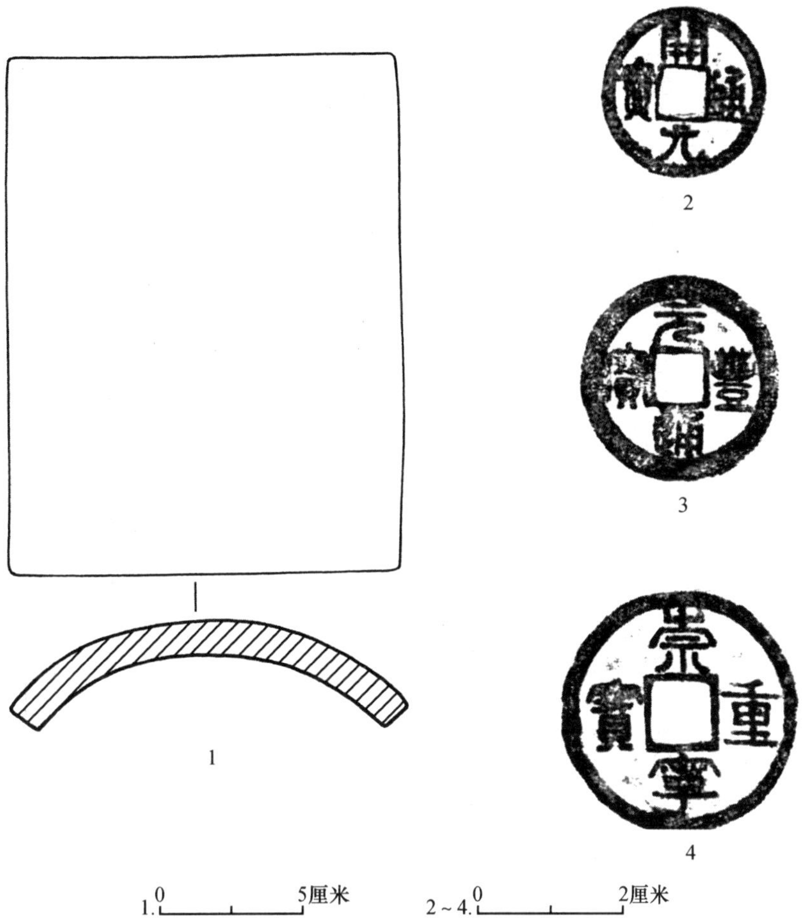

图7-15　M7出土遗物及铜钱拓本

1. 板瓦（M7：1）　2. 开元通宝（M7：2-1）　3. 元丰通宝（M7：2-2）　4. 崇宁重宝（M7：2-3-1）

开元通宝　1枚。隶书，直读，光背。M7：2-1，钱径2.4、孔径0.7厘米，重3克（图7-15，2）。

元丰通宝　1枚。篆书，旋读，光背，折二。M7：2-2，钱径2.9、孔径0.7厘米，重6.4克（图7-15，3）。

崇宁重宝　4枚。隶书，直读，光背，折三。标本M7：2-3-1，钱径3.4、穿径0.9厘米，重11克（图7-15，4）。

（八）M8

1. 墓葬形制

M8位于T0104东北部，开口于第2层下，向下打破生土层，口部距地表0.5米，方向5°。该墓为长方形竖穴土坑砖室墓，平面形状呈长方形（图7-16）。

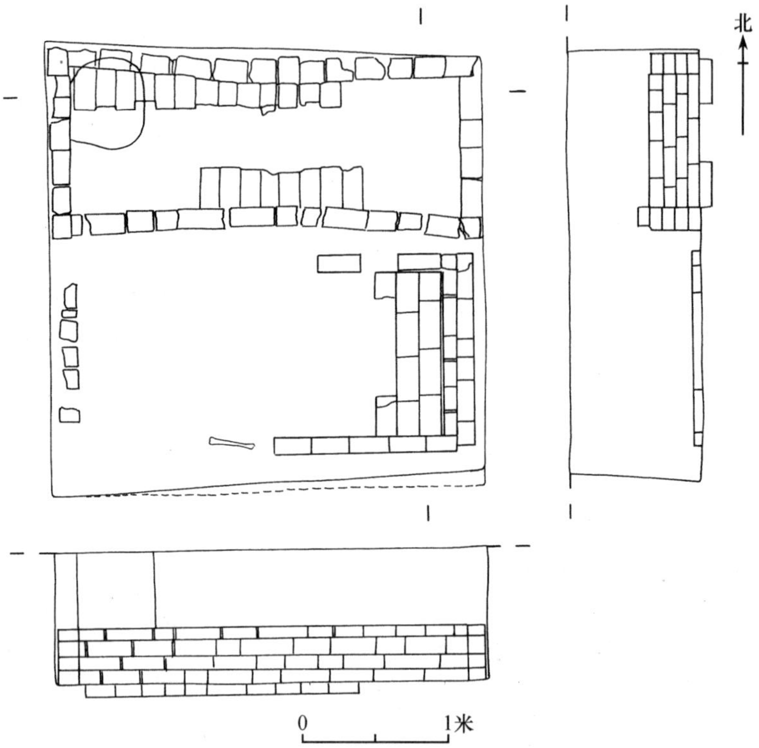

图7-16　M8平、剖面图

墓室　直壁，平底。土圹长3、宽2.8～3.1米，残深0.9米。由于盗扰严重，墓室仅残存少量壁砖及铺地砖，壁砖为纵向错缝平铺，白灰勾缝，残存最高者有5层。铺地砖由碎砖块及完整砖块横向平铺，壁砖及铺地砖规格不一，共计两类，一为长30、宽13.5、厚8厘米；另一为长28、宽14.5、厚5厘米。

填土　填土为褐色杂土，土质较软，结构较疏松，包含有料姜石颗粒。

葬具　不详。

葬式、性别及年龄　东侧墓室底部发现一段胫骨，葬式不详。

2. 随葬品

铜钱　25枚。发现于西侧墓室底部，皆圆形方孔。其中14枚钱文清晰可辨，其余11枚锈蚀严重，钱文不详（标本M8：1-15～M8：1-25）。

太平通宝　1枚。楷书，直读，光背。M8：1-1，钱径2.3、穿径0.6厘米，重2.7克（图7-17，1）。

熙宁元宝　3枚。光背，旋读。M8：1-11，篆书。钱径2.2、穿径0.6厘米，重3.6克（图7-17，11）。M8：1-3，篆书。钱径2.4、穿径0.6厘米，重3.1克（图7-17，3）。M8：1-9，楷书。钱径2.3、穿径0.6厘米，重3.1克（图7-17，9）。

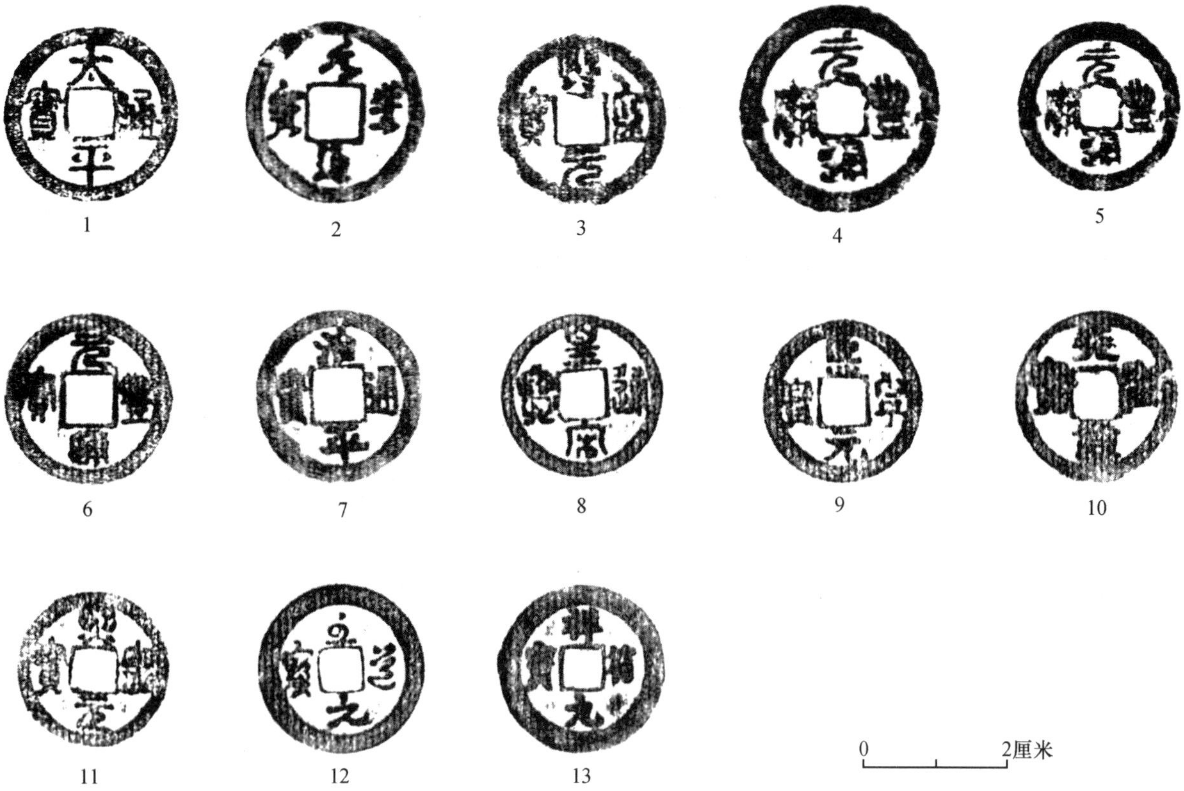

图7-17 M8出土铜钱拓本

1. 太平通宝（M8：1-1） 2、4、5、6. 元丰通宝（M8：1-2、M8：1-4、M8：1-5、M8：1-6） 3、9、11. 熙宁元宝（M8：1-3、M8：1-9、M8：1-11） 7. 治平元宝（M8：1-7） 8. 皇宋通宝（M8：1-8） 10. 天圣通宝（M8：1-10） 12. 至道元宝（M8：1-12） 13. 祥符元宝（M8：1-13）

元丰通宝 5枚。光背，旋读。标本M8：1-2，草书。钱径2.5、穿径0.6厘米，重2.6克（图7-17，2）。标本M8：1-4，篆书，折二。钱径2.9、穿径0.6厘米，重7.8克（图7-17，4）。标本M8：1-5，篆书。钱径2.3、穿径0.5厘米，重3.1克（图7-17，5）。标本M8：1-6，篆书。钱径2.3、穿径0.6厘米，重3克（图7-17，6）

治平通宝 1枚。楷书，直读，光背。M8：1-7，钱径2.4、穿径0.7厘米，重3.2克（图7-17，7）。

皇宋通宝 1枚。篆书，直读，光背。M8：1-8，钱径2.3、穿径0.6厘米，重3.2克（图7-17，8）。

天圣通宝 1枚。篆书，旋读，光背。M8：1-10，钱径2.4、穿径0.6厘米，重3.4克（图7-17，10）。

至道元宝 1枚。草书，旋读，光背。M8：1-12，钱径2.4、穿径0.6厘米，重2.9克（图7-17，12）。

祥符元宝 1枚。楷书，旋读，光背。M8：1-13，钱径2.4、穿径0.5厘米，重3克（图7-17，13）。

（九）M9

1. 墓葬形制

M9位于T0202西北部、T0203西南部和T0103东南部，开口于第2层下，向下打破生土层，口部距地表0.5米，方向147°。该墓为竖穴斜坡墓道土洞墓，平面形状近“凸”字形，该墓由墓道和墓室两部分组成（图7-18）。

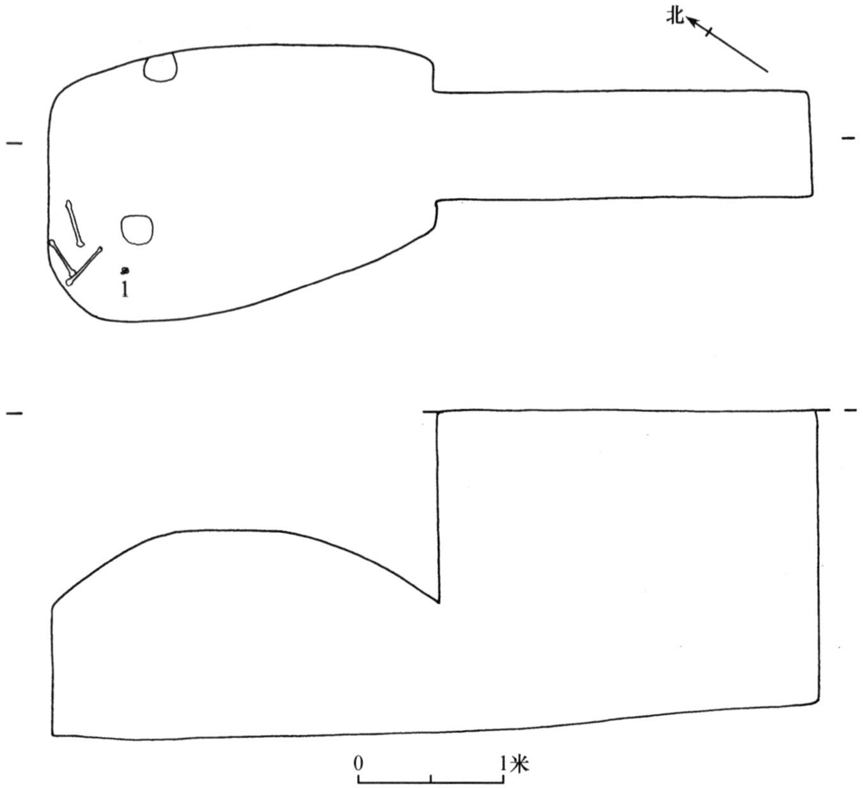

图7-18　M9平、剖面图

1. 铜钱（4枚）

墓道　位于墓室南部，口部平面形状近长方形，直壁，底呈斜坡状，南高北低。墓道南端距口部0.3米处，东、西壁有两个对称脚窝，呈椭圆形，宽0.14、高0.1、进深0.08米。口部长2.66、宽0.68～0.72米，底部长2.66、深2～2.2米。

墓室　位于墓道北端，底部平面形状近长方形，拱形顶塌陷严重，壁较直，平底。底部长2.74、宽1.14～1.82米，残高1.4米。

填土　填土为褐色杂土，土质较软，结构较疏松，包含有料姜石颗粒。

葬具　不详。

葬式、性别及年龄　由于盗扰严重，墓底残存人头骨两个及几块肢骨。葬式不详，经鉴定，一为男性，一为女性，均为老年。

2. 随葬品

图7-19　M9出土铜钱拓片
景德元宝（M9：1-1）

铜钱　4枚。皆圆形方孔。其中1枚钱文清晰可辨，其余3枚锈蚀严重，钱文不详。

景德元宝　1枚。M9：1-1，楷书，旋读，光背。钱径2.4、穿径0.6厘米，重3.2克（图7-19）。

（十）M10

1. 墓葬形制

M10位于T0205西南部，开口于第2层下，向下打破生土层，口部距地表0.5米，方向5°。该墓为竖穴土坑砖室墓，平面形状近长方形（图7-20）。

墓室　土圹为平底，东、西两壁为直壁，南壁距口部1.2米处留有生土二层台，砖砌墓室位于土圹之中，分东西两室，大小一致，同时建造，连为一体。四壁均为长方形青砖纵向错缝平铺，壁砖与土圹之间以碎砖填充。两室之间有隔墙，隔墙系双砖纵向平铺，最上方平铺两块条石，偏北位置用青砖摆砌直棂窗。铺底砖横向平铺一层。壁砖及铺地砖均白灰勾缝，所用砖块较乱，有子母砖、碎砖块等。两个墓室均由三块粗加工青石板盖顶。土圹长3.6、宽2.5～2.62、深2.4米；砖室长2.42、宽2、高1米。

填土　填土为褐色杂土，土质较软，结构较疏松，包含有料姜石颗粒。

葬具　不详。

葬式、性别及年龄　由于盗扰严重，墓底残存人头骨，葬式不详。

2. 随葬品

铜钱　63枚。发现于墓室底部淤土中，皆圆形方孔，光背。其中26枚钱文清晰可辨，其余37枚锈蚀严重，钱文不详（标本M10：1-27～M10：1-63）。

元丰通宝　8枚。标本M10：1-4，草书，旋读。钱径2.4、穿径0.6厘米，重2.8克（图7-21，4）。标本M10：1-11，篆书，旋读。钱径2.4、穿径0.6厘米，重2.8克（图7-21，11）。

圣宋元宝　1枚。M10：1-1，楷书，旋读。钱径2.4、穿径0.6厘米，重3.4克（图7-21，1）。

大定通宝　1枚。M10：1-2，瘦金体，直读。钱径2.4、穿径0.6厘米，重3.4克（图7-21，2）。

明道元宝　1枚。M10：1-3，楷书，旋读。钱径2.4、穿径0.7厘米，重2.9克（图7-21，3）。

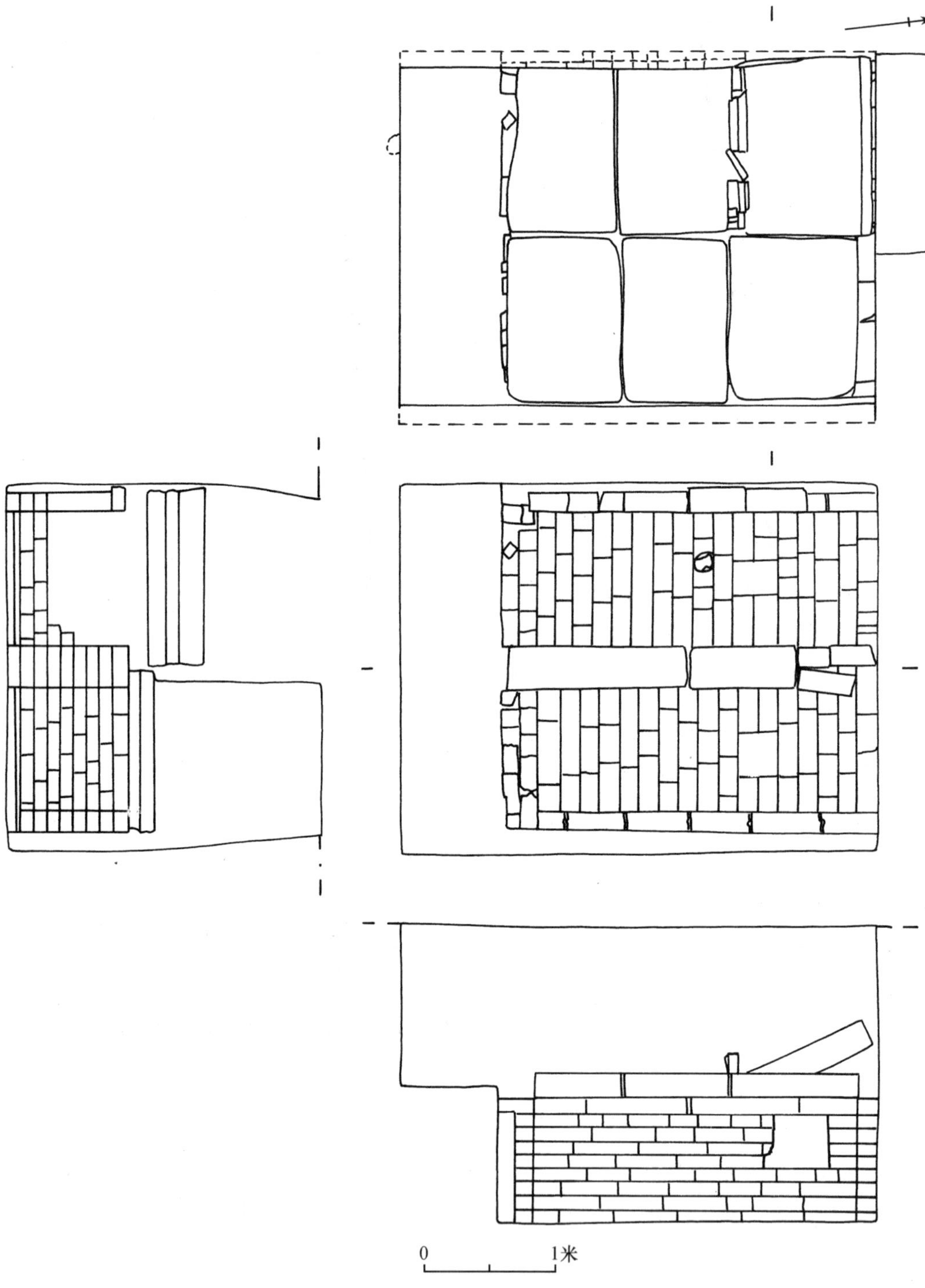

图7-20　M10平、剖面图

熙宁元宝　2枚。篆书，旋读。标本M10：1-5，钱径2.3、穿径0.6厘米，重3.6克（图7-21，5）。

淳化元宝　2枚。草书，旋读。标本M10：1-6，钱径2.4、穿径0.5厘米，重3.4克（图7-21，6）。

治平元宝　2枚。楷书，旋读。标本M10：1-7，钱径2.3、穿径0.6厘米，重2.4克（图

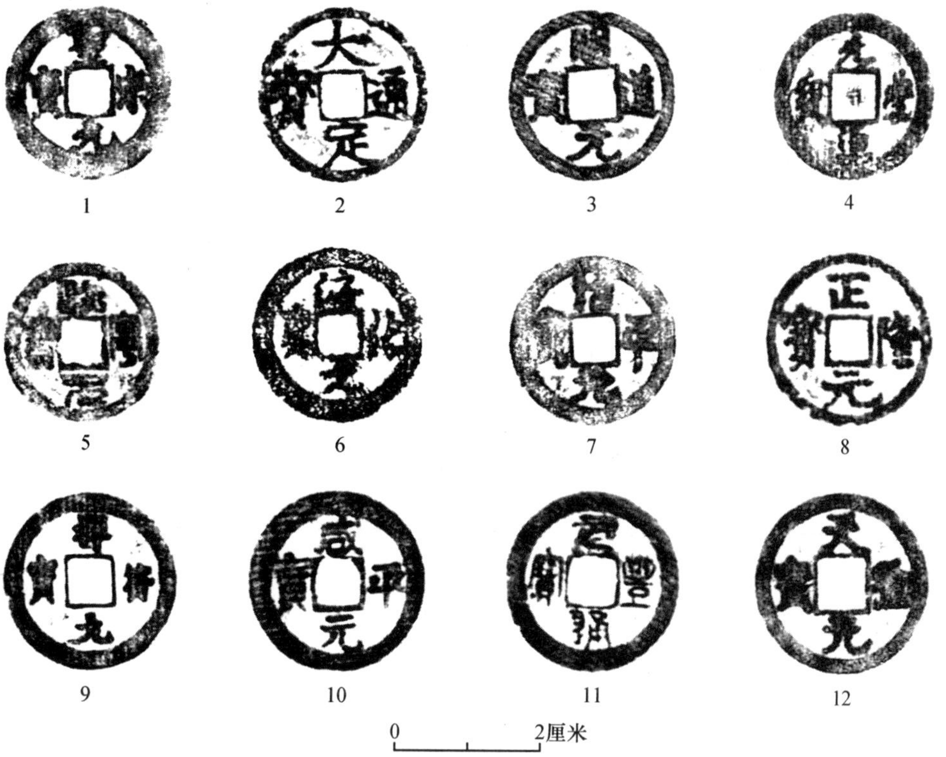

图7-21　M10出土铜钱拓本

1. 圣宋元宝（M10：1-1）　2. 大定通宝（M10：1-2）　3. 明道元宝（M10：1-3）　4、11. 元丰通宝（M10：1-4、M10：1-11）　5. 熙宁元宝（M10：1-5）　6. 淳化元宝（M10：1-6）　7. 治平元宝（M10：1-7）　8. 正隆元宝（M10：1-8）　9. 祥符元宝（M10：1-9）　10. 咸平元宝（M10：1-10）　12. 天圣通宝（M10：1-12）

7-21，7）。

正隆元宝　1枚。M10：1-8，楷书，旋读，四笔“正”。钱径2.4、穿径0.5厘米，重3.2克（图7-21，8）。

祥符元宝　3枚。楷书，旋读。标本M10：1-9，钱径2.5、穿径0.7厘米，重3.8克（图7-21，9）。

咸平元宝　2枚。标本M10：1-10，楷书，旋读。钱径2.4、穿径0.6厘米，重3.3克（图7-21，10）。

天圣通宝　3枚。楷书，旋读。标本M10：1-12，钱径2.5、穿径0.7厘米，重3.6克（图7-21，12）。

（十一）M11

1. 墓葬形制

M11位于T0204东南部，开口于第2层下，向下打破生土层，口部距地表0.5米，方向175°。该墓为竖穴斜坡墓道土洞墓，平面形状近“刀”字形，由墓道和墓室两部分组成（图7-22）。

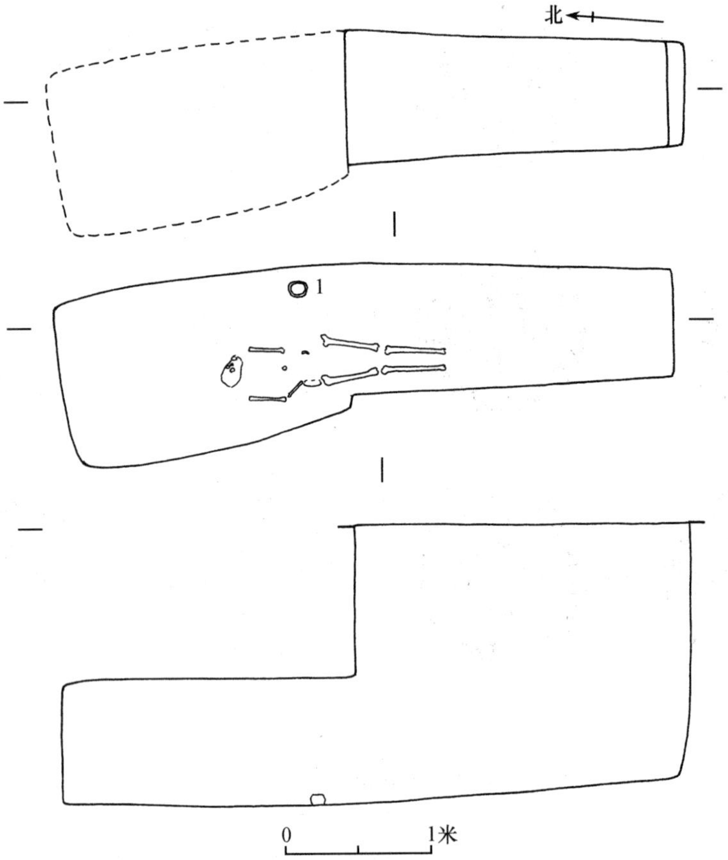

图7-22　M11平、剖面图
1. 瓷盂

墓道　位于墓室南部，口部平面形状近长方形，东西壁为直壁，南壁略向内收，底呈斜坡状，南高北低。墓道南端东、西两壁距口部0.48米处有两个椭圆形脚窝，宽14、进深8厘米。墓道口部长2.3、宽0.7～0.9米，底部长2.22、深1.7～1.86米。

墓室　位于墓道北端，底部平面形状近长方形，拱形顶，直壁，平底。底部长2.06、宽1～1.16米，高0.84米。

填土　填土为褐色杂土，土质较软，结构较疏松，包含有料姜石颗粒。

葬具　根据填土中的棺钉可判断葬具为木棺，具体尺寸不详。

葬式、性别及年龄　在墓室与墓道之间发现人骨一具，葬式为仰身直肢，头北足南，面向左上。经鉴定为老年女性。

2. 随葬品

瓷盂　1件。位于墓主下肢骨左侧。M11：1，直口，圆唇，矮领，广肩，下腹斜收至底，有矮圈足。器身壁外及圈足施甜白釉，内壁及唇施黑釉。口径7.6、腹径11.6、底径5.6、高0.6厘米（图7-23，1；图版二六，1）。

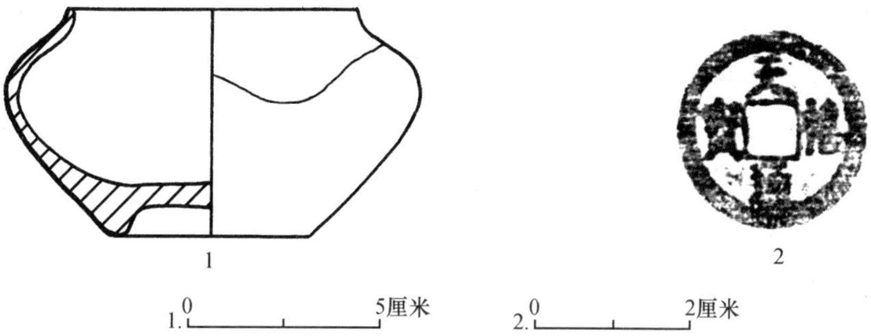

图7-23　M11出土遗物及铜钱拓本

1. 瓷盂（M11：1）　2. 天禧通宝（M11：2-1）

铜钱　3枚。发现于墓主尸骨下部。皆圆形方孔，光背。其中1枚钱文清晰可辨，其余2枚锈蚀严重，钱文不详（标本M11：2-2、M11：2-3）。

天禧通宝　1枚。M11：2-1，楷书，旋读。钱径2.6、穿径0.6厘米，重3.6克（图7-23，2）。

（十二）M12

1. 墓葬形制

M12位于T0202北部偏东和T0203南部偏东，开口于第2层下，向下打破生土层，口部距地表0.5米，方向177°。该墓为竖穴斜坡墓道土洞墓，平面形状近“凸”字形，由墓道、墓门和墓室三部分组成（图7-24）。

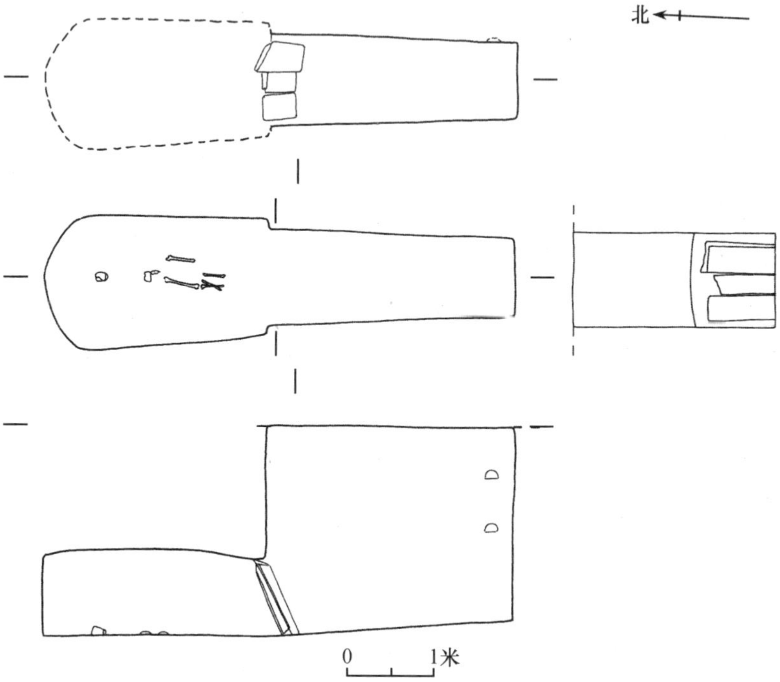

图7-24　M12平、剖面图

墓道　位于墓室南部，口部平面形状近长方形，东、西两壁为直壁，南壁内收，底呈斜坡状，南高北低。墓道东壁南端距口部0.48米、1.08米处有两个脚窝，上下对应，呈椭圆形，宽0.16、宽0.12、进深0.07米。墓道口部长2.9、宽0.88～1.06、底部长2.9、深2.2～2.4米。

墓门　位于墓道与墓室之间，由两块粗加工的青石板和一块空心砖封门，空心砖居中直立。青石板分立于空心砖两侧。空心砖残高0.74、宽0.21、厚0.12米；东侧青石板分别高0.9、宽0.32、厚0.1米；西侧青石板高0.8、宽0.3、厚0.09米。

墓室　位于墓道北端，底部平面形状近长方形，墓室塌陷严重，残存拱顶近平，直壁，平底。底部长2.6、宽1.32～1.5米，高1米。

填土　填土为褐色杂土，土质较软，结构较疏松，包含有料姜石颗粒。

葬具　葬具为木棺，残存片状朽痕，具体尺寸不详。

葬式、性别及年龄　墓底发现出人骨一具。葬式为仰身直肢，头北足南，面向不详。经鉴定为壮年女性。

2.随葬品

铜钱　2枚。发现于墓主尸骨下部。均锈蚀严重，钱文不详（M12：1-1、M12：1-2）。

（十三）M13

1. 墓葬形制

M13位于T0204西北部，开口于第2层下，向下打破生土层，口部距地表0.5米，方向187°。该墓为竖穴斜坡墓道土洞墓，平面形状近“凸”字形，由墓道、墓门、墓室三部分组成（图7-25；图版二四，4）。

墓道　位于墓室南端，口部平面形状近长方形，东、西两壁为直壁，南壁内收，底呈斜坡状，南高北低。墓道南端东、西两壁距口部0.4米处各有椭圆形脚窝一个，宽14、高14、进深10厘米。墓道口部长2.7、宽1、底部长2.52、深2.2～2.5米。

墓门　位于墓道与墓室之间，由两块经过粗加工的青石板和一块空心砖封门。空心砖靠东竖立，残高0.9、宽0.26、厚0.17米；居中青石高0.9、宽0.34、厚0.22米；西侧青石高0.7米、宽0.3米、厚0.06米。

墓室　位于墓道北端，底部平面形状近长方形，土洞墓室塌陷严重，残存拱形顶近平，直壁，平底。底部长2.45、宽1.35～1.7米，高1米。

填土　填土为褐色杂土，土质较软，结构较疏松，包含有料姜石颗粒。

葬具　葬具为木棺，仅存朽痕，大小基本一致。长1.9、宽0.5～0.6米。

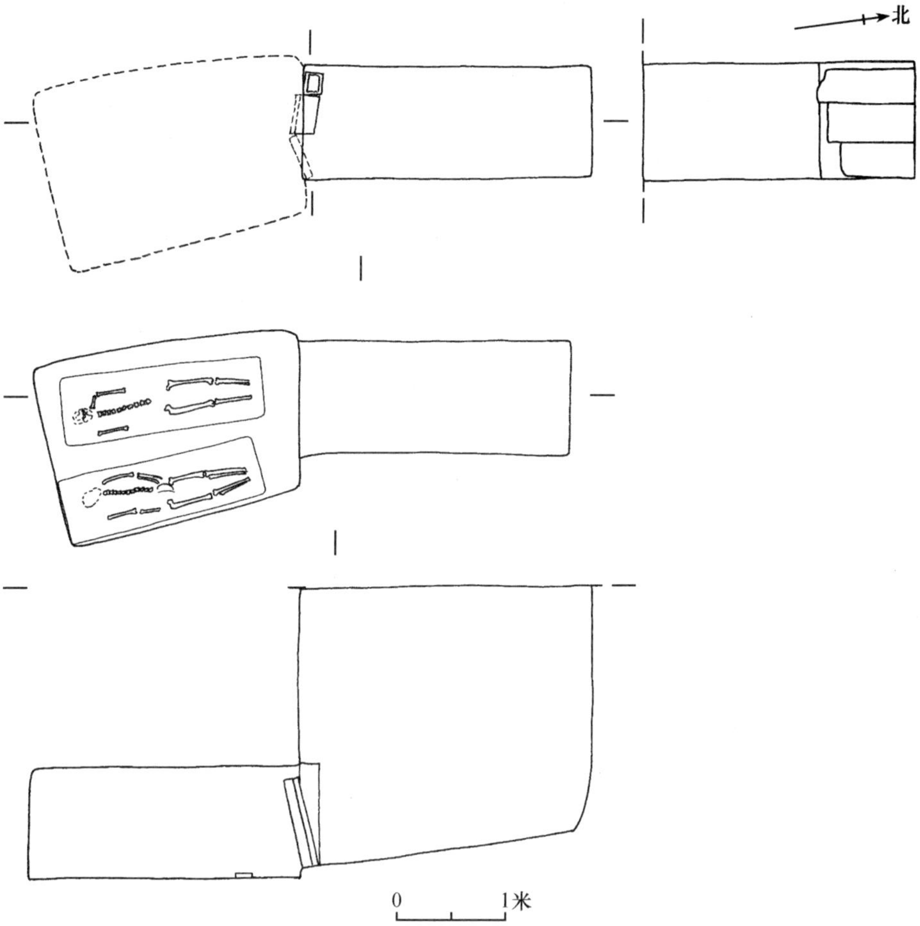

图7-25　M13平、剖面图

葬式、性别及年龄　墓底发现人骨两具，葬式均为仰身直肢，头北足南，面向上。东侧人骨经鉴定为老年男性，西侧人骨经鉴定为老年女性。

2. 随葬品

铜钱　12枚。发现于东侧墓主尸骨下部。皆圆形方孔，光背。其中3枚钱文清晰可辨，其余9枚锈蚀严重，钱文不详（标本M13：1-4～M13：1-12）。

开元通宝　1枚。M13：1-1，隶书，直读。钱径2.4、穿径0.6厘米，重2.6克（图7-26，2）。

大观通宝　1枚。M13：1-2，瘦金体，直读。钱径2.4、穿径0.6厘米，重2.8克（图7-26，3）。

治平元宝　1枚。M13：1-3，篆体，旋读。钱径2.3、穿径0.6厘米，重2.7克（图7-26，1）。

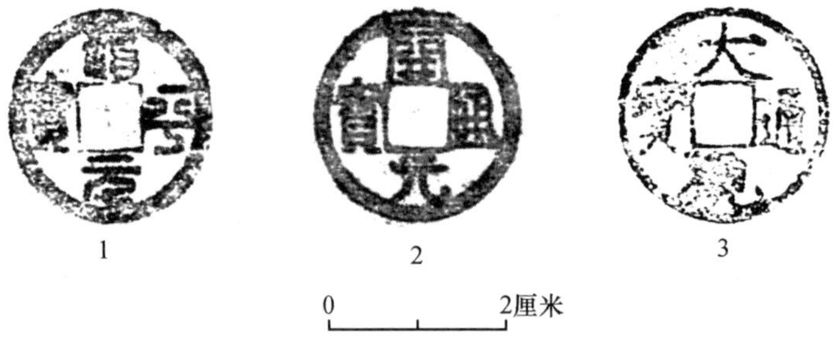

图7-26　M13出土铜钱拓片

1. 治平元宝（M13：1-3）　2. 开元通宝（M13：1-1）　3. 大观通宝（M13：1-2）

（十四）M14

1. 墓葬形制

M14位于T0203东北部和T0204的东南部，开口于第2层下，向下打破生土层，口部距地表0.5米，方向195°。该墓为竖穴墓道土洞墓，平面形状近“刀”字形，由墓道、墓室两部分组成（图7-27；图版二五，1）。

墓道　位于墓室南部，口部平面形状呈长方形，直壁，平底。长2.2、宽0.8、深2.4米。

墓室　位于墓道北端，底部平面形状近长方形，土洞墓室保存较完整，圆角弧形顶，直壁，平底。底部长2.3、宽0.8～1米，高0.9米。

填土　填土为褐色杂土，土质较软，结构较疏松，包含有料姜石颗粒。

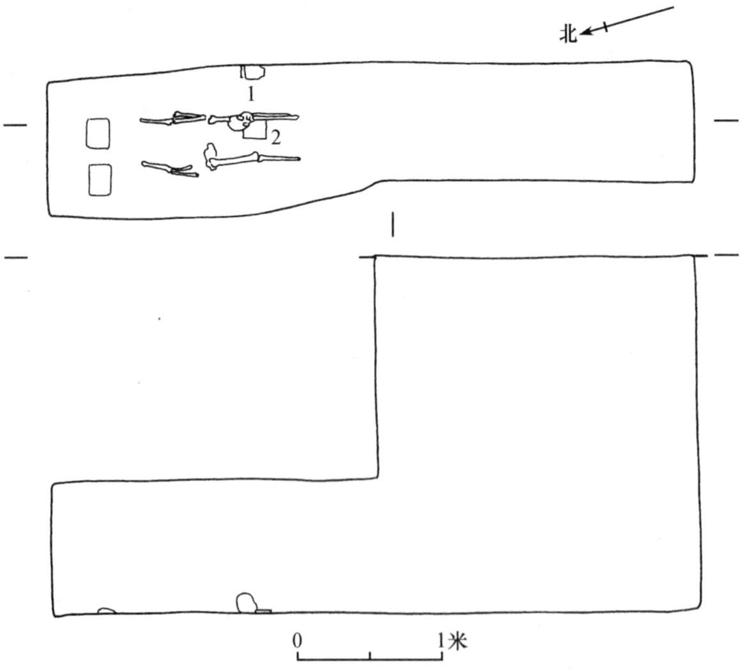

图7-27　M14平、剖面图

1. 瓷罐　2. 板瓦

葬具　葬具为木棺，棺内白灰铺底，仅残存棺钉及片状朽痕。具体尺寸不详。

葬式、性别及年龄　墓底发现人骨一具，葬式为仰身直肢，头向北。由于墓室浸水，头骨漂移至腿骨处。经鉴定为老年女性。

2. 随葬品

瓷罐　1件。发现于墓室东壁南端。M14：1，灰白胎，直口微敞，圆唇微侈、高领，筒腹，至底部有折楞一周，矮圈足，领与腹之间对称有耳，已残。内壁施酱色全釉，外壁半釉，唇及中下腹素胎无釉。口径10.4、腹径11.2、底径6.8、高18.8厘米（图7-28，2；图版二六，2）。

板瓦　2件。位于墓主头端棺内，泥质灰陶。拱形，素面无纹。标本M14：2-1，长18、宽13.3～14.4、厚1厘米（图7-28，1）。

铜钱　3枚。发现于墓主尸骨下部，皆圆形方孔，光背。其中1枚钱文清晰可辨，其余2枚锈蚀严重，钱文不详（标本M14：3-2、M14：3-3）。

天启通宝　1枚。M14：3-1，楷书，直读。钱径2.4、穿径0.5厘米，重2.5克（图7-28，3）。

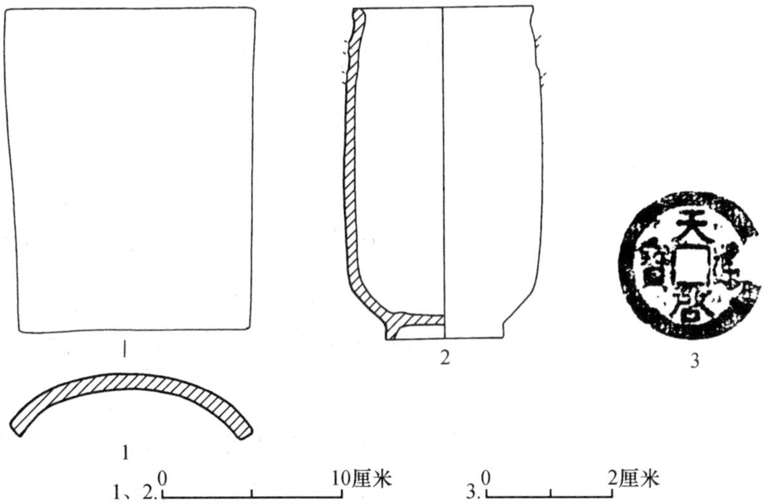

图7-28　M14出土遗物及铜钱拓本

1. 板瓦（M14：1）　2. 瓷罐（M14：2）　3. 大启通宝（M14：3-1）

（十五）M15

1. 墓葬形制

M15位于T0204南部偏东，开口于第2层下，向下打破生土层，口部距地表0.5米，方向180°。该墓为竖穴斜坡墓道土洞墓，平面形状近“凸”字形，由墓道、墓门、墓室三部分组成

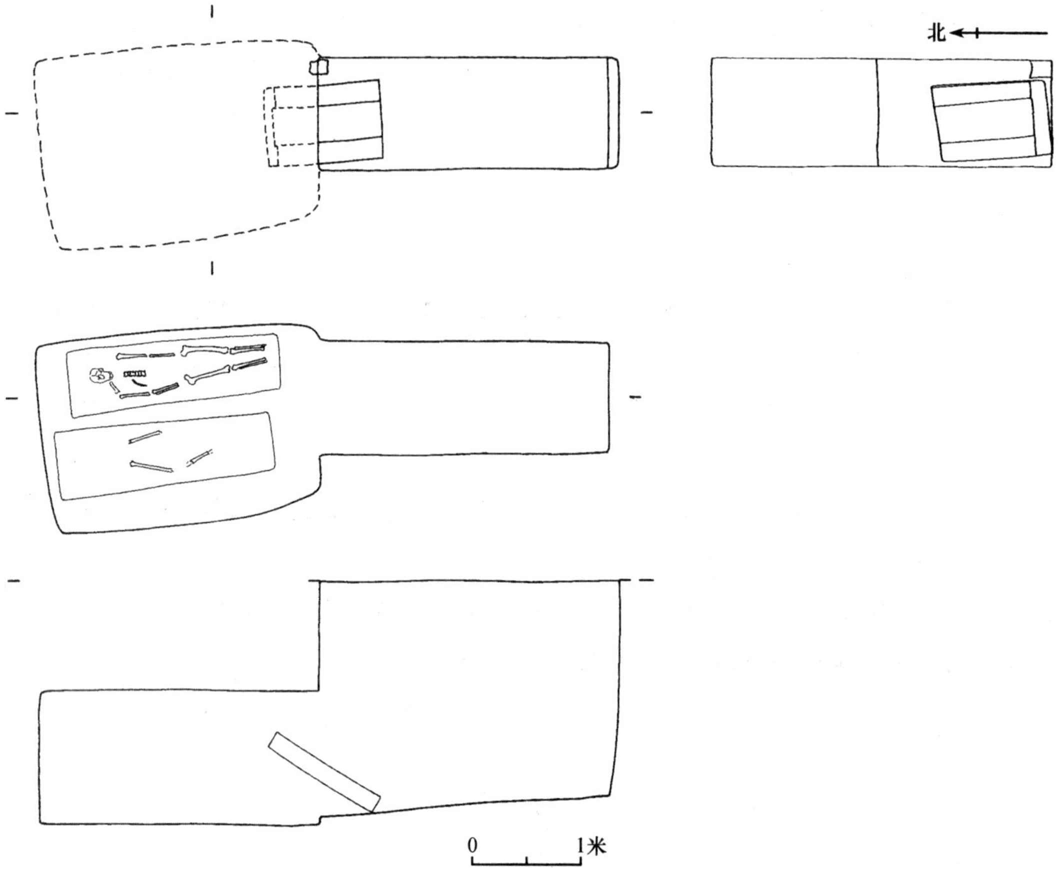

图7-29　M15平、剖面图

（图7-29；图版二五，2）。

墓道　位于墓室南端，口部平面形状呈长方形，东、西两壁为直壁，南壁内收，底呈斜坡状，南高北低。长2.8、宽0.98～1.02、底部长2.7、深1.93～2.12米。

墓门　位于墓道与墓室之间，由一块青石板居中竖立封门，青石板中间薄、两边厚。高1.2、宽0.74、厚0.12米。

墓室　位于墓道北端，底部平面形状近长方形，洞室顶部多已塌陷，残存部分近直壁，平顶，平底。墓室底部低于墓道0.08米，长2.63、宽1.3～1.75米，高1.2米。

填土　填土为褐色杂土，土质较软，结构较疏松，包含有料姜石颗粒。

葬具　葬具为木棺，仅余朽痕。东棺长1.95、宽0.5～0.6米；西棺长2、宽0.5～0.6米。

葬式、性别及年龄　墓底发现人骨两具，葬式均为仰身直肢，头北足南，面向上。经鉴定东侧墓主为老年男性，西侧墓主为老年女性。

2. 随葬品

铜钱　8枚。发现于人骨下部，皆圆形方孔，光背。其中3枚钱文清晰可辨，其余5枚锈蚀严重，钱文不详（标本M15：1-4～M15：1-8）。

万历通宝　3枚。楷书，直读。标本M15：1-1，钱径2.5、穿径0.6厘米，重4.5克（图7-30）。

图7-30　M15出土铜钱拓片
万历通宝（M15：1-1）

（十六）M16

1. 墓葬形制

M16位于T0202中南部，开口于第2层下，向下打破生土层，口部距地表0.5米。该墓为竖穴墓道土洞墓，平面形状近“凸”字形，方向165°，由墓道、墓门、墓室三部分组成（图7-31；图版二五，3）。

墓道　位于墓室南端，口部平面形状近长方形，直壁，平底。墓道南端东西两壁距口部0.4米处有椭圆形脚窝，上下相距约0.3米，其中东壁三个、西壁两个。宽16、高14、进深9厘米。墓道口部长2.2、宽0.84～1、深2.1米。

墓门　位于墓道与墓室之间，由一块青石板和长方形小青砖封门。由于盗扰，砖与石板都已毁坏，发现时石板已倾倒于墓室。其中石板残长0.8、宽0.3、厚0.08米。

墓室　位于墓道北端，底部平面形状近长方形，由于盗扰严重，洞室顶部完全塌陷，平底。底部长3.2、宽1.74～2.12米。

填土　填土为褐色杂土，土质较软，结构较疏松，包含有料姜石颗粒。

葬具　葬具为木棺，棺内铺白灰，仅余朽痕，其中东棺置于高0.3米的土台棺床上，朽痕长1.8、宽0.4～0.46米；西棺朽痕长1.7、宽0.4～0.42米。

葬式、性别及年龄　未发现人骨，葬式不详。

2. 随葬品

板瓦　2件。发现于东侧棺内北端，泥质灰陶，拱形，素面无纹。标本M16：1-1，长17、宽13～14.5、厚1厘米（图7-32）。

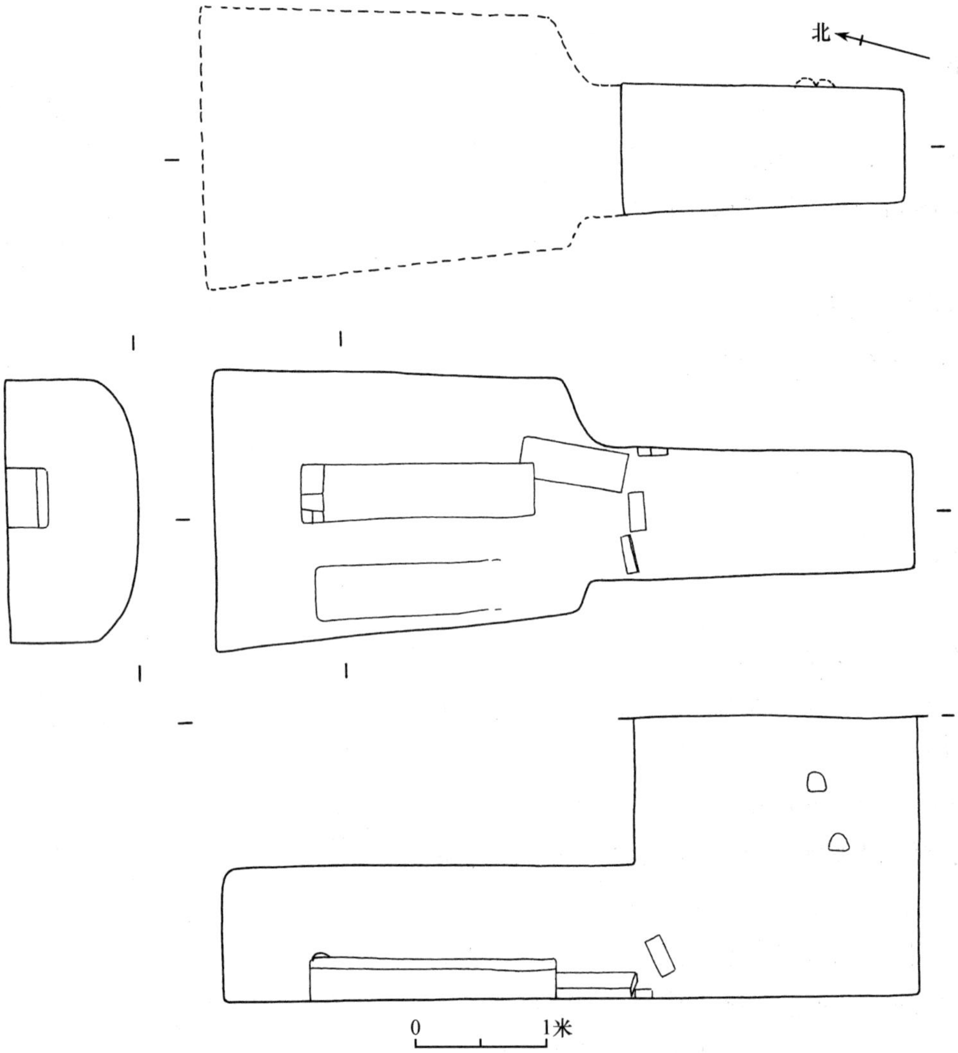

图7-31　M16平、剖面图

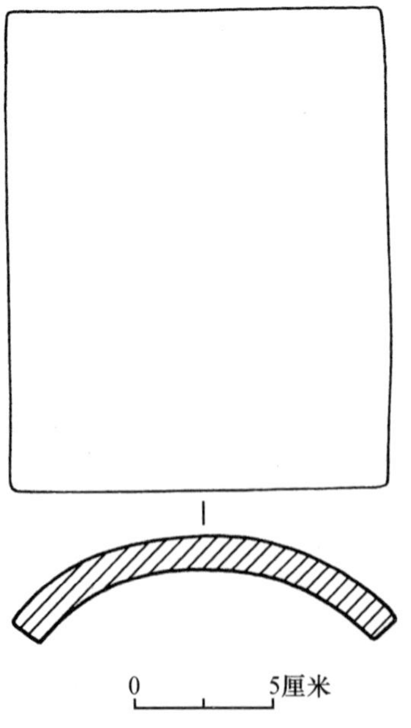

图7-32　M16出土遗物

板瓦（M16：1-1）

（十七）M17

1. 墓葬形制

M17位于T0204北部，开口于第2层下，向下打破生土层，口部距地表0.5米，方向0°。该墓为竖穴土坑砖室墓，平面形状近长方形（图7-33）。

墓室　直壁，平底。土圹长3.02、宽2.64～2.7、深0.98米。墓葬分东、西两室。其中西室为土坑墓，长3.02、宽1.25米；东室为砖砌墓室，内部长2.3、宽0.85米，四壁由单砖纵向错缝

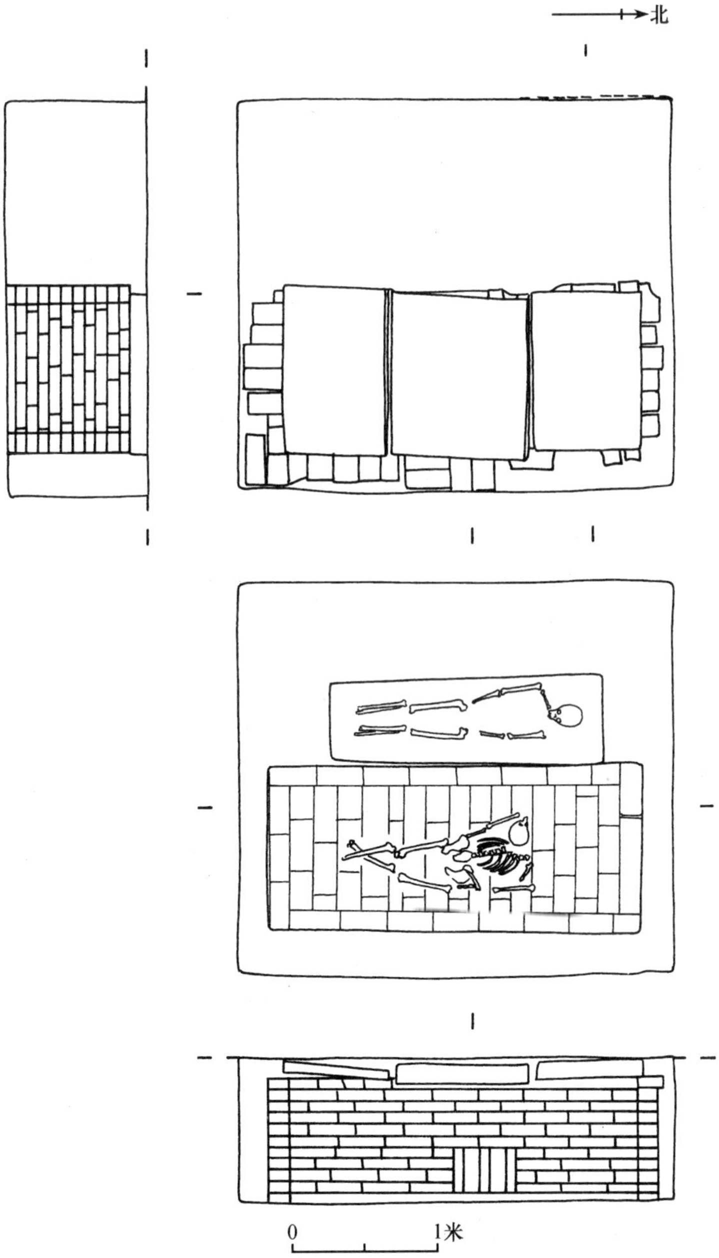

图7-33　M17平、剖面图

平砌，白灰勾缝，南、北、东三壁与土圹间的缝隙由碎砖填实，铺地砖为横向错缝平铺。青砖长0.32、宽0.14、厚0.06米。砖室顶部由三块粗加工的青石板盖顶，青石板长约1.1、宽0.8、厚0.12米。

填土　填土为褐色杂土，土质较软，结构较疏松，包含有料姜石颗粒。

葬具　葬具均为木棺，棺内铺白灰，残存棺钉与朽痕。其中西棺朽痕长1.9、宽0.52～0.6米；东棺朽痕呈片状，具体尺寸不详。

葬式、性别及年龄　墓底发现人骨两具，葬式均为仰身直肢，头北足南，东侧墓主头骨已经位移，面向不详，西侧人骨面向上。经鉴定东侧墓主为壮年男性，西侧墓主为老年女性。

2. 随葬品

铜钱　6枚。发现于墓室底部淤土中，皆圆形方孔，光背。其中4枚钱文清晰可辨，其余2枚锈蚀严重，钱文不详（标本M17：1-5、M17：1-6）。

景德元宝　1枚。M17：1-1，楷书，旋读，光背。钱径2.4、穿径0.6厘米，重2.4克（图7-34，1）。

宣和元宝　1枚。M17：1-2，楷书，直读，光背。钱径2.6、穿径0.7厘米，重5.4克（图7-34，2）。

万历通宝　2枚。楷书，直读，光背。M17：1-3，小平铜钱，钱径2.5、穿径0.6厘米，重3.8克（图7-34，3）。M17：1-4，折二，钱径2.9、穿径0.6厘米，重5.6克（图7-34，4）。

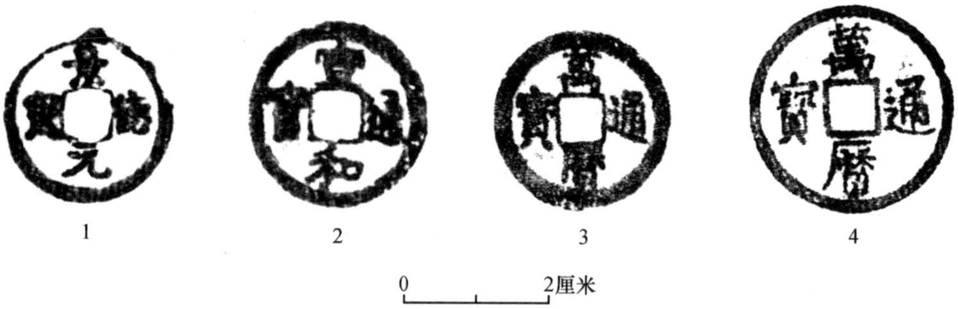

图7-34　M17出土铜钱拓本

1. 景德元宝（M17：1-1）　2. 宣和元宝（M17：1-2）　3、4. 万历通宝（M17：1-3、M17：1-4）

（十八）M18

1. 墓葬形制

M18位于T0201中部偏西，开口于第2层下，向下打破生土层，口部距地表0.5米，方向0°。该墓为竖穴土坑墓，平面形状呈长方形（图7-35）。

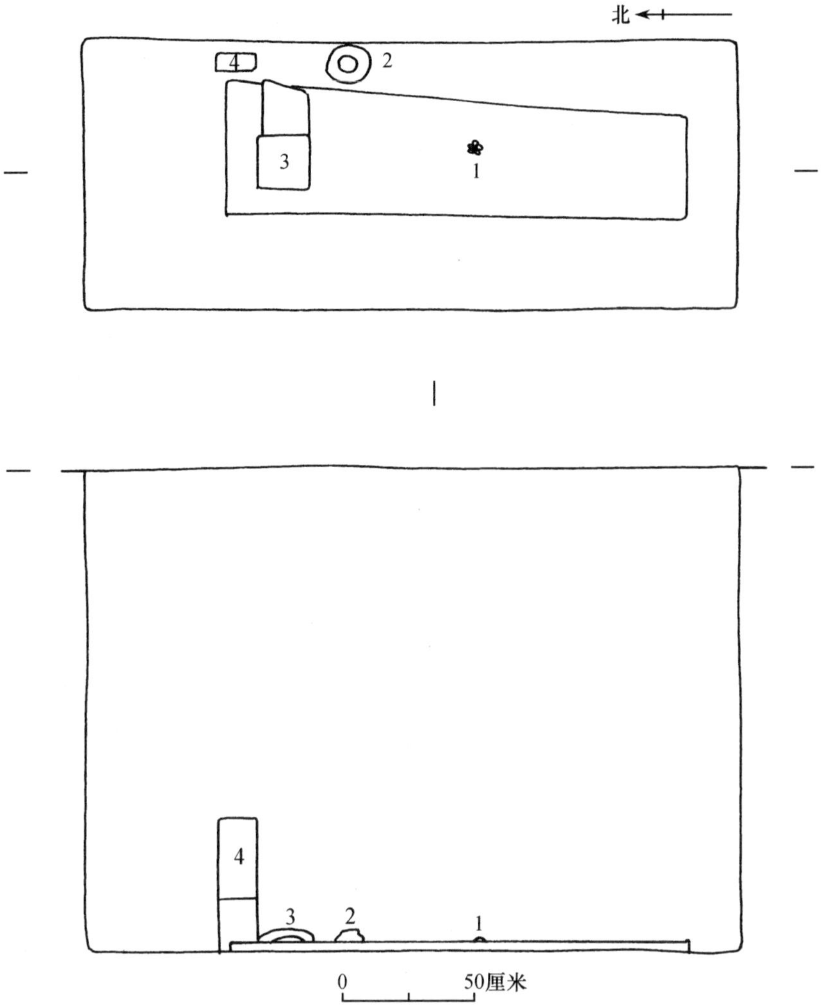

图7-35　M18平、剖面图
1. 铜钱（6枚）　2. 瓷碗　3. 板瓦　4. 押圹砖

墓室　直壁，平底。长2.5、宽1、深1.8米。

填土　填土为褐色杂土，土质较软，结构较疏松，包含有料姜石颗粒。

葬具　葬具均为木棺，棺内铺白灰，仅存朽痕。长1.76、宽0.4～0.5米。

葬式、性别及年龄　人骨腐朽极为严重，仅余朽痕。葬式不详。

2. 随葬品

瓷碗　1件。发现于木棺头端左侧，覆置。M18：2，白胎，敞口，尖圆唇，深弧腹，矮圈足，器身施白釉。唇部内外以及底部内外以钴青绘出两道线纹。碗底内壁正中内饰一变体四叶寿桃，外壁饰四组缠枝纹图案。口径15.6、底径7.2、高8.2厘米（图7-36；图版二六，3、4）。

铜钱　6枚。发现于棺内底部正中，皆圆形方孔，其中5枚背部以满文记局，1枚光背。其

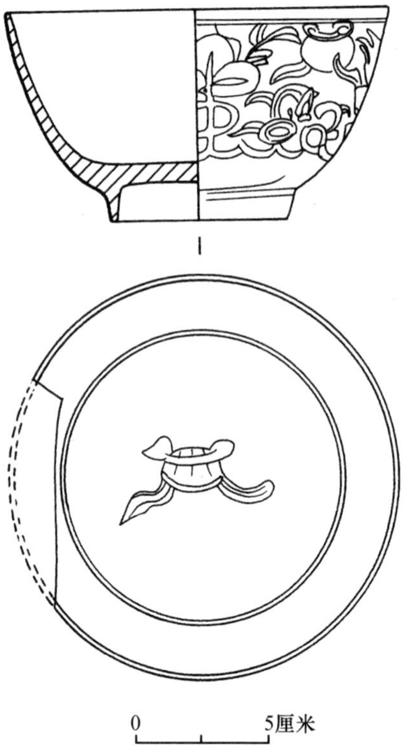

图7-36　M18出土遗物
碗（M18：2）

中1枚钱文清晰可辨，其余5枚锈蚀严重，钱文不详（标本M18：2-2～M18：2-6）。

康熙通宝　1枚。M18：1-1，楷书，直读。钱径2.2、穿径0.5厘米，重2.7克。

板瓦　2件。发现于棺内北端，泥质灰陶。拱形，素面无纹。标本M18：3-1，长17、宽13～14.5、厚1厘米。

押圹砖　1件。位于木棺头端左侧，竖置。M18：4，泥质灰陶，一侧见有朱砂痕迹，长30、宽14、厚7.5厘米。

（十九）M19

1. 墓葬形制

M19位于T0301西部和T0201东部，开口于第2层下，向下打破生土层，口部距地表0.6米，方向35°。该墓为竖穴土坑墓，平面形状呈长方形（图7-37）。

墓室　直壁，平底。长2.2～2.28、宽2.22～2.72，深1.1米。

填土　填土为褐色杂土，土质较软，结构较疏松，包含有料姜石颗粒。

葬具　葬具为木棺，仅存棺钉和片状朽痕，具体尺寸不详。

葬式、性别及年龄　墓底发现人骨三具，葬式均为仰身直肢，头北足南，面向上。经鉴定东侧墓主为青年女性，中间墓主为老年壮年男性，西侧墓主为老年女性。

图7-37　M19平、剖面图
1. 铜钱（9枚）　2. 帽顶饰　3. 板瓦

2. 随葬品

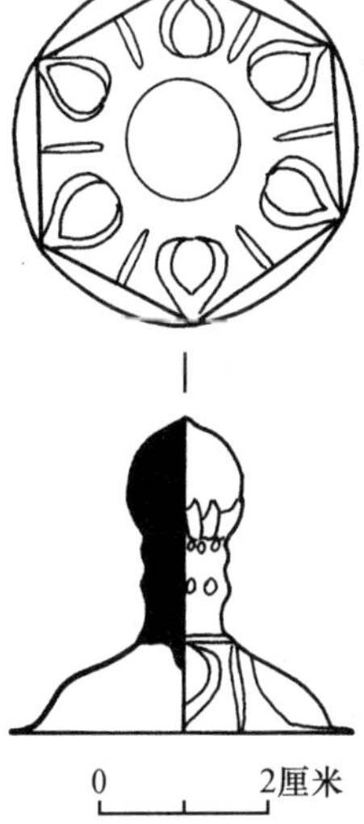

图7-38　M19出土遗物
帽顶饰（M19：2）

帽顶饰　1件。位于男墓主头端。M19：2，青铜质，莲花座，圆形球饰镶于顶柱上。座径3.7、圆球径1.2、通高3.3厘米（图7-38；图版二六，5）。

铜钱　9枚。位于男墓主尸骨下部。皆圆形方孔，其中6枚背部以满文记局，3枚背部文字不详。其中2枚钱文清晰可辨，其余7枚锈蚀严重，钱文不详（标本M19：1-3～M19：1-9）。

康熙通宝　2枚。标本M19：1-1，楷书，直读。钱径2.2、穿径0.5厘米，重2.8克。

板瓦　2件。发现于男墓主棺内头端，泥质灰陶，拱形，素面无纹。标本M19：3-1，长17.5、宽14～14.5、厚1厘米。

（二十）M20

1. 墓葬形制

M20位于T0201南部，开口于第2层下，向下打破生土层，口部距地表0.5米，方向20°。该墓为竖穴土坑墓，口部平面形状近长方形（图7-39；图版二五，4）。

墓室　口大底小，平底。口部长2.7、宽1.52～1.9米；底部长2.5、宽1.24～1.4、深1.2米。

填土　填土为褐色杂土，土质较软，结构较疏松，包含有料姜石颗粒。

葬具　葬具为木棺，仅存棺钉和片状朽痕，具体尺寸不详。

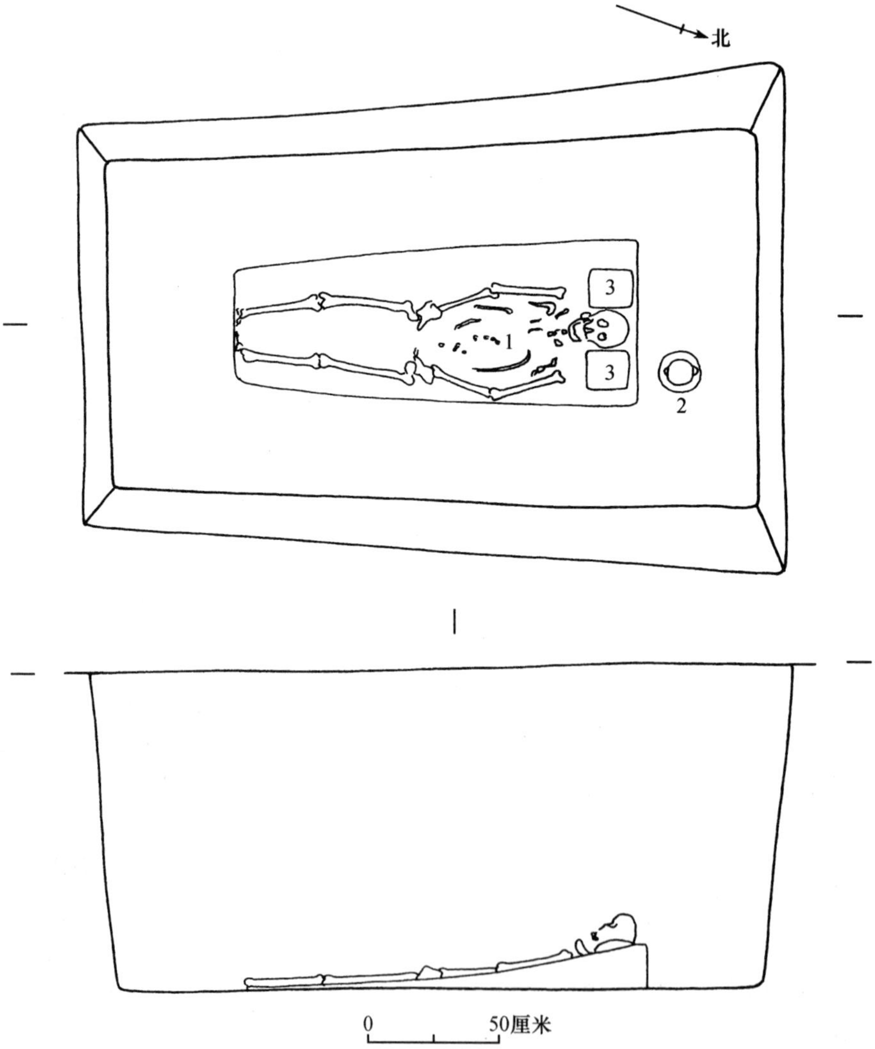

图7-39　M20平、剖面图

1. 铜钱（3枚）　2. 瓷罐　3. 板瓦

葬式、性别及年龄　墓底发现人骨一具，葬式为仰身直肢，双手置于腹部，头北足南，面向上。经鉴定为壮年男性。

2. 随葬品

瓷罐　1件。位于墓主头端棺外左侧。M20：2，灰白胎。侈口，折沿微卷，圆唇，鼓腹，矮圈足，腹部饰数周瓦楞纹。颈部饰有对称桥形耳，口部施灰白色化妆土，外壁施黄褐色釉不及底，内壁施红褐色全釉。口径12.4、腹径3.6、底径6.8、高15.4厘米（图7-40；图版二六，6）。

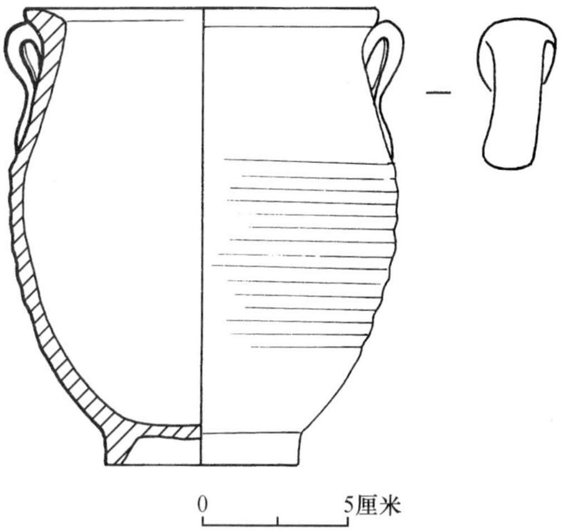

图7-40　M20出土遗物
瓷罐（M20：2）

铜钱　3枚。位于墓主尸骨下部。皆圆形方孔，其中2枚背部以满文记局，1枚背部文字不详。其中1枚钱文清晰可辨，其余2枚锈蚀严重，钱文不详（标本M20：1-2、M20：1-3）。

顺治通宝　1枚。M20：1-1，楷书，直读。钱径2、穿径0.5厘米，重2.5克。

板瓦　2件。发现于墓主棺内头端两侧，泥质灰陶，拱形，素面无纹。标本M20：3-1，长17、宽14～14.5、厚1厘米。

（二十一）M21

1. 墓葬形制

M21位于T0304中西部，开口于第2层下，向下打破生土层，口部距地表0.5米，方向345°。该墓为竖穴土坑墓，平面形状呈长方形（图7-41）。

墓室　口大底小，平底。口部长2.2、宽1.7米；底部长2.1、宽1.46、深1米。

填土　填土为褐色杂土，土质较软，结构较疏松，包含有料姜石颗粒。

葬具　葬具为木棺，仅存棺钉和片状朽痕，具体尺寸不详。

葬式、性别及年龄　墓底发现人骨两具，葬式均为仰身直肢，头北足南，面右。经鉴定东侧墓主为壮年女性，西侧墓主为壮年男性。

2. 随葬品

未发现随葬品。

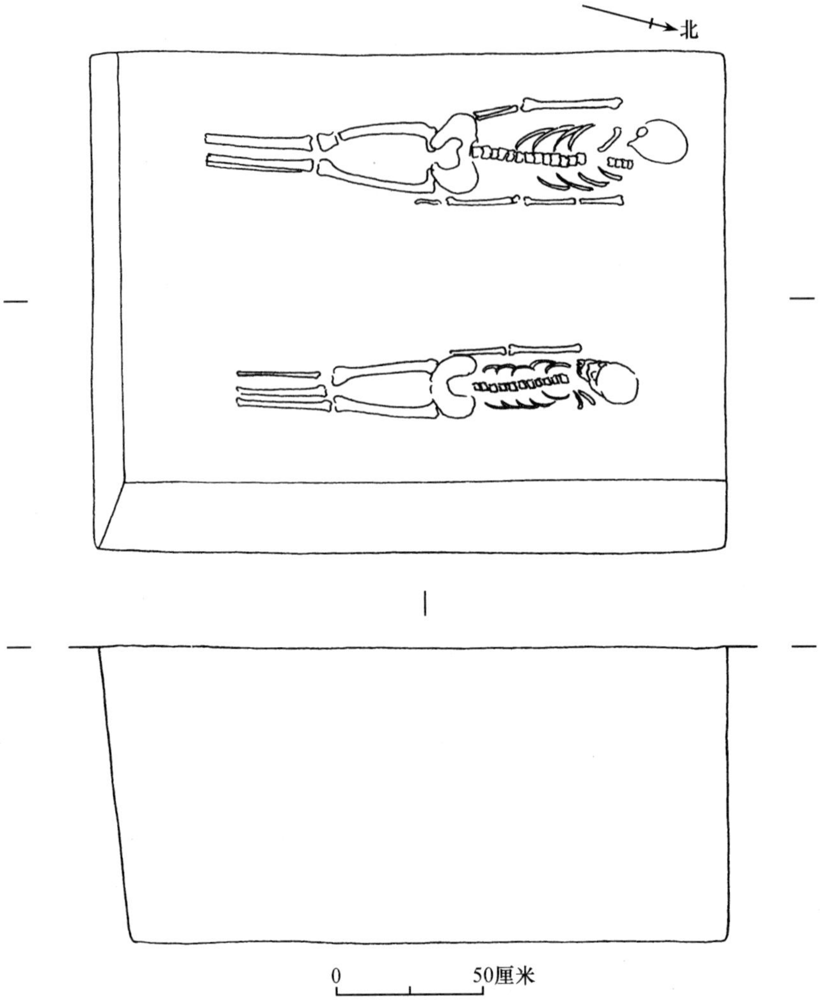

图7-41　M21平、剖面图

（二十二）M22

1. 墓葬形制

M22位于T0303北部和T0304南部，开口于第2层下，向下打破生土层，口部距地表0.6米，方向166°。该墓为竖穴斜坡墓道土洞墓，平面形状近“凸”字形，由墓道、墓门、墓室三部分组成（图7-42）。

墓道　位于墓室南端，口部平面形状近长方形，直壁，底呈斜坡状，南高北低。墓道南端东西两壁距口部0.26米、0.66米处分别有椭圆形的脚窝两个，宽16、高12、进深6厘米。墓道长3.1、宽0.9～1.4、底部长3.18、深2.2～2.42米。

墓门　位于墓道与墓室之间，由三块空心砖并列竖立封门。西侧空心装表面模印有菱形乳钉纹，残高1.1、宽0.28、厚0.14米；中、东两个空心砖分别高1.05、1.1米，宽、厚与菱形乳钉纹一致。

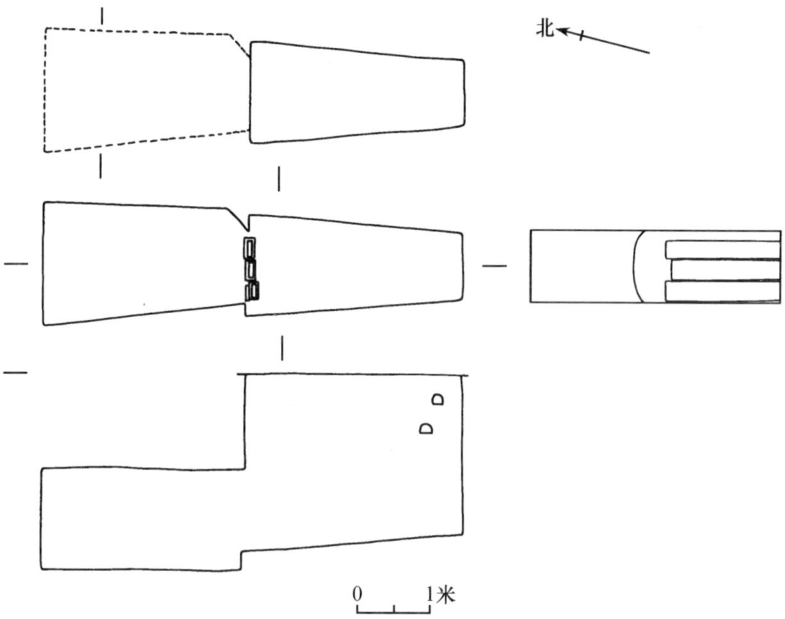

图7-42　M22平、剖面图

墓室　位于墓道北端，底部平面形状近长方形，墓室塌陷严重，直壁，平底。底部低于墓道0.26米，长2.9、宽1.4～1.72米，残高1.36米。

填土　填土为褐色杂土，土质较软，结构较疏松，包含有料姜石颗粒。

葬具　不详。

葬式、性别及年龄　未发现人骨，葬式不详。

2. 随葬品

铜钱　1枚。发现于墓室底部淤土中。M22：1，圆形方孔，楷书，旋读，光背，钱文为"祥符元宝"。钱径2.5、穿径0.6厘米，重3.4克（图7-43）。

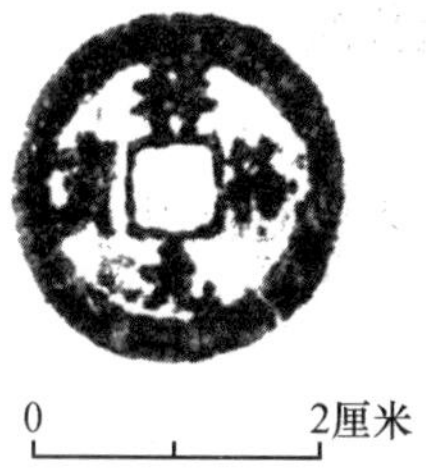

图7-43　M22出土铜钱拓本
祥符元宝（M22：1）

（二十三）M23

1. 墓葬形制

M23位于T0302西南部，开口于第2层下，向下打破生土层，口部距地表0.5米，方向4°。该墓为长方形竖穴土坑墓，平面形状呈长方形（图7-44）。

墓室　口大底小，平底。口部长2.7、宽1.16～1.2米；底部长2.4、宽0.86、深1米。

填土　填土为褐色杂土，土质较软，结构较疏松，包含有料姜石颗粒。

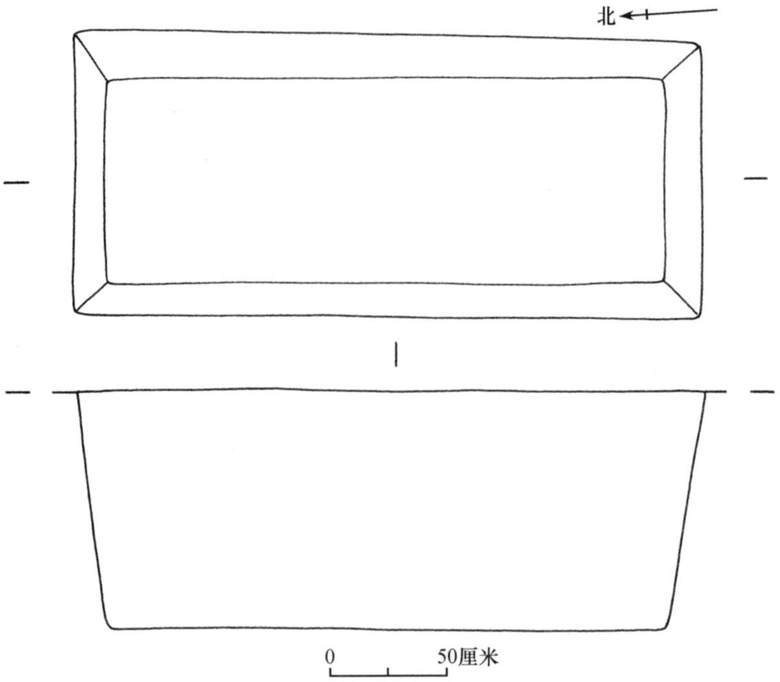

图7-44　M23平、剖面图

葬具　不详。

葬式、性别及年龄　由于盗扰严重，未发现人骨。

2. 随葬品

未发现随葬品。

（二十四）M24

1. 墓葬形制

M24位于T0204东北部和T0304西北部，开口于第2层下，向下打破生土层，口部距地表0.5米，方向155°。该墓为竖穴斜坡墓道土洞墓，平面形状近“凸”字形，由墓道、墓门、墓室三部分组成（图7-45）。

墓道　位于墓室南端，口部平面形状近长方形，东、西两壁为直壁，南壁略向内收，底呈斜坡状，南高北低。东、西两壁南端距口部0.32米处有两个近圆形脚窝，直径14、进深10厘米。墓道口部长2.35、宽0.72～0.8、底部长2.26、深1.8～2米。

墓门　位于墓道与墓室之间，由一块粗加工的青石板封门，立于墓门正中，西侧空隙由碎石块填实，东侧空隙由一块较大的鹅卵石封堵。封门石高0.9、宽0.5、厚0.08米。

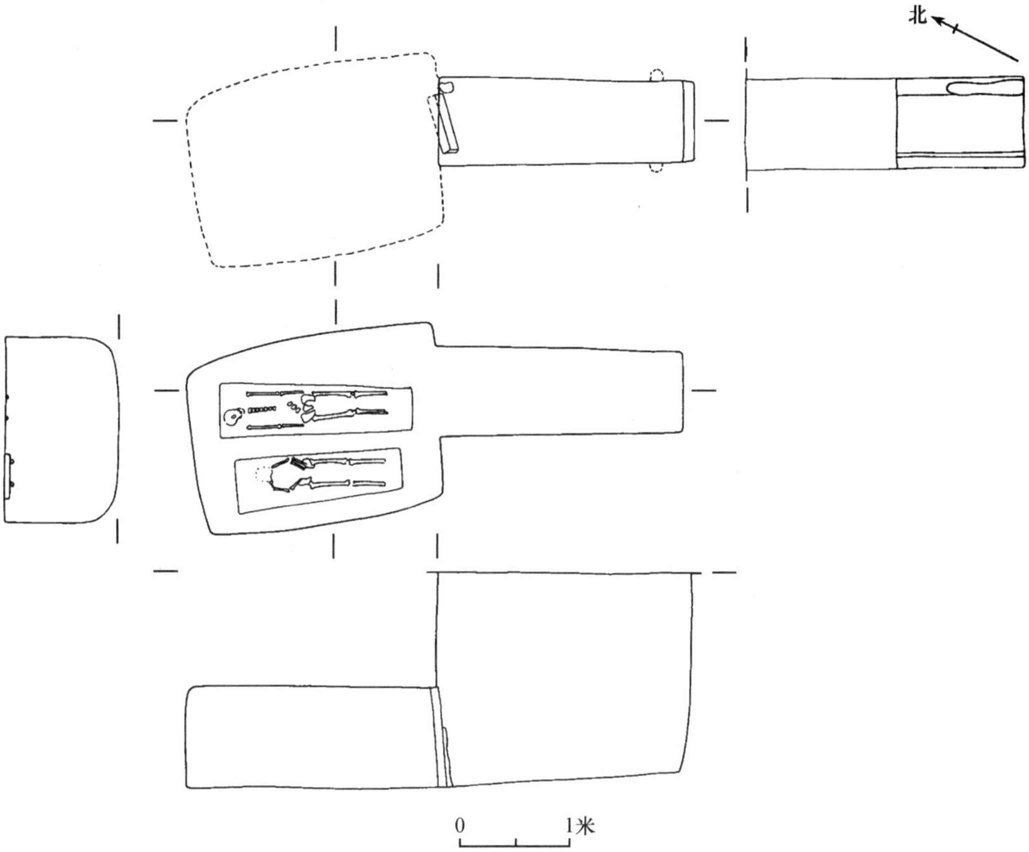

图7-45　M24平、剖面图

墓室　位于墓道北端，底部平面形状近长方形，土洞室已塌陷，直壁，平底。底部长2.31、宽1.5～1.7米，残高0.7米。

填土　填土为褐色杂土，土质较软，结构较疏松，包含有料姜石颗粒。

葬具　葬具均为木棺，白灰铺底，仅余朽痕。东棺长1.75、宽0.35～0.48米；西棺长1.5、宽0.45～0.48米。

葬式、性别及年龄　墓底发现人骨两具，葬式均为仰身直肢，头北足南，东侧墓主面向右，西侧墓主面向上。经鉴定东侧墓主为壮年男性，西侧墓主为老年女性。

2. 随葬品

铜钱　1枚。发现于东侧墓主尸骨下部。M24：1，圆形方孔，枚。篆书，旋读，光背，钱文为“元丰通宝”。钱径2.4、穿径0.6厘米，重2.6克（图7-46）。

图7-46　M24出土铜钱拓本

元丰通宝（M24：1）

（二十五）M25

1. 墓葬形制

M25位于T0201中部偏东，开口于第2层下，口部距地表0.5米，方向10°。该墓为长方形竖穴土坑墓，平面形状呈长方形（图7-47）。

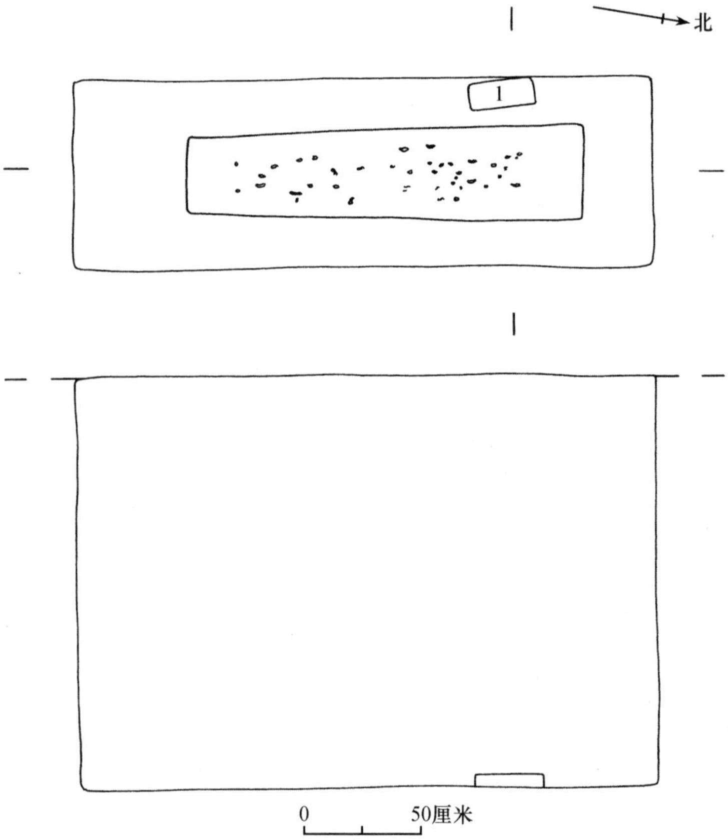

图7-47　M25平、剖面图
1. 押圹砖

墓室　直壁，平底。长2.5、宽0.8、深1.74米。

填土　填土为褐色杂土，土质较软，结构较疏松，包含有料姜石颗粒。

葬具　葬具均为木棺，仅余朽痕。长1.7、宽0.32～0.4米。

葬式、性别及年龄　墓底有碎骨，腐朽极为严重，呈粉末状。

2. 随葬品

押圹砖　1件。位于棺木朽痕右侧。M25：1，泥质灰陶，素面无纹，土沁严重。长29、宽12、厚7厘米。

（二十六）M26

1. 墓葬形制

M26位于T0302西北部、T0202东北部和T0203东南部，开口于第2层下，向下打破生土层，口部距地表0.5米，方向170°。该墓为竖穴墓道土洞墓，平面形状呈长条状，由墓道、墓室两部分组成（图7-48）。

墓道　位于墓室南端，口部平面形状近长方形，直壁，平底。墓道南端东、西两壁距口部0.74米处各有上下两个椭圆形脚窝，上下间隔0.4米，宽0.12、高0.1、进深0.05米。墓道长1.8、宽0.7、深2.6米。

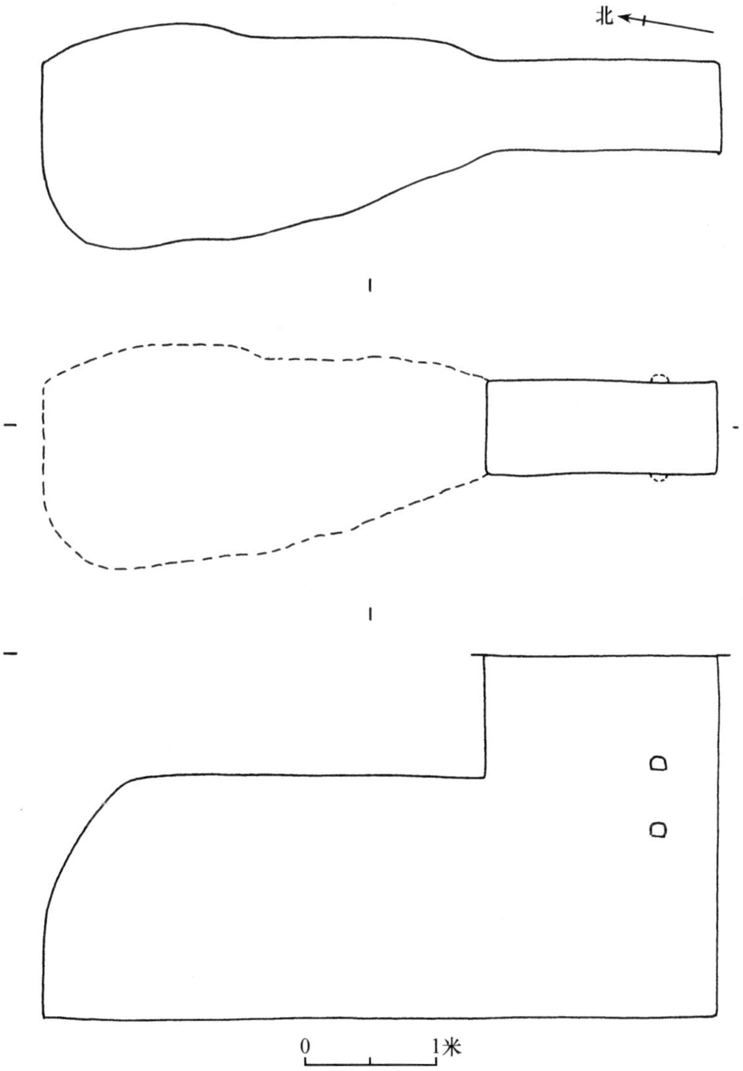

图7-48　M26平、剖面图

墓室　位于墓道北端，底部平面形状近椭圆形，洞室已坍塌，残存部分拱顶，直壁，平底。长径3.4、短径1.66米，残高1.1米。

填土　填土为褐色杂土，土质较软，结构较疏松，包含有料姜石颗粒。

葬具　不详。

葬式、性别及年龄　未发现人骨。

2. 随葬品

未发现随葬品

（二十七）M27

1. 墓葬形制

M27位于T0304中部偏东，开口于第2层下，向下打破生土层，口部距地表0.5米，方向170°。该墓为长方形竖穴土坑墓，平面形状呈长方形（图7-49）。

墓室　口大底小，平底。口部长2.5、宽1.2米，底部长2.38、宽1、深1米。

填土　填土为褐色杂土，土质较软，结构较疏松，包含有料姜石颗粒。

葬具　不详。

葬式、性别及年龄　未发现人骨。

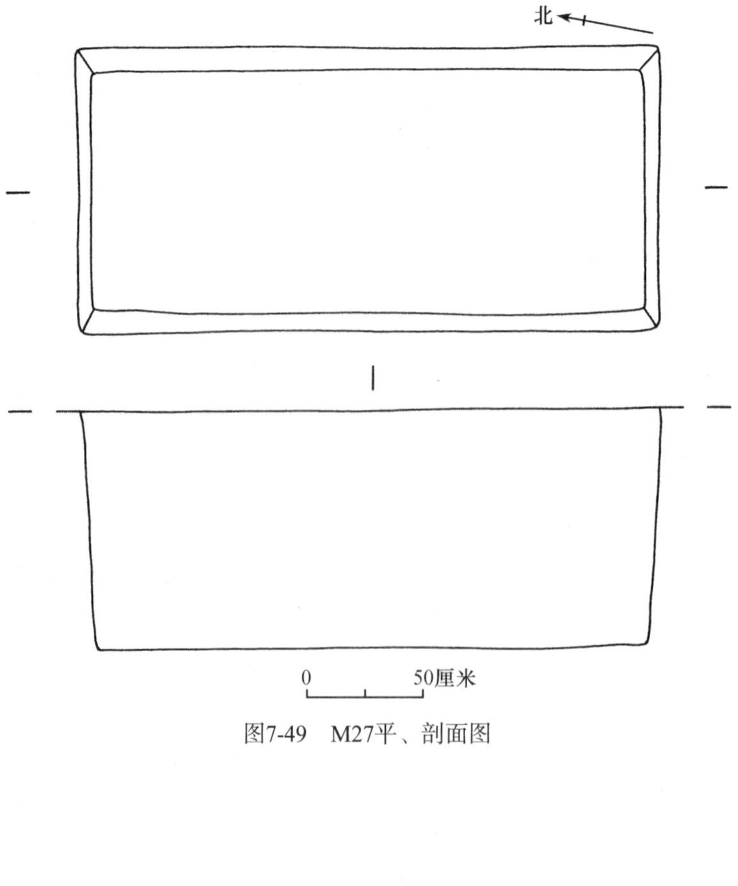

图7-49　M27平、剖面图

2. 随葬品

未发现随葬品。

三、结　语

席庄墓地共发现27座墓葬，排列较为集中，墓向较为一致，应该为一处家族墓地。

（一）墓葬年代

关于这批家族墓葬的年代，由于大部分墓葬被盗扰，随葬器物发现较少，无确切纪年遗物，我们仅根据墓葬形制、分布规律及出土铜钱等方面对墓葬年代加以推断。墓内出土钱币以宋代居多，有学者对明墓中出土铜钱进行过统计，发现北方地区“出土旧钱的明墓占到了随葬钱币墓葬的92.6%”①。其中M17、M15出土有“万历通宝”，M4出土有“天启通宝”，M20出土有“顺治通宝”，M18、M19出土有“康熙通宝”，所以将这批家族墓葬的年代大体定在明代晚期至清代早期应该大体不谬。

（二）墓葬特征

这批墓葬有三种形制，其中竖穴土坑墓7座，土坑竖穴砖室墓6座，竖穴墓道土洞墓14座。墓葬形制以竖穴墓道土洞墓居多，竖穴土坑砖室墓和竖穴土坑墓数量基本相当。方向大体呈南北向，带有墓道的竖穴墓道均位于墓室南端，土洞墓室则位于墓道北端，墓道皆为长方形，竖穴式，多为坡底，少数为平底，墓道南端东西两壁一般有脚窝。土洞墓室底部一般为长方形，少数为椭圆形，顶部多为拱顶，但坍塌比较严重，底部一般为生土，仅有M3有铺地砖。墓道与墓室之间有墓门，封门形式比较简单，多由1～2块石板或2～3块空心砖竖立封堵，有的则以石板与空心砖混用，其中部分墓葬的封门石应该是利用汉代画像石门。竖穴土坑砖室墓均为长方形，其中M4、M8、M10为双室墓，M2、M17则仅有一室为砖砌。由于盗扰严重，M5仅存铺地砖，但从墓葬形制大小分析，也应为双室墓。竖穴土坑墓均长方形，大多为单人葬，仅有少数为双人、三人葬。

从发掘情况来看，这批墓葬的葬具多为木棺，但仅余朽痕，部分木棺底部铺有白灰，应为防潮除湿之用。墓主的葬式均为仰身直肢，头北足南，部分墓主则头枕板瓦。一墓双棺者均为夫妇合葬，一般为男性居左，女性居右，但M21则为男性居右，女性居左；一墓三棺仅发现一

① 夏寒：《浅议明墓中的古钱》，《四川文物》2006年第2期。

座（M19），男性居中，女性墓主则位于男性墓主两侧。

从排列顺序来看，这批墓葬大体可分为八排。第一排仅有M10一座；第二排自西向东依次为M8、M13、M17、M24；第三排自西向东依次为M3、M5、M15、M11、M21、M27；第四排自西向东依次为M2、M4、M7、M6、M14、M22；第五排自西向东依次为M1、M9、M12、M26；第六排自西向东依次为M16、M23；第七排自西向东依次为M18、M25、M19；第八排仅有M20一座。像这样排列有序的墓地，显然应为一处家族墓地。因此，按一般常理推断，该家族墓地祖墓应该为M10，其后嗣依照世次有序埋葬。那么按照中原地区一般的埋葬习俗，如果推断不谬的话，各排墓主的世系大致为：第一排（一世）→第二排（二世）→第三排（三世）→第四排（四世）→第五排（五世）→第六排（六世）→第七排（七世）→第八排（八世）。也就是说，这个家族墓地先后共埋葬八代人。

由于这批墓葬多数被盗扰，随葬品发现较少。其中瓷器4件，器类有盂、罐、碗，铜帽顶饰1件，铁犁铧1件，另有铜钱200余枚。此外M18、M25两座墓葬还随葬有成书于明代的《三元总录》①中记载的“押圹砖”，二墓均单葬一人。若男丧，需用“阴圹”砖配之，置于男棺右侧；若女丧则用“阳圹”砖配之，置于女棺左侧。根据记载，M18押圹砖位于墓主左侧，可知该墓墓主当为女性；M25押圹砖位于墓主右侧，可知该墓墓主为男性。

执　笔：王书安、程青芬

2014年5月

① 《三元总录》系明代万历年间柳洪泉所著，主要内容包括宅元、婚元和茔元三大部分。其中宅元主要讲阳宅格局的吉凶宜忌，婚元主要讲男女婚配格局的吉凶宜忌，茔元主要讲阴宅格局的吉凶宜忌。

附表7-1　禹州席庄墓地遗迹统计表

编号	所在探方	开口层位	方向	形状结构	墓道（单位：米）			墓室（单位：米）			葬式	随葬品	时代
					长	宽	深	长	宽	（高）深			
M1	T0102	第2层下	352°	竖穴土坑墓				2.4	0.9～0.94	1.6	仰身直肢	板瓦2、铁犁铧1、铜钱5	明
M2	T0103	第2层下	340°	竖穴土坑砖室墓				2.86（口） 2.32（底）	1.4～1.74（口） 0.84～0.92（底）	1.48	不详	无	明
M3	T0104	第2层下	175°	竖穴墓道土洞墓	2.73	0.9～0.98（口） 1.1～1.3（底）	2.1	3.2	1.68	1.7	不详	板瓦1、铜钱37	明
M4	T0103	第2层下	0°	竖穴土坑砖砌墓				2.6	2.22	1.84	仰身直肢	板瓦3、铜钱9	明
M5	T0104	第2层下	5°	竖穴土坑砖室墓				4（口） 3.54（底）	3.15（口） 3.5（底）	1.9	不详	无	明
M6	T0203	第2层下	177°	竖穴斜坡墓道土洞墓	2.5（口） 2.36（底）	1	2.1～2.5（底）	2.7	1.8	1.24	不详	铜钱15	明
M7	T0203	第2层下	180°	竖穴墓道土洞墓	2.36（口） 2.36（底）	1.6（口） 0.9～1.1（底）	2.4	2.3	1.2～1.34	1.1	不详	板瓦1、铜钱7	明
M8	T0104	第2层下	5°	竖穴土坑砖室墓				3	2.8～3.1	0.9	不详	铜钱25	明
M9	T0202	第2层下	147°	竖穴斜坡墓道土洞墓	2.66（口） 2.66（底）	0.68～0.72	2～2.2	2.74	1.14～1.82	1.4	不详	铜钱4	明
M10	T0204	第2层下	5°	竖穴土坑砖室墓				3.6	2.5～2.62	2.4	不详	铜钱63	明
M11	T0204	第2层下	175°	竖穴斜坡墓道土洞墓	2.3（口） 2.22（底）	0.7～0.9	1.7～1.86	2.06	1～1.16	0.84	仰身直肢	瓷盂1、铜钱3	明
M12	T0202	第2层下	177°	竖穴斜坡墓道土洞墓	2.9（口） 2.9（底）	0.88～1.06	2.2～2.4	2.6	1.32～1.5	1	仰身直肢	铜钱2	明
M13	T0204	第2层下	187°	竖穴斜坡墓道土洞墓	2.7（口） 2.52（底）	1	2.2～2.5	2.45	1.35～1.7	1	仰身直肢	铜钱12	明
M14	T0203	第2层下	195°	竖穴墓道土洞墓	2.2	0.8	2.4	2.3	0.8～1	0.9	仰身直肢	瓷罐1、板瓦2、铜钱3	明

续表

编号	所在探方	开口层位	方向	形状结构	墓道（单位：米）			墓室（单位：米）			葬式	随葬品	时代
					长	宽	深	长	宽	（高）深			
M15	T0203	第2层下	180°	竖穴斜坡墓道土洞墓	2.8（口） 2.7（底）	0.98～1.02	1.93～2.12	2.63	1.3～1.75	1.2	仰身直肢	铜钱8	明
M16	T0202	第2层下	165°	竖穴墓道土洞墓	2.2	0.84～1	2.1	3.2	1.74～2.12		不详	板瓦2	明
M17	T0204	第2层下	0°	竖穴土坑砖室墓				3.02	2.64～2.7	0.98	仰身直肢	铜钱6	明
M18	T0201	第2层下	0°	竖穴土坑墓				2.5	1	1.8	不详	瓷碗1、铜钱6、板瓦2、押圹砖1	清
M19	T0301	第2层下	35°	竖穴土坑墓				2.2～2.28	2.22～2.72	1.1	仰身直肢	帽顶饰1、铜钱9、板瓦2	清
M20	T0201	第2层下	20°	竖穴土坑墓				2.7（口） 2.5（底）	1.52～1.9（口） 1.24～1.4（底）	1.2	仰身直肢	瓷罐1、铜钱3、板瓦2	清
M21	T0304	第2层下	345°	竖穴土坑墓				2.2（口） 2.1（底）	1.7（口） 1.46（底）	1	仰身直肢	无	明清
M22	T0303	第2层下	166°	竖穴斜坡墓道土洞墓	3.1（口） 3.18（底）	0.9～1.4	2.2～2.42	2.9	1.4～1.72	1.36	不详	铜钱1	明
M23	T0302	第2层下	4°	竖穴土坑墓				2.7（口） 2.4（底）	1.16～1.2（口） 0.86（底）	1	不详	无	明清
M24	T0304	第2层下	155°	竖穴斜坡墓道土洞墓	2.35（口） 2.26（底）	0.72～0.8	1.8～2	2.31	1.5～1.7	0.7	仰身直肢	铜钱1	明
M25	T0201	第2层下	10°	竖穴土坑墓				2.5	0.8	1.74	不详	押圹砖1	明
M26	T0302	第2层下	170°	竖穴墓道土洞墓	1.8	0.7	2.6	3.4	1.66	1.1	不详	无	明清
M27	T0304	第2层下	350°	竖穴土坑墓				2.5（口） 2.38（底）	1.2（口） 1（底）	1	不详	无	明清

第八章　禹州市张西墓地

张西墓地位于禹州市张得乡张西村北，东北距禹州市区约10千米，南面为张得村，东北面为凹郭村（图8-1）。地理坐标为东经113°40′、北纬34°55′，海拔100米 。地势由西向东呈阶梯状分布，墓地呈西北—东南向分布，长240余米，宽约50米，面积12000平方米。征地前大多为基本农田，地表常年种植小麦、玉米等基本农作物（图8-2）。

为配合南水北调受水区配套供水工程十五号口门禹州段的工程施工建设，许昌市文物工作队与禹州市文物工作分队于2006年6月至9月，对其沿线进行文物调查时，了解到张西村北部干渠范围有古墓葬存在，并上报河南省文物局。2012年12月底，为配合南水北调考古发掘工作，许昌市文物工作队组织人员对张西墓地进行了勘探，发现古墓葬18座。受河南省文物考古研究所（现河南省文物考古研究院）委托，许昌市文物工作队于2013年1月16日至2013年2月1日对

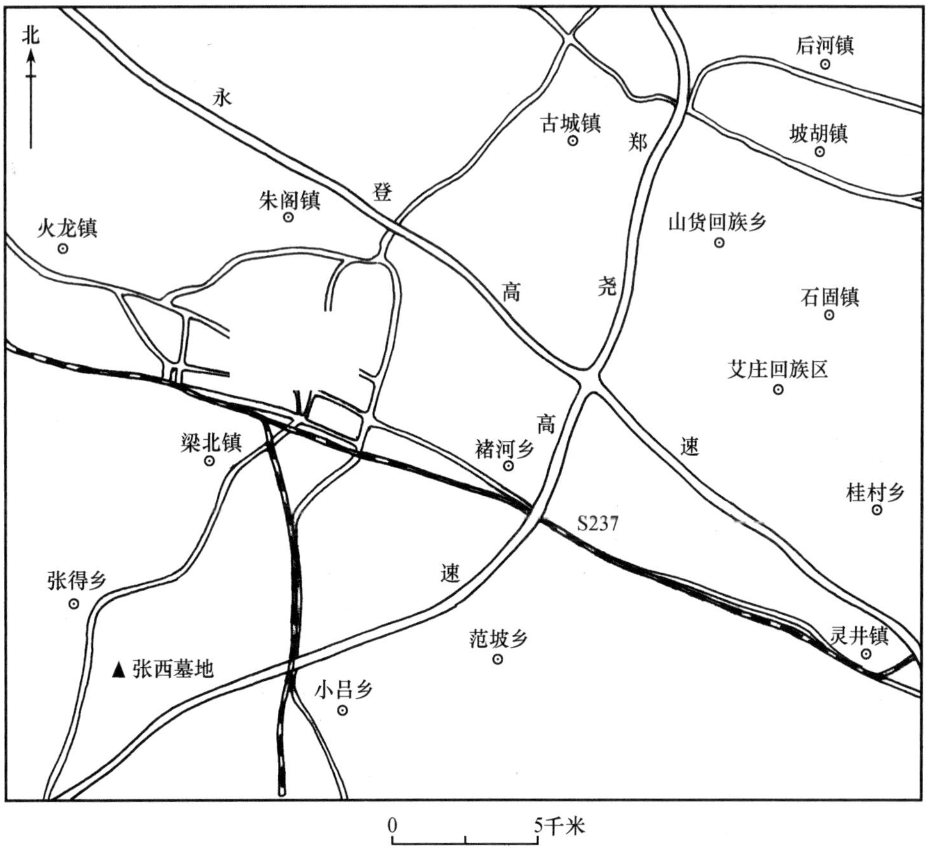

图8-1　张西墓地位置示意图

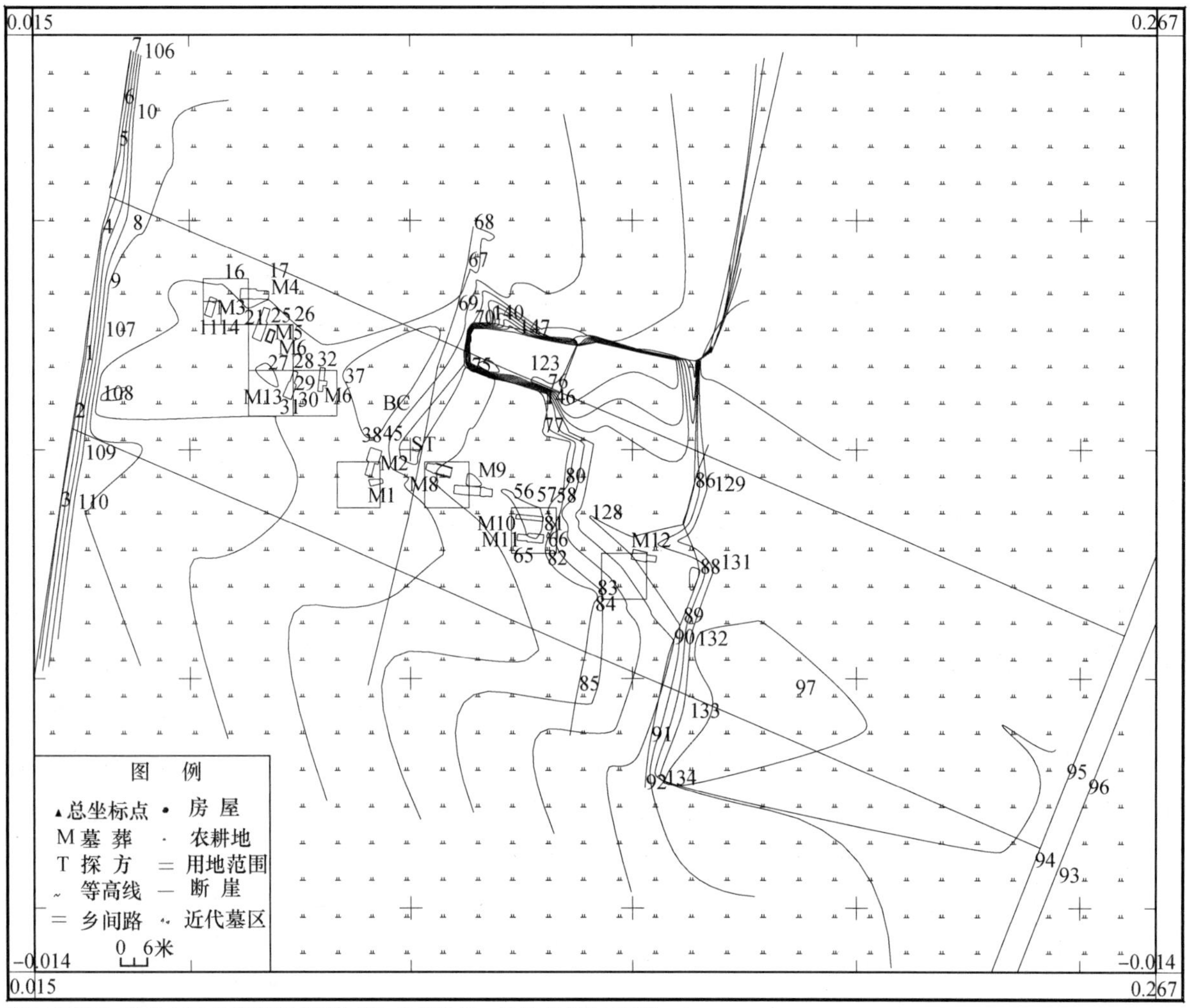

1954坐标系　磁北方位 黄海高程 等高0.5米　出图单位：许昌市文物工作队

检查员：姚军英　绘图员：王书安　测量员：王书安 冀克强

图8-2　张西墓地地理环境图

张西墓地进行考古发掘，历时17天（彩版一七，2）。

根据勘探结果，张西墓地发掘总基点位于张得乡张西村张胜家平房的西北角，基点位于总基点的北偏西6°，两者直线距离299米，位于2013YZZT0111西南角南100米。向北统一布方，统一编号。探方号前冠以“2013YZZ”，“2013”代表发掘年份，“Y”代表禹州市，“Z”代表张得乡，“Z”代表张西村。依据勘探情况，共布10米×10米探方8个，实际发掘面积420平方米，清理古墓葬13座（图8-3；彩版一七，1）。

一、地层堆积

张西墓地地势西高东低，地层堆积较为简单，自上而下依次为耕土层、扰土层。其中南水北调征用范围内工程机械碾压比较厉害，造成表层土土质比较坚硬。其余土层比较松软。现以

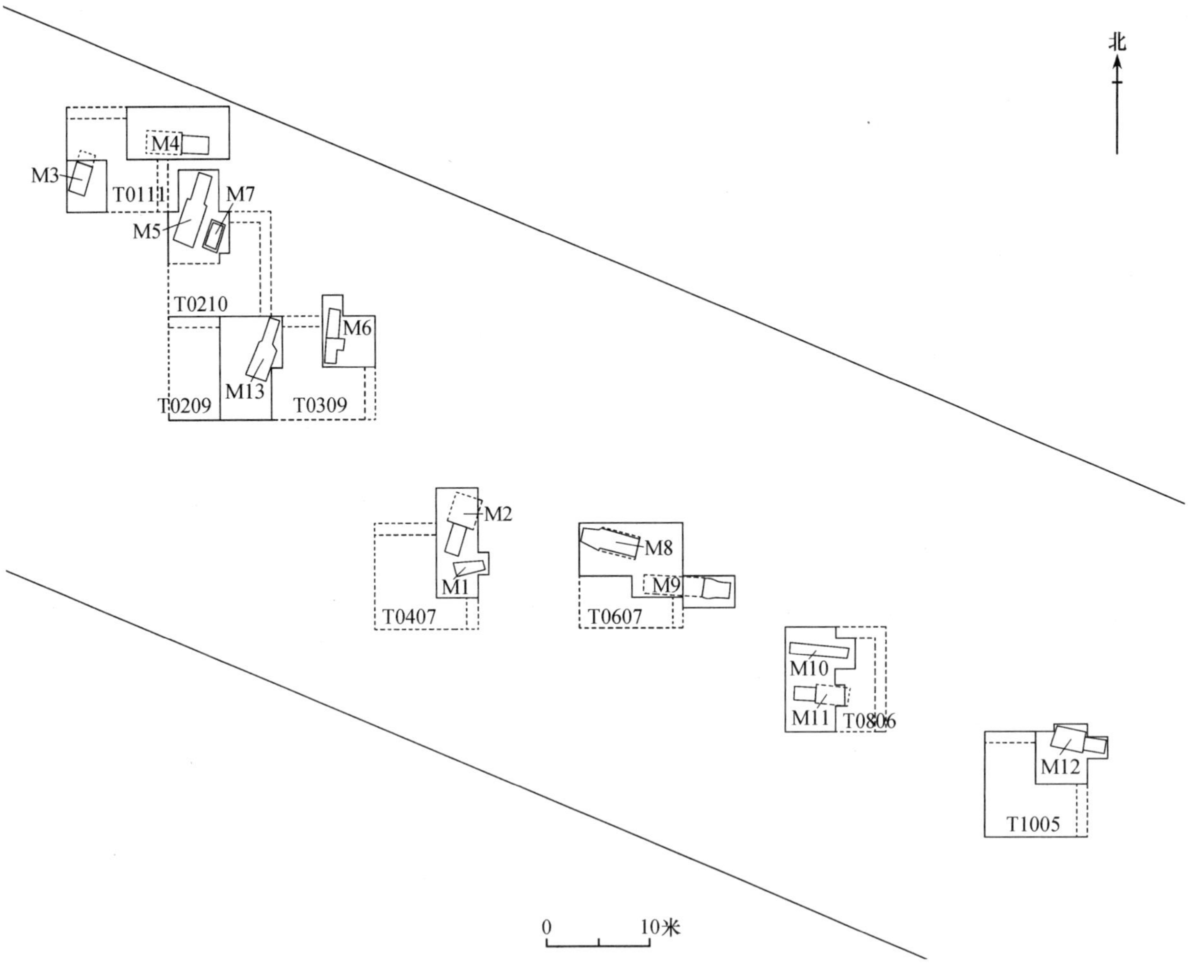

图8-3　张西墓地遗迹分布图

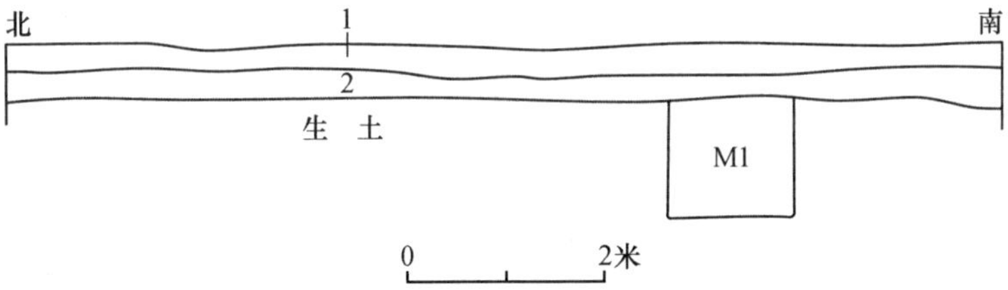

图8-4　张西墓地地层剖面示意图

2013YZZT0401东壁为例进行介绍（图8-4）。

第1层：耕土层，厚0.1～0.4米，深灰色，土质较软，结构疏松，包含有大量植物根系以及少许碎砖块、碎陶片等。

第2层：扰土层，深0.1～0.4米，厚0.4～0.8米，浅黄色，土质较软，结构较疏松，包含有料姜石颗粒、碎砖块、碎陶片等。所有遗迹均开口于本层下，向下打破生土。

第2层下即为生土，土质较纯净，结构致密。

二、遗迹与遗物

（一）M1

1. 墓葬形制

M1位于T0407东部，开口于第2层下，打破生土。墓口距地表0.7米，方向264°。该墓为竖穴土坑墓（图8-5；彩版一八，1）。

墓室　平面形状呈长方形，直壁，平底。长2.8、宽1.2～1.6、深1.2米。

填土　填土为褐色杂土，土质较硬，结构较致密，包含有碎瓷片等。

葬具　不详。

葬式、性别及年龄　墓底发现人骨两具，葬式为仰身直肢。头西足东，面向上。左侧为男性中年，右侧为女性中年。

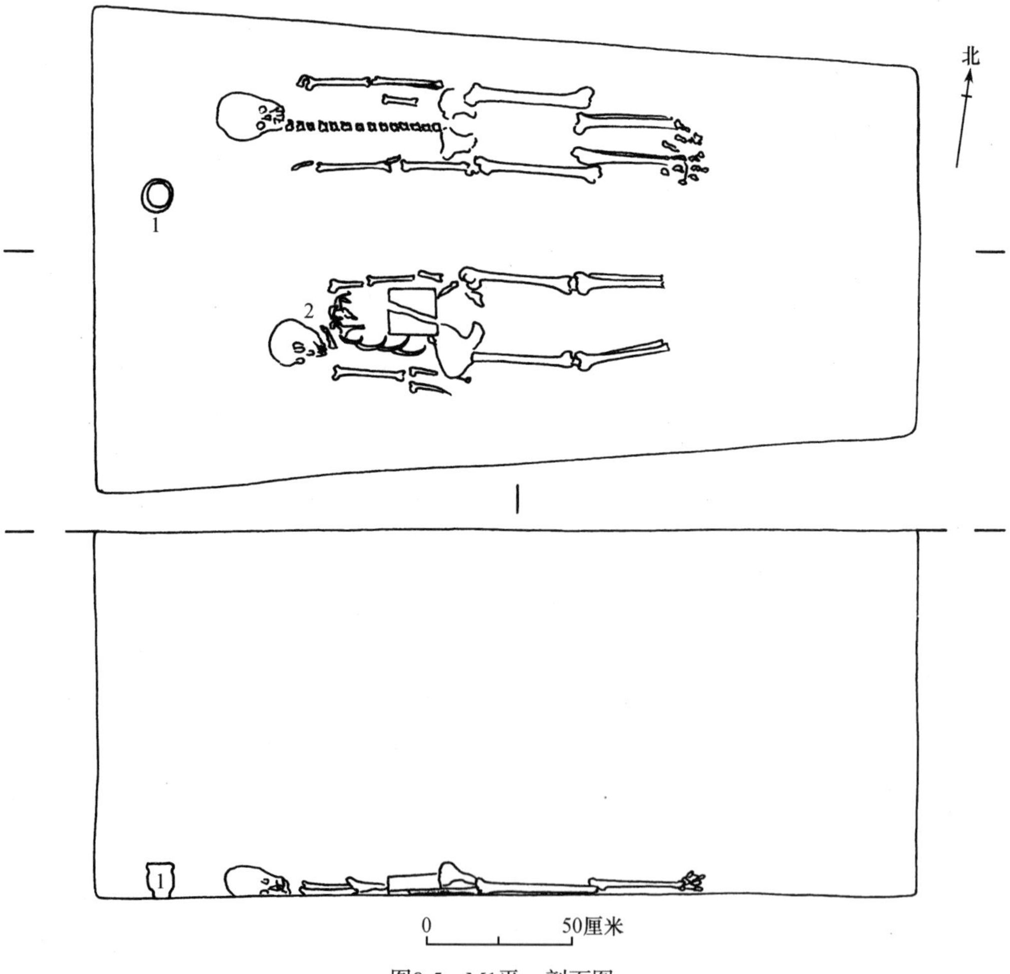

图8-5　M1平、剖面图

1. 瓷罐　2. 银耳环

2. 随葬品

瓷罐　1件。位于墓底西部。M1：1，敛口，口下一对桥耳，鼓腹，下腹斜收，矮圈足。内壁施全釉，外壁施釉未及底，釉色为黑色。口径8.8、腹径10.6、底径7.2、高11厘米（图8-6，1；图版二七，1）。

银耳环　1对。位于南侧人骨头部。M1：2，整体呈圆环状，截面呈圆形，素面。直径2.45厘米（图8-6，2；图版二七，2）。

铜钱　4枚。位于墓室底部淤土中。圆形方孔，正反面内外有郭，钱背有满文记局，其中"乾隆通宝"3枚，"道光通宝"1枚（图版二七，3）。标本M1：3-1，钱文"道光通宝"，钱径2.3、穿径0.6厘米，重4克（图8-6，3）。标本M1：3-2，钱文"乾隆通宝"，钱径2.2、穿径0.6厘米，重3.5克（图8-6，4）。

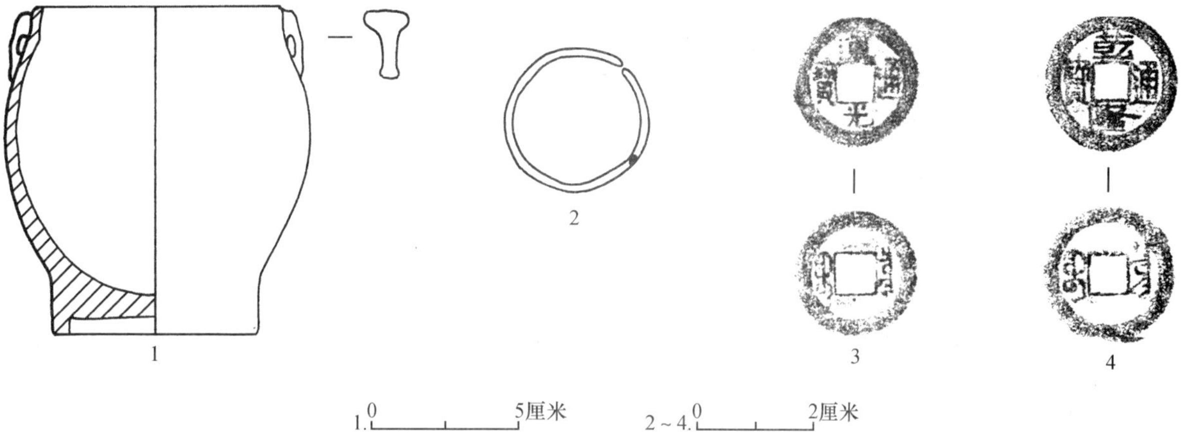

图8-6　M1出土遗物及铜钱拓本
1. 瓷罐（M1：1）　2. 银耳环（M1：2）　3. 道光通宝（M1：3-1）　4. 乾隆通宝（M1：3-2）

（二）M2

1. 墓葬形制

M2位于T0407东北部，开口于第2层下，打破生土。墓口距地表0.7米，方向196°。该墓为竖穴墓道砖券洞室墓，平面形状呈"凸"字形。由墓道和墓室两部分组成（图8-7）。

墓道　位于墓室南部，平面形状呈长方形，直壁，平底。长2.8、宽1.5、深3.5米。

墓室　位于墓道北部，砖券洞室结构。平面形状呈长方形，长2.84、宽2.48米，直壁，平底，顶近平。墓室东北部发现椭圆形盗洞，长径1.2、短径1米。由于盗扰严重，墓室内顶砖坍塌，两侧墓壁残存有壁砖和铺地砖，东壁残存9层，西壁残存5层，砖体为长方形子母砖，条砖

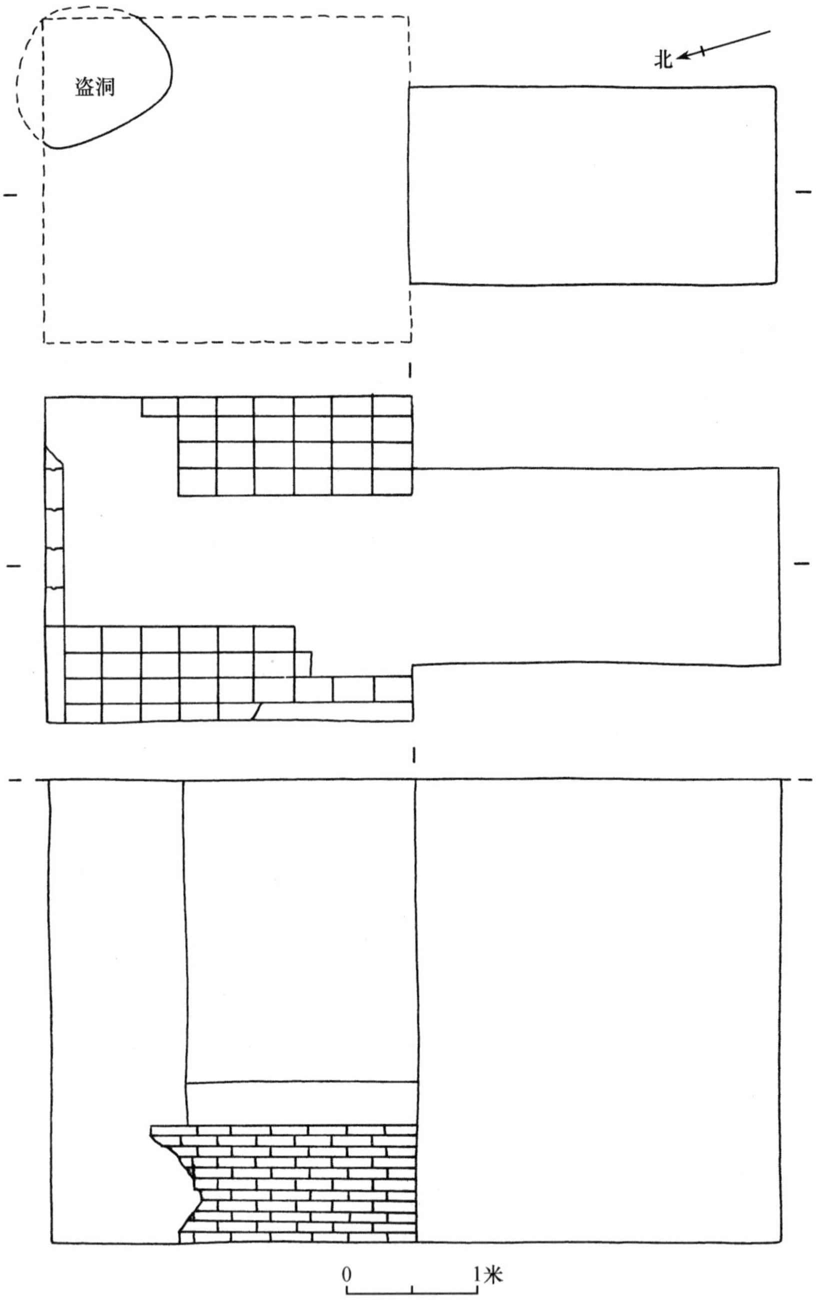

图8-7 M2平、剖面图

顺置错缝平砌，砖长30、宽14、厚8厘米。铺地砖为纵向齐缝平铺，砖长30、宽20、厚8厘米。墓室底部长2.7、宽2.2、顶高1.2米。

填土 填土为褐色杂土，土质较硬，结构较致密，包含有碎陶片等。

葬具 不详。

葬式、性别及年龄 墓底未发现人骨，葬式、性别及年龄均不详。

2. 随葬品

铜钱　4枚。发现于墓底淤土中，均为五铢钱。圆形方孔，轮廓规整，钱正面有周郭无穿郭，背周穿有郭。钱文字体挺秀，“五”字交笔弯曲，“铢”的“金”头为箭镞状，“朱”首方折（图版二七，4）。标本M2：1-1，钱径2.6、穿径1.1厘米，重3.3克（图8-8，1）。标本M2：1-2，钱径2.5、穿径1.1厘米，重3.9克（图8-8，2）。

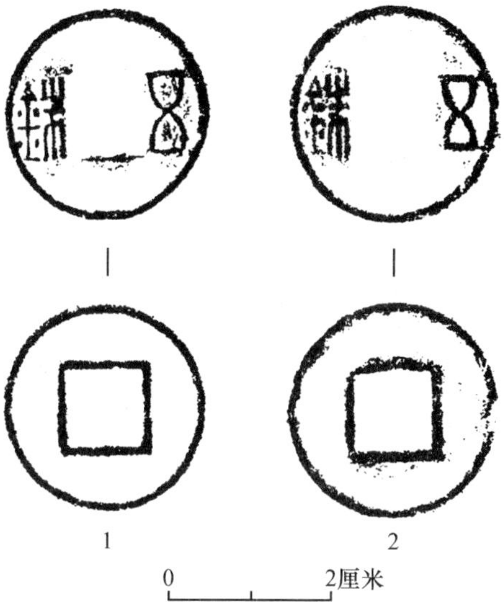

图8-8　M2出土铜钱拓本

1、2. 五铢（M2：1-1、M2：1-2）

（三）M3

1. 墓葬形制

M3位于T0111西南部，开口于第2层下，打破生土。墓口距地表0.5米，方向13°。该墓为竖穴空心砖室墓，由墓室、耳室两部分组成（图8-9；彩版一八，2）。

墓室　平面呈长方形，空心砖砌结构，北侧砖砌耳室，直壁，平底。墓口长2.88、宽1.6米，距地表0.5米。顶部用长方形空心砖横向侧铺16块。东、西、南壁均以空心砖砌成，砖体饰有逗点纹和柿蒂纹，砖长1.1、宽0.22、厚0.16米。墓坑东西两侧壁砖用空心砖纵向上下侧砌各4块，座于铺地砖之上。东壁因盗扰及长期挤压已坍塌。底部用空心砖横向平铺6块。规格不一。其中两块长1.15、宽0.4、厚0.12米（图8-10），四块长1.15、宽0.3、厚0.12米。砖体均饰有菱形纹、柿蒂纹和波浪纹。墓底长2.28、宽0.9、深2.48米。

耳室　位于墓室北部，是在墓室北壁上纵向掏挖土洞，然后用空心砖砌成。底与墓室齐平，均为空心砖横向铺砌，顶砖、底砖分别与墓室顶砖、底砖同一规格。平面形状呈长方形，宽0.9、高0.8、进深1.3米。

填土　填土为褐色杂土，土质较硬，结构较致密，包含有料姜石颗粒。

葬具　不详。

葬式、性别及年龄　墓底未发现人骨，葬式、性别及年龄均不详。

2. 随葬品

陶壶　4件。位于耳室，均为泥质灰陶。胎质细腻，造型规整，端庄大方，烧造火候高，质地坚硬，器表饰有铺首衔环、凹弦纹。

小陶壶　2件。束颈、溜肩、鼓腹，平底。M3：1，侈口，方唇，平底略内凹。口径7.2、

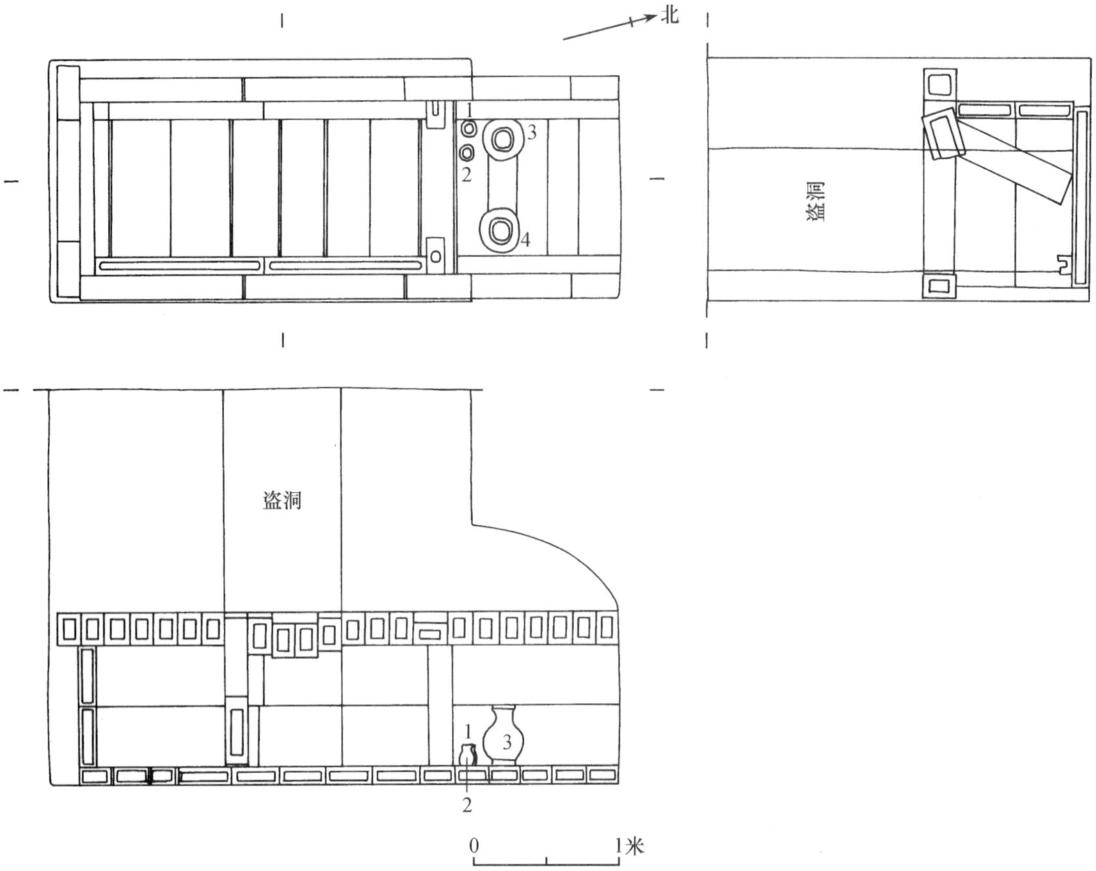

图8-9　M3平、剖面图
1～4. 陶壶

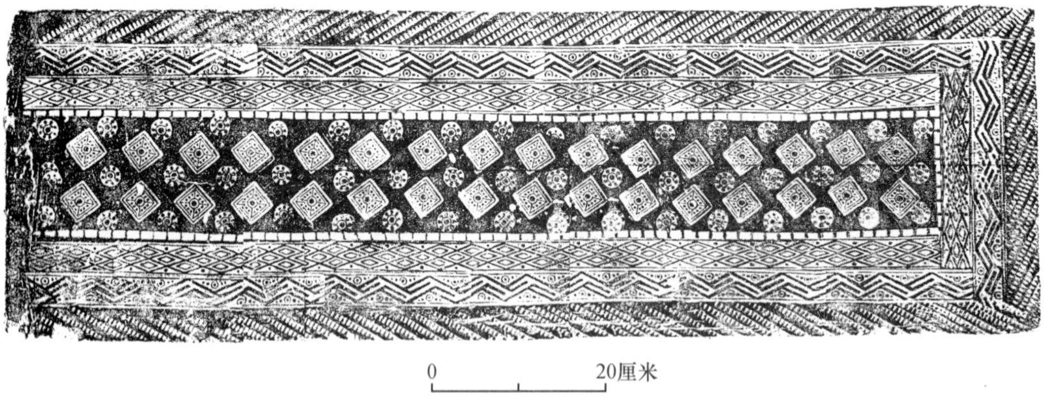

图8-10　M3出土空心砖拓本

腹径11、底径6.2、高14.6厘米（图8-11，3；图版二七，5）。M3：2，盘口，平沿。口径7、腹径15、底径7.2、高14.2厘米（图8-11，4；图版二七，6）。

大陶壶　2件。盘口，平沿微凸、溜肩、鼓腹、腹两侧各贴附一兽面衔环，圜底，圈足略外撇，颈肩交接处及上腹部各饰凹弦纹两周。M3：3，口径16.8、腹径28、底径16.8、高39

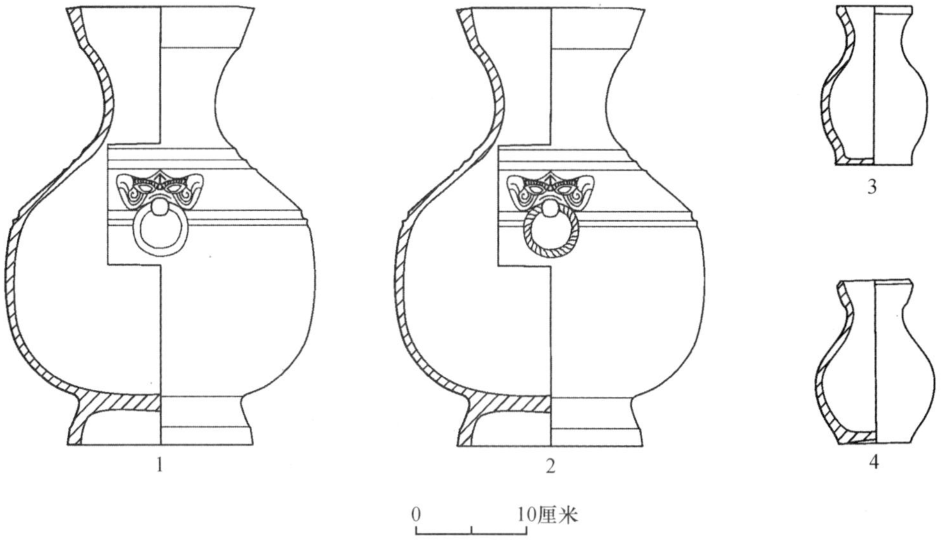

图8-11　M3出土遗物

1、2. 大陶壶（M3：3、M3：4）　3、4. 小陶壶（M3：1、M3：2）

厘米（图8-11，1；图版二八，1）。M3：4，口径16、腹径28.8、底径16.2、高38.6厘米（图8-11，2；图版二八，2）。

（四）M4

1. 墓葬形制

M4位于T0111东北部和T0211西北部，开口于第2层下，打破生土。墓口距地表0.5米，方向94°。该墓平面形状呈“凸”字形，结构为竖穴墓道砖券洞室墓，由墓道和墓室两部分组成（图8-12；彩版一八，3）。

墓道　位于墓室东部，平面形状呈长方形，直壁，平底。长2.84、宽1.68、深2.2米。

墓室　位于墓道西部，砖券洞室结构。平面形状呈长方形，拱形顶，弧形壁，平底。墓室顶部有一长方形盗洞，长1.26、宽1.02米，盗洞内清出有子母砖残块、乱骨等。由于盗扰，墓室中部顶砖部分缺失，顶部用弧形子母砖横向齐缝侧砌而成，南北共9层，东西共36块，砖体外弧长32、内弧长29、宽16、厚8厘米。墓室内用子母砖砌成，共计11层，为顺置齐缝平砌。砖长32、宽16、厚7厘米。墓底有铺地砖，铺地砖规格不一致，砖体饰印逗点纹和柿蒂纹。北壁处为纵向齐缝平铺，东部为横向齐缝平铺，砖长47、宽35、厚6厘米。西南部为横向齐缝平铺，砖长34、宽16、厚6厘米。墓室底部长3、宽1.88、顶高1.76米。

填土　填土为褐色杂土，土质较硬，结构较致密，包含料姜石颗粒等。

葬具　不详。

葬式、性别及年龄　墓底未发现人骨，葬式、性别及年龄均不详。

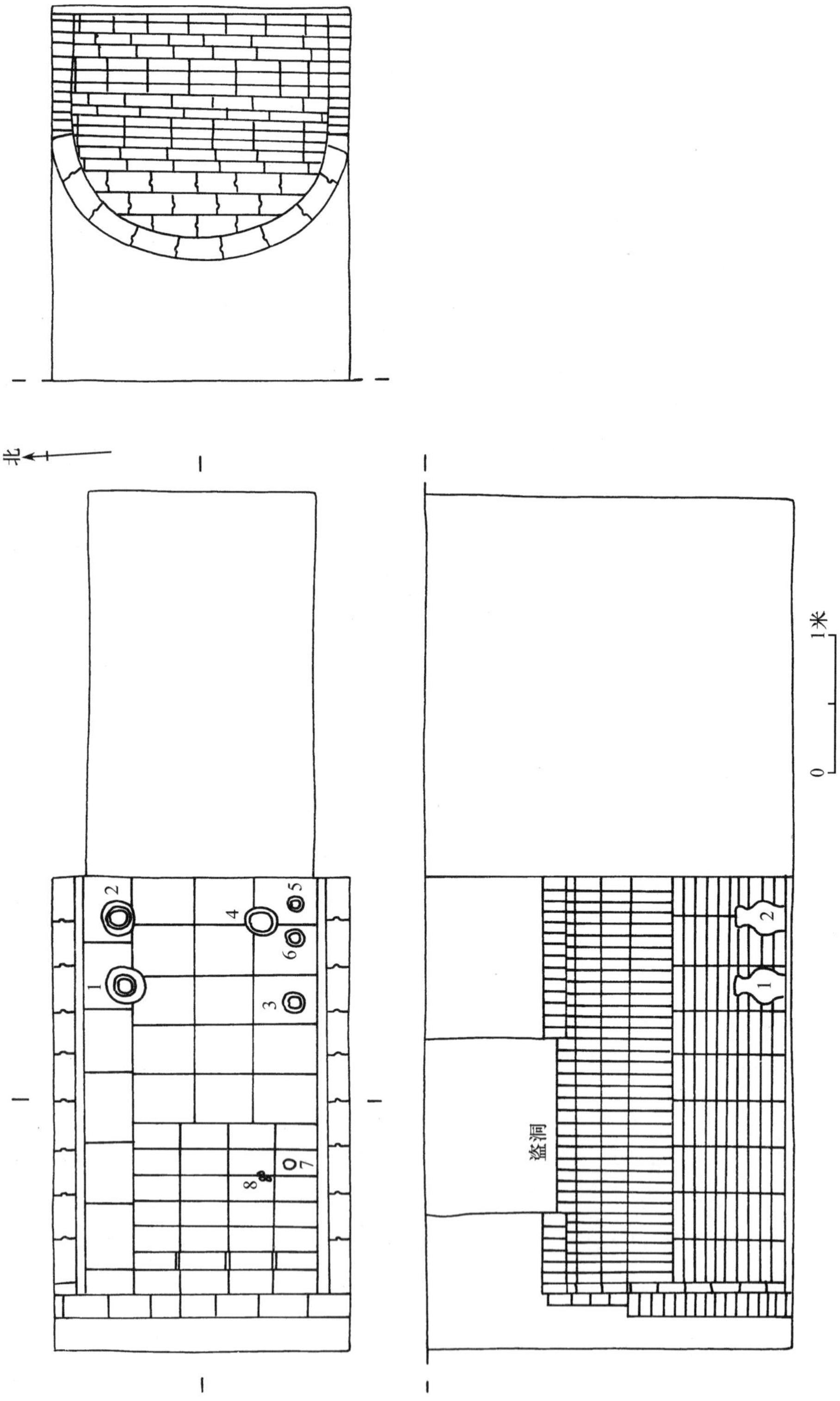

图8-12　M4平、剖面图

1、2. 大陶壶　3、5、6. 小陶壶　4. 铜洗　7. 铜镜　8. 铜钱（19枚）

2. 随葬品

陶壶　5件。均为泥质灰陶，胎质细腻，造型规整，端庄大方，烧造火候高，质地坚硬，器表饰有铺首衔环、凹弦纹。

大陶壶　2件。位于墓室东北部。弧形盖，盘口，平沿微凸、溜肩、鼓腹，腹两侧各贴附一兽面衔环，下腹斜收，假圈足略外撇，平底，颈肩交接处及腹部各饰凹弦纹两周。M4：1，口径15.2、腹径26、底径16.2、高35.6厘米（图8-13，1；图版二八，3）。M4：2，口径16.4、腹径25.2、底径15.6、高39.6厘米（图8-13，2；图版二八，4）。

小陶壶　3件。位于墓室东南部。盘口，溜肩，鼓腹，平底，肩部和腹部各饰两周凹弦纹。M4：3，平底略内凹。口径9、腹径12.8、底径8、高16.6厘米（图8-13，5；图版二九，1）。M4：5，假圈足。口径8.8、腹径11.4、底径7.6、高16.4厘米（图8-13，4；图版二九，3）。M4：6，假圈足。口径9、腹径12、底径7.6、高18厘米（图8-13，6；图版二九，4）。

铜洗　1件。位于墓室东南部。青铜质较薄，折沿，口近直，圜底，素面。M4：4，口径21、高9厘米（图8-13，7；图版二九，2）。

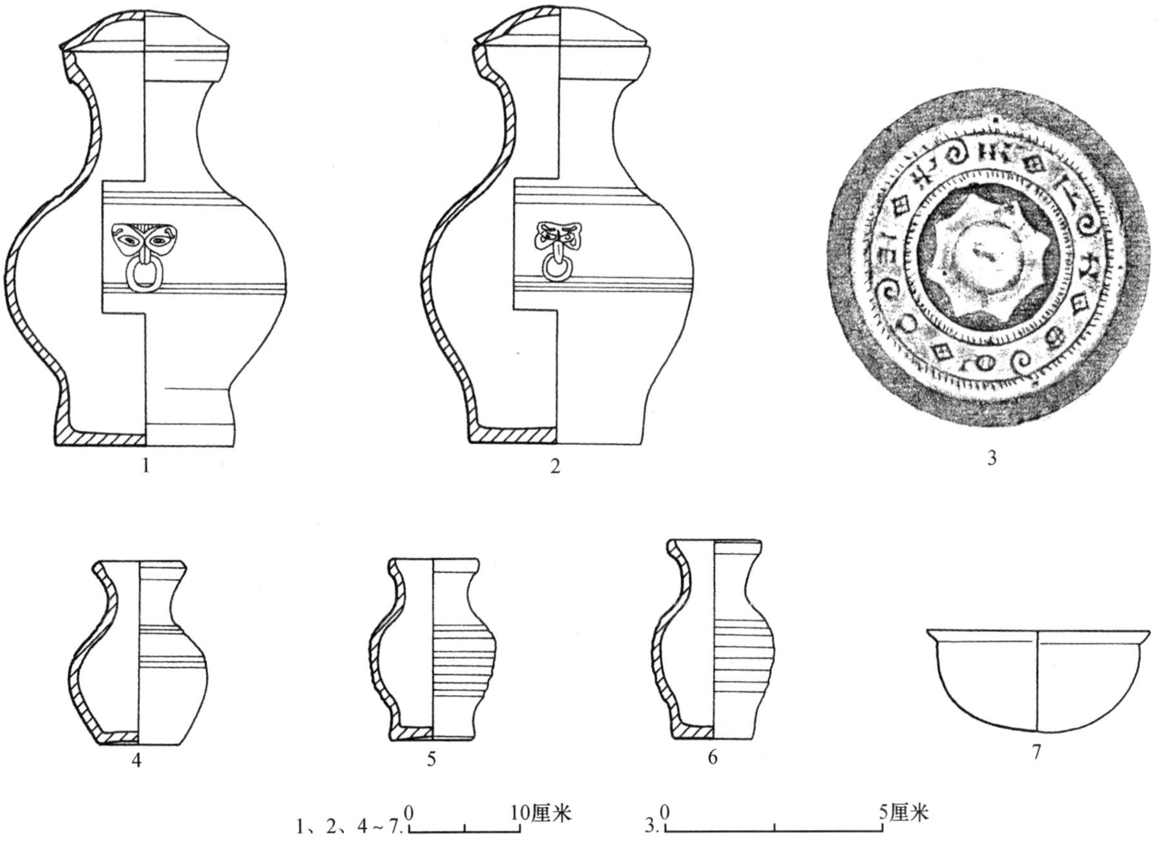

图8-13　M4出土遗物

1、2. 大陶壶（M4：1、M4：2）　3. 铜镜（M4：7）　4～6. 小陶壶（M4：5、M4：3、M4：6）　7. 铜洗（M4：4）

铜镜　1面。位于墓室西南部。日光镜，圆形、镜面微凸，桥形纽，圆纽座，外饰一周连弧纹，其外两周短斜线纹间有“见日之光”“天下大明”篆书铭文带，最外侧有窄素缘。M4：7，直径7.6、厚0.2厘米（图8-13，3；图版二九，5）。

铜钱　19枚。位于墓室西南部，均为五铢钱，圆形方穿，轮廓规整，钱正面有周郭无穿郭，背周穿有郭。钱文字体挺秀，“五”字两笔屈交，“铢”的“金”字头呈三角形，“朱”首方折或圆折（图版三〇，1）。标本M4：8-1，“朱”首方折，穿上一横。钱径2.5、穿径1厘米，重3.1克（图8-14，1）。标本M4：8-2，“金”字头较大，与“朱”字头平齐，“朱”

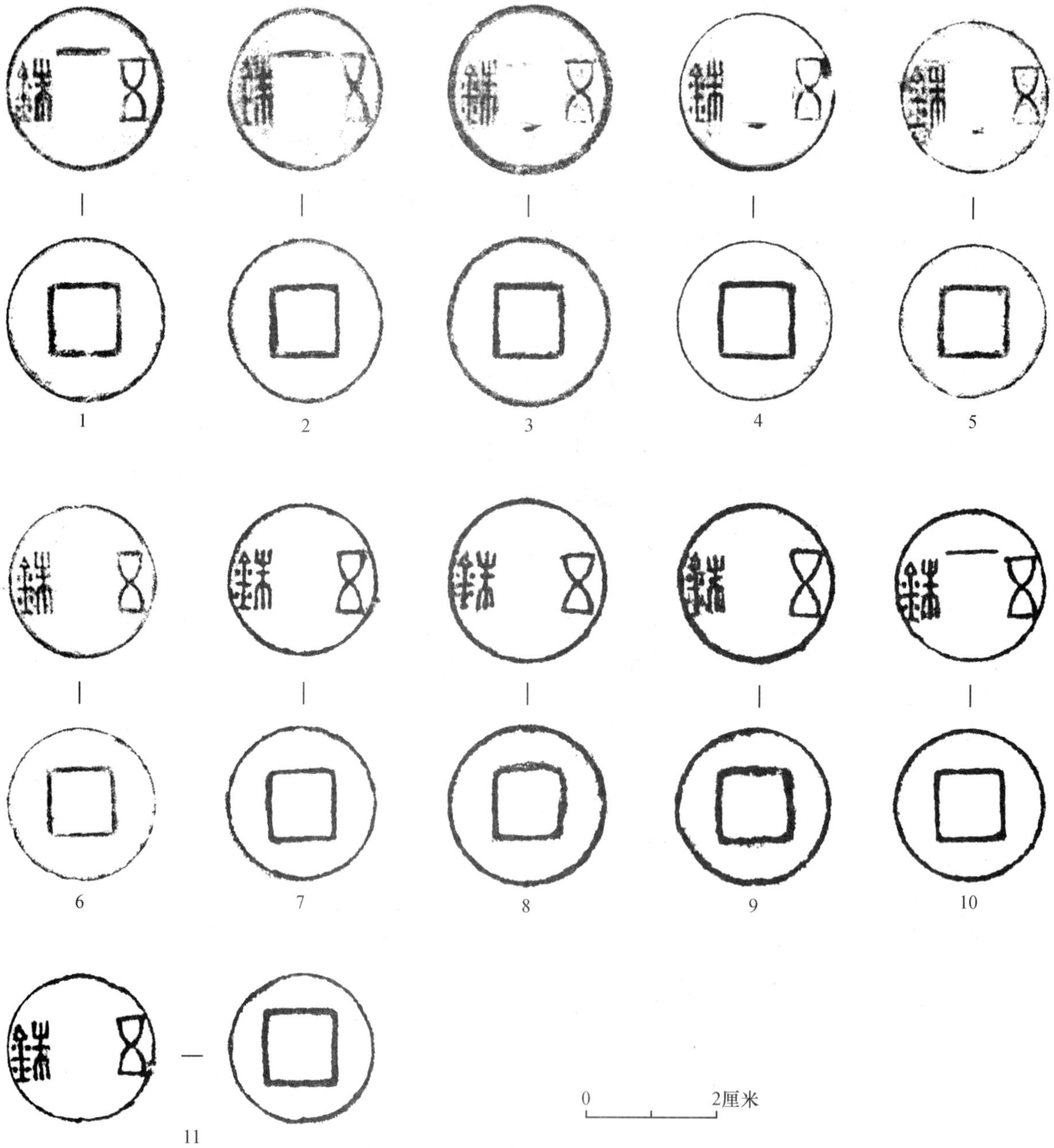

图8-14　M4出土铜钱拓本

1～11. 五铢（M4：8-1～M4：8-11）

首圆折，穿上一横。钱径2.4、穿径1厘米，重3.2克（图8-14，2）。标本M4：8-3，“朱”首圆折，面上穿下半星。钱径2.5、穿径1厘米，重3.2克（图8-14，3）。标本M4：8-4，磨郭，“朱”首方折，面上穿下半星。钱径2.35、穿径1厘米，重2.2克（图8-14，4）。标本M4：8-5，磨郭，“朱”首方折，面上穿下半星。钱径2.3、穿径1厘米，重2.1克（图8-14，5）。标本M4：8-6，磨郭，“朱”首方折。钱径2.4、穿径1厘米，重2.7克（图8-14，6）。标本M4：8-7，“朱”首圆折。钱径2.5、穿径1厘米，重3.3克（图8-14，7）。标本M4：8-8，“朱”首方折。钱径2.5、穿径1厘米，重2.9克（图8-14，8）。标本M4：8-9，磨郭，“朱”首圆折。钱径2.4、穿径1厘米，重2.2克（图8-14，9）。标本M4：8-10，磨郭，“朱”首方折。钱径2.35、穿径1厘米，重2.7克（图8-14，10）。标本M4：8-11，磨郭，“朱”首方折。钱径2.4、穿径1厘米，重2.8克（图8-14，11）。

（五）M5

1. 墓葬形制

M5位于T0210西北部和T0211西南部，开口于第2层下，打破生土。墓口距地表0.5米，方向18°。该墓平面形状呈“凸”字形，结构为竖穴墓道砖室墓，由墓道、墓门和墓室三部分组成（图8-15）。

墓道　位于墓室北部，平面形状呈长方形，直壁，平底。长2.75、宽1.5、深1.2米。

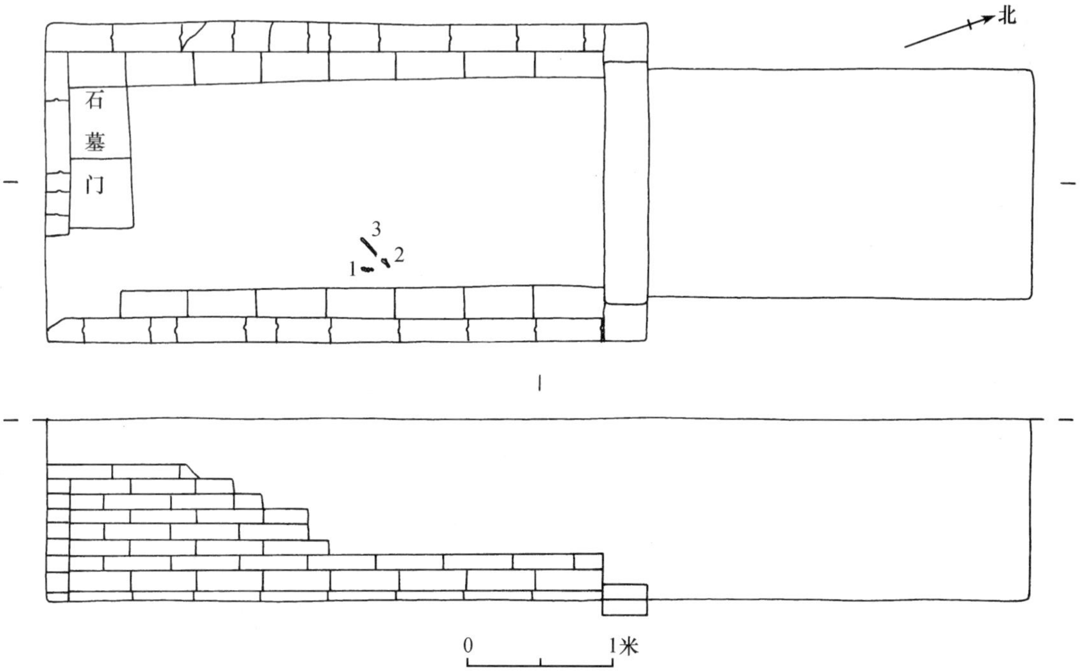

图8-15　M5平、剖面图

1. 铜钱（13枚）　2. 铜带钩　3. 铜匕首

图8-16　M5出土墓砖及墓门拓本
1. 墓砖　2. 墓门

墓门　位于墓道和墓室之间，残存门槛，为红石制成。长1.6、宽0.3、厚0.2米。其中一扇石门被移至墓室后部残为两段，整体平面雕刻有铺首衔环。长105～111、宽60、厚9.5厘米（图8-16，2）。

墓室　位于墓道南端，砖室结构。平面形状呈长方形，长4.1、宽2.12米。由于盗扰和平整土地，顶部已不存在，直壁，平底。墓室东、南、西壁残存有壁砖，为长方形子母砖，砖长44、宽20、厚10厘米，砖体一侧饰有几何三角纹（图8-16，1）。壁砖为纵向错缝平砌。铺地砖仅残留于墓室底部东西两侧，南部仅残存两块，铺筑方式为纵向齐缝平铺。砖长44、宽36、厚6厘米。墓室长3.64、宽1.76、深1.14米。

填土　填土为褐色杂土，土质较硬，结构较致密。

葬具　不详。

葬式、性别及年龄　墓底未发现人骨，葬式、性别及年龄均不详。

2. 随葬品

铜钱　13枚。位于墓地中部偏南的淤土中，均为五铢钱。圆形方穿，钱正面有周郭无穿郭，背周穿均有郭，钱文字体挺秀，“五”字两笔屈交，“铢”的“金”头呈三角形，“朱”首方折或圆折（图版三〇，2）。标本M5：1-1，“朱”首方折，面上穿下一月牙。钱径2.4、穿径1.1厘米，重2.7克（图8-17，3）。标本M5：1-2，“朱”首圆折。钱径2.5、穿径1.1厘米，重2.2克（图8-17，4）。标本M5：1-3，“朱”首圆折，面上穿上一横。钱径2.5、穿径1.1厘米，重2克（图8-17，5）。标本M5：1-4，“朱”首方折，面上穿下一月牙。钱径2.5、穿径1.1厘米，重2.8克（图8-17，6）。标本M5：1-5，“朱”首方折，面上穿下一月牙。钱径2.5、穿径1.2厘米，重2.3克（图8-17，7）。标本M5：1-6，“朱”首方折，面上穿下一月牙。钱径2.5、穿径1.1厘米，重2.5克（图8-17，8）。标本M5：1-7，“朱”首方折，面上穿下一月牙。钱径2.5、穿径1.1厘米，重2.3克（图8-17，9）。

铜带钩　1件。位于墓室中部偏南的淤土中。通体呈琵琶状，背部有一圆纽，残。M5：2，长6、腹宽1.5、纽径1.2厘米（图8-17，2；图版三〇，3）。

铜匕首　1件。M5：3，残，长18、宽1、厚0.2厘米（图8-17，1；图版三〇，4）。

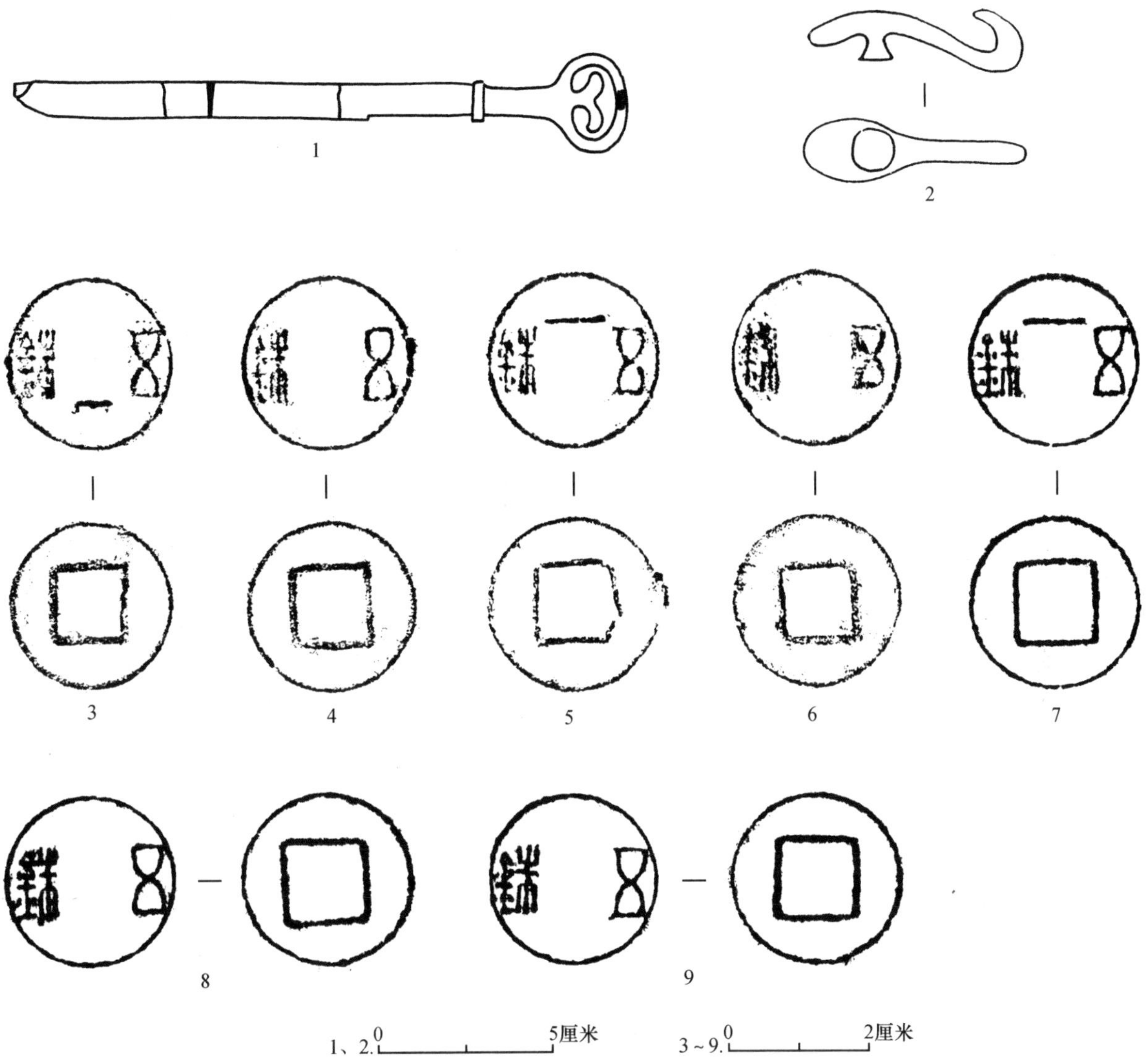

图8-17　M5出土遗物及铜钱拓本

1. 铜匕首（M5：3）　2. 铜带钩（M5：2）　3～9. 五铢（M3：1-1～M3：1-7）

（六）M6

1. 墓葬形制

M6位于T0309东北部，开口于第2层下，打破生土。墓口距地表0.8米，方向5°。该墓平面形状呈“凸” 字形，结构为竖穴墓道砖券洞室墓，由墓道和墓室、耳室三部分组成（图8-18）。

墓道　位于墓室北部，平面形状呈长方形，斜壁，平底。口长2.88、宽1.16～1.2米，底长2.8、宽1.08～1.12、深3.6米。

墓室　位于墓道南部，空心砖砌洞室结构。平面形状呈长方形。墓室上方偏南部发现不规

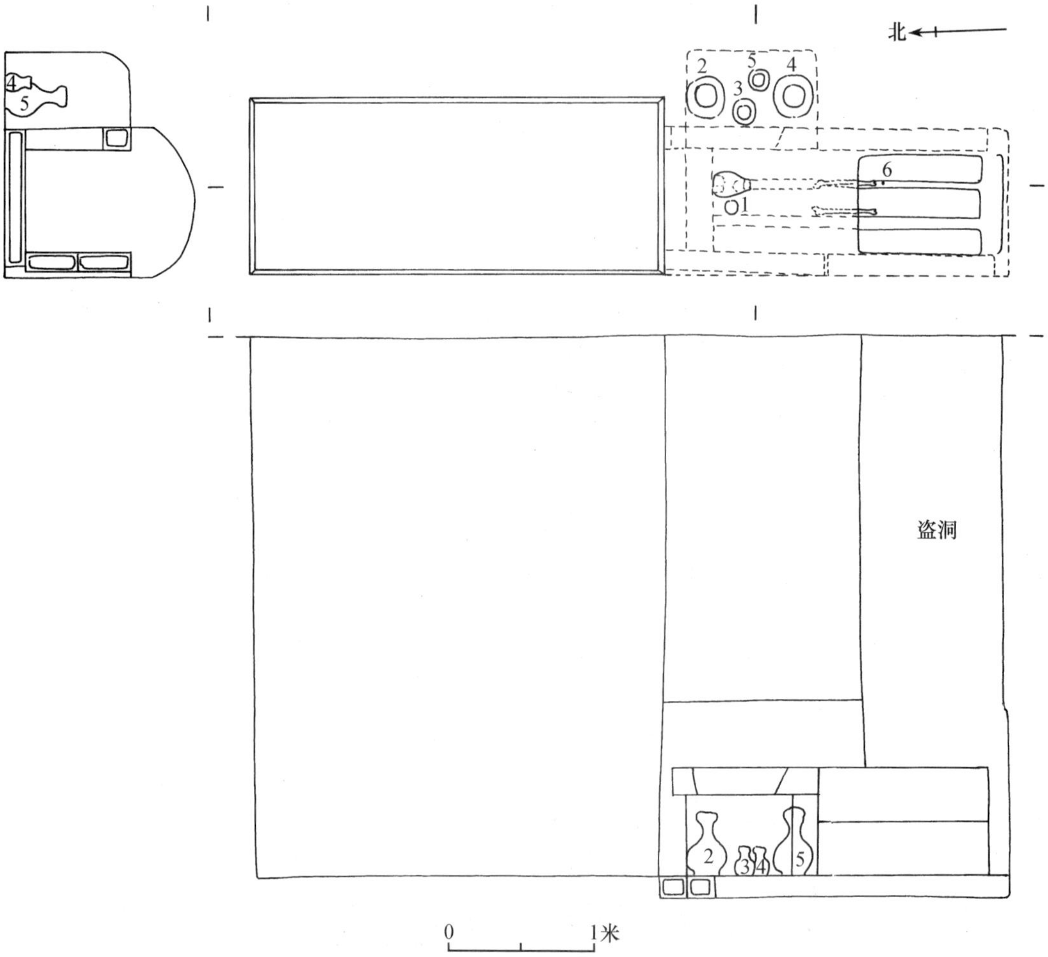

图8-18　M6平、剖面图

1. 铜镜　2、4. 大陶壶　3、5. 小陶壶　6. 铜钱

则长方形盗洞，长0.98、宽0.66米。墓室东西两侧用空心砖砌而成，南部和北部未见空心砖，砖长115、宽36、厚13厘米。墓底北部横向平铺两块空心砖，南部为6块空心砖纵向齐缝平铺。砖长98、宽17.5、厚19厘米（图8-19，1）。由于盗扰严重，墓室顶砖和南壁壁砖已不存在。墓室长2.38、宽0.7、高0.72米。

耳室　位于墓室东侧偏北，门楣用长92、宽18、厚14厘米的空心砖横砌而成（图8-19，2）；两边门柱是用残长54、宽18、厚14厘米的残空心砖直立而成（图8-19，3）。耳室宽0.9、进深0.5、高0.54米。

填土　填土为褐色杂土，土质较硬，结构较致密。

葬具　不详。

葬式、性别及年龄　墓室发现人骨一具，腐朽严重，头北足南，面向上，为仰身直肢葬。性别及年龄不详。

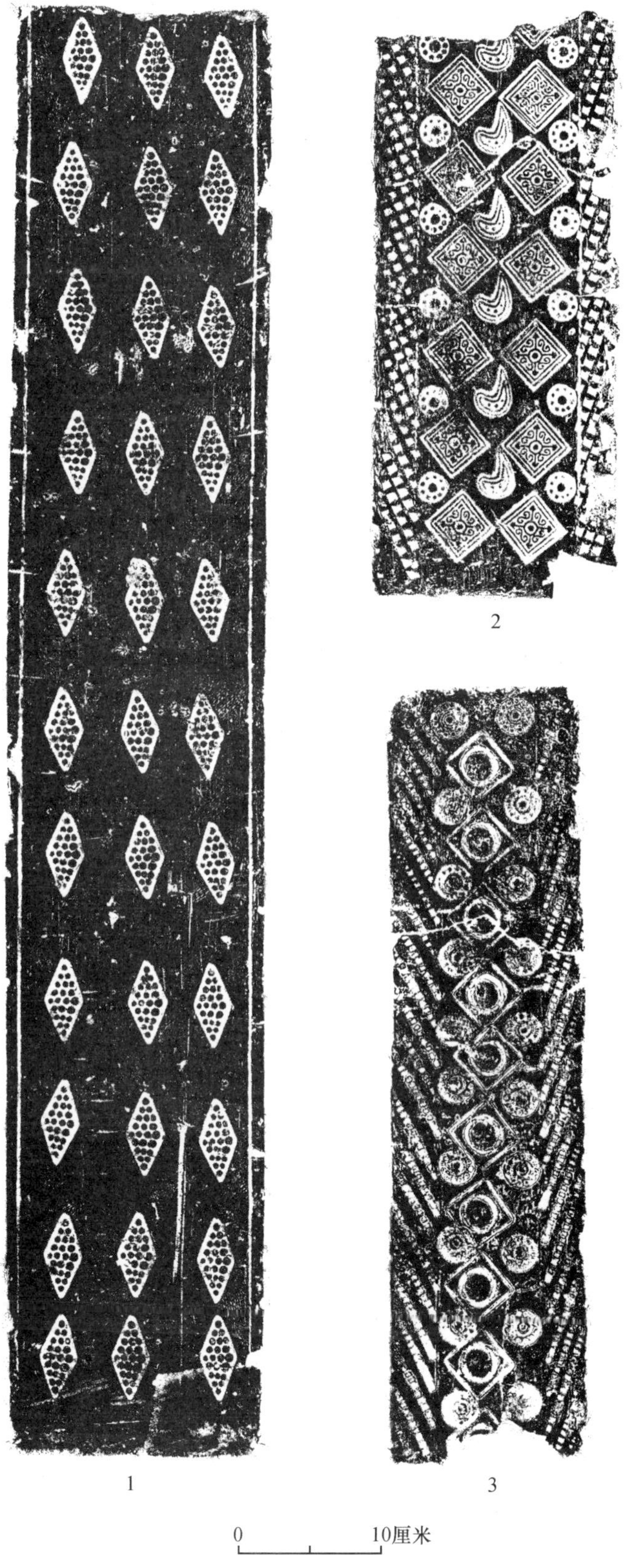

图8-19　M6出土空心砖拓本

1. 铺底砖　2. 耳室门楣砖残块　3. 耳室门柱砖

2. 随葬品

铜镜　1面。位于墓主头部西侧，系残片。M6：1，圆形，镜面微凸，桥形纽，圆纽座，外饰一周连弧纹（图版三〇，5）。

陶壶　4件。位于耳室内。泥质灰陶。胎质细腻，造型规整，端庄大方，烧造火候高，质地坚硬，器形为壶，器表饰有铺首衔环及凹弦纹。

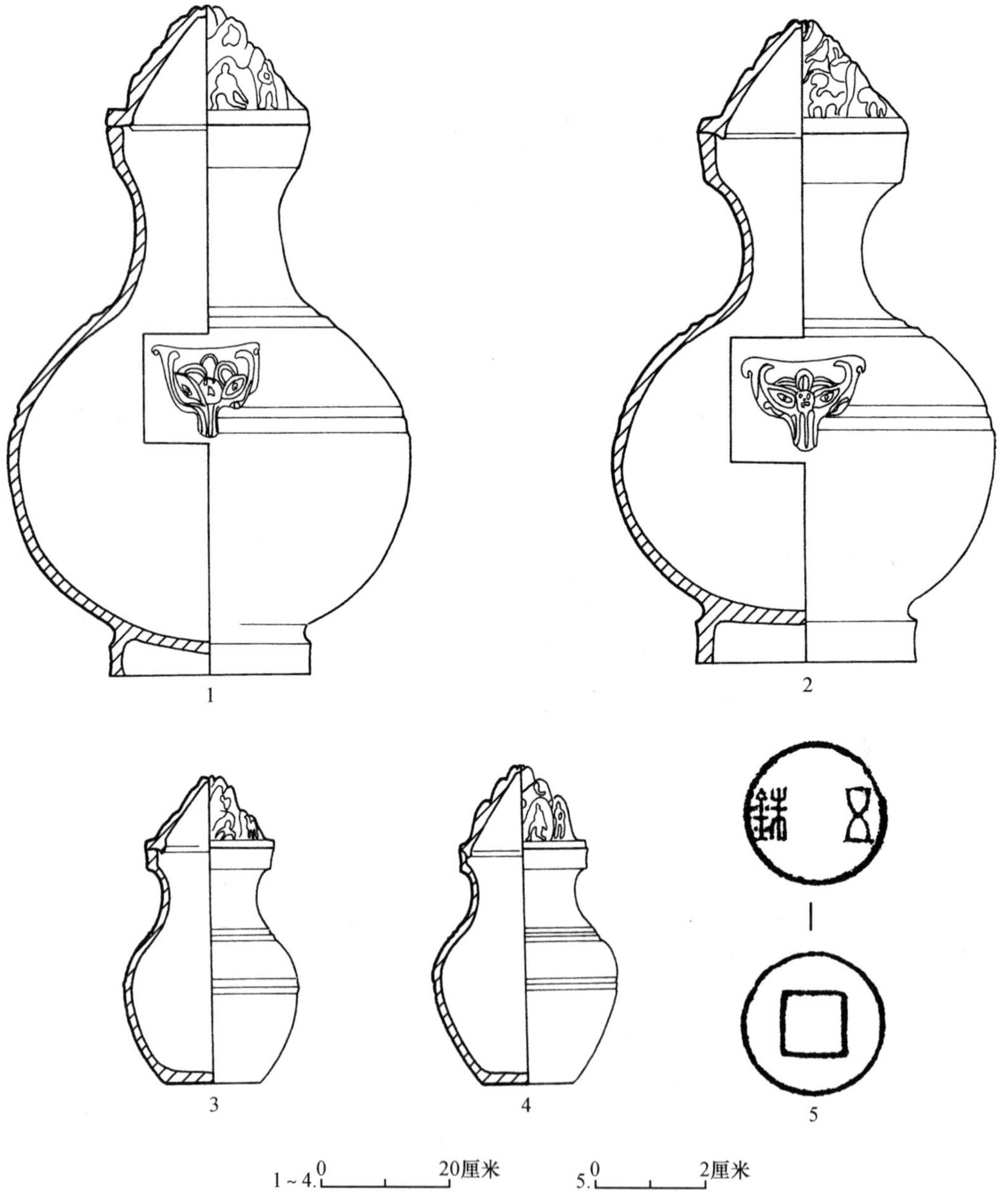

图8-20　M4出土遗物及铜钱拓本

1、2. 大陶壶（M6：2、M6：4）　3、4. 小陶壶（M6：3、M6：5）　5. 五铢（M6：6）

大陶壶　2件。博山形盖，模制。盖面峰峦叠嶂，山间饰有舞伎，吹笙，舞剑，斗兽等人物活动场景和大象、牛、羊、鹿、野猪等动物形象。壶身盘口，平沿微凸，束颈，溜肩，鼓腹腹两侧各贴附一兽面铺首，圜底，假圈足。颈肩交接处及腹部上方各饰有两周凹弦纹。M6：2，口径16.4、腹径30、底径17、通高49.2厘米（图8-20，1；图版三一，1）。M6：4，口径16.4、腹径31.4、底径16.4、通高51.2厘米（图8-20，2；图版三一，2）。

小陶壶　2件。博山形盖，模制。盖面峰峦叠嶂，山间饰有舞伎，吹笙，舞剑，斗兽等人物活动场景和大象、牛羊、鹿、野猪等动物形象。壶身盘口，平沿微凸、束颈、溜肩、鼓腹，下腹斜收，平底。颈肩交接处及腹部分别饰有两周凹弦纹。M6：3，口径10.2、腹径14.4、底径7.6、高23.6厘米（图8-20，3；图版三一，4）。M6：5，口径9.6、腹径14.6、底径7.4、高24.6厘米（图8-20，4；图版三一，3）。

铜钱　1枚。位于墓主腿骨一侧。五铢钱，圆形方穿，轮廓规整，钱正面有周郭无穿郭，背周穿均有郭。钱文字体挺秀，“五”字两笔屈交，“铢”的“金”头呈三角形，“朱”首方折。M6：6，钱径2.6、穿径1厘米，重3.1克（图8-20，5；图版三〇，6）。

（七）M7

1. 墓葬形制

M7位于T0210北部，开口于第2层下，打破生土。墓口距地表0.75米，方向25°。该墓平面形状呈长方形，结构为竖穴土坑墓（图8-21）。

墓室　平面形状呈长方形，直壁，平底。墓口长2.8、宽1.4米，墓口距地表0.75米。墓室偏南发现椭圆形盗洞，长径0.65、短径0.55米。墓底四周有一生土台，宽、高均为0.2米。墓底长2.4、宽1、深2.4米。

填土　填土为褐色杂土，土质较硬，结构较致密。

葬具　不详。

葬式、性别及年龄　墓底未发现人骨，葬式、性别及年龄均不详。

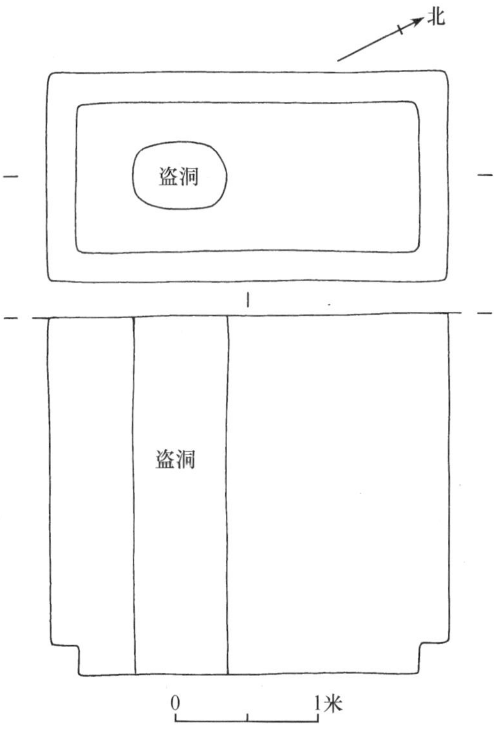

图8-21　M7平、剖面图

2. 随葬品

盗扰严重，未见随葬品。

（八）M8

1. 墓葬形制

M8位于T0607的西北部，开口于第2层下，打破生土。墓口距地表0.5米，方向282°。该墓平面形状呈“凸”字形，结构为竖穴墓道砖券洞室墓，由墓道和墓室两部分组成（图8-22）。

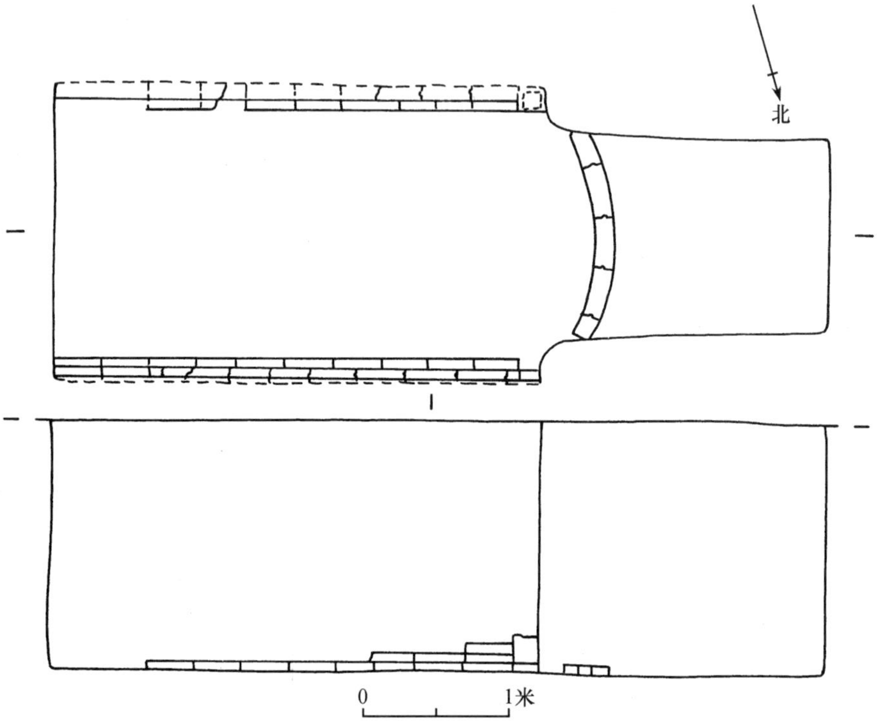

图8-22　M8平、剖面图

墓道　位于墓室西部，平面形状呈长方形，直壁，平底。长1.98、宽1.3～1.4、深1.7米。

墓室　位于墓道东部，砖券洞室结构。平面形状呈长方形，长3.42、宽2米，拱形顶，平底。由于盗扰严重，仅南北两壁残存部分壁砖。子母砖，素面，长33、宽12、厚7.5厘米。墓底南北两侧残存有铺地砖，为纵向平铺，砖长32、宽18、厚6厘米。墓室与墓道连接处残留有一层封门砖，砖为弧形子母砖，素面，砖内外弧长30～34、宽12、厚7厘米。墓室长3.42、宽1.68、深1.7米。

填土　填土为褐色杂土，土质较硬，结构较致密。

葬具　不详。

葬式、性别及年龄　墓底未发现人骨，葬式、性别及年龄均不详。

2. 随葬品

盗扰严重，随葬品无。

（九）M9

1. 墓葬形制

M9位于T0607东部和T0707西部，开口于第2层下，打破生土。墓口距地表0.5米，方向96°。该墓平面形状呈“凸”字形，结构为竖穴墓道砖室墓，由墓道和墓室两部分组成（图8-23）。

墓道　位于墓室东部，平面形状呈长方形，直壁，平底。口长2.96、宽1.6～1.92、深2.9米。

墓室　位于墓道西部，砖券洞室结构。平面形状呈长方形，长4.2、宽1.92米，拱形顶，直壁，平底。墓室中部发现长方形盗洞，长2.82、宽1.2～1.24米，盗洞内清理出陶器残片，器形为陶罐。由于盗扰严重，墓底南北两侧残存一层壁砖，为纵向错缝平砌。砖体一侧饰有菱形纹

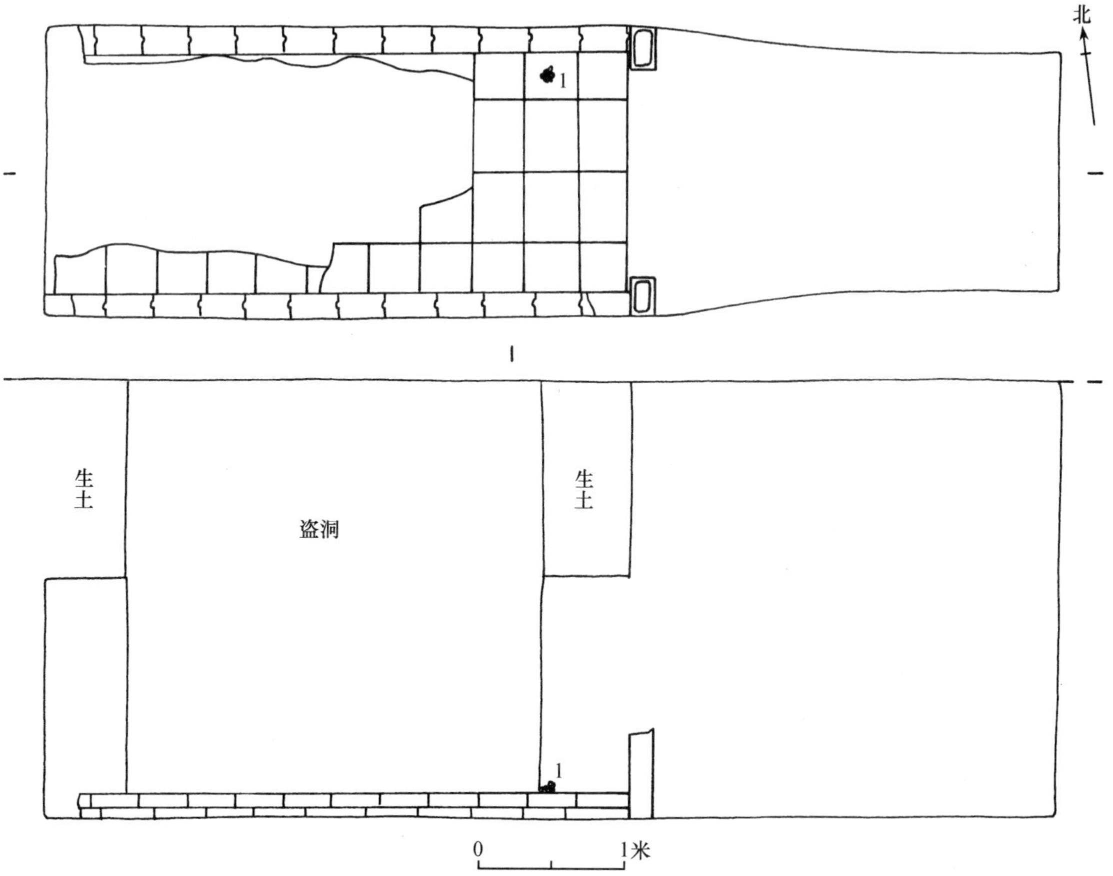

图8-23　M9平、剖面图
1. 博山形盖

饰，砖长46、宽16、厚10厘米（图8-24，1）。墓底北侧残存铺地砖，砖体饰有逗点纹和柿蒂纹，砖长48、宽35、厚6厘米。墓室与墓道连接处有两块画像砖，砖体饰有人物画像，盘腿打坐，栩栩如生，残长58、宽27、厚16厘米（图8-24，2）。墓室底部长4.04、宽1.6米，顶高1.54米。

填土　填土为褐色杂土，土质较硬，结构较致密。

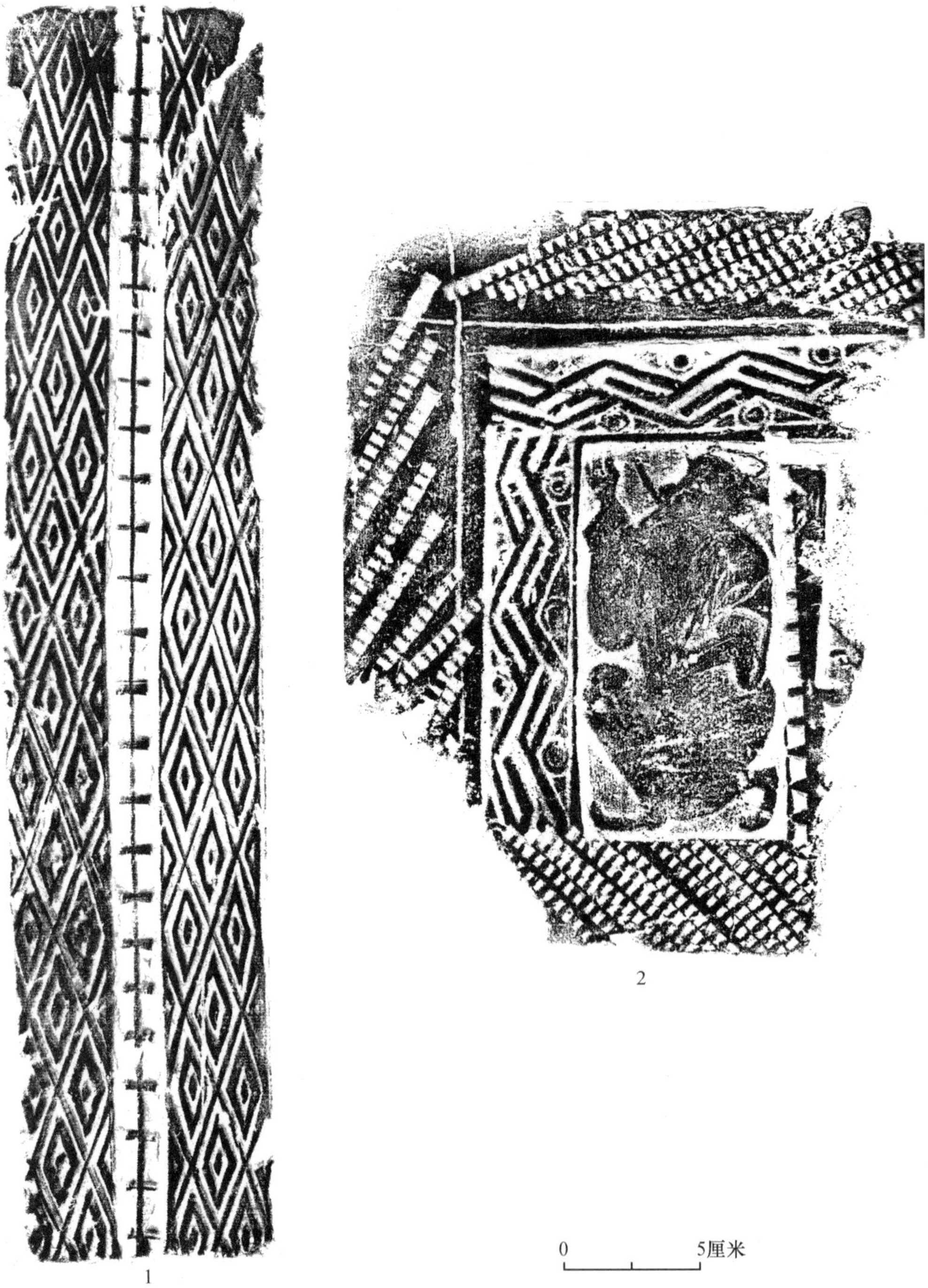

图8-24　M9出土墓砖拓本

1. 菱形纹　2. 人物纹

葬具　不详。

葬式、性别及年龄　墓底未发现人骨，葬式、性别及年龄均不详。

2. 随葬品

器盖　1件。位于墓室东北部。残，模制。盖面峰峦叠嶂，山间饰有舞技，斗兽、舞剑、吹笙等人物活动场景和大象、鹿、牛、羊、野猪等动物形象。M9：1，口径16.8、高9.6厘米（图8-25；图版三二，1）。

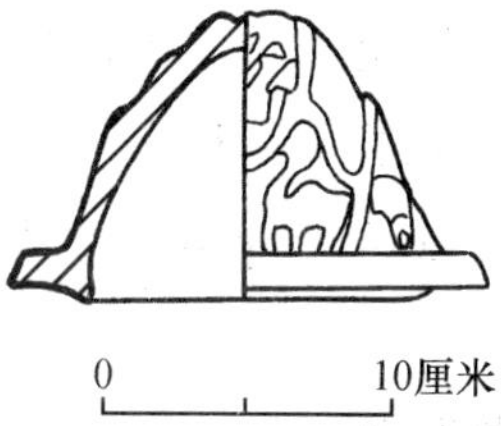

图8-25　M9出土遗物

器盖（M9：1）

（十）M10

1. 墓葬形制

M10位于T0806西北部，开口于第2层下，打破生土。墓口距地表0.7米，方向95°。该墓平面形状呈“凸”字形，结构为竖穴墓道砖券墓，由墓道和墓室两部分组成（图8-26）。

墓道　位于墓室东部，平面形状呈长方形，直壁，平底。长2.8、宽1.2、深2.7米。

墓室　位于墓道西部，砖室结构。平面形状呈长方形，长2.9、宽1.2米，直壁，平底。由

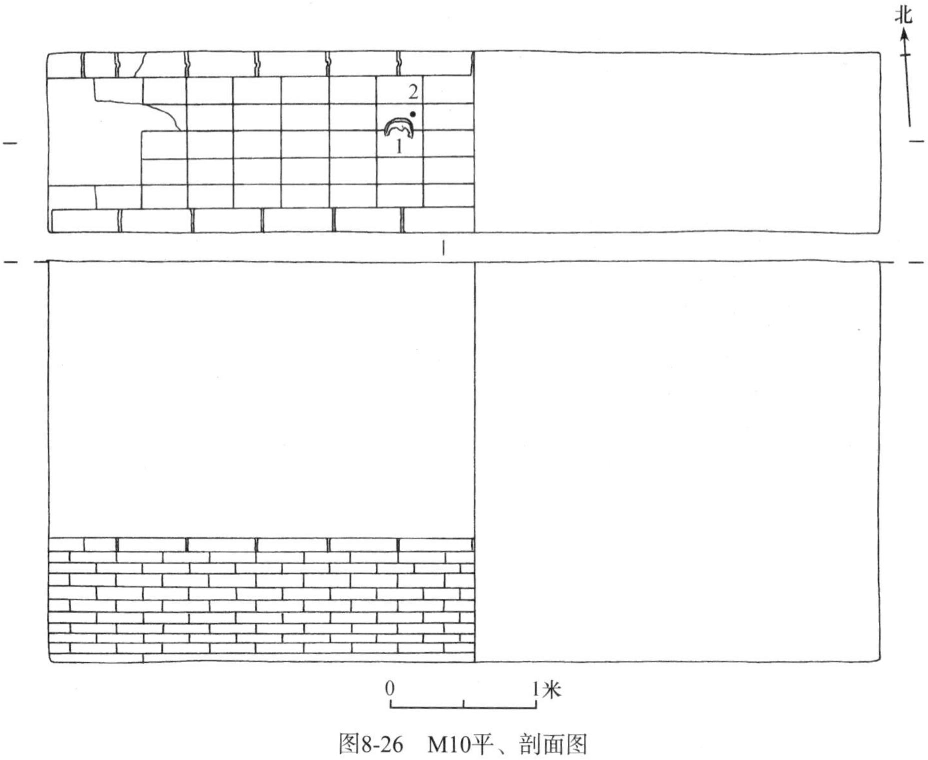

图8-26　M10平、剖面图

1. 陶樽　2. 铜钱

于盗扰严重，顶部已坍塌，只有南北两壁残存有壁砖，为纵向上下叠压错缝平砌，共10层。子母砖，上层砖长46、宽16、厚10厘米，下层砖长32、宽12、厚8厘米。墓室底部残存有铺地砖，为纵向齐缝平铺，砖长32、宽18、厚6厘米。墓室底部长2.9、宽0.88、深2.64米。

填土　填土为褐色杂土，土质较硬，结构较致密。

葬具　不详。

葬式、性别及年龄　墓底未发现人骨，葬式、性别及年龄均不详。

2. 随葬品

陶樽　1件。位于墓室东部。残，直口，方唇，平底，三蹄形足。唇部下方及腹部下方分别饰有两周凹弦纹，底部饰三周发散状伞骨纹，三周纹饰不在同一平面。M10：1，口径22、底径23.2、高14.4厘米（图8-27，1；图版三二，2）。

铜钱　1枚。位于墓室东部。五铢钱，圆形方穿，轮廓规整，钱正面有周郭无穿郭，背周穿有郭。钱文字体挺秀，“五”字两笔屈交，“铢”的“金”头为镞状，“朱”首方折，面上穿下一横。M10：2，钱径2.5、穿径1厘米，重3.7克（图8-27，2；图版三二，3）。

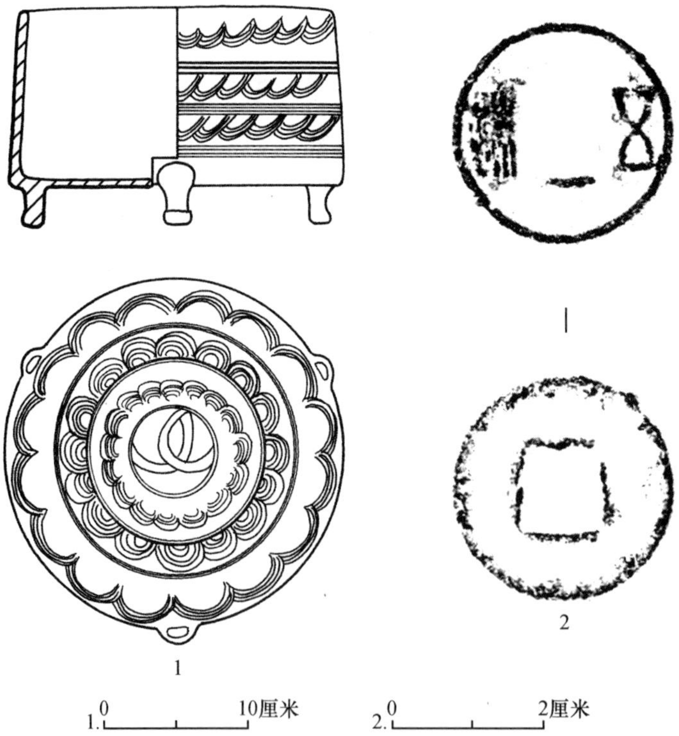

图8-27　M10出土遗物及铜钱拓本

1. 陶樽（M10：1）　2. 五铢（M10：2）

（十一）M11

1. 墓葬形制

M11位于T0806中西部，开口于第2层下，打破生土。墓口距地表0.7米，方向276°。该墓平面形状呈“凸” 字形，结构为竖穴墓道砖券洞室墓，由墓道，墓门和墓室三部分组成（图8-28）。

墓道　位于墓室西部，平面形状呈长方形，直壁，平底。口长2、宽1.32、底长1.6、深2.8米。

墓门　位于墓室与墓道连接处，整体由子母砖上下叠压错缝平砌，向墓室一侧由下向上依次内收，中部微弧，左上角墓砖缺失，共20层。砖长32、宽12、厚7厘米。

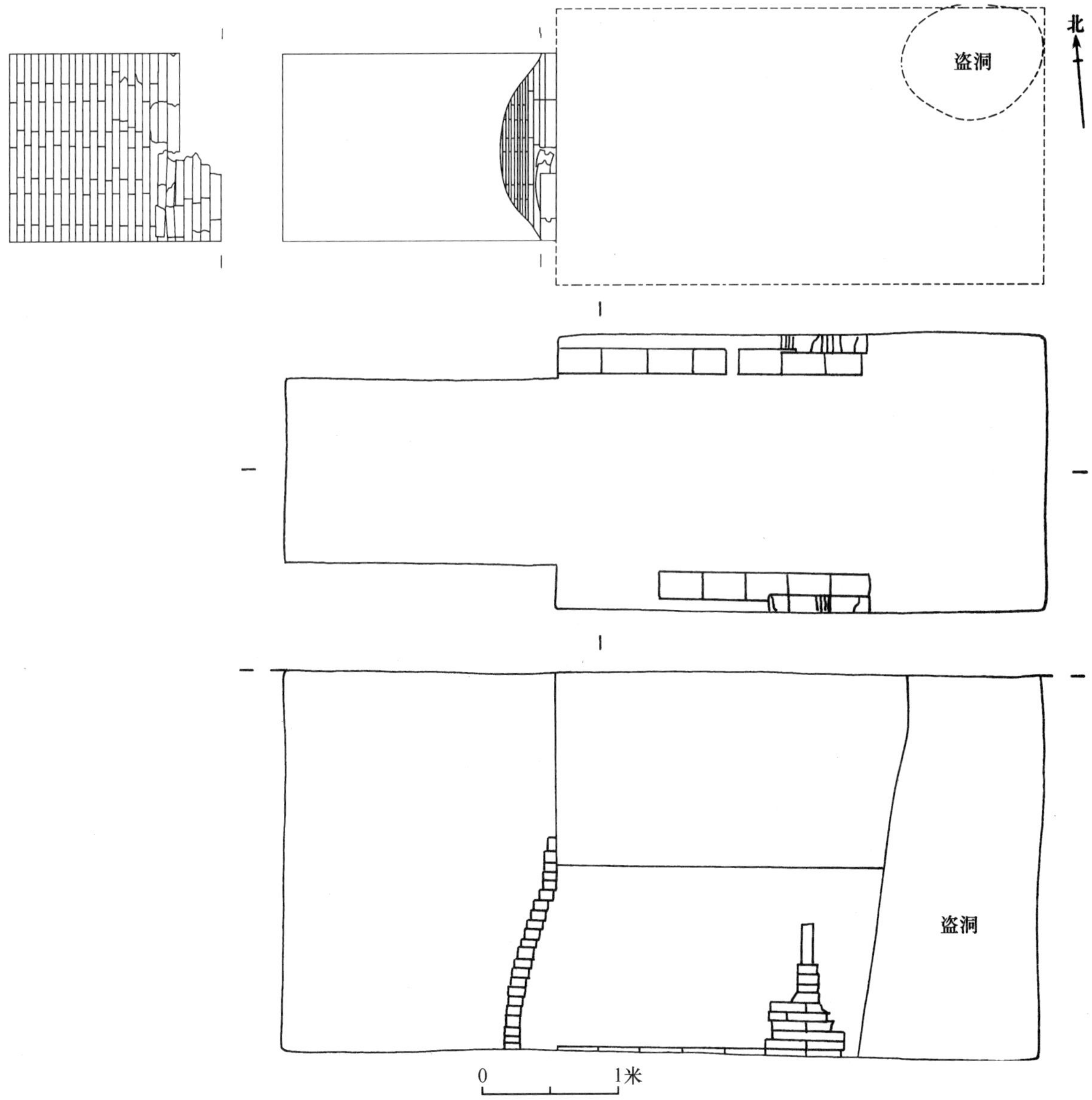

图8-28　M11平、剖面图

图8-29　M11出土空心砖拓本

1、2. 菱形柿蒂纹　3、4. 树木禽兽“关”字铺首纹

墓室　位于墓道东部，砖券洞室结构。平面形状呈长方形，长3.4、宽1.92米，直壁，平底，顶近平。墓室东北角处，发现圆形盗洞，长径1、短径0.8米。由于盗扰严重，墓顶坍塌，顶砖、壁砖、铺地砖缺失较多。墓底及南北两侧墓壁残存有铺地砖和壁砖，铺地砖为纵向平铺，砖长30、宽16、厚7厘米。壁砖为上下叠压纵向错缝平砌，共9层，砖长30、宽12、厚7厘米。墓室内乱土中发现两块空心砖，均为双面纹饰。一块为双面菱形柿蒂纹，长85.5、宽25.5、厚15.5厘米（图8-29，1、2），另一块为树木禽兽“关”字铺首纹，其中禽兽有野猪、水禽、猴子等形象。长78、宽25.5、厚15厘米（图8-29，3、4）。墓室长3.4、宽1.72、高1.4米。

填土　填土为褐色杂土，土质较硬，结构较致密。

葬具　不详。

葬式、性别及年龄　墓底未发现人骨，葬式、性别及年龄均不详。

2. 随葬品

铜钱　2枚。位于墓底淤土中。均为五铢钱，圆形方穿，轮廓规整，钱正面有周郭无穿郭，背周穿有郭。钱文字体挺秀，“五”字两笔屈交，“铢”的“金”头呈三角形，四点较长，“朱”首圆折（图版三二，4）。M11：1-1，钱径2.6、穿径1厘米，重3.4克（图8-30，1）。M11：1-2，钱径2.6、穿径1厘米，重3.1克（图8-30，2）。

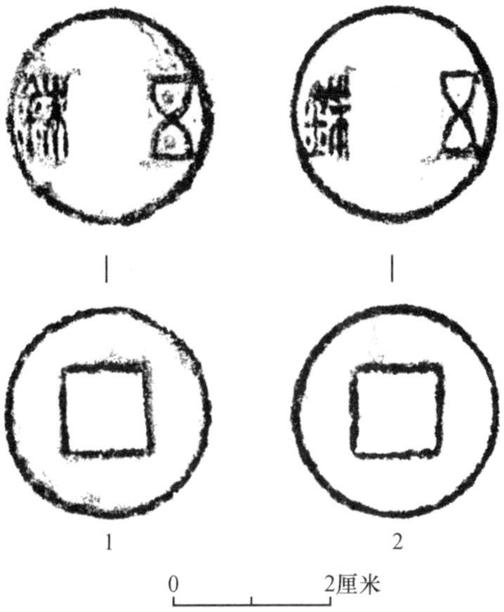

图8-30　M11出土铜钱拓本
1、2. 五铢（M11：1-1、M11：1-2）

（十二）M12

1. 墓葬形制

M12位于T1005东北部，开口于第2层下，打破生土。墓口距地表0.8米，方向100°。该墓平面形状呈“凸”字形，结构为竖穴墓道砖券洞室墓，由墓道和墓室两部分组成（图8-31；彩版一八，4）。

墓道　位于墓室东部，平面形状呈长方形，斜壁，平底。上口长2.16、宽1.08～1.2米，下端长2.1、宽0.96～1.08、深2.95米。东壁和南壁相对应处依次发现脚窝3个，形状为半圆形，宽0.16、高0.12、进深0.12米，距离相对应。

墓室　位于墓道西部，砖券洞室结构。平面形状呈长方形，长3.15、宽2.04米。墓室上方发现盗洞，长2.1、宽1.4米。拱券顶，高1.48米，西端残剩5排顶砖，每排9块，为弧形子母砖横向侧砌，砖长30～33、宽13、厚7厘米。南北两壁用子母砖顺置错缝平砌10层，然后向上起

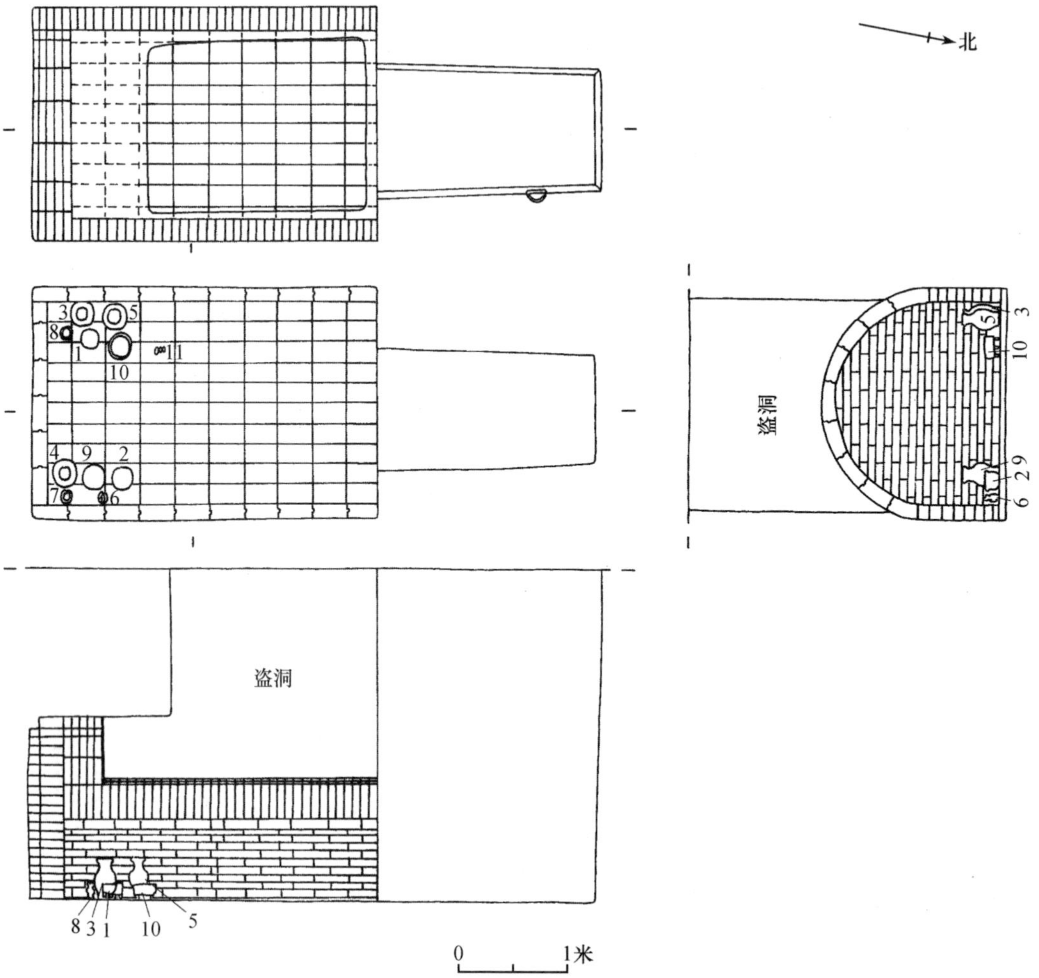

图8-31　M12平、剖面图

1、9、10. 陶樽　2. 陶釜　3～6. 大陶壶　7、8. 小陶壶　11. 铜钱（4枚）

券顶。西壁用同一规格砖顺置错缝平砌22层。墓底用方砖纵向齐缝平铺，纵横各10行。砖长31、宽18、厚5厘米。墓室底部长3.15、宽1.8、顶高1.6米。墓室西南部和东南部放置随葬品。

填土　填土为褐色杂土，土质较硬，结构较致密。

葬具　不详。

葬式、性别及年龄　墓底未发现人骨，葬式、性别及年龄均不详。

2. 随葬品

陶樽　3件。M12：1，位于墓室西南部。直口，方唇，平底，三兽足。腹部略内凹，唇部下方饰一周凹弦纹。口径18.6、高13.4厘米（图8-32，7；图版三二，5）。M12：9，位于墓室东南部。直口，方唇，圜底，三蹄形足。唇部下方及腹部下方分别饰有两周凹弦纹，底部饰三周发散状伞骨纹，三周纹饰不在同一平面。口径20.4、高13.2厘米（图8-32，5；图版三四，1、2）。M12：10，位于墓室西南部。直口，方唇，圜底，三兽面形足。腹部上方饰有两周凹

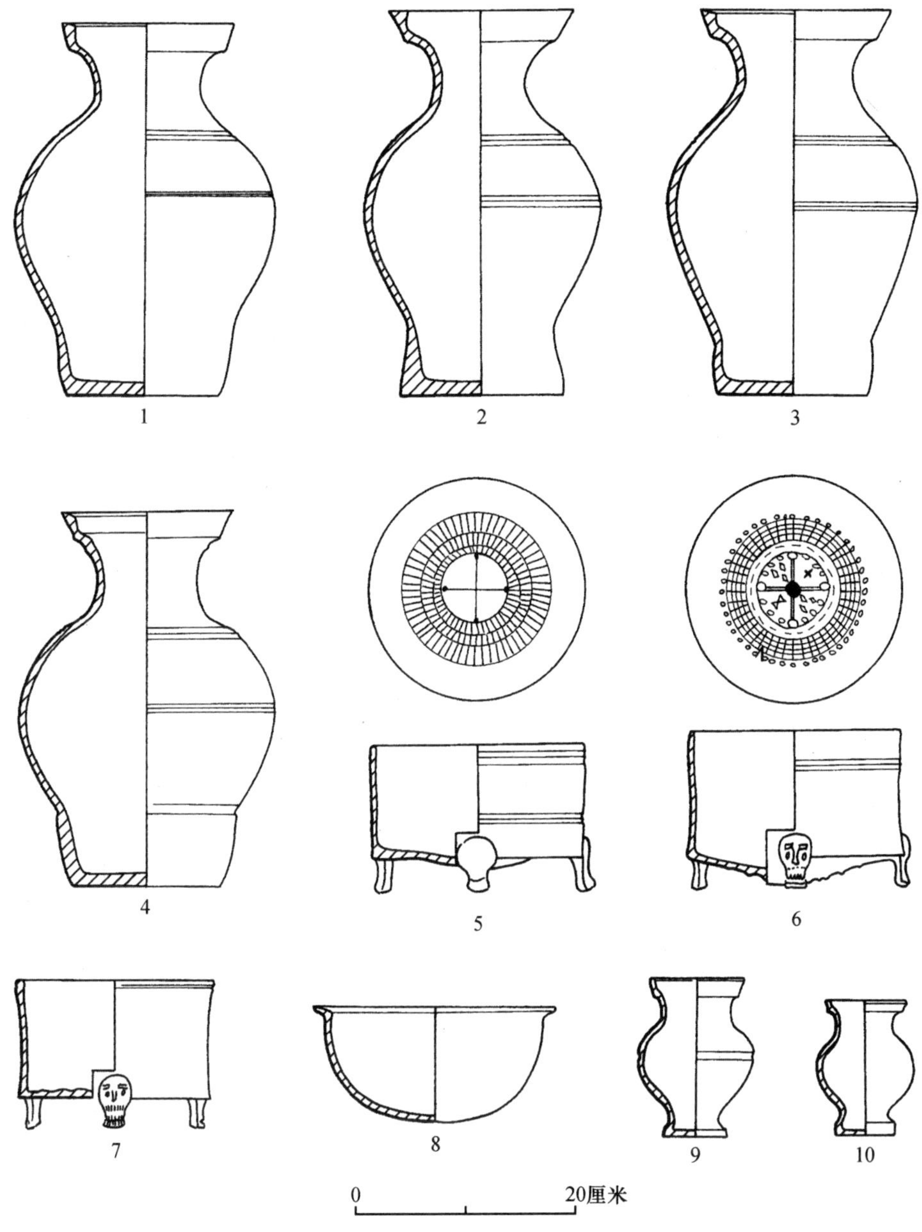

图8-32　M12出土遗物

1～4. 大陶壶（M12：3、M12：5、M12：6、M12：4）　5～7. 陶樽（M12：9、M12：10、M12：1）　8. 陶釜（M12：2）　9、10. 小陶壶（M12：7、M12：8）

弦纹，底部饰“十”字形凸棱，将中间区域四等分，“十”字中心及末端各有一大圆点，每个区域内平均分布三个小圆点。其中两个对顶区域内平均分布三个小棱形格；另两个对顶区域内则为“十”“五”两字。其外围饰一周梯形横格纹及一圈小环状纹。口径20.2、高14厘米（图8-32，6；图版三四，3、4）。

壶　6件。

大陶壶　4件。盘口，尖唇，束颈，溜肩，下腹斜收，平底，假圈足。肩部及腹部各饰凹弦纹两周。M12：3，位于墓室西南部，口径16、腹径23.8、底径14.2、高33.4厘米（图8-32，

1；图版三三，1）。M12：4，位于墓室东南部，平沿，假圈足外撇，口径17.4、腹径23.6、底径15.6、高34.6厘米（图8-32，4；图版三三，2）。M12：5，位于墓室新南部，口径17.6、腹径23.6、底径14.4、高34.6厘米（图8-32，2；图版三三，3）。M12：6，位于墓室东南部，口径16、腹径23.4、底径13.6、高33.7厘米（图8-32，3；图版三三，4）。

小陶壶　2件。盘口，尖唇，束颈，溜肩，鼓腹，下腹斜收，平底，假圈足。M12：7，位于墓室东南部，口径8.8、腹径22、底径6、高14.3厘米（图8-32，9；图版三三，5）。M12：8，位于墓室西南部，口径8、腹径9.2、底径5.6、高12.3厘米（图8-32，10；图版三三，6）。

陶釜　1件。位于墓室东南部。泥质灰陶。敞口，斜平沿，尖唇，弧腹，圜底。M12：2，口径22.4、腹径20、高10.2厘米（图8-32，8；图版三二，6）。

铜钱　4枚。位于墓室西南部，均为“大泉五十”。圆形方穿，内外轮廓精致规整，穿正反面均有郭。钱面篆书，直读，篆文秀美（图版三四，5）。M12：11-1，钱径2.6、穿径1厘米，重4.5克（图8-33，1）。M12：11-2，钱径2.7、穿径1厘米，重4克（图8-33，2）。M12：11-3，钱径2.7、穿径1厘米，重5.8克（图8-33，3）。M12：11-4，钱径2.7、穿径1.1厘米，重4.3克（图8-33，4）。

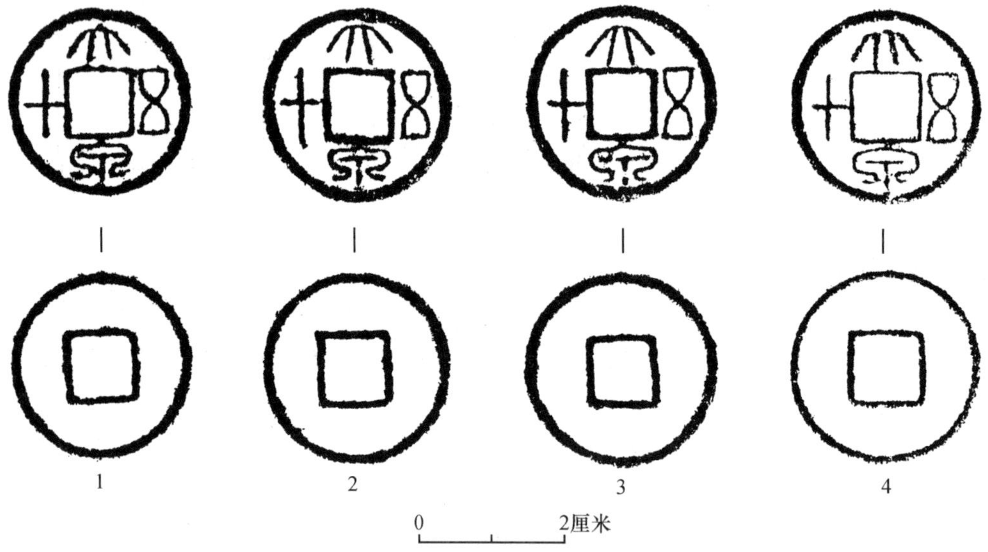

图8-33　M12出土铜钱拓本

1～4. 大泉五十（M12：11-1～M12：11-4）

（十三）M13

1. 墓葬形制

M13位于T0209东北部，开口于第2层下，打破生土。墓口距地表0.5米，方向13°。该墓平面形状呈“凸”字形，结构为竖穴墓道砖券洞室墓，由墓道和墓室两部分组成（图8-34）。

墓道　位于墓室北部，平面形状呈长方形，直壁，平底。长2.4、宽1.4、深1.2米。

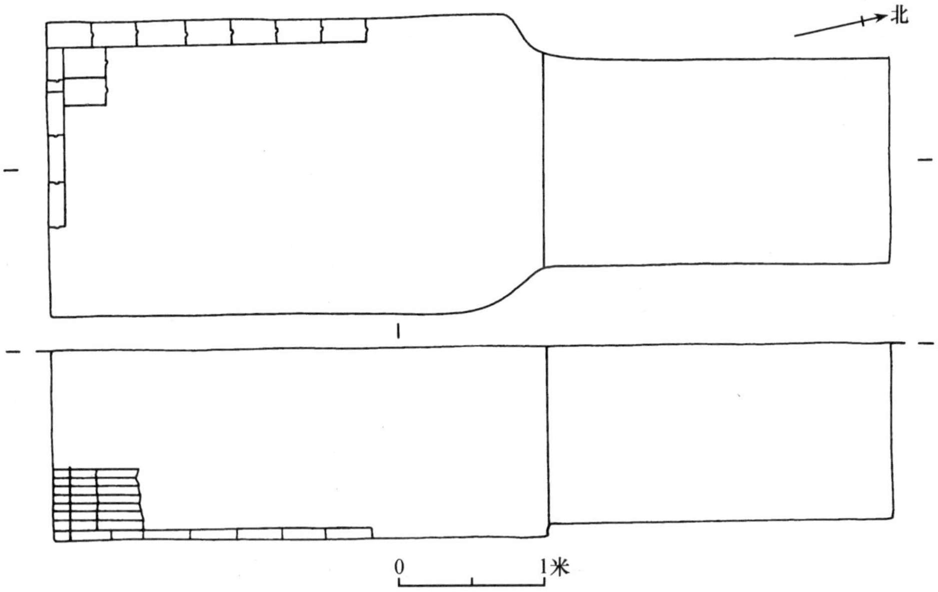

图8-34　M13平、剖面图

墓室　位于墓道南部，砖券洞室结构。平面形状呈长方形，由于盗扰比较严重，东西壁和南壁残留4～8层壁砖，为纵向齐缝平砌。壁砖有两种形制，一种长31、宽18、厚6厘米，一种长31、宽12、厚7厘米。底部残留2块铺地砖，为纵向齐缝平铺。墓室长3.4、宽2米，顶高1.3米。

填土　填土为褐色杂土，土质较硬，结构较致密。

葬具　不详。

葬式、性别及年龄　墓底未发现人骨，葬式、性别及年龄均不详。

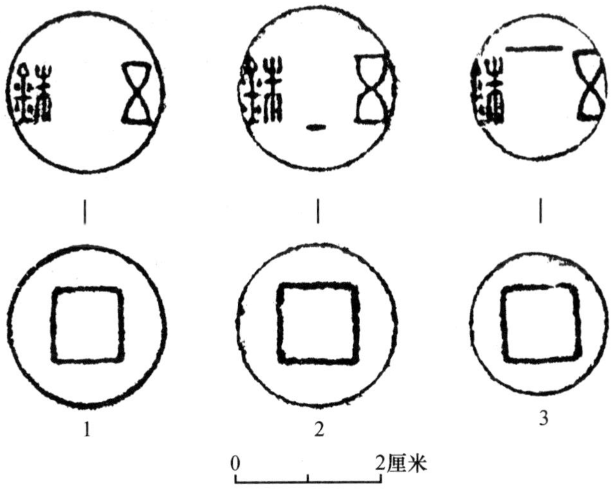

图8-35　M13出土铜钱拓本

1～3. 五铢（M13：1-1～M13：1-3）

2. 随葬品

铜钱　5枚。位于墓室东部淤土中，均为五铢钱。圆形方穿，轮廓规整，钱正面有周郭无穿郭，背周穿均有郭。钱文字体挺秀，“五”字两笔较直，“铢”的“金”头呈三角形，四点较长，“朱”首圆折（图版三四，6）。标本M13：1-1，钱径2.4，穿径1厘米，重2.5克（图8-35，1）。标本M13：1-2，磨郭，面上穿下半星，钱径2.3、穿径1厘米，重2.1克（图8-35，2）。标本M13：1-3，磨郭，面上穿上一横，钱径2、穿径1厘米，重2克（图8-35，3）。

三、结　语

张西墓地共清理13座墓葬，虽然数量不多，但是墓葬时代鲜明，形制多样，布局有序。关于这批墓葬的年代，由于大部分墓葬被盗扰，随葬器物发现较少，无确切纪年遗物，我们仅能依据墓葬形制与遗物等方面对墓葬年代加以推断。

M1结构为竖穴土坑，两端宽度不一，与近现代墓葬形制相近，表明墓葬时代较晚。其次墓葬出土有“道光通宝”和“乾隆通宝”，说明墓葬不早于道光时期。因此将M1的时代定为清晚期大体不谬。

其余墓葬形制多样，有竖穴土坑墓和空心砖墓、竖穴墓道砖券洞室墓以及竖穴墓道砖室墓。这些墓葬形制属于两汉时期的墓葬风格。墓葬虽多被盗扰，但仍出土较多随葬品，为墓葬分期提供了依据。这批墓葬大多出土五铢钱，形制多为圆形方穿，轮廓规整，钱正面有周郭无穿郭，背周穿有郭。钱文字体挺秀，“五”字两笔屈交，“铢”的“金”头呈三角形，四点较长，“朱”首圆折或方折，有些出现磨郭现象，这与《洛阳烧沟汉墓》[①]划分的第二型和第三型五铢一致，属于西汉晚期。M12出土“大泉五十”，表明这座墓葬出现在王莽之后。这批墓葬出土的陶壶形制基本相同，均为盘口，尖圆唇，束颈，鼓腹，平底，矮圈足，与Ⅱ①式陶壶相似，属于三期前段。M12出土陶樽直口，方唇，平底，三兽足，素面，无盖，与流行第三期的Ⅱ①式陶奁形制相同。M4日光镜流行于第三期，表明该墓属于西汉晚期。铜洗（M4：4）为敞口，折沿、弧腹，圜底，与M105：3形制相同，属于三期前段。M6和M9出土的博山炉器盖从西汉晚期开始流行。综合分析，这批墓葬的时代主要属于西汉末年到东汉早期。

执　笔：冀克强

2013年2月

---

① 中国科学院考古研究所：《洛阳烧沟汉墓》，科学出版社，1959年。

附表8-1 禹州张西墓地墓葬统计表

编号	所在探方	开口层位	方向	形状结构	墓道（单位：米）			墓室（单位：米）			葬式	随葬品	时代
					长	宽	深	长	宽	（高）深			
M1	T0407	第2层下	264°	竖穴土坑墓				2.8	1.2～1.6	1.2	仰身直肢	瓷罐1、银耳环2、铜钱4	清
M2	T0407	第2层下	196°	竖穴墓道砖券洞室墓	2.8	1.5	3.5	2.84（口） 2.7（底）	2.48（口） 2.2（底）	1.2	不详	铜钱4	汉
M3	T0111	第2层下	13°	竖穴空心砖室墓				2.88（口） 2.28（底）	1.6（口） 0.9（底）	2.48	不详	陶壶4	汉
M4	T0111	第2层下	94°	竖穴墓道砖券洞室墓	2.84	1.68	2.2	3	1.88	1.76	不详	陶壶5、铜洗1、铜镜1、铜钱19	汉
M5	T0210	第2层下	18°	竖穴墓道砖室墓	2.75	1.5	1.2	4.1（口） 3.64（底）	2.12（口） 1.76（底）	1.14	不详	铜钱13、带钩1、铜匕首1	汉
M6	T0309	第2层下	5°	竖穴墓道砖券洞室墓	2.88（口） 2.8（底）	1.16～1.2（口） 1.08～1.12（底）	3.6	2.38	0.7	0.72	仰身直肢	陶壶4、铜镜残片1、铜钱1	汉
M7	T0210	第2层下	25°	竖穴土坑墓				2.8（口） 2.4（底）	1.4（口） 1（底）	2.4	不详	无	汉
M8	T0607	第2层下	282°	竖穴墓道砖券洞室墓	1.98	1.3～1.4	1.7	3.42	2（口） 1.68（底）	1.7	不详	无	汉
M9	T0607	第2层下	96°	竖穴墓道砖券洞室墓	2.96	1.6～1.92	2.9	4.2（口） 4.04（底）	1.92（口） 1.6（底）	1.54	不详	器盖1	汉
M10	T0806	第2层下	95°	竖穴墓道砖券墓	2.8	1.2	2.7	2.9（口） 2.9（底）	1.2（口） 0.88（底）	2.64	不详	陶樽1、铜钱1	汉
M11	T0806	第2层下	276°	竖穴墓道砖券洞室墓	2（口） 1.6（底）	1.32	2.8	3.4（口） 3.4（底）	1.92（口） 1.72（底）	1.4	不详	铜钱2	汉
M12	T1005	第2层下	100°	竖穴墓道砖券洞室墓	2.16（口） 2.1（底）	1.08～1.2（口） 0.96～1.08（底）	2.95	3.15（口） 3.15（底）	2.04（口） 1.8（底）	1.6	不详	陶壶6、陶樽3、陶釜1、铜钱4	汉
M13	T0209	第2层下	13°	竖穴墓道砖券洞室墓	2.4	1.4	1.2	3.4	2	1.3	不详	铜钱5	汉

后　　记

本书是许昌文物工作队成员集体劳动的成果，不论调查、发掘还是后期整理，都凝结着我队工作人员的辛勤汗水。本书所涉及的八处遗址和墓地考古领队均为河南省文物考古研究院杨肇清先生，工地总负责人为姚军英，参与发掘和整理的人员主要有：文春锋、王书安、王豫洁、王培娟、王芳、马瑞东、史婷、刘彦龙、刘红娜、李耀峰、易超、赵广杰、段志强、胡亚军、高亚涛、崔彦春、程青芬、冀克强等。正是由于大家的付出，本报告才能面世，所以，谨以此书献给许昌市文物工作队的全体成员！

在发掘过程中得到了河南省文物局南水北调文物保护办公室、河南省文物考古研究院、许昌市文物局、许昌县文物保护管理所、长葛市文物管理所、禹州市文物管理处等文物考古部门的大力支持，在此，我们表示衷心的感谢！在后期整理过程中还得到了南水北调文物保护办公室张志清先生，以及河南省文物考古研究院孙凯的帮助，科学出版社的张亚娜女士对报告的修改提出了许多宝贵意见，使报告增色不少，在此一并致谢！

最后需要说明的是，由于八处遗址、墓地具体情况和执笔者不一，所以在编写过程中采用的体例也不甚一致，特此说明。山孔遗址发掘简报曾于2012年先期发表，如有与本报告不符之处，皆以报告为准。另外，由于水平有限，研究结论部分略显单薄，大有值得商榷之处，望读者不吝赐教！

编　者

2015年8月

1. 夏庄墓地遗迹分布

2. 夏庄墓地工作照

夏庄墓地遗迹分布及墓地工作照

彩版二

山孔遗址全景

1. 调查场景（一）

2. 工作场景（二）

山孔遗址调查及工作场景

1. 工作场景（一）

2. 工作场景（二）

3. 工作场景（三）

山孔遗址工作场景

1. M2全景

2. M2壁龛

3. M11全景

4. M12全景

山孔遗址M2壁龛及M2、M11、M12全景

1. M2墓主遗骨

2. M3全景

山孔遗址M2墓主遗骨及M3全景

1. M14全景

2. M14棺痕

3. M14出土遗物

山孔遗址M14全景、棺痕及出土遗物

彩版八

1. 曹庄遗址Ⅰ区发掘现场

2. 曹庄遗址Ⅱ区发掘前场景

曹庄遗址Ⅰ区发掘现场及Ⅱ区发掘前场景

1. 曹庄遗址Ⅱ区发掘现场

2. 曹庄遗址F1全景

曹庄遗址Ⅱ区发掘现场及F1全景

1. 曹庄遗址工作场景（一）

2. 曹庄遗址工作场景（二）

曹庄遗址工作场景

1. J2全景

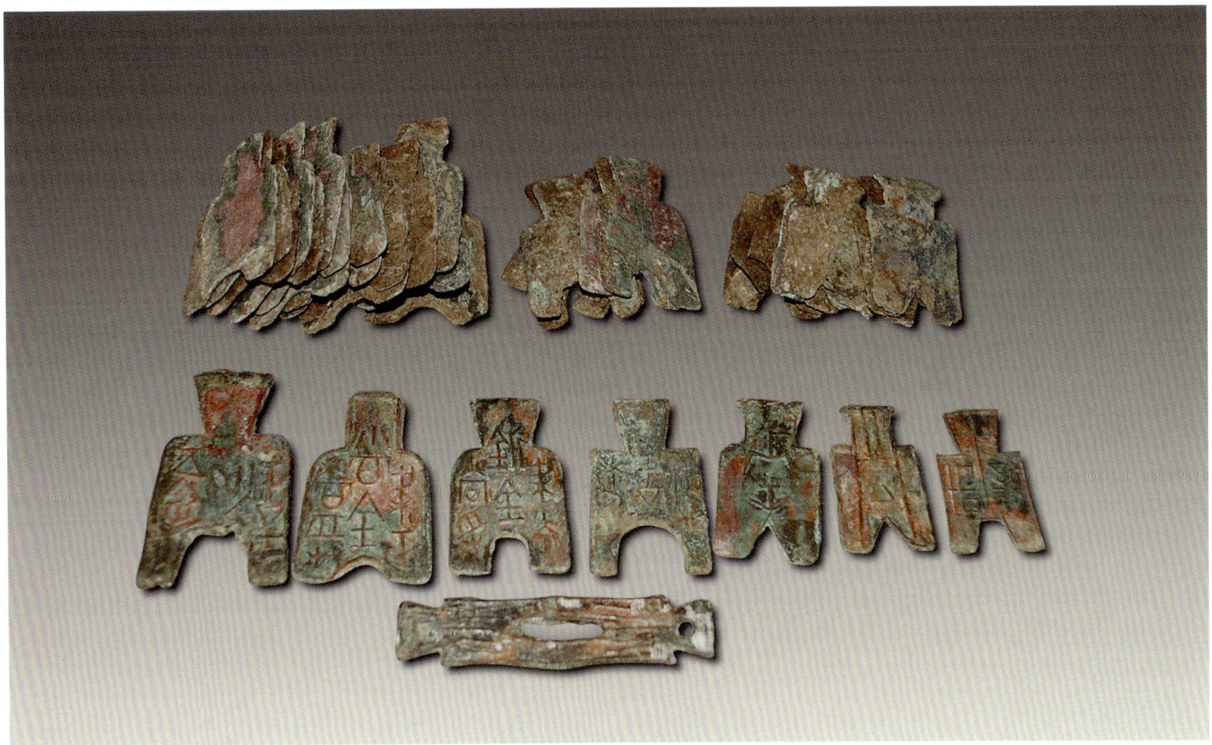

2. M1出土铜钱

曹庄遗址J2全景及M1出土铜钱

彩版一二

1. 张史马墓地遗迹分布

2. 张史马墓地工作场景

张史马墓地遗迹分布及幕地工作场景

1. 观耜园墓地发掘场景

2. 观耜园墓地工作照

观耜园墓地发掘场景及墓地工作照

彩版一四

1. M1全景

2. M2全景

3. M6全景

4. M8全景

观耜园墓地M1、M2、M6及M8全景

1. 席庄墓地发掘场景

2. 席庄墓地全景

席庄墓地发掘场景及墓地全景

1. 席庄墓地工作场景

2. M4全景

席庄墓地工作场景及M4全景

1. 张西墓地全景

2. 张西墓地发掘现场

张西墓地全景及发掘现场

图版二

1. L1全景

2. G1局部

山孔遗址L1全景及G1局部

1. 陶碗（JI：1）

2. 铜璜（H17：2）

3. 陶盂（H37：1）

4. 陶盆（H43：1）

5. 陶盂（H43：2）

6. 陶鬲（H43：3）

山孔遗址出土器物

图版四

1. 陶盂（H11：1）

2. 陶鬲（H11：2）

3. 陶豆（H15：1）

4. 陶鼎（H15：2）

5. 陶盂（H24：1）

6. 陶盆（H27：1）

山孔遗址出土器物

1. 陶盂（H27：4）

2. 陶豆（H32：1）

3. 陶甑（H34：1）

4. 陶盆（H34：3）

5. 陶盆（H39：1）

6. 陶豆（H49：1）

山孔遗址出土器物

图版六

1. 陶盆（H65：1）

2. 陶盂（H69：3）

3. 陶量（H20：1）

4. 陶盆（H20：3）

5. 陶豆（H7：1）

6. 陶豆（H49：2）

山孔遗址出土器物

1. 陶盆（H85：1）

2. 铜带钩（M14：1）

3. 瓷罐（M14：20）

4. 钵（M14：7）

5. 钵（M14:13）

6. 陶瓮（M14：6）

山孔遗址出土器物

1. 陶瓮（M14：12）

2. 陶瓮（M14：15）

3. 陶瓮（M14：23）

4. 陶瓮（H53：5）

5. 陶罐（M53：2）

6. 陶瓮（M14：25）

山孔遗址出土器物

1. 陶罐（M14：30）

2. 瓷碗（Y1：1）

3. 瓷碟（Y1：2）

4. 瓷碟（Y1：7）

5. 瓷钵（Y1：4）

6. 铜镜（M1：1）

山孔遗址出土器物

图版一〇

1. 瓷碗（M2：1）

2. 瓷瓶（M3：1）

3. 瓷瓶（M3：2）

4. 瓷盒（M3：3）

5. 陶瓮（M7：1）

6. 瓷碗（M11：1）

山孔遗址出土器物

图版一一

1. 山头高墓地发掘后场景

2. M1全景

山头高墓地发掘后场景及M1全景

1. M2全景

2. M3全景

3. M4全景

4. M5全景

山头高墓地M2、M3、M4及M5全景

1. 烟具（M1：1）

2. 瓷罐（M1：2）

3. 铜钱（M1：3）

4. 瓷罐（M3：1）

5. 瓷罐（M3：2）

6. 耳环（M3：3）

山头高墓地M1及M3出土器物

图版一四

1. 瓷罐（M4：1）

2. 瓷罐（M5：1）

3. 瓷罐（M5：2）

4. 铜钱（M5：3）

5. 瓷罐（M6：1）

6. 铜钱（M6：2）

山头高墓地M4、M5及M6出土器物

1. H1全景

2. H2全景

张史马墓地H1及H2全景

图版一六

1. J1全景

2. M2全景

3. M3全景

张史马墓地J1、M2及M3全景

1. 陶磨（M3：1）

2. 陶井（M3：2）

3. 陶灶（M3：3）

4. 陶狗（M3：4）

5. 陶鸡（M3：5）

6. 陶猪（M3：6）

张史马墓地M3出土器物

图版一八

1. M7全景

2. M10全景

3. M11全景（一）

4. M11全景（二）

张史马墓地M7、Ml0及M11全景

1. 瓷碗（M11：1）

2. 瓷碟（M11：2）

3. 瓷盏托（M11：3）

4. 瓷盅（M11：4）

5. 瓷罐（M12：1）

6. 铜发箍（M12：3）

张史马墓地M11及M12出土器物

图版二〇

1. 陶罐（M6：1）

2. 陶罐（M7：1）

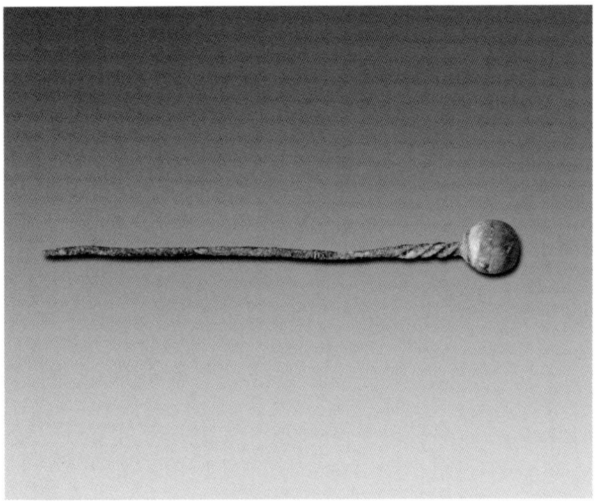

3. 铜簪（M7：3）

4. 陶罐（M9：2）

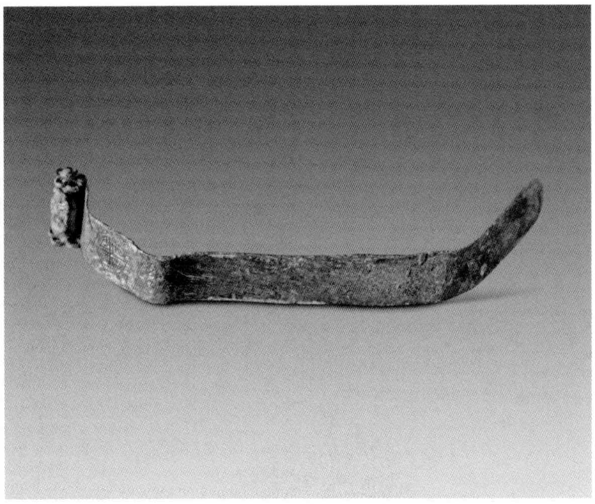

5. 铜发箍（M9：3）

6. 瓷罐（M10：1）

张史马墓地M6、M7、M9及M10出土器物

1. M9全景

2. M11全景

3. 观耜园墓地T0902全景

观耜园墓地M9、M11及T0902全景

图版二四

1. M1全景

2. M2顶部

3. M4全景

4. M13全景

席庄墓地M1全景、M2顶部、M4及M13全景

1. M14全景

2. M15全景

3. M16全景

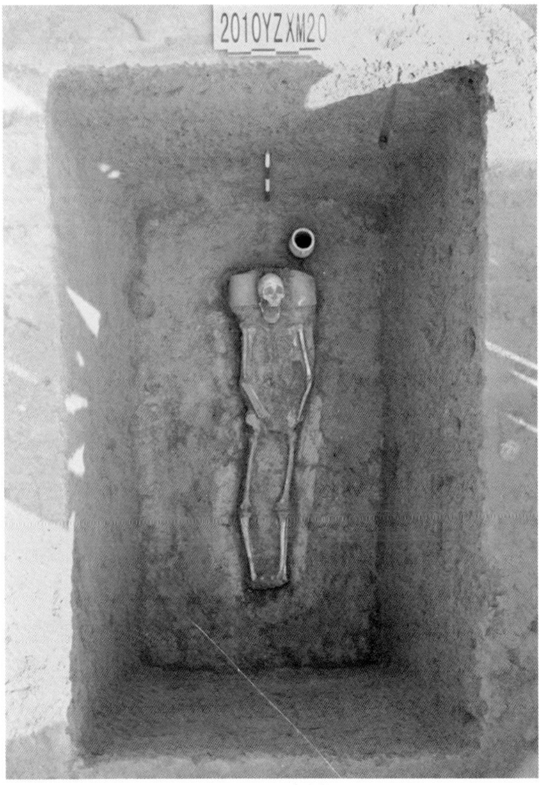

4. M20全景

席庄墓地M14、M15、M16及M20全景

图版二六

1. 瓷盂（M11：1）

2. 瓷罐（M14：1）

3. 瓷碗俯视（M18：2）

4. 瓷碗正视（M18：2）

5. 帽顶饰（M19：2）

6. 瓷罐（M20：2）

席庄墓地M11、M14、M18、M19及M20出土器物

1. 瓷罐（M1：1）

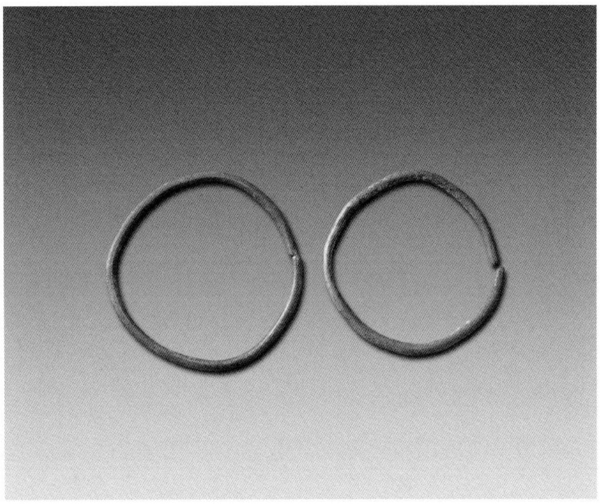

2. 银耳环（M1：2）

3. 铜钱（M1：3）

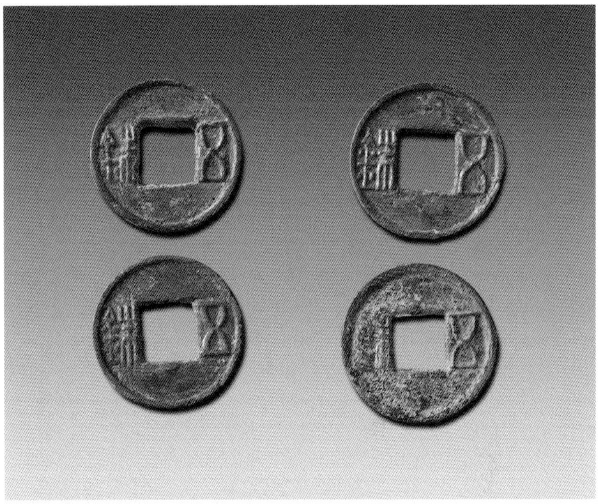

4. 铜钱（M2：1）

5. 小陶壶（M3：1）

6. 小陶壶（M3：2）

张西墓地M1、M2及M3出土器物

图版二八

1. 大陶壶（M3：3）

2. 大陶壶（M3：4）

3. 大陶壶（M4：1）

4. 大陶壶（M4：2）

张西墓地M3及M4出土器物

1. 陶壶（M4：3）

2. 铜洗（M4：4）

3. 小陶壶（M4：5）

4. 小陶壶（M4：6）

5. 铜镜（M4：7）

张西墓地M4出土器物

图版三〇

1. 铜钱（M4：8）

2. 铜钱（M5：1）

3. 铜带钩（M5：2）

4. 铜匕首（M5：3）

5. 铜镜（M6：1）

6. 铜钱（M6：6）

张西墓地M4、M5及M6出土器物

1. 大陶壶（M6：2）

2. 大陶壶（M6：4）

3. 小陶壶（M6：5）

4. 小陶壶（M6：3）

张西墓地M6出土器物

图版三二

1. 陶器盖（M9：1）

2. 陶樽（M10：1）

3. 铜钱（M10：2）

4. 铜钱（M11：1）

5. 陶樽（M12：1）

6. 陶釜（M12：2）

张西墓地M9、M10、M11及M12出土器物

1. 大陶壶（M12：3）

2. 大陶壶（M12：4）

3. 大陶壶（M12：5）

4. 大陶壶（M12：6）

5. 小陶壶（M12：7）

6. 小陶壶（M12：8）

张西墓地M12出土器物

图版三四

1. 陶樽正视（M12：9）

2. 陶樽底部（M12：9）

3. 陶樽正视（M12：10）

4. 陶樽底部（M12：10）

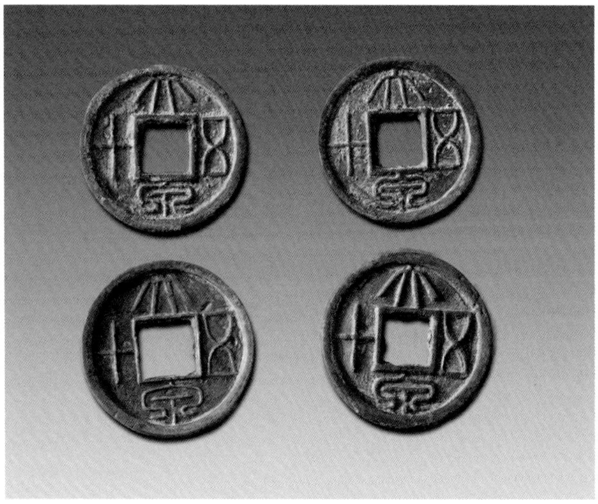

5. 铜钱（M12：11）

6. 铜钱（M13：1）

张西墓地M12及M13出土器物